Wolfgang Lecher, Hans-Wolfgang Platzer (Hrsg.)
Europäische Union – Europäische Arbeitsbeziehungen?

Europahandbuch für Arbeitnehmer · Band 5
Herausgegeben von Wolfgang Däubler, Wolfgang Lecher
und Rudolf Welzmüller

Wolfgang Lecher
Hans-Wolfgang Platzer (Hrsg.)

Europäische Union – Europäische Arbeitsbeziehungen?

Nationale Voraussetzungen
und internationaler Rahmen

Bund-Verlag

Die Deutsche Bibliothek – CIP-Einheitsaufnahme

Europäische Union – Europäische Arbeitsbeziehungen?:
Nationale Voraussetzungen und internationaler Rahmen/
Wolfgang Lecher; Hans-Wolfgang Platzer (Hrsg.). – Köln:
Bund-Verlag., 1994
(Europahandbuch für Arbeitnehmer; Bd. 5)
ISBN 3-7663-2569-8
NE: Lechner, Wolfgang [Hrsg.]; GT

© 1994 by Bund-Verlag GmbH, Köln
Lektorat: Hans-Josef Legrand / Peter Manstein
Herstellung: Heinz Biermann
Umschlag: Kalle Giese, Overath
Satz: Dörlemann-Satz, Lemförde
Druck: satz + druck gmbh, Düsseldorf
Printed in Germany 1994
ISBN 3-7663-2569-8

Inhalt

Teil 2
Transnationale Arbeitsbeziehungen
und Kollektivvereinbarungen auf europäischer Ebene:
Rahmenbedingungen, Handlungsformen, Themenfelder,
Positionen der Akteure

Vorwort

Mit dem Vertragswerk von Maastricht begibt sich die Europäische Union (EU) auf den Weg zur Wirtschafts- und Währungsunion sowie zur politischen Union.

Das »sozialpolitische Protokoll« des Vertrages (das Großbritannien ausnimmt) erweitert in einer Reihe arbeitsrelevanter Themen den gesetzgeberischen Handlungsrahmen der EU und eröffnet gleichzeitig Wege für europäische Kollektivverhandlungen mit unterschiedlichen Abschluß- und Umsetzungsalternativen.

Das ökonomische und monetäre Konvergenzprogramm zur Währungsunion wird auf den Feldern der Arbeits-, Sozial- und Tarifpolitik nationale Anpassungsprozesse erfordern und damit auch (Verteilungs-)Konflikte im inner- und zwischenstaatlichen Bereich befördern. Die Frage nach den Entwicklungen und künftigen Strukturen nationaler und transnationaler Arbeitsbeziehungen im Integrationsraum gewinnt in Anbetracht dieser erweiterten EU-Vertragsgrundlagen und -ziele an gesellschaftspolitischer wie integrationsstrategischer Bedeutung. Bereits das Binnenmarktprojekt hat im Spannungsfeld zwischen der Liberalisierung und Deregulierung der Märkte und der politischen Gestaltung des ›europäischen Sozialraumes‹ diese Problematik zutage gefördert und Fragen aufgeworfen, die sich nunmehr zuspitzen:

- Wie verhält sich die Perspektive einer europäischen Koordinierung bzw. (partiellen) Harmonisierung von Arbeits- und Sozialpolitiken zum europaweit vorherrschenden Trend sich differenzierender, flexibilisierender und dezentralisierender Arbeits- und Tarifbeziehungen?

- Wie haben sich im Europa des Binnenmarktes die nationalen Arbeitsbeziehungssysteme entwickelt? Fanden und finden materielle und institutionelle Angleichungsprozesse statt, oder bestehen die traditionellen Strukturunterschiede fort? Und was folgt aus den entsprechenden Entwicklungen mit Blick auf den neuen Maastrichter Integrationsrahmen im

Bereich einer künftigen EU-Sozial-, Industrie-, Wirtschafts- und Währungspolitik?

- Kann und wird im Zuge der Vertragsverwirklichung ein Prozeß in Gang kommen – möglicherweise initiiert und gefördert durch das Angebot eines EU-Sozialdialogs –, bei dem die europäischen Handlungsebenen der Tarifparteien im Bereich der Sozialpolitik wie auch im Bereich einer (qualitativen) Tarifpolitik gegenüber den nationalen Organisationen an Bedeutung gewinnen?

- Welches wären die jeweiligen Ebenen – Dachverband, Sektor, transnationales Unternehmen –, die möglichen Regelungsgegenstände, die Formen und Modalitäten sich solcherart entwickelnder Arbeitsbeziehungen auf überstaatlicher, europäischer Ebene?

- Welche sozial-, tarif- und integrationspolitischen Erwartungen, Interessen und Optionen verbinden die nationalen und europäischen Gewerkschaften und Arbeitgeber mit den jeweiligen Entwicklungsperspektiven?

- Ist längerfristig mit der Herausbildung eines originären europäischen Arbeitsbeziehungssystems mit einem transnationalen Kern »klassischer« Tarifpolitik zu rechnen?

Die Diskussion dieser vielschichtigen, vielfach neuartigen Problemzusammenhänge steht im Bereich der Gewerkschaften und Arbeitgeber Europas wie der Wissenschaft erst am Anfang. Sie gestaltet sich gegenwärtig nicht zuletzt dadurch schwierig, als sich im internationalen Umfeld der EU weitreichende Veränderungen vollziehen, deren Auswirkungen auf den Fortgang des Maastricht-Prozesses nur schwer einzuschätzen sind; darunter insbesondere die ökonomische und politische Umgestaltung in den Ländern Mittel- und Osteuropas und die voranschreitende Internationalisierung der Ökonomie und die Globalisierung des (Standort-)Wettbewerbs.

Dieser Band, der aus einem gemeinsamen Forschungsprojekt der Herausgeber hervorgegangen ist, trägt in seiner Konzeption und seinem Anspruch dieser vielschichtigen tarif- und arbeitspolitischen Ausgangslage, den transnationalen Verflechtungen und der europäischen Umbruchsituation Rechnung.

Das konzeptionelle Grundgerüst, das in der Einführung näher umrissen wird, basiert auf einem integrierten Vergleichsansatz, der mehrere räumliche Dimensionen und arbeitspolitische Handlungsebenen, unterschiedliche Akteursstandpunkte und wissenschaftliche Sichtweisen systematisch zusammenführt:

- den Vergleich dreier maßgeblicher EU-Länder mit unterschiedlichen Traditionen in den Arbeitsbeziehungen: Frankreich, Großbritannien, Deutschland;

- die Verknüpfung dieser nationalen Vergleichsperspektiven mit den verschiedenen europäisch-transnationalen Organisations- und Handlungsebenen;

- die kontrastive, exemplarische Einbeziehung von gewerkschafts- und arbeitspolitischen Entwicklungen im regionalen und internationalen Umfeld der EU: Skandinavien, Mittel- und Osteuropa, USA und Japan;

- die Verbindung von wissenschaftlichen Analysen mit politischen Standortbestimmungen und strategischen Perzeptionen durch die maßgeblichen Akteure – Unternehmen, Arbeitgeberverbände, Gewerkschaften und politische Institutionen – auf den nationalen und europäischen Handlungsebenen.

Der vergleichende Ansatz wie auch die Zielsetzung dieses Bandes, die sich entwickelnden transnationalen Arbeitsbeziehungsstrukturen nuanciert und differenziert zu erfassen, machen es erforderlich, von einem breiteren Begriff der Arbeitsbeziehungen auszugehen. Der Begriff »europäische Arbeitsbeziehungen« bezeichnet also nicht nur »klassische« Tarifverträge, in denen die Sozialpartner autonom – nunmehr auf überstaatlicher Ebene – die materiellen Arbeitsbedingungen regeln. Er umfaßt vielmehr alle Arten grenzüberschreitender oder überstaatlicher Beziehungen zwischen den Sozialpartnern auf den verschiedenen Ebenen sowie das Zusammenspiel von nationalen und EU-Instanzen und Sozialpartnern bei der Formulierung und Umsetzung der Arbeits- und Sozialpolitik.

Die Beiträge des Bandes, von Wissenschaftlern und Praktikern aus mehreren europäischen Ländern verfaßt, liefern am Beginn einer neuen Entwicklungsphase der (west-)europäischen Integration

- eine facetten- und faktenreiche Bestandsaufnahme grundlegender Entwicklungen der Arbeitsbeziehungsstrukturen in Europa und

- eine – in produktiver Weise kontroverse – Einschätzung der Bedingungen, Perspektiven und Grenzen transnationaler Arbeitsbeziehungen in der EU.

Das Buch kann und will also weder geschlossene Erklärungsmodelle noch »fertige« Handlungskonzepte anbieten; es will vielmehr mögliche Entwicklungskorridore aufzeigen sowie empirische Grundlagen und konzeptionelle Anregungen für die dringend gebotene, weitergehende politisch-prakti-

11

sche und wissenschaftliche Auseinandersetzung mit dieser vielschichtigen und brisanten Thematik liefern.

Die Herausgeber danken den Autorinnen und Autoren für die engagierte Mitarbeit an diesem Band sehr herzlich. Unser Dank gebührt auch der Kommission der EU, Generaldirektion V, die das Forschungsprojekt finanziell unterstützt hat. Gleichermaßen danken wir der Gustav-Heinemann-Akademie der Friedrich-Ebert-Stiftung, die im Mai 1993 eine dreitägige internationale Expertentagung zu diesem Thema gefördert und ermöglicht hat.

Wolfgang Lecher   Hans-Wolfgang Platzer

Einführung

1. Globale Trends und europäische Rahmenbedingungen

Auf dezentraler, sektoraler, nationaler und überstaatlicher Ebene verändern sich Formen und Inhalte der Arbeitsbeziehungen. Dieser Wandel in den Systemen der Arbeits- und Tarifbeziehungen wird durch zwei epochale Trends bestimmt.

Erstens: Seit Ende der siebziger Jahre befinden sich die westlichen Industriegesellschaften in einem tiefgreifenden und vieldimensionalen Strukturwandel, der sich im Laufe der achtziger Jahre tendenziell beschleunigt hat. Ein anhaltender Modernisierungsschub ist durch technologische »Revolutionen« (u. a. in der Mikroelektronik, der Informations-, Datenverarbeitungs- und Telekommunikationstechnik), durch unternehmens- und arbeitsorganisatorische Veränderungen sowie ein exponentielles Ansteigen regionaler und globaler ökonomischer Verflechtungen gekennzeichnet.

Die Internationalisierung des Wirtschaftsgeschehens, namentlich der Produktionsentscheidungen, aber auch der Forschungs- und Entwicklungsanstrengungen, führt dazu, »daß das Feld der internationalen Wettbewerber enger zusammengerückt ist. Die aufholenden Erfolge, zunächst in Japan, heute ebenso in Südostasien und den Südländern der Europäischen Union (EU), ja selbst in Lateinamerika, beschränken sich dabei nicht auf die unternehmerische Leistungsfähigkeit und die betriebliche Kapitalausstattung, sondern erfassen mehr und mehr auch die infrastrukturellen Voraussetzungen, etwa im Bereich der Bildung und Ausbildung, also des vor Ort verfügbaren Humankapitals. Damit verwischen nicht nur die bisherigen Konturen und Abstufungen der internationalen Arbeitsteilung, sondern zwangsläufig auch die gewohnten Positionen der Volkswirtschaften im weltweiten Wettbewerb um Beschäftigungs- und Einkommenschancen«.[1]

Unter diesen Vorzeichen werden Arbeitsbeziehungen und Tarifpolitik mehr denn je zu einer zentralen Größe der Standortpolitik und -konkurrenz. D. h., die Höhe und Steigerungsrate der Löhne, aber auch alle anderen in Tarifverträgen festgelegten Konditionen für den Einsatz des Faktors Arbeit – Arbeitszeiten, Flexibilisierungsgrad des Arbeitseinsatzes usw. – und nicht zuletzt das soziale Klima, in dem Tarifpolitik stattfindet, treten über die Grenzen hinweg in Konkurrenz zueinander. Dies gilt auf einer regionalen Makro-

---

1 R. Jochimsen, Internationalisierung der Wirtschaft und der Wirtschaftspolitik. Herausforderungen für die Gewerkschaften, in: Gewerkschaftliche Monatshefte 1/1994, S. 3

Ebene auch für den »Sozialstaat Europa«, also jenes komplexe Gefüge, das aus den nationalen westeuropäischen Sozialstaaten und Elementen einer supranationalen europäischen Sozialpolitik besteht. In beiden Dimensionen führen die zunehmende Globalisierung der Märkte und die wachsende weltweite Mobilität der Produktionsfaktoren zu einer (teilweise risikoreichen) »Systemkonkurrenz«.

Zweitens: In Europa hat sich seit 1989 – wie noch nie zuvor in Friedenszeiten – die politische und ökonomische Lage verändert:

- Mit dem Zerfall des kommunistischen Machtblocks endete die Teilung des Kontinents und wurde die deutsche Wiedervereinigung möglich.

- Zum 1. 1. 1993 wurde der europäische Binnenmarkt mit seinen »vier Grundfreiheiten« – die Freizügigkeit von Waren und Kapital, Dienstleistungen und Arbeit – (zumindest formal) vollendet.

- In Fortschreibung des Binnenmarktes und unter dem Eindruck des Epochenumbruchs im Ost-West-Verhältnis wurde 1991 der Maastrichter Vertrag ausgehandelt, der schließlich im Herbst 1993 in Kraft trat. Er sieht vor, bis spätestens 1999 eine europäische Währungsunion zu schaffen. Durch die vertragliche Einbeziehung der Innen- und Rechtspolitik und der Außen- und Sicherheitspolitik, durch die Einführung einer Unionsbürgerschaft und weitere materielle und institutionelle Veränderungen soll die bislang ökonomisch gründende Integration um eine »politische Dimension« erweitert werden.

- Die Vereinbarungen zwischen der EG und den EFTA-Staaten über die Schaffung eines »europäischen Wirtschaftsraumes« (EWR) mit binnenmarktähnlichen Strukturen und der für Mitte der 90er Jahre vorgesehene Beitritt weiterer westeuropäischer Staaten zur EU sind weitere Elemente dieses weitreichenden ökonomischen und politischen Strukturwandels in Europa.

- Im Zuge dieses »doppelten Öffnungsvorgangs« – also durch die Entfaltung des Binnenmarktes mit seinen gesamtwesteuropäischen Ausstrahlungseffekten und durch die Überwindung der ökonomischen und politischen Abschottung Mittel- und Osteuropas – »werden vermeintliche Gewißheiten über die Entwicklungsachsen, die Hierarchie der Ballungsräume und generell die regionale Dynamik der Raumentwicklung relativiert. Europa muß sich auf eine offenere Wachstumsgeographie einrichten, mit enormen, noch nicht zu Ende gedachten Entfaltungsmustern«.[2]

---

2 Ebd. S. 2

2. Untersuchungsperspektive und Fragestellungen

Die Entgrenzung der nationalen Güter-, Dienstleistungs-, Kapital- und Arbeitsmärkte, die Globalisierung des ökonomischen und technologischen Wettbewerbs einerseits und der dramatische, z. T. widersprüchlich verlaufende politische Strukturwandel in West- und Gesamteuropa andererseits werfen zahlreiche, z. T. kategorial neue, Fragen zur Zukunft der Arbeitsbeziehungen auf:

– Wie gestalten sich bei zunehmenden Flexibilisierungs-, Deregulierungs- und Dezentralisierungstendenzen die nationalen Arbeitsbeziehungssysteme?

– Wie entwickeln sich die jeweilige Organisations- und Handlungsfähigkeit der Tarifparteien und das Kräfteverhältnis zwischen ihnen?

– Welches sind die Bedingungen, Perspektiven und Grenzen einer »Europäisierung« der Arbeitsbeziehungen?

– Auf welchen Ebenen und in welchen Bereichen und Zeithorizonten ist im Rahmen der EU mit dem Auf- und Ausbau originärer europäischer Arbeitsbeziehungsstrukturen zu rechnen?

Mit Blick auf den europäischen Integrationsraum ist zu Recht darauf hingewiesen worden, daß die Frage nach dem »sozialstaatlichen Gehalt eines sich integrierenden Europas«[3] nicht sinnvoll behandelt werden kann, wenn man die Untersuchung auf die (supranationale) Sozialpolitik der Gemeinschaft beschränkt. Die Entwicklungsprobleme des Sozialstaates müssen heute vielmehr vier Makro-Kontexten zugeordnet werden:

»(a) Problemen des Systemaufbaus in Osteuropa,

(b) Problemen der Systemanpassung in Westeuropa,

(c) Problemen der Systemintegration auf europäischer Ebene,

(d) Problemen der Systemkonkurrenz zwischen Europa, USA und Japan.

Das Thema ›Sozialstaat Europa‹ berührt alle vier Kontexte, vor allem aber den zweiten und dritten.«[4]

Dies gilt in analoger Weise auch für die Arbeits- und Tarifbeziehungen, die einen Kernbereich des modernen Sozialstaates und ein wesentliches Re-

---

3 P. Flora, Europa als Sozialstaat, in: Lebensverhältnisse und soziale Konflikte im neuen Europa, hrsg. im Auftrag der Deutschen Gesellschaft für Soziologie von B. Schäfers, Frankfurt 1993, S. 754
4 Ebd.

17

gulativ und Gestaltungsprinzip der (sozialen) Marktwirtschaften in Europa bilden.

Das konzeptionelle Gerüst dieses Bandes trägt diesen nationalen, europäischen und globalen Strukturzusammenhängen Rechnung. Die gegenwärtige politische und wissenschaftliche Diskussion dieser komplexen und neuartigen Verflechtungslagen steht vielfach erst am Anfang. Eine systematische Eingrenzung und exemplarische Schwerpunktsetzung ist somit unumgänglich. Die in der wissenschaftlichen Diskussion wie zwischen den Tarifparteien umstrittene Leitfrage, der sich die Analysen dieses Bandes zuordnen, lautet:

Ist eine europäisch-transnationale Kollektivvertragspolitik möglich? Und ist sie aus funktionalen, integrations- wie ordnungspolitischen Gründen nötig?

Diese grundlegende Problemstellung wird im einzelnen unter folgenden Annahmen und in vergleichender Perspektive empirisch erschlossen:

Erstens: Durch die Binnenmarktvollendung und das Maastricht-Projekt, das – im Zuge seiner Realisierung – zu einer neuen »Integrationsqualität« in politischer, wirtschaftlicher und gesellschaftlicher Hinsicht führen wird, verändern sich die Rahmenbedingungen für das Handeln von Unternehmen/Arbeitgebern und Arbeitnehmern/Gewerkschaften auf den verschiedenen Ebenen der Arbeitsbeziehungen.

Ein erster Analyseschritt dient der Bestandsaufnahme und Bewertung der Entwicklungen in den achtziger Jahren, aus der Perspektiven für die neunziger Jahre gewonnen werden:

– Wie nehmen die Beteiligten national und auf den verschiedenen Ebenen der »industrial relations« die veränderten Rahmenbedingungen und die Integrationsdynamik wahr?

– In welchem Umfang und in welche Richtung beeinflussen diese Entwicklungen vor dem Hintergrund globaler Veränderungen die Organisation, die politischen Ziele, die strategischen Interessen der Akteure und die Praxis der Arbeitsbeziehungen: Reform und Anpassung nationaler Strategien, Dezentralisierung der Arbeitsbeziehungen, »Europäisierung« und Koordinierung der nationalen Strategien; Strategie-Mix aus nationalen und europäisch-transnationalen Gestaltungselementen; Aufbau originärer europäischer Verhandlungsstrukturen?

– Wie werden die neuen rechtlichen und institutionellen Vertragsgrundlagen und Ansatzpunkte des »sozialpolitischen Protokolls« von Maastricht beurteilt, welche mittel- und längerfristigen sozial- und tarifpolitischen Implikationen sind mit der Schaffung einer Wirtschafts- und Währungsunion verbunden?

Zweitens: Die Voraussetzungen und Möglichkeiten grenzüberschreitender Arbeitsbeziehungen/Kollektivverhandlungen im Rahmen der EU sind an die divergierenden und komplexen nationalen Gegebenheiten im Bereich der Arbeitsbeziehungen gebunden und durch sie bestimmt. Die ökonomische, politische und institutionelle Situation variiert zwischen den EU-Staaten beträchtlich.

Diese Voraussetzungen werden durch exemplarische und systematische Ländervergleiche und durch die Einbeziehung der verschiedenen Ebenen der Arbeitsbeziehungen (Betrieb, Sektor, Dachverband) zu ermitteln versucht. Durch diesen Zugriff sollen folgende Faktoren im einzelnen beleuchtet werden: Ausmaß und Bedeutung der Unterschiede/Gemeinsamkeiten, der Konvergenzen/Divergenzen

– zwischen den nationalen Arbeitsbeziehungssystemen und der jeweiligen konkreten Praxis;

– zwischen Gewerkschaften und Arbeitgebern (hinsichtlich europäischer Optionen und Strategien) innerhalb des jeweiligen Landes;

– zwischen Gewerkschaften der einzelnen Länder bzw. zwischen den Arbeitgebern der einzelnen Länder.

An dieser Stelle wird eine zweifache exemplarische Auswahl bzw. Eingrenzung vorgenommen, und zwar nach Ländern und Branchen:

Die Arbeitsbeziehungen der drei großen EU-Länder Großbritannien, Frankreich und Deutschland werden unter dem europäischen Bezug eingehender untersucht[5]. Mit dieser Auswahl wird u. a. folgenden Aspekten Rechnung getragen: dem ökonomischen und politischen Gewicht dieser Länder im Integrationsprozeß; der »britischen Sonderrolle« in der sozial- und arbeitspolitischen Rechtssetzung der EU; der Tatsache, daß die Arbeitsbeziehungen dieser Länder traditionell drei Grundtypen von »industrial relations« in Europa verkörpern: das »pluralistische« und »voluntaristische« angel-

---

5 Im Rahmen der Beiträge dieses Bandes wird also keine umfassende, vergleichende Analyse der nationalen Strukturen und Entwicklungen im Bereich der industriellen Beziehungen angestrebt. Die nationale Strukturanalyse erfolgt vielmehr unter dem »europäischen Blickwinkel«, also der Frage nach den Bedingungen und Grenzen einer übernationalen Koordinierung bzw. Harmonisierung. Zum systematischen Vergleich nationaler Arbeitsbeziehungen siehe insbesondere: W. Däubler, W. Lecher (Hrsg.), Die Gewerkschaften in den 12 EG-Ländern, Köln 1991; R. Bispinck, W. Lecher (Hrsg.), Tarifpolitik und Tarifsysteme in Europa, Köln 1993; H. Grebing, W. Wobbe (Hrsg.), Industrie- und Arbeitsstrukturen im europäischen Binnenmarkt, Köln 1993; F. Deppe, K.-P. Weiner (Hrsg.), Die Zukunft der industriellen Beziehungen, Frankfurt a. M. 1991; K. Armingeon, Staat und Arbeitsbeziehungen, Opladen 1994

sächsische Modell, das »syndikalistische«, politisch-ideologisch geprägte romanische Modell und das »sozialpartnerschaftliche« (kooperative bzw. korporatistische) Modell, das für Deutschland (sowie für die skandinavischen Länder und Österreich) charakteristisch ist. Mit diesem exemplarischen Vergleichsansatz wird – in seiner ganzen Bandbreite – das historisch gewachsene, strukturelle Spannungsfeld erfaßt, das den Prozeß einer übernationalen Koordinierung oder Harmonisierung von Arbeits- und Tarifpolitiken prägt.

Hinsichtlich der Branchenentwicklung (und der transnationalen Konzernebene) konzentriert sich die Analyse auf das Beispiel des Metallsektors, das um Erfahrungswerte aus der Chemiebranche angereichert wird.

Drittens: Auf der Basis der integrationspolitischen Akteursperzeptionen und nationalen Strukturgegebenheiten sowie in Anknüpfung an bereits existierende Beziehungen und Erfahrungswerte auf europäischer Ebene (»sozialer Dialog«, vereinbarte Informationsrechte im Bereich einzelner Konzerne) versucht der Band schließlich, die folgenden Fragen zu klären:

- Welche Varianten der Entwicklung europäischer Arbeitsbeziehungen/Kollektivverhandlungen sind kurz- bzw. mittelfristig denkbar, welche erscheinen realisierbar; welches sind die prinzipiellen Optionen der Akteure?

- In welchen Bereichen, auf welchen Ebenen und in welchen institutionellen Ausprägungen ist mit der Herausbildung europäischer Verhandlungsformen zu rechnen; welches sind die möglichen Regelungsgegenstände und Modalitäten; wo und wie können diese die nationale Praxis gegebenenfalls ergänzen, erweitern (»added value«) oder sie mittelfristig gar ersetzen?

- Welches wären die dafür erforderlichen organisationspolitischen und handlungsstrategischen Anpassungsmaßnahmen im Bereich der nationalen und transnationalen Akteure?

Viertens: Das externe Umfeld der EU, also die oben skizzierten sozialökonomischen Globalisierungstendenzen und deren Auswirkungen auf die künftigen Formierungsprozesse der Arbeitsbeziehungen im europäischen Integrationsraum, wird gleichfalls in die Darstellung einbezogen. Angesichts der Komplexität dieses internationalen Zusammenhangs und der derzeitig defizitären Forschungslage kann und soll es dabei nicht um systematische, global orientierte interregionale Struktur- und Entwicklungsvergleiche gehen. Vielmehr wird versucht, aktuelle Gegebenheiten und Entwicklungstendenzen der Arbeitsbeziehungen in Skandinavien und Japan sowie ausgewählte gewerkschaftliche Entwicklungsprobleme in Osteuropa und den USA zu veranschaulichen.

3. Politischer, ökonomischer und sozialpolitischer Rahmen nach Maastricht

3.1 Integrationspolitische Langzeittrends

Das Vertragswerk von Maastricht basiert auf »drei Säulen«, der Wirtschafts- und Währungsunion (WWU), der gemeinsamen Außen- und Sicherheitspolitik (GASP) und der Zusammenarbeit in der Innen- und Rechtspolitik. Der Vertrag folgt keinem einheitlichen – etwa föderalen – Bauprinzip. Er ist ein politisches Verhandlungspaket, ein Kompromiß zwischen zwölf Staaten, der eine Vielzahl von Konzessionen und Gegenleistungen aggregiert. Gleichwohl besteht das Ergebnis nicht aus verhandlungstaktischen Zufälligkeiten; vielmehr ist eine Verstärkung von drei in der Gemeinschaftsgeschichte durchgängig zu beobachtenden Trends festzustellen[6]:

• Der Gesamtumfang der in gemeinsamen Organen zu behandelnden Politikbereiche wurde erneut erheblich ausgeweitet. Die Organe und Gremien der Union werden sich – wenn auch nach erheblich variierenden Verfahren – mit fast allen traditionellen Staatsaufgaben beschäftigen können.

• Noch deutlicher als bei den vorangegangenen Grundsatzentscheidungen hat ein Transfer von Kompetenzen auf die Union stattgefunden. Dies gilt insbesondere für die Errichtung einer Währungsunion. Zumindest teilweise wurde auch versucht, durch die Aufnahme einer Subsidiaritätsklausel sowie durch konkretisierte Aufgabenzuweisungen die Kompetenzen zwischen Mitgliedstaaten und Europäischer Union eindeutiger als bisher gegeneinander abzugrenzen.

• Die Verstärkung eines integrationspolitischen Langzeittrends manifestiert sich schließlich im institutionellen Aufbau und den Entscheidungsverfahren der EU. Beispielsweise werden mit dem Regionalausschuß künftig subnationale Gebietskörperschaften an der Gemeinschaftspolitik beteiligt. Der »soziale Dialog« der europäischen Sozialpartner, auf den noch eingegangen wird, erfährt eine Aufwertung. Die anzuwendenden Entscheidungsverfahren im Rat und zwischen Rat und Parlament nehmen – im Zuge der Erweiterung der Kompetenzbereiche der Union – erneut zu (mit allen problematischen Konsequenzen hinsichtlich der Transparenz und Effizienz). Zu den institutionellen Differenzierungen gehören schließlich Sonderregelungen für einzelne Mitgliedstaaten (vom Abtreibungs-

---

6 W. Wessels, Maastricht: Ergebnisse, Bewertungen und Langzeittrends, in: integration 1/92

21

recht im Inland bis zum britischen opting-out in der Sozialpolitik und Währungsunion). Damit werden die bereits bislang faktisch praktizierten Integrationsmethoden eines »Europa der zwei Geschwindigkeiten« und eines »Europa à la carte« fortgeschrieben.

Wie bei vorangegangenen Weichenstellungen in der Geschichte der EG – sei es die Konferenz von Messina, die 1958 zur EWG-Gründung führte, oder die Verabschiedung der Einheitlichen Europäischen Akte 1986, die den Binnenmarktprozeß einleitete – sind die langfristigen integrationspolitischen Auswirkungen, die Tragfähigkeit und Zweckmäßigkeit einzelner Vertragsartikel wie des Vertrages als Ganzem unmittelbar nach dessen Inkrafttreten allenfalls ansatzweise einzuschätzen. Dies gilt um so mehr, als das Inkrafttreten des Vertrages in eine Zeit der wirtschaftlichen Rezession, der Struktur-, Innovations- und Arbeitsmarktkrisen, der europäischen Währungsturbulenzen und weltpolitischen Umbrüche fällt[7]. Dieser »Schatten der Zukunft«, der über der weiteren Gemeinschaftsentwicklung liegt, erschwert notwendigerweise auch den Versuch, Entwicklungsdiagnosen und -prognosen zur Europäisierung und Transnationalisierung der Arbeitsbeziehungen zu formulieren. Von der Gesamtkonstruktion des Vertrages her gesehen sind für die Entwicklungsperspektiven europäischer Arbeitsbeziehungen vor allem zwei Vertragselemente bedeutsam: das Projekt einer Wirtschafts- und Währungsunion und der neue, erweiterte Rahmen einer EU-Sozialpolitik. Diese sollen einleitend in gebotener Kürze umrissen werden.

3.2 Die Wirtschafts- und Währungsunion

Die geplante WWU markiert einen neuen qualitativen Schritt im europäischen Integrationsprozeß. Sie zentralisiert und integriert geldpolitische Entscheidungen und setzt dem Wettbewerb der nationalen Währungen und geldpolitischen Institutionen ein Ende. Der Beitritt eines Landes zur Währungsunion bedeutet im gesamten monetären Bereich die Aufgabe nationaler Souveränität und eine zentrale Änderung des volkswirtschaftlichen Ordnungsrahmens.

Der Streit der politischen und wissenschaftlichen Meinungen gilt dem konkreten Projekt in seinen volkswirtschaftlichen und mitgliedstaatlichen Voraussetzungen, seiner rechtlichen und institutionellen Ausgestaltung, seiner

---

7 Eine Erörterung der gegenwärtig in Politik und Wissenschaft diskutierten Entwicklungsszenarien findet sich in: H.-W. Platzer, W. Ruhland, Welches Deutschland in welchem Europa? Demoskopische Analysen, politische Perspektiven, gesellschaftliche Kontroversen, Bonn 1994

Notwendigkeit im derzeitigen Integrationsstadium und seinen beabsichtigten oder unbeabsichtigten ökonomischen und politischen Konsequenzen. In jedem Falle wird die künftige WWU Kernbereiche der Arbeitsbeziehungen und der Tarifpolitik tangieren.

Als unumstritten gilt, daß die Tarifpolitik auf dem Wege zu einer europäischen Währungseinheit zu einer strengen Stabilitätsorientierung gezwungen sein wird und beträchtliche Anpassungslasten tragen muß, weil künftig Wechselkursmechanismen, die gleichsam als »Puffer« fungierten, wegfallen. Für die sozialpolitisch motivierte Kritik des Währungsprojektes liegt das Hauptrisiko darin begründet, »daß die Möglichkeiten zur Veränderung des nominalen Wechselkurses verloren gehen ... Von den abhängig Beschäftigten verlangt der Anpassungsprozeß, der sich in einer Wirtschafts- und Währungsunion vollzieht, wesentlich größere Opfer als der mit Hilfe einer Wechselkurskorrektur vollzogene Anpassungsmechanismus. Die abhängig Beschäftigten haben eine Periode der Arbeitslosigkeit zu ertragen ..., die schließlich eine Abnahme der Reallöhne erzwingt, die weit über die auch in Folge der Abwertung notwendige Lohnsenkung hinausgeht.«[8]

Dieser ablehnenden Position steht eine Sichtweise gegenüber, für die bereits die Binnenmarktvollendung, also die voranschreitende Integration der Gütermärkte und der Kapitalmärkte, der nationalen Tarifpolitik enge Grenzen setzt: »Mehr denn je (reagieren) die Investoren auf unterschiedliche tarifpolitische Tendenzen in den einzelnen Ländern ... Nimmt die Tarifpolitik eines Landes nicht zur Kenntnis, was um sie herum geschieht und erhält sie von den Investoren im europäischen Vergleich schlechte Noten, wird das ... zu Kapitalverlagerungen in andere europäische Länder führen ... Dies gilt unabhängig davon, ob es zu einer gemeinsamen europäischen Währung kommt. Eine Entscheidung ›gegen Maastricht‹ würde nicht den Druck auf die Tarifpolitik aus der fortschreitenden Integration aller Märkte in Europa verringern. Dem größeren Druck stehen die Vorteile der Liberalisierung und des Integrationsprozesses gegenüber. Sie liegen in Wachstums- und Wohlfahrtsgewinnen, die auch den Arbeitnehmern in Europa zugute kommen.«[9]

Bei der derzeitigen Ausgangslage ist die Verwirklichung der WWU – zumindest hinsichtlich des Zieldatums für die Endstufe (1997/99) – fraglich. Im Falle der Realisierung aber würden tarifpolitisch die folgenden vertraglichen Ungereimtheiten evident:

---

8 K. Busch, Die Wirtschafts- und Währungsunion in Europa und die Konsequenzen für die Tarifpolitik der Gewerkschaften, in: WSI-Mitteilungen 5/1991, S. 267

9 R. Pohl, Tarifpolitik in der fortschreitenden europäischen Integration, in: WSI-Mitteilungen 12/1992, S. 755

Bestrebungen, die Beschlüsse zur WWU durch Bestimmungen zum Schutz der Tarifautonomie zu komplettieren, blieben ohne Erfolg. Die Maastrichter Beschlüsse klammern das Koalitions-, Streik- und Aussperrungsrecht aus. Auf dem Weg zur WWU aber wächst nicht nur der Druck auf die Tarifparteien, d. h. vor allem auf die Gewerkschaften, zu stabilitätskonformem Verhalten, sondern auch die Notwendigkeit einer grenzüberschreitenden Tarifpolitik. D. h., es wird erforderlich werden, bestimmte Rahmenbedingungen auf Gemeinschaftsebene durchzusetzen. Deshalb müßte die Gemeinschaft die rechtlichen Voraussetzungen für ein europäisches Kollektivvertragssystem schaffen. Gerade auf diesen Rechtsgebieten haben sich jedoch in den Mitgliedstaaten der EU so heterogene Traditionen herausgebildet, daß eine rasche Harmonisierung auf europäischer Ebene nicht zu erwarten ist.

An dieser zentralen Stelle der Interdependenz von Wirtschaftspolitik, sozialer Kohäsion und Tarifpolitik im Integrationsraum droht eine Vergrößerung bereits bestehender struktureller Asymmetrien, und zwar zwischen der voranschreitenden »Marktintegration« (nunmehr auch im Währungs-, Finanz- und Kreditbereich) einerseits und zwischen einer hinterherhinkenden politischen und sozialen Integration andererseits. D. h., die Tarifpolitik rückt in diesem Interdependenz- und Kohäsionszusammenhang an eine zentrale, integrationsstrategische Stelle. Sowohl unter funktionalen Integrationserfordernissen als auch unter gesellschaftlichen Akzeptanzgesichtspunkten stellt sich die Frage nach dem Grad und den Formen der »Europäisierung« der kollektiven Arbeitsbeziehungen als einem wesentlichen Regulativ der industriellen Beziehungen und letztlich der sozialen Marktwirtschaft in der EU. Für diese mittel- und längerfristige Perspektive »klassischer Tarifverträge« auf europäischer Ebene schafft der Maastrichter Vertrag keine Rechtsgrundlage. Die mit dieser Ausgangslage verbundenen Probleme und Herausforderungen werden an verschiedenen Stellen dieses Bandes aufgegriffen.

3.3 Der sozialpolitische Vertragsrahmen

Die sozialpolitischen Verhandlungsergebnisse von Maastricht müssen im Lichte der vorangegangenen Entwicklungen und in Relation zu den politischen und ökonomischen Weichenstellungen des Vertrages beurteilt werden. Im Vergleich zu den weitreichenden, Mitte der achtziger Jahre formulierten ökonomischen Zielen des Binnenmarktes und einem umfassenden Maßnahmenkatalog (»Weißbuch«) zur Liberalisierung und Deregulierung des europäischen Marktes blieben die in der Einheitlichen Europäischen

Akte (EEA) von 1987 festgelegten sozialpolitischen Handlungsansätze zur Ausgestaltung der »sozialen Dimension« begrenzt. Eine vom Europäischen Rat (ohne Großbritannien) im Dezember 1989 verabschiedete »Gemeinschaftscharta der sozialen Grundrechte« blieb rechtlich unverbindlich, wurde aber als »moralische Bindung der Regierungen« und als »Signal« an die Arbeitnehmer und Gewerkschaften gewertet.

Einen politisch und rechtlich relevanten Niederschlag fand die »Sozialcharta« in dem von der EG-Kommission unmittelbar darauf vorgelegten »sozialpolitischen Aktionsprogramm«, das insgesamt knapp 50 Einzelmaßnahmen umfaßte, die die Verwirklichung der »sozialen Dimension« im Zuge der Binnenmarktvollendung ermöglichen sollte. Zum Zeitpunkt des beginnenden Binnenmarktes bietet der Stand des sozialpolitischen EG-Gesetzgebungsprozesses ein zwiespältiges, eher defizitäres Bild: Insgesamt wurden in Teilbereichen gewisse Fortschritte erzielt. Dies gilt vor allem für den Arbeitsschutz (z. B. Bildschirmarbeit, gefährliche Arbeitsstoffe). Hier hat der Rat mehrere Richtlinien verabschiedet. Im Bereich des Arbeitsrechtes (z. B. Arbeitsbedingungen und Wettbewerbsverzerrungen bei atypischen Verträgen, Arbeitszeitgestaltung, Europäischer Betriebsrat) stagniert hingegen die Gesetzgebung weiterhin. Sachliche und rechtliche Probleme, die in den schwierigen Materien begründet sind, aber insbesondere das Entscheidungsverfahren (meistens Einstimmigkeit im Rat, restriktive Haltung Großbritanniens) sind hierfür ursächlich.

Neben der (begrenzten) gemeinschaftlichen Gesetzgebung spielt der 1985 etablierte und in der Einheitlichen Europäischen Akte von 1987 verankerte »soziale Dialog« zwischen den europäischen Gewerkschaften (EGB) und den privaten (UNICE) sowie öffentlichen (CEEP) Arbeitgebern eine gewisse Rolle; er sieht prinzipiell eine sozialpolitische Regulierung auf dem Vereinbarungswege vor. Im Rahmen dieser Beratungen wurden bislang acht gemeinsame Stellungnahmen verabschiedet. Die mangelnde Verpflichtungsfähigkeit auf Arbeitgeberseite, aber auch Restriktionen, die in den unterschiedlichen gewerkschaftlichen Traditionen, Strukturen und dezentralen Umsetzungsbedingungen liegen, verhinderten bislang eine reale Wirkung dieser europäischen Vereinbarungen auf mitgliedstaatlicher Ebene. Der »soziale Dialog« trägt somit den Charakter eines zwar zunehmend verbindlichen, multinationalen Gesprächsforums, aber (noch) nicht den eines strategischen, verpflichtungsfähigen Konzertierungsinstruments. Ein zwischen dem EGB und dem europäischen Dachverband der öffentlichen Arbeitgeber 1991 erstmals ausgehandeltes Rahmenabkommen für den Energiebereich und den Straßenverkehr markiert einen qualitativ weiterführenden Schritt in Richtung europäischer Kollektivvereinbarungen, der allerdings bislang noch der Umsetzung harrt.

Angesichts dieser sozial- und arbeitspolitischen Ausgangslage und der weitergesteckten politisch-ökonomischen Integrationsprojekte PU und WWU war es 1990/91 erklärtes Ziel (einer Mehrheit der Regierungen) in den Maastrichter Verhandlungen, auch die sozialpolitischen Kompetenzen der Gemeinschaft zu präzisieren und zu erweitern sowie vor allem auch die Entscheidungsverfahren zu beschleunigen (durch vermehrte Abstimmungen mit einfacher Mehrheit im Rat). An dieser Zielsetzung drohten die Verhandlungen durch das strikte britische »Nein« in der Schlußphase Dezember 1991 zu scheitern. Durch eine in der europäischen Einigungsgeschichte bislang einmalige Konstruktion – ein dem Vertrag angefügtes Protokoll über die Sozialpolitik – wurde ein Ausweg gefunden. Dieses Protokoll ist eine »Ermächtigung« der zwölf EU-Staaten, daß künftig elf von ihnen (ohne Großbritannien) die Sozialpolitik in der EU weiterentwickeln können.

In dem Bemühen, der sozialen Dimension der EU schärfere Konturen zu verleihen, wurde auch die Rolle des »sozialen Dialogs« partiell aufgewertet. Die Neuregelung des »sozialen Dialogs« im Abkommen über die Sozialpolitik von Maastricht, die auf einen gemeinsamen Vorschlag der europäischen Dachverbände der privaten und öffentlichen Arbeitgeber sowie des Europäischen Gewerkschaftsbundes zurückgeht, sieht eine Ausweitung seiner Funktionen und des institutionellen Rahmens vor. Das Ziel vertraglicher Beziehungen wurde durch den Zusatz »einschließlich des Abschlusses von Vereinbarungen« bekräftigt.

Nach Maastricht steht die künftige Sozialpolitik der EU somit auf einer materiell und institutionell erweiterten, aufgrund des britischen »opting-out« wettbewerbspolitisch problematischen und politisch-rechtlich komplexen Grundlage. Diese bilden ein »altes System« (Römische Verträge, EEA, sekundäres Gemeinschaftsrecht) und ein »neues System«, das »sozialpolitische Protokoll der Elf«.

Bei der Frage, ob und wie sich der Stellenwert der künftigen europäischen Sozialpolitik verändern wird, sind vier Elemente zu berücksichtigen:

– die Festschreibung des Grundsatzes der Subsidiarität;
– die Neuformulierung der Zuständigkeiten der Gemeinschaft;
– die Ausweitung der Möglichkeiten der europäischen Sozialpartner im Konsultations-, Entscheidungs- und Implementationsprozeß;
– die verfahrensrechtlichen und politischen Probleme des »sozialpolitischen Protokolls« (u. a. die »britische Sonderrolle«).

Im einzelnen kann der Rat gemäß Artikel 2 Abs. 1 und 2 des Abkommens, wenn auch »unter Berücksichtigung der in den einzelnen Mitgliedstaaten bestehenden Bedingungen und technischen Regelungen«, auf folgenden Gebieten nunmehr durch Richtlinien mit qualifizierter Mehrheit »Mindestvorschriften« erlassen, die schrittweise anzuwenden sind: Verbesserungen insbesondere der Arbeitsumwelt zum Schutz der Gesundheit und der Sicherheit der Arbeitnehmer; Arbeitsbedingungen; Unterrichtung und Anhörung der Arbeitnehmer; Chancengleichheit von Männern und Frauen auf dem Arbeitsmarkt und Gleichbehandlung am Arbeitsplatz; berufliche Eingliederung der aus dem Arbeitsmarkt ausgeschiedenen Personen.

Ebenfalls in den Bereich der Gemeinschaftszuständigkeit einbezogen sind die folgenden sozialpolitischen Bereiche: soziale Sicherheit und sozialer Schutz der Arbeitnehmer, so bei Beendigung des Arbeitsvertrages; Beschäftigungsbedingungen der Staatsangehörigen dritter Länder, die sich regelmäßig im Gebiet der Gemeinschaft aufhalten; finanzielle Beiträge zur Förderung der Beschäftigung und zur Schaffung von Arbeitsplätzen, und zwar unbeschadet der Bestimmungen über den Sozialfonds.

Angesichts der nationalstaatlichen Bedeutung, der sozialpolitischen Sensibilität und Finanzwirksamkeit dieser Bereiche legten die elf Staaten hierfür das Einstimmigkeitsprinzip fest. Ausdrücklich ausgenommen von den in Artikel 2 vorgesehenen neuen gemeinschaftsrechtlichen Möglichkeiten sind gemäß Absatz 6 jedoch das Arbeitsentgelt, das Koalitionsrecht, das Streikrecht sowie das Aussperrungsrecht. Angesichts dieser im Vertragswerk gleichsam »eingebauten« Spannungsfelder sind Prognosen über die künftige materielle und institutionelle Ausgestaltung des europäischen Sozialraumes schwierig.

Hinzu kommt, daß sich das wirtschaftliche Umfeld, in dem Sozialpolitik stattfindet, teilweise dramatisch verändert. Die Entwicklung neuer Technologien, die Globalisierung der Märkte, ein verschärfter internationaler Wettbewerb und die Krise der Arbeitsmärkte in Europa schaffen Rahmenbedingungen, die auf mittlere Sicht alte ordnungs- und verteilungspolitische Grundkonflikte neu zuspitzen werden:

Zum einen handelt es sich dabei um den Konflikt zwischen sozial-politisch motivierten Bestrebungen, die sozial- und arbeitsrechtliche Gemeinschaftsgesetzgebung (auf der Grundlage von Mindestnormen) weiterzuentwickeln, und den wettbewerbspolitisch motivierten Bestrebungen, die Arbeitsmärkte zu flexibilisieren, die Sozial- und Arbeitspolitik zu deregulieren und Lohn(ne-ben)kosten abzubauen.

Zum anderen um den Konflikt zwischen einer angebotsorientierten und einer nachfrageorientierten Wirtschaftspolitik zur Bewältigung der Struktur- und Arbeitsmarktkrise. Das jüngst von der EG-Kommission vorgelegte Weißbuch »Wachstum, Wettbewerbsfähigkeit, Beschäftigung, Herausforderungen der Gegenwart und Wege ins 21. Jahrhundert« stellt eine Art »Strategiemix« dar: Neo-keynesianisch inspirierte Empfehlungen – etwa eine kreditfinanzierte Nachfrageschaffung durch den Ausbau transeuropäischer Netze – stehen neben neo-klassisch orientierten Vorschlägen zur Lohnkostendämpfung und Flexibilisierung der Arbeitsmärkte.

Diese makro-ökonomischen Entwicklungsalternativen und der neue sozialpolitische Handlungsrahmen des EU-Vertrages werden die Tendenz zur »Europäisierung« gesellschaftlicher Konfliktstrukturen verstärken. Die Frage nach der Ausgestaltung des künftigen europäischen Raumes der Arbeitsbeziehungen gewinnt somit an integrations- wie gesellschaftspolitischer Brisanz.

4. Auf dem Weg zu europäischen Arbeitsbeziehungen?

Die schwierige Ausgangslage der Gewerkschaften bezüglich ihrer europäischen Kooperation und insbesondere der Herstellung eines europäischen Arbeitsbeziehungssystems mit einem Kern an Kollektivverhandlungsfähigkeit hat einen doppelten Grund.

Erstens besteht schon seit langem eine weit entwickelte Internationalisierung des Kapitals, die durch die Verwirklichung des europäischen Binnenmarktes noch einen zusätzlichen Beschleunigungsschub erhielt. Die transnationale Kooperation der Unternehmen und Konzerne und ihre grenzüberschreitende Konzentration und Fusionierung nehmen immer noch zu. Seit Jahrzehnten entziehen sich transnational tätige Konzerne einer den nationalen Unternehmen vergleichbaren Offenlegung arbeitsbedeutsamer Informationen und ihrer international definierten Entscheidungskriterien. Kapital und Unternehmen sprengen die nationalen Grenzen in dem Ausmaß, wie ihre Realisierungsgrundlagen auf nationaler Basis zu eng werden und zwischennationale Gefälle bei den Einkommen, Abgaben, Währung, Subventionen, Auflagen und nicht zuletzt bei den Arbeitsbedingungen eine profitablere Grundlage auf internationaler Ebene versprechen. Hier hat insbesondere die politisch angesteuerte europäische Währungsunion absehbar restriktive Effekte auf die nationalen Haushalts-, Finanz- und Beschäftigungspolitiken. Löhne, Arbeitsbedingungen, Arbeitszeit und Beschäftigungsverhältnisse werden zum entscheidenden Kosten- und Wettbewerbsfaktor der Arbeitgeber.

Arbeit dagegen – und dies ist der zweite Grund für die Schwierigkeiten der Internationalisierung von Gewerkschaften – sprengt aus eigenem Antrieb zunächst einmal keine nationalen, regionalen und im Prinzip sogar lokalen Grenzen, da menschliche Beziehungen in aller Regel auf dezentraler Ebene bestehen, gehalten und ausgebaut werden. Die Internationalisierung abhängiger Arbeit entspringt also einem Bedarf des Kapitals. Selbst wenn die Argumentation einleuchtet, daß durch die Internationalisierung der Produktion und der Dienstleistungen nationale Schranken überwunden werden, stellt sich die Frage, ob die Internationalisierung der Arbeit dann nach den gleichen Prinzipien wie die ökonomisch geforderte Internationalisierung des Kapitals erfolgt. Aus Sicht der Arbeit, also der Interessenlage der Arbeitnehmer und Gewerkschaften, gilt:

– daß Kapital zur Arbeit kommt, nicht umgekehrt;
– daß die Internationalisierung der Produktion in einem von den jeweiligen nationalen, regionalen und lokalen Arbeitsmärkten zu verkraftenden Tempo abläuft;
– daß Rationalisierungsinvestitionen nach humanen Erfordernissen und nicht nur nach Kostenaspekten gemäß internationalem Konkurrenzdruck erfolgen.

Soll dieses eigenständige Interesse von »Arbeit« bei der Internationalisierung stärker berücksichtigt werden, ist die Grundbedingung dafür die engere, informationsbezogene Kooperation zwischen den Gewerkschaften und der ernsthafte Versuch, ein gemeinsames übernationales (hier: europäisches) Arbeitsbeziehungssystem mit einem Kern an Tarifpolitik herzustellen. Internationale Absprachen und übernationale Koordination der gewerkschaftlichen Tarifpolitik sind daher unerläßlich. Doch die institutionellen und organisationsstrukturellen Voraussetzungen der nationalen Gewerkschaften und der nationalen Arbeitsbeziehungen sind dafür denkbar schlecht geeignet. Folgende gewichtige Unterschiede bestehen zwischen den nationalen EU-Gewerkschaften:

– zentrale gegenüber dezentralen Strukturprinzipien (Belgien und Dänemark als zentralisierte Organisationen, dagegen insbesondere Großbritannien und tendenziell auch Frankreich relativ stark dezentralisiert);

– einheitliches gegenüber richtungsbezogenem Selbstverständnis der Gewerkschaften (deutsche und britische Einheitsgewerkschaften gegenüber der Mehrzahl politisch oder religiös konkurrierender Richtungsgewerkschaften, wobei aber mit Ausnahme von Frankreich und Portugal diese Differenzen allmählich abgebaut werden);

– der Grad der Verrechtlichung (hochverrechtlichte Beziehungen, etwa in Deutschland und Frankreich, gegenüber informeller Regelungskompetenz besonders in Großbritannien und Irland);

– das Verhältnis von Gesetz und Tarifvertrag (in Dänemark starke Nutzung des Tarifvertrags, in Frankreich demgegenüber starke Eingriffe des Staats über Gesetze);

– die vorherrschenden Ebenen der Tarifpolitik (die Schwerpunkte liegen zwar in den meisten Ländern – noch – auf der Branchenebene, es kann aber eine klare Tendenz zur Verbetrieblichung und eine rückläufige Bedeutung der Dachverbandsebene beobachtet werden);

– eindimensionales gegenüber dualem System der Interessenvertretung (rein gewerkschaftlich wie etwa in Dänemark und Großbritannien gegenüber »Betriebsräten« mit unterschiedlichen Autonomiegraden in den meisten anderen europäischen Ländern);

– stark voneinander abweichende Organisationsgrade der Gewerkschaften (in Belgien und Dänemark 70–80 %, in Frankreich und Spanien nur noch knapp 10 %);

– vorherrschende Kooperations- gegenüber Konfliktorientierung (bei den mittel- und nordeuropäischen Gewerkschaften traditionell Kooperationsorientierung im Rahmen der Mitbestimmungsphilosophie; in den romanischen und angelsächsischen Ländern sich abschwächende, aber immer noch überwiegende Konfliktorientierung).

Auch im europäischen Arbeitgeberlager verändern sich die Bedingungen der Interessenvereinheitlichung und kollektiven Handlungsfähigkeit auf nationaler und europäischer Ebene: Die zentrale, gegenwärtig nur schwer zu beantwortende Frage lautet, wie sich die flexibilisierenden, internationalisierenden Unternehmensstrukturen und Strategien auf die inner- und zwischenverbandlichen Beziehungen, die je nationalen und transnationalen Interessen- und Machtkonfigurationen im Bereich der Arbeitgeber(-verbände) auswirken.

Wenn die europäische Marktintegration im Angesicht der »japanisch-amerikanischen Herausforderung« zu einer wachsenden Kapitalkonzentration auf nationaler und zu neuen oligopolitischen Marktstrukturen auf der europäischen und globalen Ebene führt, sind damit auch Deklassierungseffekte im Bereich weniger effizienter Unternehmen, strukturschwacher Branchen und peripherer Regionen verbunden. Dies verändert und erschwert unter territorialen wie funktionalen Gesichtspunkten die Bedingungen der Interessenvereinheitlichung und -vertretung durch die Arbeitgeberverbände. Das Entstehen horizontal integrierter »strategischer Allianzen« und »globaler Partnerschaften«, vertikal integrierter Zulieferernetzwerke, die Bildung größerer Unternehmenseinheiten nach den Prinzipien der vertikalen Integration und Skalenökonomie (etwa in der Chemie- und Konsumgüterindustrie) und neue flexible, betriebsübergreifende Netzwerke auf (inter)regionaler und europäischer Ebene kennzeichnen die veränderte industrielle Landschaft Europas, die zugleich auch die verbandliche Vermittlung der Produkt- und Arbeitsmarktinteressen im Unternehmerlager neu gestaltet wird. Neben einer neuen »Topographie der Arbeit« (Deformalisierungs- und Informalisierungstendenzen, neue Qualifikationsprofile, Tertiärisierung etc.) führen somit auch diese (schwer vorhersagbaren) Veränderungen in den kollektiven Organisationsformen des Kapitals selbst zu neuen, komplizierten Verhältnissen in den Tarif- und Arbeitsbeziehungen.

Gleichwohl lassen sich im Gewerkschaftslager erste Ansätze einer tarifpolitischen Koordinierung erkennen und Grundtypen einer zukünftigen europäischen Tarifpolitik bezüglich pragmatischer Realisierungsschritte, Verhandlungsformen und auch potentieller Vertragsinhalte ausmachen. Dabei muß allerdings bedacht werden, daß aufgrund der großen nationalen Spannbreite zwischen korporativen und tarifautonomen Verhandlungstypen die Richtschnur zukünftiger europäischer Tarifpolitik nach wie vor noch ungewiß ist. Auch sind nicht alle im Europäischen Gewerkschaftsbund vertretenen nationalen Dachgewerkschaften kollektivverhandlungsfähig (zwei der größten, DGB und TUC, sind es nicht). Schließlich gibt es Bedenken, daß eine zu starke Forcierung von tarifpolitischen Strukturen und Lösungswegen quasi automatisch zu einer »Entpflichtung« des europäischen Sozialdialogs oder überhaupt der Richtlinien- und Verordnungskompetenz der EU zu sozialen Themen führen kann.

Unter diesen einschränkenden Rahmenbedingungen und Vorbehalten können aber doch folgende Ansätze einer zukünftigen europäischen Kollektivverhandlungspolitik genannt werden:

- Bereits 1988 verpflichtete der EGB seine nationalen Gewerkschaften darauf, sich für die Durchsetzung der 35-Stunden-Woche in ihren jeweiligen Ländern einzusetzen. Dies ist auch in den meisten Ländern geschehen. Allerdings blieb es den nationalen Gewerkschaften völlig freigestellt – und sie haben davon regen Gebrauch gemacht –, wo, wann und mit welchem Differenzierungspaket dazu Tarifpolitik betrieben wurde.

• Eine weiterentwickelte und wirksamere Form internationaler Vertragspolitik könnte heute schon demgegenüber darin bestehen, in mehreren Mitgliedsländern zu einem gemeinsam interessierenden Thema – z. B. Qualifizierung – gleichzeitig Verhandlungen zu führen mit dem Ziel, parallel Tarifverträge nach nationalem Tarifvertragsrecht abzuschließen. Das Problem wäre hier die unterschiedliche Durchsetzungsfähigkeit solcher Abschlüsse auf nationaler Ebene (in Frankreich und Großbritannien wahrscheinlich eher schwache, in den mittel- und nordeuropäischen Staaten dagegen starke Durchsetzungsfähigkeit).

• Eine weitere Chance ergibt sich aus der bisher freiwilligen, möglicherweise aber schon bald auch mit Richtlinienunterstützung der EU verpflichtenden Einführung von Euro-Betriebsräten (EBR) in europäischen transnationalen Konzernen. Die Euro-Betriebsräte könnten versuchen, zu einer Art europäischer Konzernbetriebsvereinbarung mit dem Management zu kommen. Es wäre aber auch denkbar und für die Optimierung zwischennationaler gewerkschaftlicher Zusammenarbeit sehr wünschenswert, daß sich die in dem jeweiligen Konzern engagierten Gewerkschaften koordinierten und die von den EBR erhaltenen Informationen zur Grundlage echter tarifvertraglicher Gespräche mit der Konzernleitung machten. Dies würde allerdings eine fest institutionalisierte Zusammenarbeit der für den Konzern jeweils zuständigen Gewerkschaften aus unterschiedlichen Ländern erfordern.

In einer ferneren Zukunft wäre natürlich auch eine echte europäische Tarifpolitik im klassischen Sinn zwischen den Vertragsparteien »Europäische Gewerkschaftsausschüsse« und den sektoralen europäischen Arbeitgeber-Vereinigungen möglich. Obwohl heute dazu weder auf Gewerkschafts-noch auf Arbeitgeberseite die erforderlichen Verhandlungskompetenzen und Verhandlungsstrukturen aufgebaut sind, lassen sich schon im Vorgriff analytisch fünf Varianten solcher Verhandlungen unterscheiden:

• Abkommen, die ausschließlich die europäische Dimension bisheriger Tarifpolitik regeln (z. B. Schutzbestimmungen für im Ausland eingesetzte Arbeitnehmer);

• Abkommen zu neuen, in nationalen Tarifverträgen zwar regelbaren, aufgrund ihrer europäischen Dimension aber unzulänglich oder nicht geregelten Sachverhalten (biotechnologische Verfahren, Leiharbeit am Bau, Umweltschutz, Ruhezeiten im transeuropäischen Fernverkehr usw.);

- Abkommen zur Festschreibung bestehender nationaler Tarifverträge auch auf europäischer Ebene, um ihre Aufkündigung durch nationale Arbeitgeberverbände zu erschweren (insbesondere bei schwachen und zersplitterten nationalen Gewerkschaften wie etwa Frankreich, Portugal, Griechenland);

- Abkommen zur Vereinheitlichung nationaler Tarifverträge (dies insbesondere mit zunehmender Realisierung einer europäischen Währungsunion, um soziale, aber auch einkommensbezogene Mindeststandards zu sichern).

- Schließlich bieten auch die Euregios und in ihrem Rahmen die interregionalen Gewerkschaften einen interessanten Ansatz für eine europäisch regionalisierte, auf die Fläche bezogene Tarifpolitik, die sich insbesondere mit den Problemen von Grenzanrainern (Regelungen zur Wanderarbeit, gegenseitige Anerkennung von Versicherungsleistungen und Berufsabschlüssen) beschäftigen könnte. Derartige national-übergreifende, regionale Abkommen könnten eine anregende Initialfunktion für eine spätere, EU-weite Tarifpolitik entfalten.

Von diesen Ansätzen einer direkten, verbandsbezogenen und autonomen Tarifpolitik zu unterscheiden sind weitere Verhandlungsformen, die sich aus der im Maastricht-Vertrag anvisierten Weiterentwicklung des EU-Sozialdialogs ergeben:

- Absprachen zwischen den Sozialpartnern auf EU-Ebene (»Spitzengespräche« etwa zu Einführungs- und Umsetzungsproblemen neuer Technologien, zu Frauenförderung und Chancengleichheit, zu Berufsbildungs- und Qualifikationsmaßnahmen oder möglicherweise auch zur Festlegung von Mindestlöhnen auf prozentualer nationaler Basis).

- Ein zweiter Verhandlungstyp wäre der sogenannte »kompensatorische Sozialdialog« nach Artikel 4 des Maastrichter Sozialprotokolls, wonach die Sozialpartner in einer Neun-Monats-Frist zu eigenen Abkommen gelangen, die dann auf ihren Wunsch auch als Richtlinie umgesetzt werden können. Themen wären etwa Sozialberichterstattung, Arbeitsnachweis und prekäre Arbeitsverhältnisse.

Im Fall des zu Beginn des Jahres 1994 aufgenommenen offiziellen Verfahrens zur Verabschiedung einer sogenannten »Euro-Betriebsräte-Richtlinie« konnte nach einer Reihe von Gesprächen zwischen EGB, UNICE und CEEP allerdings kein Einvernehmen über die Aufnahme von Verhandlungen gemäß dieses Artikels erzielt werden. Zwar haben die Arbeitgeber nach schwierigen internen Prozessen eine gewisse Kompromißbereitschaft an den Tag gelegt, doch die Sondierungsgespräche scheiterten insbesondere an der starren Haltung des britischen Arbeitgeberverbandes CBI. Die EGB-Delegation war nur unter der Bedingung zu Verhandlungen bereit, daß die UNICE schon im Vorfeld zentrale Eckpunkte akzeptierte. Diese betrafen:

- die Anerkennung des Rechts auf Information und Konsultation der Arbeitnehmer auf transnationaler Ebene;
- das Recht auf Verhandlungen in transnationalen Unternehmen zur Ausgestaltung der Information und Konsultation sowie zur Einrichtung eines Europäischen Betriebsrats;
- im Falle des Scheiterns von Verhandlungen die Schaffung einer transnationalen Vertretung der Arbeitnehmer.

Der Generalsekretär des EGB forderte nach dem Scheitern der Gespräche die Europäische Kommission auf, einen Richtlinienvorschlag gemäß Artikel 2 des Sozialpolitischen Abkommens (d. h. ohne kompensatorischen Sozialdialog) über die Einrichtung Europäischer Betriebsräte zu beschließen. Er unterstrich in diesem Zusammenhang, daß der Vorschlag der Kommission sich eng an dem während der belgischen Präsidentschaft im Herbst 1993 erzielten Kompromiß orientieren sollte, was mit geringen Abstrichen auch so geschah. Der parlamentarische Staatssekretär aus dem Bonner Arbeitsministerium sah die Verantwortung für das Scheitern des kompensatorischen Sozialdialogs bei den Arbeitgebern, die selbst dem abgeschwächten Diskussionsvorschlag des EGB nicht zustimmten.

- Schließlich ist auch an einen korporativen Verhandlungstyp zu denken, wo unter voller Einbeziehung der Kommission bzw. einer zukünftigen echten europäischen Exekutive als drittem Verhandlungspartner neben den Tarifparteien Abkommen geschlossen werden. Aufgrund der gegebenen Schwäche aller drei potentiellen Akteure auf europäischer Ebene ist dies allerdings die wohl fernste Lösung.

Unabhängig davon, welcher Verhandlungstyp zum Zuge kommt, grundsätzlich müssen aber folgende Probleme gelöst werden:

- Das Problem der Sanktionsfähigkeit, also der rechtlichen Gleichstellung von nationalen und übernationalen Kollektivabkommen;
- die Registrierungsproblematik von Verträgen auf europäischer Ebene;
- mögliche Allgemeinverbindlichkeitsverfahren, die auch national bisher ganz unterschiedlich gehandhabt werden;
- eine verbindliche Regelung der gesamten Konfliktdimension, d. h. Streik und streikähnliche Aktionen in Kombination von bestehenden nationalen und noch zu schaffenden internationalen Kollektivvertrags- bzw. Gesetzesrechten;

- die Anerkennung des Koalitionsrechts und die Rahmenfestlegung eines Tarifrechts.

Es wäre aber verfehlt, von diesen letztgenannten Rahmenbedingungen die Entwicklung konkreter transnationaler Kollektivverhandlungen abhängig zu machen, zumal sie im Vertrag von Maastricht als mögliche Gesetzgebungs-materie überhaupt nicht angesprochen bzw. zum Teil sogar definitiv ausge-schlossen wurden.

Kann aus historischen nationalen Erfahrungen gefolgert werden, daß auch für die Einrichtung europäischer Kollektivvertragspolitik das Prinzip der »normativen Kraft des Faktischen« gelten wird: Erst konkrete Tarifpraxis wird den rechtlichen Überbau erzwingen?

Die Beiträge dieses Buches versuchen, durch die systematische, verglei-chende Zusammenführung verschiedener räumlicher, fachwissenschaftli-cher und politischer Standorte hierauf differenzierte Antworten zu geben.

Teil 1

Arbeitsbeziehungen und Integrationsprozeß: Nationale Strukturvoraussetzungen und europäische Perspektiven am Beispiel Frankreichs, Großbritanniens und der Bundesrepublik Deutschland

1. Frankreich

1.1 Das französische Arbeitsbeziehungssystem
Christian Dufour

1.1.1 Ebenen der Kollektivverhandlungen

Will man das französische System der Arbeitsbeziehungen verstehen, ist es nötig, die rechtliche Grundlage von der Praxis zu unterscheiden. Das System kann sich a posteriori eine starke Kohärenz zugute halten. Aus juristischer Sicht läßt sich hier eine strenge Hierarchie von vertraglichen Prinzipien und Regeln feststellen. Die Theorie von der Abhängigkeit des Systems von den Rechtsquellen gestattet diese Darstellung. Die juristische Kraft von Normen, hierarchisch gegliedert – vom Gesetz bis hin zum einfachen Abkommen (bzw. zur Kollektivvereinbarung) – erlaubt das Abstecken eines Raumes, wo der Staat, und hier zunächst die öffentliche Hand und dann die ernannten sozial Handelnden – angefangen von der konföderalen Ebene bis hin zur kleinen Werkstatt – Gelegenheit zu einer Regelung, einem Abkommen oder zur Annahme eines Abkommens gemäß ihrer jeweiligen Position haben. In dieser Sicht wird die Frage nach der Handlungsfähigkeit der verschiedenen Ebenen durch ein Ausnahmeverbot geregelt, z. B. durch das Verbot, Abkommen abzuschließen, die eine untere Ebene gegenüber einer höheren benachteiligt. Die Ausnahme in pejus – im schlechteren Fall – ist der Ausnahme in melius – im besseren Fall – entgegengesetzt.»Man spricht gern von Artikulation zwischen den Verhandlungsebenen. Der Ausdruck suggeriert eine Harmonievorstellung, eine Verbindung, die den Verhandlungen in den Unternehmen in der Branche und auf berufsübergreifender Ebene eine Vervollständigung erlaubt, in der jede auf ihrer jeweiligen Ebene mit einer ihr eigenen Rolle ausgestattet wird, ohne dabei auf die Verhandlungen auf anderer Ebene einzuwirken.«[1]

Jede Organisationsebene auf Arbeitnehmer- und Arbeitgeberseite, ja der Staat selbst, verfügt so über eine ausreichend definierte Rolle. Man könnte

---

[1] P. Rodière, Accord d'enterprise et convention de branche ou interprofessionnelle, in: Droit Social, Nr. 3, März 1989, S. 198

z. B. klar die Verantwortlichkeiten, wie sie für die verschiedenen Arten der Arbeitnehmervertretung festgelegt sind, verteilen: innerhalb des Unternehmens für die CE[2] Information und Konsultation und für die DS[3] Verhandlung und Unterzeichnung der Abkommen. Außerhalb des Unternehmens sieht man im Gegensatz z. B. Rahmenabkommen, die im Verlauf konföderaler Verhandlungen ausgearbeitet wurden, sich innerhalb nationaler und regionaler Branchenabkommen konkretisieren.

Die Realität ist aber weitaus komplexer als diese juristisch-schematisierte Darstellung. Die Abweichungen zwischen juristischer Darstellung und Wirklichkeit machen deutlich, welche soziale Logik hinter den Institutionen am Werk ist.

Der besondere Charakter gewerkschaftlichen Lebens in Frankreich sowie die komplexen Entwicklungsbedingungen vertraglicher Aktivitäten erklären, daß in der gesamten Aufbauphase des Systems keine genaue Einschätzung hinsichtlich dessen Wirksamkeit zur Verfügung stand. Man mußte bis zum Jahr 1981 warten, um eine »statistische Bilanz« des Phänomens zu erhalten, daß die Anzahl der von Kollektivvereinbarungen betroffenen Arbeitnehmer nicht abgeschätzt werden kann, da dies schlicht in der Praxis nicht machbar ist[4]. Die herkömmliche Erfassung scheint, einer ungenauen Einschätzung zufolge, erst ab Mitte der fünfziger Jahre eine bedeutsame Zahl von Arbeitnehmern zu betreffen: Die Streikwelle in den Jahren 1953 und 1955 hatte eine Wirksamkeit, wie sie in den Verträgen nicht erreicht wurde. Man mußte den Beginn der achtziger Jahre abwarten, bis ca. 80 % der Arbeitnehmer über eine Kollektivvereinbarung verfügten. Tabelle 1 und 2 geben die neuere Entwicklung der Anzahl der auf den verschiedenen Ebenen ausgehandelten Abkommen wieder:

Tabelle 1

Anzahl der berufsübergreifenden und branchenbezogenen Verhandlungen 1982–1992, national und regional

	1982	1983	1984	1985	1986	1987	1988	1989	1990	1991	1992
national	659	489	481	557	469	485	603	563	592	559	604
regional	710	559	446	345	296	363	371	351	361	448	373
zusammen	1369	1048	927	902	765	848	974	914	953	1007	977

---

2 Comité d'entreprise (Betriebsausschuß)
3 Délégués syndicaux (Gewerkschaftsvertreter)
4 C. Jezequel, Apercus statistiques sur la vie conventionnelle en France, in: Droit Social, Nr. 6, Juni 1981, S. 462

Tabelle 2
Anzahl der Betriebs- und Unternehmensabkommen 1983–1992

1983	1984	1985	1986	1987	1988	1989	1990	1991	1992
4850	3972	4889	4890	6484	5085	5793	6496	6750	6370

Die Metallindustrie, der Bau, die Chemie, die Textilindustrie, die Privatindustrie überhaupt sind die Bereiche, die als erste Vereinbarungen aushandelten. Daneben bewies der Banksektor, auf halbem Weg zwischen Verstaatlichung und Privatisierung, große konfliktuelle und vertragliche Aktivitäten.

Die Mehrzahl dieser Abkommen wurde bis 1970 tatsächlich auf Branchenebene abgeschlossen, mit regionaler oder auf die Départements bezogener Ausrichtung. Aus dieser Sicht entspricht die juristische Vorlage einer gewissen Realität. Doch sehr häufig basieren diese Abkommen auf zunächst innerhalb der Unternehmen oder anderer »Pilotbereiche« Erreichtem, z. B. Renault für die Metallindustrie. In der Realität bieten Teilabkommen die besten Ausgangsbedingungen für umfassendere Verhandlungen; sie erstrecken sich zunächst auf die Branchenebene und werden dann in den verschiedensten Tätigkeitsbereichen wieder aufgenommen. Die Initiative zum Verhandeln entspricht nicht notwendig einem »Ordnungswillen«, der von der einen oder anderen Seite der Verhandlungspartner geplant wurde. Das soziale Klima, mehr oder weniger angespannt, zählt mehr als die kühle Voraussicht. Die »Institutionen«, die, da sie über die juristische Anerkennung verfügen, zum Verhandeln geeignet sind, sind integrativ – sowohl auf seiten der Arbeitnehmer wie auch auf seiten der Arbeitgeber – im Sinne einer Logik, die zwar nicht der Vertragsverhandlung entspricht[5], dafür jedoch derjenigen der repräsentativen Legitimation. Und diese wiederum beruht auf der Streikpraxis, die ihrerseits zwar in der Regel von den Gewerkschaften kontrolliert, aber nicht wirklich geleitet wird.

Dieser Initiierungseffekt der Kollektivvereinbarung durch die Unternehmen oder die führenden Sektoren ist beispielhaft für französische Besonderheiten. Er macht die beachtlichen Diskrepanzen verständlich, die zwischen den eher allgemeinen vertraglichen Inhalten (Branchenvereinbarungen) und den Anwendungen innerhalb der führenden Unternehmen (Unternehmens-

---

5 Über die Verhandlung der Kollektivvereinbarungen, deren Rolle und deren Typologie siehe J. Saglio, La régulation de branche dans le système français de relations professionnelles, in: Travail et emploi, 1/1991, Nr. 47, S. 20 f.

abkommen, vgl. Tabelle 3) bestehen. Die Kollektivvereinbarungen der Branche spielen in Frankreich eine Rolle, die darauf abzielt, Minimalkompromisse für alle tragfähig zu machen. Sie dienen zur Stärkung der Arbeitnehmerseite außerhalb der Hochburgen der Gewerkschaft bis hinunter in eine Unzahl von kleinen oder mittleren Unternehmen. Zwischen den Arbeitgebern erlauben sie eine – relative – Angleichung der Wettbewerbsbedingungen. Dieser Zusammenhang läßt sich auch für andere entscheidende Elemente der Kollektivvereinbarungen, wie z. B. die Eingruppierungen, feststellen.»In dem Maße wie ihre Position geschwächt ist, d. h. in dem Moment, wo es ihnen nicht gelingt, die Gesamtheit der Arbeitnehmer in großen, offenen Auseinandersetzungen zu mobilisieren, vermögen es die Gewerkschaften nicht, die in den Branchenklassifikationen vorgegebenen Gehaltsnormen zu ändern … Ihre Wirksamkeit besteht also darin, die Einheit auf seiten der Arbeitgeber aufzubrechen, indem sie beachtliche Vorteile in einem der Unternehmen erringen, und zwar so, daß die Arbeitgeber gezwungen werden zu intervenieren, damit erneut tragbare Wettbewerbsbedingungen hergestellt werden.«[6]

Die Lohnminima der Kollektivvereinbarungen haben auch so gesehen eine nur schwache Wechselbeziehung mit den Realminima. Der Bericht des Generalkommissariats zur Planung der Kollektivverhandlungen (1988) hielt fest, daß am 1. Juli 1984 die Löhne der Beschäftigungsverhältnisse von Arbeitern und Angestellten ohne Qualifikation in mehr als 90 % der konventionellen Branchen mit mehr als 10 000 Arbeitnehmern unter dem SMIG[7] lagen bzw. mit ihm gleichauf waren. Das läuft darauf hinaus, den Unternehmen eine recht große Autonomie zuzusichern und viel Spielraum in der Führung ihres Personals, da sie Prämien und verschiedene Sonderleistungen zur Festlegung möglichst niedriger Löhne ausspielen können. Diese Situation wurde teilweise durch die Branchenverhandlungen, die insbesondere im Verlauf des Jahres 1991 geführt wurden, korrigiert. Im Juni 1991 schätzte man die Zahl der Branchen mit mehr als 10 000 Arbeitnehmern, die eine minimale Entlohnung boten, die unterhalb des SMIG rangierte, auf 36 %.

Die »anwachsende vertragliche Regelung der Berufsbeziehungen« ist statistisch erfaßt: mehr und mehr Arbeitnehmer sind davon betroffen. Man kann daraus aber nicht auf die Qualität der Beziehungen zwischen den Verhand-

---

6 J. Saglio, Hiérarchie des salaires et négociations des classifications, France 1900–1950, in: Travail et emploi, März 1986
7 SMIG: Minimallohn, vom Staat fixiert und periodisch angepaßt.

lungspartnern schließen. Die Verallgemeinerung der Kollektivvereinbarungen geschieht nämlich sehr häufig durch die Intervention des Staates. Man muß darüber hinaus auch die entscheidende Rolle berücksichtigen, welche die allgemeinen Sozialmaßnahmen (wie etwa die Arbeitslosenversicherung, die Monatsentlohnung und die Verallgemeinerung des ergänzenden Rentensystems) zur Sicherung eines gemeinsamen Rahmens für die dann sehr unterschiedlichen Praktiken spielen. Die Intervention der Konföderation ist für diesen Bereich überaus entscheidend. Es ist auch eine der Besonderheiten der französischen Arbeitsbeziehungen, daß auch die konföderalen Ebenen verhandlungsfähig sind, was bedeutet, daß zum einen Staat und Arbeitgeberschaft diese Verhandlungsebene anerkennen (unabhängig vom Inhalt), aber auch, daß die anderen gewerkschaftlichen Ebenen (Föderation, geographische Vereinigungen) die konföderalen Strukturen in Anspruch nehmen können.

1.1.2 Strategische Entwicklungen

1.1.2.1 Der zunehmende Stellenwert des Staates

Die einflußreiche Rolle des Staates wird sehr häufig als die schlechthin französische Besonderheit beschworen. Die Zentralisierung der Mittel, über die er zu diesem Zweck verfügt, wurde am Ende des Zweiten Weltkriegs noch verstärkt. Er verfügt insbesondere als Dienstherr zahlreicher Arbeitnehmer in äußerst unterschiedlichen Berufspositionen über große indirekte Interventionsmöglichkeiten bezüglich der Wahl der sozialen Ausrichtung für die Gesamtheit des Landes: Renault, Stromversorgung, die Post, die Eisenbahn, die großen Banken und der öffentliche Dienst wurden zu »sozialen Schaufenstern« und zur Speerspitze der französischen Gewerkschaftsbewegung.

Doch diese Politik des Staates gab es nicht immer, weder im ökonomischen noch im sozialen Bereich. Die Verstärkung seiner Rolle zu Kriegsende war ebensosehr die Folge äußerer Zwänge (Frankreich mußte industrialisiert werden) wie auch das Ergebnis innerer Ursachen: Die Gewerkschaftsbewegung ging gestärkt aus dem Krieg hervor, während die seit einem Jahrhundert entgegengesetzten Kräfte instabil wurden. Durch die Mittel der Unternehmensführung, der Planung und der Festlegung ökonomischer Prioritäten nahm es der Staat auf sich, eine politische Antwort auf die Stärke der Gewerkschaften zu geben. Die Aufgabe des Staates ist um so heikler, als die von ihm angestoßenen Veränderungen seine eigenen Grundfesten erschüttern.

Der Aufbau eines Rechtssystems, das die Arbeitnehmerschaft in einen weniger prekären Stand versetzt, sicherte die Umwandlung des landwirtschaftlichen in ein industrielles Frankreich und des kolonialen in ein im internationalen Wettbewerb sich befindendes Frankreich. Die Haltung des Staates war und ist dabei nicht ohne Widersprüche. Man könnte hier den Fall der Arbeitslosenversicherung anführen, die erst im Jahr 1958 in einem berufsübergreifenden Abkommen geregelt wurde, wobei der französische Gesetzgeber gegenüber demjenigen benachbarter Länder sehr in Verzug war. Ebenso erging es dem SMIG, der über lange Jahre hinweg gemäß der Zonen, innerhalb derer er zur Anwendung kam, unterschiedlich war. Ein national geltender Mindestlohn wurde erst im Jahr 1968 gewährt. Die Initiativkapazität des Staates, insofern er überhaupt über eine solche verfügt, ist allerdings nicht autonom. Sie fluktuiert mit dem auf politischem und beruflichem Gebiet bestehenden Kräfteverhältnis. Als politische-gesetzgebende Kraft muß der Staat durch die ihn zu einer jeweiligen Zeit leitenden Parteien hindurch seine eigenen Verbindlichkeiten mitberücksichtigen und versuchen, Meinungsfraktionen zusammenzubringen. Versuche wie diejenigen der »Partizipation der Arbeitnehmer« unter General de Gaulle, der »neuen Gesellschaft« unter der Präsidentschaft Pompidous oder der »Bürgerschaft innerhalb des Unternehmens«, nachdem die Linke im Jahr 1981 an die Macht gekommen war, bekunden den Bedarf, die staatlichen Interventionen im Bereich der Arbeit zu legitimieren.

Zusammenfassend kann man sagen, daß während der ersten beiden Jahrzehnte nach dem Krieg die Interventionsmittel des Staates, die mit den Interventionsmitteln einer dynamischen Gewerkschaftsbewegung (durch die Sozialversicherung, die Verhandlungen zu Kollektivvereinbarungen und die Konfliktbereitschaft) korrespondierten, der Vereinheitlichung vor allem bezüglich des Einkommens Priorität im französischen Arbeitsbeziehungssystem einräumten. Die verfügbaren juristischen Werkzeuge sind zahlreich und vielschichtig, und deren Anwendung wird stark durch die Konfliktbereitschaft, die auf jeder Ebene der Auseinandersetzung vorhanden ist, beeinflußt. Der Zustand der Arbeitsbeziehungen wechselt stark je nach Arbeitsbereich und regionaler Zone. Der Interventionismus des Staates ist um so aktiver, je mehr sich die Gewerkschaft in »günstigen« Zeiten befindet, z. B. ihre Position während und nach dem Krieg, aber auch bei raschem Wachstum der Arbeitnehmerschaft und geringer Arbeitslosigkeit. Die französische Arbeitgeberschaft verfügt dann weder über die Mittel noch über den Willen, sich allein und unmittelbar mit der Gewerkschaft auseinanderzusetzen. Sie vermeidet, so gut es geht, nationale Verhandlungen und die Anerkennung der Gewerkschaft im Unternehmen. Aufgrund all dessen bevorzugt sie vermittelnde Ebenen, wo die politische Bedeutung des Kräfteverhältnisses geringer ist und wo die Autorität der Arbeitgeber nicht in Frage steht. Die Intervention des Staates verdeckt teilweise diese Schwächen.

Mit der Krise in den siebziger Jahren entwickeln sich aber die Kräfteverhältnisse sehr zuungunsten der Gewerkschaften. Die Verhandlungselemente, welche die französische Gesellschaft bereits seit langem durchziehen und die insbesondere auf die Rolle des Staates und auf die Auswahl der Verhandlungsebenen einwirken, werden innerhalb eines neuen Kontextes verstärkt.

1.1.2.2 Das Unternehmen als Verhandlungszentrum?

Die Entwicklung der Arbeitnehmerschaft und die Verstädterung verändern nach und nach substantiell die Grenzen des sozialen Gleichgewichts. Die industrielle Konzentration bringt die Wettbewerbsbedingungen zwischen den Unternehmen durcheinander, verändert die Konfiguration der Branchen und verschiebt die Fragestellung hinsichtlich der Autonomie der Unternehmen. Die Ereignisse vom Mai 1968 machen die Zerbrechlichkeit des französischen Arbeitssystems deutlich. Es ist weder ökonomisch besonders leistungsstark noch politisch besonders stabil. Der Ruf nach dem Staat zum Aufholen der Versäumnisse hat schwerwiegende soziale Risiken zur Folge. Er hat zudem die Positionierung der konföderalen Gewerkschaft in eine Schlüsselrolle zur Folge.

Die siebziger Jahre sind der Schauplatz für zahlreiche konföderale Verhandlungen von Themen mit soziopolitischem Akzent wie: der SMIG, die Sozialversicherung, die Renten, die Arbeitslosenversicherung usw. Doch gleichzeitig kommt den Arbeitgebern mehr und mehr zu Bewußtsein, daß sie den Gewerkschaften nicht den Platz überlassen dürfen, den sie in den Unternehmen einzunehmen vermochten. In einer Verkettung von Umständen unterschiedlichster Art, wobei insbesondere die Verengung des Arbeitsmarktes und die Einführung neuer Methoden der Personalführung zusammenwirkten, wendet sich das Kräfteverhältnis zugunsten der Arbeitgeber. Die Gewerkschaftsbewegung hat Probleme mit der Restrukturierung der Wirtschaft und den damit verbundenen sozialen Konsequenzen. Die Fraktionen der Arbeitgeberschaft und der politischen Machthaber, die darauf ausgerichtet sind, die Strategie der Schlüsselverhandlungen außerhalb des Unternehmens in Frage zu stellen, verschaffen sich immer mehr Gehör. Ende der siebziger Jahre machen sich die französischen Arbeitgeber diese offiziell zu eigen:»Mit dem Erstarken der großen multinationalen Arbeitgeberschaft innerhalb der Gruppe der Unternehmenschefs, der Öffnung der französischen Wirtschaft, der Demokratisierung und der ›Amerikanisierung‹ der Gesamtheit der Gesellschaft, ist die patrimoniale Kultur merklich zurückgegangen – ohne deswegen hegemoniale Bestrebungen preisgegeben zu haben –, und umgekehrt hat die unternehmerische Kultur an Boden gewonnen.«[8]

Dieser Strategiewechsel ist durch zahlreiche Faktoren möglich geworden. Zum einen wurden die Kollektivabkommen so verbreitert, daß die »Löcher« nicht mehr die für das ökonomische Leben vitalen Bereiche betreffen. Die konföderalen Verhandlungsergebnisse über sozialen Schutz, Arbeitslosigkeit, Bildung usw. sind in der Praxis verankert und erlauben das Aufrechterhalten einer Mindestsicherung der Lebens- und Arbeitsbedingungen. Die Erweiterungsversuche im Hinblick auf Bereiche gewerkschaftlicher Aktivitäten werden allerdings oft zu Mißerfolgen. Schließlich unterhalten die Unternehmen untereinander nicht mehr die gleichen Wettbewerbsbeziehungen: Lohnabweichungen, die gestern nachteilig waren, können morgen schon von Vorteil sein. Das Erweiterungsbedürfnis bzw. die Verallgemeinerung der Kollektivvereinbarungen ist also für die Arbeitgeber nicht besonders dringlich. Kurz gesagt und ohne zu beanspruchen, daß die Liste erschöpfend ist, führt die hohe Arbeitslosenrate, die den französischen Arbeitsmarkt seit Mitte der siebziger Jahre charakterisiert, zur anhaltenden Schwächung der Interventionskapazität der Gewerkschaft. Sie betrifft ganz besonders die gewerkschaftlichen Bastionen und läßt die Kette der Wirkungen in die Breite reißen. Die Konfliktbereitschaft sinkt; sie verlagert sich am Ende des Jahrzehnts in Richtung auf schwächere Unternehmen, die defensive Kämpfe führen. Sie tendiert schließlich im Verlauf der achtziger und neunziger Jahre zu einem historisch sehr niedrigen Niveau, indem sie sich nun auf den öffentlichen Dienst und die verstaatlichten Betriebe konzentriert.

Parallel dazu laufen über einen langen Zeitraum die gemeinsamen Versuche bestimmter staatlicher Verantwortungsträger und eines Teils der Arbeitgeberschaft, das Unternehmen zu dem für die sozialen Verhandlungen ausschlaggebenden Ort zu machen. Die Gutachten über eine Unternehmensreform[9] stehen im Zusammenhang mit den internen Auseinandersetzungen in der Arbeitgeberschaft und mit den Vorschlägen von Regierungsseite im Verlauf von mehr als fünfzehn Jahren, mit dem Ziel, zu einer neuen

---

8 H. Weber, Cultures patronales et types d'entreprises: esquisse d'une typologie du patronat, in: Sociologie du travail, 4/1988, S. 557

9 F. Bloch-Lainé, Pour une réforme de l'entreprise, Paris 1963; P. Sudreau, la réforme de l'entreprise, U.G.E., Paris 1975

Konzeption der Kollektivverhandlung zu gelangen, die zu einem entscheidenden Teil Kollektivverhandlung im Unternehmen wird. Dieses Konzept hat drei wesentliche Eckpfeiler:

- Auf nationaler Ebene wird zusammen mit den Konföderationen und in einer mehr oder weniger klar anerkannten Dreierbeziehung unter Einbeziehung des Staates der »Sockel« des Gehaltsstatus verhandelt: Sozialversicherung, Arbeitseinkommen, Bildung. Diese Ebene kann als der Ort der Formulierung von Empfehlungen für die als strategisch bewerteten Verhandlungen dienen (Einteilung der Arbeitszeit, Entlassungsrecht usw.), deren Lösung auf dezentralisierter Ebene herbeigeführt wird (oder auch nicht).

- Die Branchenebene bleibt für die Verhandlung theoretisch immer verfügbar. Faktisch ruht sie aber seit vielen Jahren für eine beachtliche und wachsende Zahl von Branchen. Dies entspricht sowohl der Strategie der Arbeitgeber wie auch den gewerkschaftlichen Schwierigkeiten, wirksame Mobilisierungen auf dieser Ebene zu bewerkstelligen.

- Die Unternehmensebene wird zum entscheidenden Ort der Arbeitsbeziehungen. Die Politik der Individualisierung der Gehälter und die Maßnahmen zur Anpassung der Arbeitskraft an die Erfordernisse des Marktes führen nach und nach unmittelbar zu dieser Ebene. Die Formen, die sich durch diese Entwicklung herausgebildet haben, sind gekennzeichnet von gehaltsbezogenen Differenzierungen, wie sie jedem Unternehmen, mithin auch jeder Niederlassung innerhalb der großen Unternehmen zu eigen sind (vgl. Tabelle 3).

Die Entwicklung dieser politischen Linie geht weniger aus einer Überzeugungsarbeit ihrer Protagonisten hervor, als vielmehr aus der Schwächung der gewerkschaftlichen Tätigkeit. Die traditionelle Distanz der Angestellten gegenüber Gewerkschaftsaktivisten, die sich im Unternehmen einrichten, wird durch die Aussicht abgemildert, über gewählte Vertreter (Betriebsausschuß, Personaldelegierte usw.) verfügen zu können, die für die Interessen des Unternehmens mehr Verständnis aufbringen.

Im Gegensatz zu ihrer öffentlichen Darstellung widersetzt sich diese Politik der »Dezentralisierung« faktisch nicht der Stärkung der Rolle des Staates. Einerseits spielen die verstaatlichten Unternehmen immer noch eine wesentliche Rolle, doch darüber hinaus veranlaßt die Schwächung der nationalen Branchenverhandlungen eine Anzahl mehr oder weniger großer Unternehmen dazu, direkt die vom Staat im öffentlichen Dienst entwickelten Praktiken mitzuberücksichtigen. Die Gehaltsentwicklung der Beamten wird eine der wichtigsten Gegenstände der informellen, pauschalen Verhand-

Tabelle 3
Verhandlungsthemen der Betriebs- und Unternehmensabkommen 1990–1992

	1992*		1991		1990	
Verhandlungsthemen	Anzahl	in %	Anzahl	in %	Anzahl	in %
Gehälter und Prämien	3358	52,7	3633	53,8	3759	57,9
Arbeitszeit	2622	41,2	2739	40,6	2481	38,2
Eingruppierungen	391	6,1	386	5,7	336	5,2
Gewerkschaftsrechte	145	2,3	122	1,8	90	1,4
Arbeitsbedingungen	119	1,9	104	1,5	131	2,0
Äußerungsrechte	196	3,1	157	2,3	263	4,0
Vertretungsrechte	401	6,3	368	5,4	312	4,8
Berufliche Bildung	133	2,1	139	2,1	131	2,0
Beschäftigung	294	4,6	234	3,5	170	2,6
Andere	1072	16,8	1251	18,5	981	15,1
Summe**	6370		6754		6496	

* Schätzungen auf der Basis von 6116 ausgewerteten Abkommen.
** Ein Abkommen kann mehrere Themen umfassen: 36 % der Gehaltsabkommen 1992 behandeln auch Arbeitszeitfragen.

lung auf Unternehmensebene. Die Konflikte der Beamten sind entscheidender und »exemplarischer« geworden, als sie es in der Vergangenheit waren. Der im Vergleich zur Privatindustrie – dort nur noch ca. 6 % – etwas höhere Grad der Gewerkschaftsorganisation des öffentlichen Dienstes stärkt seine Vorreiterrolle. Die »Dezentralisierung« der Verhandlungen im privaten Sektor führt aber häufig zum Ausbleiben der ausdrücklichen Formalisierung gefundener Kompromisse. Die Politik der Individualisierung der Gehälter, die personalisierte Steuerung der Berufslaufbahn (Karriere) und die neuen Sozialtechniken des Managements erlauben es den erneuerungshungrigsten Unternehmensführern, die Gewerkschaftsführer ihrer sozialen Vermittlerrolle zu entheben. Die Veränderungen der Zusammensetzung der Arbeitnehmerschaft schwächen darüber hinaus die Gewerkschaftsstrukturen, denen es schwer fällt, innerhalb neuer Arbeitnehmerkategorien Fuß zu fassen.

1.1.3 Welchen Stellenwert hat die Gewerkschaftsbewegung?

Im April 1979 äußerte das Kabinett den Wunsch, Verhandlungsstrukturen zu entwickeln, die sich zwar auf alle Ebenen der Gesellschaft erstrecken, aber insbesondere auf die Unternehmensebene konzentrieren. Der damalige Präsident der Republik hielt vor dem Wirtschafts- und Sozialrat eine Rede (aus Anlaß des hundertsten Geburtstags von Léon Jouhaux!), in der er bestätigte, daß Diskussion und Kollektivverhandlung nicht zu»in großen Kämpfen abgetrotzten Konzessionen« werden dürfen,»sondern Ausdruck eines den Gewerkschaften – in Anbetracht ihrer Rolle – gebührenden Rechts, dem Recht zur Verhandlung« sein müssen. Das bedeutet kurz nach den Wahlen, in deren Vorfeld die Gewerkschaften kräftig gegen die politischen Machthaber mobilisiert hatten festzustellen, daß der gegebene legislative Raum zunächst nur vermittels konstanten Beharrens auf dem eigenen Existenzrecht und der eigenständigen Rolle der Gewerkschaften genutzt werden konnte. Die»identitätsstiftende« Funktion der Gewerkschaften und deren Bedürfnis, als rechtmäßiger Gesprächspartner anerkannt zu werden, bleiben bestimmend, und die Verhandlungsfunktionen hängen davon in großem Umfang ab. Der Staat nimmt dies zur Kenntnis und gesteht den Gewerkschaften eine»natürliche« Berufung zur Verhandlung zu.

Es kam den politischen Machthabern damals noch nicht in den Sinn, die Gesetzeslage zu ändern. Man mußte das Jahr 1982 abwarten und die sogenannten Auroux-Gesetze, bis diese Vision konkretisiert wurde. Damit ging man tatsächlich zu einer Aufwertung der Unternehmensverhandlungen über. Man muß die Tatsache, daß sich der Arbeitsminister geweigert hat, seine Vorschläge als etwas anderes als eine»Revolution des gesunden Menschenverstandes« zu bezeichnen, und daß andere Beobachter hierin im wesentlichen eine»Modernisierung« des französischen Systems der Arbeitsbeziehungen sahen, lediglich als eine politische Schutzbehauptung auffassen.

Der Bericht des Generalkommissariats zur Planung der Kollektivverhandlungen macht sich zum Interpreten dieser Situation, wenn es heißt: »Die aktuellen Debatten über den Inhalt der Kollektivverhandlung, die diesbezügliche Rolle des Gesetzes und des Abkommens und die Funktion der verschiedenen Verhandlungsebenen sind also weit davon entfernt, schlichte Fortsetzungen alter Debatten zu sein: Sie sind in Wirklichkeit der Auftakt zu einer Umwandlung unseres Systems der Arbeitsbeziehungen, deren radikaler Charakter sich an der Tatsache bemißt, daß sie es erreichen könnten, das Unternehmen als privilegierten Ort für Kollektivverhandlungen anzuerkennen.«

49

Im französischen Fall scheinen diese Fragen, was die juristischen Aspekte anbelangt, zunächst einmal nicht besorgniserregend zu sein, wenngleich sie auch nicht unterschätzt werden dürfen im Hinblick auf die so eröffneten oder aber verbauten Möglichkeiten.»Erschüttert durch die Verpflichtung zum Verhandeln innerhalb des Unternehmens und aufgebrochen durch die Einführung von Ausnahmeregelungen, hat das Normengebäude hier seine spezifisch französische Regelhaftigkeit, die ihm Klarheit und Solidität verlieh, verloren; die Festlegung einer Normenhierarchie wurde so ersetzt durch eine Debatte über deren ›Artikulation‹, über die zumindest so viel zu sagen ist, daß sie überaus verwirrend ist und daß es ihr nicht gelingt, ein einigermaßen gegliedertes System einzurichten.«[10]

Doch es stellt sich auch die Frage danach, auf welchen Fundamenten die französischen Gewerkschaften heutzutage aufbauen können. Die Priorität, die die Arbeitgeberschaft der Verhandlung innerhalb des Unternehmens verliehen hat, stützt sich auf die in den französischen Unternehmen vorhandene Möglichkeit, die autonomen Verhandlungsinstanzen funktionsfähig zu machen, indem die gewählten Arbeitnehmer und die Direktion unmittelbar miteinander konfrontiert werden, ohne jedwede Vermittlung der Gewerkschaftsvertretung außerhalb des Unternehmens. Die obligatorische gewerkschaftliche Ernennung (Vorschlagsrecht) für die Wahl der Arbeitnehmer zum Betriebsausschuß und zu den Personaldelegierten im ersten Anlauf ist eine schwache Garantie für die gewerkschaftliche Anbindung, und das vor allem in einer Situation des gesteigerten gewerkschaftlichen Pluralismus bzw. der Konkurrenz. Im übrigen ist zu beobachten, daß die Zahl der Gewählten rasch ansteigt, worin sich eine neue Situation für die Repräsentationsinstanzen der Arbeitnehmer widerspiegelt.

Nun verfügt das französische System über die Eigenschaft, daß die Vielzahl der Verhandlungsorte zwischen Arbeitnehmern und Direktion (Betriebsausschuß, Personaldelegierte, Arbeitssicherheitsausschuß, Gesamtbetriebsausschuß auf Unternehmensebene, Äußerungsgruppen) die Geschäftsleitung zum wesentlichen Vermittler des Verhandlungsortes macht. Während jede formelle Verhandlung bis 1982 über die Gewerkschaftsvertreter abzulaufen hatte, so ist dies heutzutage nicht mehr der Fall. Und im übrigen kann die »informelle Verhandlung« mit Gesprächspartnern geführt werden, die es nicht nötig haben, ihre Verhandlungen innerhalb formalisierter Verfahren zu führen und zu beschließen sowie ständig auf ihre Rolle hinzuweisen. Die

---

10 A. Supiot, Déréglementation des relations de travail et autoréglementation de l'entreprise, in: Droit Social, Nr. 3, März 1989, S. 202

Schwächung der französischen Gewerkschaftsbewegung ergibt sich also aus einer vielschichtigen Situation. Stellt man fest, wie schwierig es ist, auf zentraler Ebene zu verhandeln, zu einer umfassenderen Mobilisierung zu gelangen sowie zahlreiche Mitglieder zu werben, dann stellt man zugleich das Fortbestehen einer starken Aktivität in Repräsentationsorten wie etwa den Betriebsausschüssen fest. Die neuen Rechte, über die sie verfügen, die Mittel, mit denen sie ausgestattet sind, und die neuen Strategien der Geschäftsleitungen machen hieraus strategische Orte. Es läßt sich also eine Schwächung der Gewerkschaften und die Verringerung ihrer Handlungsfähigkeit bei gleichzeitiger starker Zunahme von Unternehmensverhandlungen feststellen (vgl. Tabelle 2).

Es stellt sich auch die Frage, wie sich die Vielfalt der Verhandlungsorte mit der Bildung einer oder gar mehrerer »konföderaler« Politiken verträgt. Anders gesagt ist die zentrale Frage – die Artikulation der Verhandlungsebenen betreffend – möglicherweise nicht diejenige nach der juristischen oder formellen Kohärenz dieser Ebenen, sondern vielmehr diejenige nach der praxisbezogenen Rückwirkung, welche die Strategie der Dezentralisierung der Arbeitgeber für die Gewerkschaftler hat. Die Verhandlungsebenen werden nicht ohne die Akteure gebildet. Wenn die Branchenebene während einer bestimmten Zeit (bis 1970) wichtiger gewesen ist, so haben wir gesehen, daß dies aufgrund des Ausschlusses der Gewerkschaften aus dem Unternehmen so war. Die konföderale Ebene hat an Bedeutung gewonnen in einer Zeit, wo politische und auf seiten der Arbeitgeber vorhandene Blockaden diese Lösung vorantrieben.

Die Gewerkschaftsbewegung, die von der französischen Gesellschaft bis zum Jahr 1936 nur zögernd akzeptiert wurde, die zwischen den fünfziger und siebziger Jahren sehr aktiv war und sich daher in dieser Zeit eine große Zahl an Mitgliedern sichern konnte, könnte nunmehr mit einem sehr schwierigen Problem konfrontiert werden: dem Erhalt einer relativen Kooperationsfähigkeit trotz diversifizierter Verhandlungen. Die Vermehrung der Verhandlungsorte stellt keineswegs den Beweis dafür dar, daß die Gewerkschaftsbewegung im Gegensatz zu früher eher imstande ist, kollektiv zu handeln. Sie kann nämlich auch ihre Unfähigkeit ausdrücken, die neuen Aufsplitterungen innerhalb der Arbeitnehmerschaft zu überwinden (vgl. Tabelle 4). Man kann heute also genau *das* sich entwickeln sehen, wogegen die französischen Gewerkschaften seit langem gekämpft haben: die Unternehmensgewerkschaft und deren Folgen, insbesondere die Aufspaltung in Stamm- und Randbelegschaften und damit die zunehmende Distanz zwischen geschützten Arbeitnehmern und denen, die es nicht sind.

51

Tabelle 4

**Anzahl der Betriebs- und Unternehmensabkommen
nach den unterzeichnenden repräsentativen Gewerkschaften 1988–1992**

Gewerkschaften	1992*	in %	1991	in %	1990	in %	1989	in %	1988	in %
CGT	2883	45,3	3122	46,2	2953	45,5	2771	47,8	2333	45,9
CFDT	3399	53,4	3541	52,4	3272	50,4	2837	49,0	2520	49,6
FO	2682	42,1	2789	41,3	2596	40,0	2338	40,4	2051	40,3
CFTC	1361	21,4	1378	20,4	1247	19,2	1012	17,5	914	18,0
CFE–CGC	2504	39,3	2703	40,0	2488	38,3	2252	38,9	2040	40,1
Andere	910	14,3	861	12,7	911	14,0	621	10,7	571	11,2
Abkommen insgesamt	6370		6754		6496		5792		5085	

* Schätzungen auf der Basis von 6116 ausgewerteten Abkommen.

Aus interner Gewerkschaftssicht bedeutet dies auch, daß der Wahlmodus zur Ernennung von Arbeitnehmervertretern innerhalb des Betriebs (da auf dieser Ebene und nicht etwa auf derjenigen des Unternehmens die Wahlen stattfinden) einen Ernennungsmodus, wie er innerhalb gewerkschaftlicher Basisinstanzen gültig ist, in den Hintergrund drängt. Man sieht also, wie die Figur des traditionellen gewerkschaftlichen »Kämpfers« (»militant«) durch diejenige des »Lokalabgeordneten« ersetzt wird. Es ist möglicherweise genau dieses Phänomen, das den Anstieg der Zahl der nicht-gewerkschaftlich Gewählten erklärt.

1.1.4 Die europäische Perspektive aus französischer Sicht

Mehrere französische Unternehmen haben als Pioniere europäische Informationsstrukturen entwickelt (BULL, BSN, Saint-Gobain, Thomson, usw.). Einige dieser Experimente laufen schon mehrere Jahre. In Frankreich wurde nun damit begonnen, diese Erfahrungen zu evaluieren. In den meisten Fällen handelt es sich um Einrichtungen, deren Installierung von den Leitungsgremien der französischen Konzernmütter ausging. Die Teilnehmer auf Arbeitnehmerseite stammen aus den gewählten Vertretern der Betriebsausschüsse sowie aus gewerkschaftlichen Repräsentanten. Der Rekrutierungskreis dieser Vertreter ist von Modell zu Modell verschieden. Durchgängig allerdings ist das Problem, daß nicht alle der auf nationaler Ebene anerkannten französischen Gewerkschaftsbünde mit diesen Experimenten (Bedingungen und Durchführungsmethoden) einverstanden sind. Dies insbesondere auch deshalb, weil zwei der Konföderationen (CGT und CGC) nicht im Europäischen Gewerkschaftsbund und den Europäischen Branchenausschüssen integriert sind.

Auch auf Unternehmerseite ist die Bereitschaft, solche Gremien einer europäischen Koordinierung von Informationen zu schaffen, in der Regel nur dann vorhanden, wenn es bei der beschränkten Informationsprämisse bleibt und keine Verhandlungsperspektive eröffnet wird. Im Klartext bedeutet das, daß die Unternehmen die Initiativfunktion für sich behalten wollen und in diesen neuen Gremien nur die Bühne suchen, um ihre jeweilige Unternehmensentwicklungspolitik den aus den verschiedenen europäischen Ländern stammenden Arbeitnehmern zentral zu verdeutlichen. In Frankreich jedenfalls machen die Unternehmensleitungen kein Geheimnis daraus, daß sie diese »Europäischen Betriebsräte« vor allem als eine Frage der unternehmerischen Selbstdarstellung, also der Unternehmenskultur (Corporate Identity/politique d'image) auffassen. Da dies bekannt ist, bleiben die Gewerkschaften vorsichtig und zurückhaltend im Umgang mit den neuen Gremien. Sie fassen sie als Experimente auf, deren Sinnhaftigkeit sich erst noch beweisen muß. Die Vielfalt der Kompromisse, die bei den nun vorliegenden Einzelregelungen gefunden werden mußte, um die Gremien überhaupt ins Leben zu rufen, spiegelt die mit der französischen Gewerkschaftssituation und den komplizierten Arbeitsbeziehungen verbundenen Schwierigkeiten wider: Uneinigkeit des gewerkschaftlichen Lagers, organisationspolitische Schwäche der Gewerkschaften, geringe Organisationsquote, zersplitterte Verhandlungsführung und epochale Dezentralisierungstendenzen machen die ersten Schritte auf dem neuen Feld äußerst kompliziert und schwierig.

Mit einer Organisationsquote von unter 10 % insgesamt und unter 6 % im privatindustriellen Bereich verfügt die französische Gewerkschaftsbewegung im europäischen Vergleich über eine ungünstige Ausgangslage, auch wenn man berücksichtigt, daß die betrieblichen Gewerkschaftsvertreter in ihrem Engagement den Gewerkschaftsvertretern in anderen Ländern in der Regel überlegen sind. So ist es kein unlösbares Paradoxon, daß Frankreich einerseits auf der europäischen Ebene sehr aktiv erscheint – die meisten der multinationalen Unternehmen mit freiwillig eingesetzten Euro-Betriebsräten waren oder sind (noch) verstaatlicht – und auf der nationalen Ebene andererseits nicht in der Lage ist, eine progressive Arbeits- und Sozialpolitik zu führen. In der französischen Sozialgeschichte war die Spaltung zwischen den verschiedenen Verhandlungsebenen der Tarifpolitik immer sehr tief, der Aufbau eines nationalen Tarifvertragsrahmens ging daher zwangsläufig einher mit einer im internationalen Vergleich relativ großen Ineffizienz der

Tarifpolitik. Heute aber wird zusätzlich deutlich, daß der nationale Geltungsbereich von Verträgen nicht mehr ausreicht, um die Konkurrenz zwischen großen multinationalen Unternehmen zu steuern. Dazu braucht es eine neue, zusätzliche Ebene – die europäische –, um den sozialen Ausgleich zu finden. Und auf der europäischen Ebene treffen die französischen Verhältnisse auf ganz anders gelagerte, anders entwickelte und z. T. kompetentere außernationale Verhältnisse. Die Europäisierung der Arbeitsbeziehungen verlangt Korrekturen an allen nationalen Beziehungsmodellen. Für das prekäre französische Arbeitsbeziehungssystem bietet die europäische Perspektive daher eher Chancen als Risiken.

Übersetzung aus dem Französischen: Petra Braitling

1.2 Aspekte der Kollektivverhandlung in Frankreich

Anne Hidalgo

Das französische System der Arbeitsbeziehungen (relations professionnelles) entwickelt sich aus zwei Arten der Interessenvertretung. Die von den
Arbeitnehmern eines Unternehmens gewählte Vertretung, der Betriebsausschuß (comité d'entreprise) und der Personalvertreter (délégué du perso-
nel) nehmen Kontakt miteinander auf und treten mit denjenigen Vertretern,
die innerhalb des Unternehmens von den Gewerkschaften ernannt werden,
in Verbindung. Das Gesetz regelt und organisiert die Rollenverteilung. Somit
ist von Rechts wegen allein der Gewerkschaftsvertreter (délégué syndical)
der bevollmächtigte Verhandlungspartner, der die Gesamtheit der Arbeitnehmer gegenüber dem Chef des Unternehmens zu vertreten hat. Er erhält
im Unterschied zu den Gewählten sein Mandat direkt von der Gewerkschaft
und nicht etwa von den Arbeitnehmern des Unternehmens. Die Minimalbedingungen für eine Verhandlung – Themen und Ablauf – regelt das Arbeitsgesetz (loi du travail) sowohl im Hinblick auf die Verhandlungen innerhalb
des Unternehmens als auch auf Branchenebene.

Eine wechselseitige Kenntnis der Arbeitsbeziehungen, wie sie in Europa
existieren, vermag einen wichtigen Beitrag zur Debatte über die europäischen Perspektiven der Kollektivverhandlung zu liefern: Mit wem ist zu
verhandeln? Auf welcher Ebene? Über welche Inhalte?

Gleichwohl stößt der Vergleich auf mehrere Schwierigkeiten. Das vergleichende Vorgehen, insofern es sachdienlich sein soll, muß sich für
die Systeme der Arbeitsbeziehungen in ihrer Gesamtheit interessieren,
für die sich daraus ergebenden Funktionen, für die Rolle der Handelnden
und für das organisierende Normensystem. Es wird sich also nicht mit
einem Vergleich der verschiedenen Institutionen begnügen, die als Extrakte
des Systems einer vorausschauenden Analyse wohl kaum dienlich sind.
Im übrigen sollte diese vergleichende Annäherung nicht ausgerichtet
sein auf die Bewertung der Wirksamkeit eines jeden nationalen Modells
oder der Wirksamkeit der untereinander verglichenen Institutionen, um

so auf der Ebene der Gemeinschaft das »leistungsstärkste« System zu etablieren.

Schließlich sollte dieser Vergleich auch die informelle Dimension der Systeme, das reale Funktionieren der Institutionen mit in den Blick nehmen, wenngleich er hauptsächlich auf die Darstellung der Institutionen und Normensysteme abzielt. Freilich ergibt sich die formale Darstellung im wesentlichen aus der Beschreibung juristischer Normen, welche die Auseinandersetzungen und die Verhandlungen regeln. Dennoch entwickeln sich vielerlei praktische Normen jenseits juristischer Normen. In Frankreich ist das dort der Fall, wo innerhalb der sozialen Auseinandersetzung der Unterschied zwischen verschiedenartigen Normen (Gesetzen, Konventionen usw.) und deren Anwendung heftig diskutiert wird. Dies trifft für die meisten Länder der Gemeinschaft zu.

Wir möchten einige Aspekte der Kollektivverhandlung in Frankreich vorstellen, die auf gegebene Spannungen zwischen der gesetzlich geregelten Verhandlung und den sich entwickelnden Praktiken hinweisen, in einem Land, wo die Beziehung zwischen Gesetz und Tatsachen besonders komplex ist. Dann untersuchen wir die Perspektiven der Verhandlung in Europa. Haben die nationalen Unterschiede eher einen Bremseffekt, oder können sie vielleicht ganz im Gegenteil die Perspektiven europäischer Verhandlungen erweitern? Jenseits der globalen Bedeutung dieser Fragestellung handelt es sich darum, die Bedingungen, die Themen und die entsprechenden Ebenen möglicher Verhandlungen zu untersuchen.

1.2.1 Aspekte der Branchenverhandlung

Der Begriff der Berufsbranche ist in Frankreich juristisch nicht bestimmt. Es handelt sich dabei um einen Verhandlungsraum, der sich aus der Tatsache sozial Handelnder ergibt, und innerhalb dessen die Arbeitgeberverbände (organisations patronales) und die Gewerkschaften (organisations syndicales) für jeden Tätigkeitsbereich Vereinbarungen aushandeln.

Das Gesetz regelt die Themen und die Minimalfrequenz der Verhandlungen. Es besteht zudem die Pflicht, in einem fünfjährigen Turnus über die Klassifikationen, die Qualifikationen und die Ausrichtung der Berufsausbildung zu verhandeln. Ebenso gibt es die Verpflichtung zu alljährlichen Gehaltsverhandlungen (Artikel L 132.12 des Arbeitsgesetzes) für die jeweilige Branche. Der vom Arbeitsministerium herausgegebene Jahresbericht 1993 über die Kollektivverhandlungen spricht die auf Vereinbarungen beruhende Dynamik in Frankreich an: Aktuell werden 595 geltende brancheninterne Übereinkünfte gezählt. Diese Bilanz verweist darüber hinaus auf eine bedeutsame Entwicklung der Kollektivverhandlung, die sich in Richtung nicht gehaltsrelevanter Themen bewegt, wie etwa die Beschäftigung und die Ausbildung. Der Bericht klärt uns über die in den vergangenen zehn Jahren angewendeten Verhandlungspraktiken der Branche auf.

Schematisch gesehen wurden die Berufsbranchen bzw. deren Verhandlungsräume auf zwei Ziele hin ausgerichtet: Für die Gewerkschaften ging es um die Verteidigung der Berufsinteressen der Arbeitnehmer (Löhne, Arbeitsbedingungen, soziale Absicherung); für die Arbeitgeberverbände war die Regulierung der Kosten innerhalb der Branche das hauptsächliche Ziel. Die Ursache für die Wettbewerbsverzerrung ist die praktische Regelung der Arbeitskosten innerhalb der kleinen und mittleren Unternehmen, die gegenüber den großen Unternehmen niedriger sind. Die Ausbreitung humanistischer Ideen zu Beginn des Jahrhunderts hat das Aufkommen derjenigen Normen begünstigt, die die Sicherung menschlicher Arbeit, insbesondere durch kollektive Übereinkünfte, zum Ziel hatten. Gleichwohl scheint die wesentliche Triebfeder für die Einrichtung von Berufsbranchen als Verhandlungsräumen die ökonomische Fragestellung der Arbeitskosten gewesen zu sein.

So stellt sich die Lohnfrage traditionell auf der Verhandlungsebene der Branche. In der zweiten Hälfte der achtziger Jahre haben die Arbeitgeberverbände ihre Strategie jedoch geändert. Das Auseinanderdriften von Löhnen und Preisen, die Verschärfung der ökonomischen Situation ebenso wie die Fortentwicklung der Führungsmethoden innerhalb der Unternehmen veranlaßte die Berufsorganisation dazu, ihre Rolle hinsichtlich der Lohnpolitik (politique salariale) einzuschränken. Es läßt sich zwischen 1991 und 1992 ein Rückgang von 16,8 % der innerhalb der Berufsbranchen unterzeichneten Lohnverträge feststellen.

Das Unternehmen tritt also innerhalb der Auseinandersetzungen wie auch innerhalb der praktischen Regelungen in Erscheinung bei der Festlegung der Lohnsteigerungen. Die Arbeitgeberverbände legen auf der Ebene der Branche »Empfehlungen« (recommandations) für die Unternehmen fest. Deren juristischer Status ist allerdings vage und ihre Akzeptanz hängt ab vom Kohäsionsgrad zwischen den der Berufsorganisation angehörenden Unternehmen und deren Vertretern. Diese Entwicklung wirkt sich auf die Gesamtheit des Systems französischer Arbeitsbeziehungen aus, was leider bislang kaum untersucht wurde.

1.2.1.1 Entwicklung neuer Verhandlungsthemen

Parallel zum Rückgang der Lohnthematik läßt sich innerhalb der Branchenverhandlungen ein erheblicher Anstieg der Themen Beschäftigung, Qualifikation und Ausbildung beobachten.

Diese Fragestellungen stehen wohlgemerkt in engem Zusammenhang mit dem Lohn. Dennoch neigen die seit etwa fünfzehn Jahren von den Arbeitgeberverbänden entwickelten Strategien zu einer Entkoppelung dieser Themen, um hier kausale Verbindungen zu vermeiden. Nunmehr haben die Verhandlungen über Qualifikation und Klassifikation zum Ziel, paritätisch die Rahmenbedingungen und die Kategorien für Beschäftigung und Funktion und nicht etwa für Stellen oder Individuen festzulegen, was eine Lohnkalkulation ausschließt.

Diese neue Tendenz hat die gewerkschaftlichen Praktiken stark destabilisiert und dazu beigetragen, die Branchenverhandlung an den Rand zu drängen. Diese hat nicht mehr den hohen Stellenwert, da sich die abgehandelten Themen nicht zu »Geld machen lassen«. Somit wird sie nach und nach zu einer Verhandlungsebene, die sich von den eigentlichen Realitäten der Unternehmen weit entfernt hat.

Diese Konzeption der Branchenverhandlung wird verstärkt durch das Auftreten von Themen, die sich auf Beschäftigung und Berufsausbildung beziehen. Das Gesetz zwingt die Berufsbranchen dazu, alle fünf Jahre mittelfristig über die grobe Richtung der Ausbildung und über die Beschäftigungsentwicklung zu verhandeln. Es handelt sich dabei um einen neuen Typus von Verhandlung, nämlich gemeinsame Richtlinien für die Gewerkschaften und Arbeitgeberverbände zu überprüfen und auszuhandeln. Die so erarbeiteten Rahmenbestimmungen sind insofern von Bedeutung, als sie den Sozialpartnern erlauben, zukünftige Richtlinien festzulegen. Sie tragen zwar zum sozialen Dialog über die Einsatzmöglichkeiten bei, haben dabei aber häufig keine operationale Tragweite. Und auch das Eingreifen der Staatsmacht in diese Verhandlungsbereiche bringt die Rolle der Verhandlungspartner durcheinander.

1.2.1.2 Intervention des Staates und Rollenverschiebung der Verhandlungspartner

Diese neuen Themen wie Beschäftigung, Qualifikation und Ausbildung gehen in Frankreich aus Bereichen hervor, in die der Staat eingreift. Die von der Staatsmacht übernommenen Interventionsarten scheinen das Spiel der Branchenverhandlung grundlegend verändert zu haben. Leider mangelt es auch hier an entsprechender Forschungsarbeit. Dennoch werden wir versuchen, dazu einige Überlegungen anzustellen.

Der Staat interveniert mit klassischen Instrumenten, wie etwa mit dem Gesetz oder mit anderer Reglementierung, doch ebenso mit dem finanziellen Instrumentarium, und einige davon können mit den Berufsorganisationen ausgehandelt werden. So unterstützt z. B. der Staat solche Unternehmen, die sich für die Ausbildung und Einstellung von Arbeitnehmern mit niedrigem Qualifikationsniveau oder für auf dem Arbeitsmarkt benachteiligte Personen einsetzen. Die Verhandlung, die zwischen den Staatsvertretern und den Vertretern der Branche stattfinden, verlaufen nur selten tripartistisch (wie z. B. in Spanien).

Die Verhandlungsräume sind unterschiedlich. Der Staat verhandelt mit den Arbeitgeberverbänden, und bei den Gewerkschaften wird das Einverständnis hinsichtlich der jeweiligen Projekte eingeholt. Faktisch verändern sich die Verhandlungen wie auch das Spiel der Sozialpartner untereinander. Für die Berufsorganisationen wird der Staat immer mehr zur Legitimations- und Machtgrundlage. Zum Gradmesser für die Wirksamkeit derjenigen Unternehmen, die solchen Organisationen angehören, wird daher das Faktum, inwieweit sie beim Staat Gehör finden. Außerdem strebt der für die Allgemeininteressen sich verbürgende Staat in diesen Verhandlungen den Schutz derjenigen Arbeitnehmer an, die innerhalb ihres Arbeitsverhältnisses am meisten bedroht sind. Folglich lösen sich diese Themen vollkommen legitim aus dem Anspruchsbereich der Gewerkschaften.

Das Wesentliche der Verhandlungen über Beschäftigung und Ausbildung spielt sich hier ab, jenseits der paritätischen Verhandlung zwischen Gewerkschaften und Arbeitgeberverbänden. Läuft aber diese typisch französische Dreiteilung bezüglich der Themen, die ebenso wichtig sind wie Beschäftigung und Ausbildung der Arbeitnehmer, nicht Gefahr, den Inhalt und den Einsatz der traditionellen Kollektivverhandlung zu schmälern? Dieser Bereich wird von der Forschung vernachlässigt, obwohl der Staat de facto und de iure in die Strukturierung sozialer Beziehungen eingreift.

1.2.2 Aspekte der Unternehmensverhandlung

Auf der Ebene des Unternehmens ist die Dringlichkeit einer Studie über die informellen Beziehungen ebenso von Bedeutung wie auf der Ebene der Branche. Tatsächlich erlaubt uns die formelle Beschreibung des Systems der französischen Kollektivverhandlungen, insbesondere die Rolle der Gewerkschaftsvertreter – als de jure alleinige Verhandlungspartner innerhalb des Unternehmens – in Erinnerung zu rufen.

So läßt sich anhand der Untersuchung der Verhandlungspraktiken eine immer bedeutender werdende Rolle der Betriebsausschüsse (comités d'entreprise) bei den Kollektivverhandlungen beobachten, wohingegen das Gesetz den Comités keine solche Kompetenz zuspricht. Das Arbeitsrecht verteilt die Rollen zwischen gewählten Instanzen und Gewerkschaftsvertretern. Der Betriebsausschuß wird wie eine Institution, wie ein Ort der Konsultation und Konzertation über die allgemeine Marschrichtung des Unternehmens betrachtet und nicht etwa wie ein Verhandlungsort. Diese Entwicklung der Rollen der Arbeitnehmervertreter, die mit der Entwicklung der Inhalte der Verhandlungen verkoppelt ist, ist für ein besseres Verständnis des Verhandlungssystems innerhalb des Unternehmens in Frankreich erforderlich.

1.2.2.1 Verschiebung der Gehaltsverhandlung

Die beobachtete Verschiebung der Gehaltsverhandlung von der Branche zum Unternehmen hat eine Rehabilitation der Unternehmensebene als geeignetem Verhandlungsort zur Folge. Das Gesetz und die Strategien der Arbeitgeberverbände haben diese Entwicklung beschleunigt: Die »Auroux«-Gesetze von 1982–1983 folgen dieser Logik.

Der Gesetzgeber schuf 1982 die alljährliche Verpflichtung, über Gehälter, Dauer und Organisation der Arbeit zu verhandeln. Es handelt sich dabei um eine mittel- und nicht etwa ergebnisorientierte Verpflichtung. Dieses Gesetz hat Auswirkungen auf die traditionellen Tätigkeiten innerhalb der Unternehmen gehabt. Die 1990 durch das Arbeitsministerium realisierte Umsetzungsbilanz zeigt, daß die Verpflichtung im großen und ganzen angenommen wird. Tatsächlich haben 65 % der im Jahr 1989 verpflichteten Unternehmen diese Verhandlung geführt, und diese war zu durchschnittlich 70 % erfolgreich. Die Gehälter wurden in 57,9 % der Fälle verhandelt. Muß man daraus schließen, daß die Gehaltsverhandlung in Frankreich nunmehr dezentralisiert ist?

Die Untersuchung des Arbeitsministeriums macht deutlich, daß in der Mehrzahl der beobachteten Unternehmen der Verhandlungsablauf begrenzt war. Nur wenige Treffen wurden nach dieser Verhandlungsmethode organisiert. Die Verhandelnden haben meist keinerlei Nutzen von solchermaßen gebildeten Verhandlungen, was in großem Kontrast zum Ablauf der Branchenverhandlung steht. Die Unternehmensverhandlung erscheint tatsächlich wie ein Formalisierungsprozeß der vom Chef des Unternehmens entschiedenen Politik. Sie repoduziert in Gestalt einer formalisierten Verhandlung die vorher von den Personalvertretern geführten Diskussionen. Die Gehaltsverhandlung verschiebt sich vom kollektiven in den individuellen Bereich und wird anläßlich des Abschlusses des Arbeitsvertrags oder bei der Leistungsbewertung des Arbeitnehmers durch den Arbeitgeber geführt, d. h. sie wird im Rahmen eines Abhängigkeitsverhältnisses geführt und ist so nur selten das Ergebnis eines Verhandlungsprozesses (außer bei Arbeitnehmern mit seltener Qualifikation).

Die Arbeitnehmer bleiben Gegenstand von Anforderungen, aber sie scheren nunmehr aus der Kollektivverhandlung aus. Dennoch bleiben vertragliche Aktivitäten innerhalb der Unternehmen von Bedeutung. Es ist in der Tat der Abschluß zahlreicher Abkommen festzustellen, wo Kompromisse formalisiert und Normen, die die ökonomische Realität in Rechnung stellen, organisiert werden. Solche Abkommen werden häufig mit den vom Personal gewählten Instanzen ausgehandelt (Betriebsausschuß oder Personalvertreter). Die Unternehmensverhandlung erstreckt sich also auf neue Themen, mit anderen Akteuren als solchen, die über die rechtliche Kapazität zum Verhandeln verfügen.

1.2.2.2 Verschiebung bei den Akteuren der Verhandlung

Die vorher erwähnte Tendenz läßt sich in der ersten Hälfte der achtziger Jahre feststellen. Die Vertragsabschlüsse zwischen den Betriebsausschüssen und der Unternehmensleitung bringen das Arbeitsgesetz durcheinander, da die vom Personal gewählten Instanzen keine rechtliche Befugnis zum Einberufen des Kollektivs der Arbeitnehmer haben. Die Juristen gingen übrigens dazu über, neue juristische Kategorien mit dem Begriff atypischer Abkommen zu schaffen, um die Auswirkungen der aus solchen Abkommen resultierenden Normen zu erfassen.

Das oberste Gericht (Cour de Cassation) berücksichtigt, daß die mit anderen Partnern als mit den Gewerkschaftsvertretern unterzeichneten Abkommen nur die Mitunterzeichner bindet. Diese Rechtssprechung verleiht dieser Kategorie von Abkommen nur einen schwachen juristischen Status, und zwar insofern, als ein Arbeitnehmer, der mit den Klauseln eines atypischen Abkommens nicht übereinstimmt, sich nicht individuell durchsetzen könnte. Die Unternehmensleitung wäre also gezwungen, dessen Problem auf der Ebene einer grundlegenden Änderung des Vertrags abzuhandeln. Dennoch ist die Praxis atypischer Abkommen, trotz ihrer juristischen Labilität, legitim. Sie stellt für die Gewerkschaftsvertreter kein Hindernis dar, sobald der Arbeitgeber ihm gegenüber seine legalen Verpflichtungen respektiert. Der Chef des Unternehmens aber, der die Gewerkschaften nicht zu den jährlichen obligatorischen Verhandlungen einberuft oder aber derjenige, der ein atypisches Abkommen mit dem Betriebsausschuß unterzeichnet in der Absicht, die Gewerkschaften zu Fall zu bringen, könnte aufgrund der Behinderung gewerkschaftlicher Arbeit strafrechtlich verfolgt werden.

Es ist festzuhalten, daß die Unternehmensleitungen versucht sind, den Betriebsausschuß als einen Ort der Information, der Konsultation und der Konzertation hinsichtlich des Funktionierens des Unternehmens zu gebrauchen und nicht als einen Ort der Regelung von Ansprüchen und Konflikten. Er wird also hinsichtlich von Umstrukturierungsvorhaben des Unternehmens, hinsichtlich der Lizenzregelung und der diese begleitenden sozialen Maßnahmen konsultiert. Darüber hinaus verpflichtet seit 1989 das Gesetz die Unternehmensleitung, den Betriebsausschuß über die quantitativen und qualitativen Entwicklungen der Beschäftigung sowie der mittelfristigen Qualifikationen zu informieren.

Die über diese Themen geführten Diskussionen berühren nur selten die formalisierten Arbeitsverhältnisse (atypischer oder nicht atypischer Art). Im Gegenteil, der Prozeß dieser Arbeitsbeziehungen schließt sich tatsächlich an denjenigen der Verhandlung an. Er bietet Raum für Konflikte und für das Kräftemessen der Parteien, aber auch für informelle Kompromisse über besondere Fälle, wie z. B. die frühzeitige Verrentung.

Die Auswirkungen der neueren Entwicklung des französischen Systems der Arbeitsbeziehungen sind nur wenig erforscht. Die Verhandlung bleibt ein Untersuchungsgegenstand für Juristen, die uns Konzepte und Prinzipien zur Lösung neuer sozialer Realitäten vorschlagen, indem sie andere juristische Kategorien als die von uns traditionell verwendeten schaffen. Dennoch sind die informellen Dimensionen des Systems der Arbeitsbeziehungen, die sich mit der Beziehung zwischen den Normen und deren Anwendung auseinandersetzen, einem besseren Verständnis für unser System der Kollektivverhandlung und für die Spannungen, denen es unterliegt, zuträglich.

Nachdem wir die Störungen der besonderen Art der französischen Arbeitsbeziehungen behandelt haben, sind wir in der Lage, uns mit den möglichen Räumen und Inhalten künftiger Verhandlungen innerhalb Europas zu beschäftigen. Lassen die kulturellen, historischen und institutionellen Besonderheiten unserer jeweiligen Arbeitsbeziehungssysteme die Vorstellung von europäischen Abkommen über Beschäftigung, Arbeit und Bildung nicht utopisch erscheinen?

1.2.3 Perspektiven der Kollektivverhandlung in Europa

1.2.3.1 Verhandlungsprozeß innerhalb transnationaler Gruppierungen

Aus den Erfahrungen europäischer Betriebsräte ergeben sich unterschiedliche Vorgehensweisen. Man stößt dabei auf Widersprüche gleichen Ursprungs:

Für die Leiter der transnationalen Unternehmen geht es darum, folgenden Gegensatz produktiv zu organisieren: einerseits die Notwendigkeit, die ökonomischen, aber vor allem die finanziellen Entscheidungsorte zu konzentrieren. Andererseits die Notwendigkeit, die Produktionszentren dadurch autonom zu machen, daß man sie in einander ergänzender oder aber konkurrierender Weise organisiert. Es geht also um die Herstellung von Zusammenhalt und Diversifikation.

Wie aber soll man eine Identität, eine gemeinsame Kultur schaffen, die die Sicherstellung der Mobilität der Arbeitnehmer, die Mobilisierung ihrer Energien im Sinne des Gemeininteresses des Konzerns, d. h. die Weiterentwicklung der Gruppe erlaubt, und all das so, daß die Autonomie und die notwendige Verantwortung einer jeden Produktionseinheit aufrechterhalten wird? Diese Problematik scheint in großem Maße vorzuliegen, wenn man die Versuche analysiert, transnationale, konsultative Arbeitnehmerausschüsse zu schaffen.

Die ökonomische Organisation der transnationalen Unternehmen zieht die Repräsentanten der Arbeitnehmer aus verschiedenen Ländern zu Rate, welcher Art auch immer deren Wahl- oder Ernennungsmodus sein mag. Dabei stellen sich grundsätzliche Fragen:

– Wer repräsentiert wen und auf welcher Ebene?
– Wie soll man die Interessen der Arbeitnehmer aus den verschiedenen Produktionseinheiten gegenüber den Entscheidungszentren verteidigen, repräsentieren oder zum Ausdruck bringen?
– Wie soll man die einander widerstrebenden Interessen zwischen den Arbeitsgemeinschaften einer gleichen Gruppe, die in verschiedenen Ländern eingeführt werden, erfassen?
– Wie soll man die gemeinschaftlichen Einsätze identifizieren und erfassen?

Angesichts dieser Fragestellungen suchen einige Unternehmensdirektoren nach Lösungsmodellen. Sollte man sich aber nicht vor dem Bereitstellen einer Partizipationsform für die Arbeiter über die nationalen, kulturellen, historischen, juristischen und sozialen Eigenheiten dieser durch eine ökonomische Organisation miteinander verbundenen Unternehmen in Kenntnis setzen? So ließe sich die Funktionslogik der sozial Handelnden besser verstehen, und man suchte nicht nach einem universell gültigen Partizipationsmodell. Solche Vorgehensweisen existieren. Sie sind zeitintensiv und wenig spektakulär, doch sie bieten interessante, langfristige Perspektiven.

1.2.3.2 Branchenverhandlung auf europäischer Ebene

Es ist üblich, auf die Schwierigkeiten möglicher, heute noch nicht existenter Branchenverhandlungen, auf Repräsentationsprobleme der Akteure oder auch auf die Themenauswahl und deren Sachdienlichkeit hinzuweisen.

Die Geschichte der Branchenverhandlung in Frankreich macht deutlich, daß sich diese von dem Moment an entwickelt hat, wo sich die Großindustrie der Bedeutsamkeit des Arbeitsrechts bei der Festlegung der Arbeitskosten und folglich bei der Festlegung der Wettbewerbsregeln zwischen den Unternehmen bewußt wurde. Die Branche versuchte, Wettbewerbsverzerrungen zwischen großen und kleinen Unternehmen durch den Abschluß einheitlicher Anwendungsabkommen zu verhindern.

Es ist verlockend, zwischen jener Situation und derjenigen, mit der wir heute in Europa konfrontiert sind, eine Analogie herzustellen. Die Delokalisierungen im Innern der Gemeinschaft, die mit der Berücksichtigung der Arbeitskosten gerechtfertigt werden, weisen uns auf das Einwirken von Normen hin, die die menschliche Arbeit über den Wettbewerb zwischen den Unternehmen innerhalb eines jeden Staates regeln. Es erscheint heutzutage wenig realistisch, eine direkte Verhandlung über die Gehälter auf der Ebene einer europäischen Branche ins Auge zu fassen. Die Festlegung der Gehälter kann nicht aus einer so zentralisierten Verhandlungsebene hervorgehen. Es wäre aber viel aussichtsreicher, Verhandlungen über solche Themen zu führen, die indirekt die Gehälter und der Mobilität der Arbeiter, wie z. B. Qualifikationen, festlegen.

Die Branche erscheint als eine angemessene Ebene zur Erörterung einer solchen Fragestellung, und zwar in dem Sinn, daß sie eine Gesamtheit von Unternehmen betrifft, deren ökonomische Aktivitäten relativ nahe beieinander liegen. Gleichwohl genügt es nicht, die Verhandlungsebene und die Themen anzusprechen, man muß auch der Tatsache Rechnung tragen, daß es hier ein Risiko geben kann. Aus der Sicht gewerkschaftlicher Branchenverbände ist die Gefahr einer europäischen Branchenverhandlung nicht zu vernachlässigen, denn diese könnte gewisse nationale soziale Errungenschaften in Frage stellen. Auch für die Arbeitgeberverbände gibt es Risiken, da jede Branchenverhandlung auf eine Begrenzung der Entscheidungsmargen der Unternehmen stößt. Doch sind die Risiken nicht größer, die durch ein Ausbleiben der Strukturierung (anders als die dem Funktionieren des Marktes inhärenten Regeln) die Mobilität der Arbeiter und der mit den Kosten der Arbeit verknüpften Wettbewerbsbedingungen entstehen?

Die Methoden zur Unterstützung der Branchenverhandlung, wie sie in Frankreich vom Staat jüngst entwickelt wurden (im Rahmen zukunftsweisender Probeverträge), könnten den Sozialpartnern auf der Ebene einer europäischen Branche vorgeschlagen werden. Das Vorgehen stützt sich auf eine von Gewerkschaften und Arbeitgeberverbänden geteilten Diagnose, die mittelfristig die Entwicklung der Organisationsweisen der Arbeit, der Beschäftigung und der Qualifikation betrifft. Die gemeinsam durchgeführte Untersuchung hat einen dauerhaften Verhandlungsprozeß innerhalb der Gesamtheit der einbezogenen Branchen in Gang gesetzt, während die Ausgangsbedingungen für den Sozialen Dialog nicht gerade günstig waren. Könnte ein solches Vorgehen nicht auch innerhalb einer europäischen Branche während ihrer Aufbauphase erprobt werden?

1.2.3.3 Gesundheitssicherung in Europa – ist das Vorgehen übertragbar?

Das seit vielen Jahren in den Mitgliedsstaaten und innerhalb der Kommission praktizierte Vorgehen zur Bestimmung von Normen im Hinblick auf Gesundheit und Sicherheit der Arbeiter ist ein hervorragendes Beispiel für den Aufbau eines gemeinschaftlichen Sozialrechts. Die technischen und politischen Schwierigkeiten, die sich aus der Vielfalt der den einzelnen Staaten eigenen Systemen ergeben, wurden überwunden und machten den Platz frei für ein Ensemble gemeinschaftlicher Regeln, das mit den nationalen Rechtssprechungen abgeglichen wurde.

Freilich ging dieser Aufbau, der jedem Staat ein Abgleichen mit seiner Rechtssprechung abverlangte, nicht von selbst vonstatten. Es gab zahlreiche Widerstände. Dennoch ist es wichtig festzustellen, daß die Schwierigkeiten der Harmonisierung in dem Moment zu verschwinden begannen, wo die Sicherheit der Arbeiter als eine ökonomische und nicht mehr als eine ausschließlich soziale Fragestellung betrachtet wurde. Die Schaffung eines gemeinschaftlichen Rechts ist zum wesentlichen Element der Harmonisierung der Wettbewerbsregeln zwischen europäischen Maschinen- und Gerätebauern geworden. Mehrere Richtlinien wurden in diesem Bereich seit

1989 erlassen, z. B. über die Maschinen, den Arbeitsschutz, die Arbeitsstätten usw.

Die in jedem Staat geltenden Normen in Sachen Gesundheitssicherung waren in ihren Anforderungen zu unterschiedlich. Die Abnehmer, doch vor allem die Hersteller sahen sich mit technischen Normen und mit innerhalb der Gemeinschaft von Land zu Land verschiedenen Sicherheitssystemen konfrontiert, die sich unmittelbar auf die Maschinen- und Ausstattungspreise auswirkten. Die Untersuchung einer Harmonisierung der Regeln für Gesundheit und Sicherheit der Arbeiter in genau diesem Bereich erlaubte es den wichtigsten europäischen Konstrukteuren, die diesem internen Wettbewerb ausgesetzt sind, die unmittelbaren Kosten für die Sicherheitsvorrichtungen zu regeln. Das Vorgehen hat die erforderliche Zeit, die einige Länder für eine Angleichung der gemeinschaftlichen Normen benötigten, in Rechnung gestellt. Schließlich ist es wichtig, deutlich zu machen, daß die einzelnen gemeinschaftlichen Texte relativ schnell der Zeit angepaßt werden konnten, da sie ihres ökonomischen Charakters gemäß nach Mehrheitsvotum und nicht mit Einstimmigkeit verabschiedet werden konnten. Ohne diesen Prozeß des gemeinschaftlichen Aufbaus beschönigen zu wollen, ist er donnoch reich an Lehren für den sozialen Aufbau Europas. Er lehrt insbesondere, daß die vorgebrachten technischen oder juristischen Probleme, die die Verzögerung des sozialen Europas zu erklären versuchen, handhabbar sind, wenn Wettbewerbsprobleme unmittelbar mit im Spiel sind.

Ohne vollkommen auf die für die Kollektivverhandlungen relevanten Fragen übertragbar zu sein, könnte der Prozeß oder die Methode dieses Beispiels einen interessanten Orientierungsrahmen abgeben. Die Frage der Beziehung zwischen nationaler Rechtssprechung und gemeinschaftlicher Regulierung wurde hier in ihrem technischen wie politischen Aspekt innerhalb des Aufbaus eines Gemeinschaftsrechts umfänglich bearbeitet. Für eine Vereinheitlichung der Entwicklungsbedingungen der Kollektivverhandlungen in Europa ist die Anerkennung dieses Einsatzes vonnöten. Die Frage der Qualifikation wird vielleicht eines Tages als eine eminent ökonomische Frage erscheinen (was sie faktisch auch ist), die unmittelbare Konsequenzen für den Wettbewerb zwischen den Unternehmen im europäischen Raum hat. Sie könnte der Motor für eine Verhandlungsdynamik auf europäisch-gemeinschaftlicher Ebene und hier insbesondere auf Branchenebene werden.

Übersetzung aus dem Französischen: Petra Braitling

1.3 Frankreichs Unternehmerverband und seine Position im Geflecht von Arbeitsbeziehungen und Staat

Wolfgang Kowalsky

Die französische Unternehmerschaft verhält sich zwiespältig zur Frage »nationaler Protektionismus oder europäische Öffnung«. Während der Unternehmer-Dachverband sich mittlerweile klar zu Europa bekennt, steht ein gewichtiger Part des französischen Staates im Verbund mit zahlreichen Großunternehmern und Finanziers für hermetischen, hexagonalen (französischen) Protektionismus. Um diese These zu belegen, ist ein kurzer historischer Rückblick erforderlich.

Vorab ist es aber nötig, zumindest knapp den gesellschaftlichen Einfluß des französischen Unternehmerdachverbandes einzuschätzen. Der Conseil National du Patronat Français, kurz CNPF, vereint die Funktionen, die im bundesrepublikanischen oder schweizerischen Schema zwei Verbänden zugeordnet sind, nämlich einerseits die ökonomischen, andererseits die sozialen Interessen der Unternehmerschaft zu vertreten. Die in der Bundesrepublik gängige Zweiteilung in Wirtschafts- und Arbeitgeberverbände wird in Frankreich nicht praktiziert. Es fällt dem CNPF sowohl die Funktion zu, tarif- und sozialpolitisch als auch wirtschafts- und industriepolitisch tätig zu werden und damit Arbeitsfelder zu vereinen, die in Deutschland einerseits dem BDI, andererseits der BDA zufallen. Der französische Verband ist also zentralisierter, sogar stärker als entsprechende Organisationen in den USA oder einigen skandinavischen Ländern sowie repräsentativer als die italienischen oder belgischen Organisationen. Eigenangaben zufolge organisiert der CNPF rund eine Million Betriebe und konstituiert somit eine wahre Unternehmer-»Armee« durch Integration der Klein- und Kleinstbetriebe. Der heutige multi-funktionale Verband hat diesen Zusammenschluß als Form, Verbündete zu sammeln, erkannt. Das CNPF gilt nicht umsonst als repräsentative Dachorganisation: Während fünf nationale und zahlreiche branchenspezifische oder »autonome« Gewerkschaften zusammen schätzungsweise 10–15 % der Lohnabhängigen repräsentieren, ist die einschlägige Fachliteratur der einhelligen Ansicht, daß der CNPF die überwiegende

Mehrheit der Unternehmer vertritt, schätzungsweise 75 %. Wenn die Mitgliederzahl ins Verhältnis gesetzt wird zur Gesamtzahl der Unternehmer, wird die erstaunliche organisatorische Leistung des CNPF erst im vollen Umfang deutlich: Das nationale Amt für Statistik registrierte beispielsweise 1975 mehr als 1,7 Millionen Unternehmer, davon jedoch mehr als die Hälfte, nämlich 0,9 Millionen, ohne jegliche Beschäftigte. Nur 200 000 Unternehmen hatten mehr als fünf und 26 000 mehr als 50 Beschäftigte. Nicht zu Unrecht gilt daher, daß der CNPF von eminenter Bedeutung im Wirtschaftsleben Frankreichs ist und charakteristisch für die französische Unternehmerschaft. Diese Tatsache ist um so wichtiger, als dem Unternehmerverband auf der Gegenseite mehrere Gewerkschaften gegenüberstehen: Die der kommunistischen Partei nahe CGT, die den Sozialisten nahestehende CFDT, die sozialkatholische CFTC, die liberale FO. Im Gegensatz zur Konzeption der Einheitsgewerkschaft herrschen politische Richtungsgewerkschaften vor.

1.3.1 Von der staatlich initiierten Verbandsgründung zur Europäischen Wirtschaftsgemeinschaft

Die organisierte französische Unternehmerschaft, kurz: le Patronat, hat eine eigentümliche Geschichte hinter sich, denn eine Zentralorganisation wurde erst relativ spät, nämlich auf Drängen des Industrieministers nach dem Ersten Weltkrieg gegründet. Die Unternehmer hatten lange Zeit die Form eines lockeren Zusammenhalts bevorzugt, vergleichbar einer Freundschaftsvereinigung, also eher Adresse denn Organisation. Gestrafft wurde sie 1936 als Reaktion auf die Massenstreikbewegung zu Zeiten der Volksfront. Bedingt durch eine tiefgreifende Diskreditierung unter der Vichy-Regierung während der Besatzungszeit führte die Patronats-Zentrale nach dem Krieg ein Schattendasein, wobei Zurückhaltung und Diskretion beabsichtigt waren. Erst im Jahre 1965 gab der Zentralverband diese Zurückgezogenheit auf und stellte erstmalig seine Doktrin manifestartig einem breiten Publikum vor. Zur Überraschung der Öffentlichkeit brach darüber ein Streit im Patronat aus: Die »Charta« wurde zum Stein des Anstoßes. Die organisierten Jungunternehmer vom Centre des Jeunes Patrons (CJP) kritisierten die programmatische Erklärung als partikularistisch, nicht zeitgemäß und engstirnig, woraufhin ihre Vertreter aus der Zentralorganisation umgehend ausgeschlossen wurden.

Von der unmittelbaren Nachkriegszeit bis zum Ende der Vierten Republik lebten die französischen Unternehmer gleichsam unter protektionistischen Fittichen. Diese Affinität zur Protektion änderte sich erst beim Zusammenbruch des Empire français und der Einrichtung der europäischen Wirtschaftsgemeinschaft, die zeitlich fast zusammenfiel mit dem Übergang zur Fünften Republik. Zwar wurde die Rückständigkeit der Patrons auf dem Gebiet innerbetrieblicher Sozialbeziehungen zunehmend kritisiert, aber Tarifverträge blieben in Frankreich – verglichen mit anderen Industrieländern – eine Rarität. Im Laufe der sechziger Jahre kam es schließlich zu einschneidenden Veränderungen. Dieser Wandel betraf nicht zuletzt die Patronatszentrale selbst. Deshalb sei dieser »Conseil National du Patronat français« mit seinem organisatorischen Aufbau kurz skizziert:

Schon bald nach der Neugründung des CNPF in der Nachkriegszeit war von einer Mitgliederzahl von 900 000 Betrieben die Rede, die durch Branchen- und Regionalverbände in der einheitlichen Zentralorganisation vertreten sind. Der Aufbau des CNPF ist streng hierarchisch: Der Präsident wurde – bis zur CNPF-Reform 1969 – jährlich gewählt. Das Vorstandsbüro war ein Leitungsgremium, in dem der Präsident einen beherrschenden Einfluß ausübte. Zwischen Vorstand und Mitgliederversammlung existierte ein intermediäres Organ, das Direktionskomitee. Hinter den Kulissen waren (und sind) die beiden Hauptkommissionen, »Soziales« und »Ökonomie«, tonangebend. Die Branchenverbände haben gegenüber den Regionalverbänden eindeutig das Sagen.[1]

Das Jahr 1958 steht für einen doppelten – politischen wie ökonomischen – Einschnitt in der französischen Nachkriegsgeschichte. Die neue Verfassung General de Gaulles stärkte die Position des Präsidenten gegenüber dem Parlament erheblich. Beträchtliche ökonomische Folgen hatten die Unabhängigkeitserklärungen französischer Afrikakolonien, die von 1958 bis in die erste Hälfte der sechziger Jahre das französische Imperium auf das Hexagon zurückführten. Das Jahrzehnt nach 1958 war geprägt durch industrielle Umstrukturierungen, wobei die Beschäftigtenzahlen im Exportsektor rasch zunahmen und sich eine Phase der Internationalisierung anschloß. Die französische Wirtschaft hatte hohe Wachstumsraten zu verbuchen, die einige Experten mit der Planifikation in Zusammenhang brachten. Eng mit dem Namen de Gaulles ist die Aufwertung dieser Planifikation verbunden. Dieser indikativen Rahmenplanung stand das Patronat reserviert bis ablehnend gegenüber. Seine Jahresversammlungen in den sechziger Jahren waren auf die Perspektive der Abschaffung der EG-Binnenzölle 1968 aus-

---

1 Zu den innerpatronalen Machtverhältnissen vgl. W. Kowalsky, Der Conseil national du patronat français (CNPF). Machtdelegation beim Patronat, in: Francia, 19/3, 1992, S. 136–150; ders., Machtdelegation innerhalb des Patronats, in: Schweizerische Zeitschrift für Soziologie, 3/1989, S. 583–609

gerichtet. Doch zuvor wurde die Patronatsorganisation durch die eruptive Streikbewegung des Mai/Juni 1968 erschüttert.

1.3.2 Institutionelle Reform und interne Umgruppierung

Die Auswirkungen der Mai-Ereignisse sind nicht zu unterschätzen: Die Gewichte zwischen Innen- und Außenpolitik verschoben sich, denn angesichts des innenpolitischen Scherbenhaufens fiel der Glanz von de Gaulles Grandeur in der Außenpolitik ab. Nicht nur der General, auch der CNPF war von der Sozialbewegung überrascht worden und zeigte sich dementsprechend unvorbereitet und schlecht gerüstet für die sozialen Auseinandersetzungen[2]. Durch die Streikbewegung bekamen die Reformer innerhalb des Patronats Aufwind. Die nächste Generalversammlung des CNPF, die im Juli 1968 stattfand, faßte den Beschluß, eine Reform in die Wege zu leiten. Zugleich wurde mit der Erweiterung des Vorstandsbüros die gesamte alte Garde, darunter der zwei Jahrzehnte amtierende Nachkriegs-Patronatspräsident Villiers und die Vorsitzenden der Sozial- und Ökonomiekommissionen ausgetauscht[3], ein 1965 aus dem Vorstandsbüro ausgeschlossener Repräsentant der Jungunternehmervereinigung CJP wieder aufgenommen. Im Oktober 1969 beschloß der CNPF nach langwierigen Diskussionen eine Reform und tauschte bei der ersten Generalversammlung danach weitere zehn Mitglieder des Vorstandsbüros aus, so daß innerhalb von eineinhalb Jahren zwei Drittel der CNPF-Führungsposten neu besetzt wurden. Die organisierten Jungunternehmer vom CJP kritisierten am personellen Wechsel von 1968, daß sich die Erneuerung nicht im Austauschen von Personen erschöpfen dürfe; sie forderten eine wirkliche Transformation.

Der CNPF müsse im Namen der Gesamtheit der Unternehmensleiter verbindliche Abkommen treffen können. Dieser Vorschlag hat in die Reform Eingang gefunden: Aus dem 1946 geschaffenen »Verbindungsorgan« ist eine »Konföderation, ein Aktions-, Repräsentations-, Koordinations-, Verbindungs- und Informationsorgan« geworden. Der »neue« CNPF kann seine Mitgliedsverbände zur Einhaltung von Abschlüssen verpflichten. A priori ist das Einverständnis vorausgesetzt, es sei denn, ein Verband schließt sich vor der Unterzeichnung eines Abschlusses von seiner Anwendung aus.

---

2 W. Kowalsky, Le patronat en mai-juin 68, in: René Mouriaux et al., 1968. Exploration du mai français, Paris 1992, t.2, S. 122–137
3 W. Kowalsky, Frankreichs Unternehmer in der Wende (1965–1982), Rheinfelden 1989, 2. Aufl. 1991

Bezogen auf die vier CNPF-Instanzen (Präsident, Vorstandsbüro, Direktions-komitee, Mitgliederversammlung) ergeben sich durch die Organisationsre-form folgende Änderungen: Autorität und Befugnisse des Präsidenten sind verstärkt worden, er wird nicht mehr durch den kleinen Ausschuß des Direktionskomitees, sondern direkt durch die nunmehr 535köpfige Ver-sammlung gewählt, und zwar für drei Jahre, mit einmal erneuerbarem Mandat. Eine 20jährige Amtszeit, wie die des ersten Nachkriegspräsidenten, wird durch diese Bestimmung verhindert und sicherheitshalber eine Alters-höchstgrenze (70 Jahre) festgelegt. Das alte Vorstandsbüro wird abgelöst durch einen Exekutivrat, eine Art CNPF-Regierung. Die Vergrößerung des Gremiums drängt den Einfluß der Branchenverbände zurück. Dem alten Direktionskomitee entspricht eine erweiterte Ständige Versammlung, gleichsam das CNPF-Parlament. Die Kompetenzen der neuen Generalver-sammlung sind dahingehend erweitert, daß sie den Präsidenten und den Exekutivrat wählen kann. Aufgrund der Direktwahl des Präsidenten und dessen erweiterten Befugnissen gegenüber dem CNPF-Parlament – das quasi entmachtet wurde, denn das alte Direktionskomitee konnte den Präsi-denten wählen – kann die Stoßrichtung der Reform als präsidentialistisch im Sinne einer Angleichung an die Institution der Fünften Republik bezeichnet werden.

Nicht nur die internen Veränderungen waren von erheblicher Tragweite: Um die Außendarstellung zu verbessern, schuf man eine Informationsabtei-lung[4] und reorganisierte mehrere unternehmernahe Institute. Zugleich rief man »Unternehmertage« genannte Sonderkongresse ins Leben, die sich auf Initiative des Präsidenten alle drei Jahre einem einzigen Thema widmen sollten, wobei die Presse zugelassen ist. Konkurrierende Unternehmerorga-nisationen konnten fortan assoziiert und insofern integriert werden.

1.3.3 Tarifvertragspolitik

Die Kollektivvertragspraxis in Frankreich ist mit dem deutschen System nur bedingt vergleichbar, da sie nicht von Regelmäßigkeit, sondern eher von disruptiven Konjunkturen geprägt ist. Das erste französische Kollektivver-tragsgesetz wurde im März 1919 verabschiedet, kurz vor dem Gesetz über den Acht-Stunden-Tag und die 48-Stunden-Woche. Diese Zugeständnisse standen im Kontext der revolutionären Welle in den unmittelbaren Nach-

---

4 Zur Darstellung des neuen Diskurses: W. Kowalsky, Der Conseil national du patronat français (CNPF). Machtdelegation beim Patronat, in: Francia 19/3, 1992, S. 136–150, besonders S. 145 ff.

kriegsjahren, die mit ihrem eigenen Verebben auch die Tarifvertragspraxis brachlegte. Ein zweites Kollektivvertragsgesetz wurde 1936 im Anschluß an die Volksfront-Verhandlungen verabschiedet, die Zahl neu abgeschlossener Tarifverträge stieg sprunghaft an auf über 3 000, während sie in den Vorjahren um zwei Dutzend geschwankt hatte. Bis 1935 waren die Arbeitsverhältnisse von gerade 7,5 % der Lohnarbeiter durch Tarifverträge geregelt.

An den Sozialreformen nach dem Zweiten Weltkrieg hat sich das Patronat nicht beteiligt. Gegen seinen Willen wurde erneut versucht, eine Kollektivvertragspraxis durchzusetzen. Auf Forderungen der Gewerkschaft CGT nach Manteltarifverträgen antwortete ein CNPF-Repräsentant, daß der Verband zum Abschluß solcher Mantelabkommen nicht berechtigt sei. Generell ist also festzustellen, daß Tarifverträge in Frankreich im Vergleich zu anderen Industrieländern relativ selten blieben, »Strohfeuer« wie 1919 und 1936/37 ausgenommen. Um diese patronale Abstinenz zu beenden, wurde im Februar 1950 gegen den Willen des CNPF ein viertes Gesetz verabschiedet, das als Bezugsrahmen für Kollektivverhandlungen diente und Branchentarifverträgen auf nationaler, regionaler oder lokaler Ebene Priorität einräumte und Firmentarifverträge nur als Ergänzung akzeptierte. Die Gewerkschaften forderten umgehend Verhandlungen, doch der CNPF lehnte sie ab mit dem Hinweis auf die Gefahr einer permanenten sozialen Agitation in den Betrieben. Auch dieses Kollektivvertragsgesetz kann folglich nur als Fehlschlag eingeschätzt werden, vom dritten von 1946 ganz zu schweigen.

Als Fazit der Ära des ersten CNPF-Präsidenten Georges Villiers (1946–1966) kann in bezug auf die Beziehungen zwischen Patronat und Gewerkschaften festgehalten werden, daß vom CNPF keine Anstöße zu deren Vertiefung ausgingen. Beobachter stellten fest, daß Frankreich im Vergleich zu seinen Nachbarn auf dem Gebiet der Industrie- und Arbeitsbeziehungen ein »unterentwickeltes« Land geblieben ist. Mitte der sechziger Jahre wurde der CNPF wieder mit gewerkschaftlichen und regierungsamtlichen Initiativen zugunsten von Tarifverhandlungen konfrontiert, doch statt Verhandlungen mit allen repräsentativen Gewerkschaften zu führen, zog der CNPF separat Verhandlungen mit der kleinen FO vor und ließ schriftliche Vorstöße der stärksten Gewerkschaft, der CGT ohne Antwort. Kurz vor der Massenstreikbewegung des Mai/Juni 1968 akzeptierte der CNPF immerhin »Gespräche«. Im Gefolge dieser Sozialbewegung wurde ein Gesetz verabschiedet, das die Ausübung gewerkschaftlicher Rechte im Betrieb legitimierte.

Der CNPF hatte jahrzehntelang Gewerkschaften zwar auf nationaler wie auf Branchenebene anerkannt, nicht aber auf Betriebsebene, vielmehr offizielle Kontakte zwischen Gewerkschaften und der Betriebsleitung abgelehnt. Ein

Ergebnis der Maikrise war der Übergang von einer Position der Nichtverhandlungen bzw. Diskontinuität zu einer ständigen, aktiven Tarifvertragspolitik. Tarifverhandlungen finden in Frankreich auf mehreren Ebenen statt, so daß ein Abkommen auf Branchenebene eine branchenübergreifende Vereinbarung auf nationaler Ebene ebensowenig ausschließt wie Betriebsverhandlungen. Dennoch sind Branchen- und Regionalverhandlungen (noch) am häufigsten; doch in jüngster Zeit nehmen im Zuge einer Verbetrieblichung die Betriebsvereinbarungen zu.

Die Dekade nach dem Mai 1968 markiert einen Höhepunkt der Tarifvertragspraxis, in der eine Reihe von Rahmenabkommen über die Sicherung des Arbeitsplatzes, berufliche Aus- und Fortbildung, die Einführung eines Rechtsanspruches auf Bildung, Urlaub, auf bezahlte Fortbildung etc. verabschiedet wurden. Ein fünftes Kollektivvertragsgesetz vom Juli 1971 ermutigte die Ausdehnung von Regional- und Branchenvereinbarungen auf die nationale Ebene. Innerhalb eines Jahrfünftes wurden mehr Abkommen unterzeichnet als in den beiden vorangegangenen Jahrzehnten, doch gegen Ende der siebziger Jahre ging die Epoche der großen Tarifverträge zu Ende. Im Zuge der sich verschärfenden ökonomischen Krise und der einsetzenden Deregulierungsmode zog sich die CNPF aus Kollektivverhandlungen zurück und kam zu einer skeptischen Einschätzung von Kollektivregelungen.

1980 wurden Kollektivverhandlungen wieder abgelehnt und erst der Sieg der Linksregierung 1981, der im folgenden Jahr die Verabschiedung eines sechsten Gesetzes über Tarifabkommen und die Regelung kollektiver Arbeitskonflikte bewirkte, leitete eine neuerliche Kehrtwende ein. Das 82er Gesetz verpflichtet dazu, mindestens einmal im Jahr Verhandlungen über Löhne, Arbeitsdauer und -organisation zu führen. Es erkennt ein gewerkschaftliches Recht auf Verhandlungen an, dem sich das Patronat fortan nicht mehr entziehen kann. Allerdings zwingt es nicht dazu, zu tragfähigen Ergebnissen zu kommen, sondern läßt die Möglichkeit zu, daß die Verhandlungen ergebnislos verlaufen. Da der CNPF ohnehin einen Kurswechsel von Branchen- oder nationalen Verhandlungen hin zu Mikro-Verhandlungen auf Betriebsebene vollzogen hat, kann er mit diesem Gesetz durchaus leben.

1.3.4 Von der Wirtschaftskrise 1973 zur patronalen Blockade der sozialistisch-kommunistischen Regierung 1981/82

Die 1973 einsetzende ökonomische Krise kam in Frankreich verzögert, aber um so schärfer Mitte 1974 zum Durchbruch. Die Investitionsrate fiel, die

Produktion stagnierte, ganze Branchen – Stahl, Eisen, Schiffbau, Kohle, Textil – waren von Betriebsstillegungen und Massenentlassungen betroffen, die Inflation kletterte auf 14 %, und der Franc mußte wiederholt aus der europäischen Währungsschlange herausgenommen werden[5]. Zwar verfolgte der CNPF seit Mai 1968 eine aktive Sozialpolitik, die sich in einer Reihe von Manteltarifverträgen niederschlug, berief 1974 sogar erstmalig eine Generalversammlung ein, um über Zukunftsvorstellungen, ein »französisches Gesellschaftsmodell«, ein gemeinsames »patronales Projekt« zu diskutieren und schrieb den »Unternehmertagen« die Aufgabe zu, Beiträge zu diesem Projekt zu liefern, doch geriet dieser soziale Impetus mit der Verschärfung der Krise zunehmend in den Hintergrund.

Einige Patrons nutzten das veränderte gesellschaftliche Kräfteverhältnis, um mit den Gewerkschaften abzurechnen. Selbst einseitige politische Stellungnahmen versagte sich der CNPF nicht, der erst im Jahre 1988 klar und ohne Umschweife erklärte, daß es ihm nicht obliege, im Wahlkampf »für dieses oder jenes Programm oder für diesen oder jenen Kandidaten Partei zu ergreifen«.

Auf dem Sonderkongreß 1974 wurde ein klarer Schlußstrich unter protektionistische Neigungen gezogen und erklärt, daß Protektionismus »illusorisch und gefährlich« sei. Es ging darum, gerade die Kleinunternehmer für den Export zu mobilisieren und darüber hinaus dafür zu gewinnen, Westeuropa als Binnenmarkt zu betrachten. Auf ein ökonomisches Thema folgte in der Regel ein soziales, und so standen die Unternehmertage 1980 nicht zufällig unter dem Leitmotiv sozialer Innovation: »Heute innovieren für die Märkte von morgen«. Beschworen wurde die Notwendigkeit einer engeren Zusammenarbeit zwischen Wissenschaft und Industrie. Zugleich war den Veranstaltern daran gelegen, die Partizipation der Arbeitenden selbst zu fördern, und zwar durchaus unter Umgehung ihrer gewerkschaftlichen Repräsentanten.

Das Jahr 1981 markiert das Ende einer seit 1958 ununterbrochenen konservativ-rechten Regierungsverantwortung[6]. Staatspräsident François Mitterrand machte sein Versprechen wahr, die Nationalversammlung aufzulösen und Neuwahlen anzusetzen, die zum gewünschten Ergebnis, nämlich einer sozialistisch-kommunistischen Koalitionsregierung führten.

Diese Regierung unter Premierminister Pierre Mauroy veranlaßte eine Reihe sozialpolitischer Maßnahmen, u. a. eine Erhöhung des Mindestlohns sowie

---

5 W. Kowalsky, Neuere wirtschaftspolitische Orientierungen Frankreichs, in: Informationen für den Geschichts- und Gemeinschaftskundelehrer, 39/1985, S. 22–36
6 W. Kowalsky, Kulturrevolution? Die Neue Rechte im neuen Frankreich und ihre Vorläufer, Opladen 1991

Verhandlungen über Arbeitszeitverkürzung, bei denen sich das Patronat so flexibel zeigte, eine Arbeitszeitverkürzung auf die 39-Stunden-Woche und eine fünfte Urlaubswoche zu akzeptieren. Die Regierung erließ eine Verordnung über die 39-Stunden-Woche und begann, ein Nationalisierungsprogramm umzusetzen, doch die offene außenwirtschaftliche Flanke zwang sie bereits Mitte 1982 zu einem wirtschaftspolitischen Kurswechsel. Die Regierung setzte ihren sozialpolitischen Kurs fort: Unter ihr wurden Gesetze über Freiheitsrechte der Arbeiter im Betrieb, die Entwicklung der Repräsentativeinrichtung des Personals sowie Tarifabkommen und die Regelung kollektiver Arbeitskonflikte sowie schließlich die Einrichtung eines Ausschusses für Arbeitsbedingungen und -sicherheiten verabschiedet.

Der langjährige Patronatspräsident François Ceyrac, der für die Periode sozialen Dialogs stand, wurde Ende 1981 durch den Kleinunternehmer Yvon Gattaz abgelöst, der die Legitimität gesetzlicher Unternehmensreformen grundsätzlich in Frage stellte. Als Reformprotagonisten erkannte er im betrieblichen Bereich allein das Patronat an. Angesichts einer scharfen Kritik seitens der Verbandsspitze durfte es nicht verwundern, wenn sich Regionalverantwortliche noch unverblümter ausdrückten und die von der Mauroy-Regierung betriebene Unternehmensreform als »stalinistisch« und als Einrichtung des »Gulags« in den Betrieben bekämpften. Den Gegenpart nahmen wiederum die Jungunternehmer ein, die die Argumentation des Arbeitsministers Auroux für überzeugend hielten und sich vom Recht auf Meinungsäußerung eine fruchtbare Dynamik versprachen. Insgesamt gelang es jedoch dem CNPF, durch beispiellose Pressekampagnen die Reformkräfte in der Regierung in die Defensive zu drängen.

Zugleich zeitigte eine patronale Kampagne über die hohe Unternehmensbelastung, der ständige Verweis auf Betriebe in roten Zahlen und Bankrotte einigen Erfolg in der öffentlichen Meinung. Ein unternehmerischer Sonderkongreß Ende 1982 bildete den Höhepunkt dieser Kampagne. Nunmehr kündigte die Regierung, die nach diesem kostspieligen Anschauungsunterricht die verbleibende Reputation verspielt hatte, das Ende ihrer »sozialistischen« Wirtschaftspolitik an.

1.3.5 Patronat und Staat – der französische Privatisierungs-Sonderweg

Jahrzehntelang standen die französischen Unternehmen unter vielfältiger staatlicher Protektion, u. a. dem Schutz durch Devisenrestriktionen und die Barriere des staatlichen Genehmigungszwangs für Ausländer, die französische Betriebe kaufen wollten. Durch den europäischen Binnenmarkt verlieren die französischen Unternehmen jegliche Protektion. Bereits im März 1985 hatte der sozialistische Finanzminister Pierre Bérégovoy auf das Einspruchsrecht der Regierung gegen den Erwerb ausländischer Mehrheitsbeteiligungen verzichtet. Sein neogaullistischer Nachfolger Edouard Balladur hat darüber hinaus den europäischen Banken freie Niederlassung und ungehinderte Aktivität zugesichert. Damit sind Industrieunternehmen, Banken, Versicherungen und Dienstleistungsbetriebe aller Art erstmals seit dem Krieg frei käuflich, zumindest für alle Mitglieder der Europäischen Gemeinschaft. Für ausländische Investoren eröffnet sich so ein neues Operationsfeld, denn viele wollen ihre Investitionen diversifizieren.

Dabei geht es um Finanz- und Kapitalanlagen, aber auch den Ausbau des Vertriebs- und Kundennetzes. Für viele Großunternehmer haben schlaflose Nächte begonnen, denn Raiders (Aufkäufer, Firmenspekulanten) sind zum Alptraum geworden. Selbst der Chef des größten französischen Lebensmittelkonzerns BSN, Antoine Riboud, der auf Basis eines überalterten Glaskonzerns Verpackungs- und Ernährungsbetriebe zusammengekauft hat (Brauereien, Champagnerkellereien, Mineralwasser, Frischmilchprodukte etc.), sieht Gefahren aufziehen (FAZ vom 15. 12. 1986), und »Le Nouvel Observateur« befürchtet eine »Revanche der Kapitalisten gegen die Manager«. Da der Schutzpatron Colbert gegen feindliche Aggressionen nicht mehr hilft, hat die verstaatlichte Bank Paribas ein Notrettungskonzept entwickelt, in dem sich zahlreiche Institute verpflichten, eine Sperrminorität von bedrohtem Aktienkapital zu erwerben. So sollen Interessenten abgeschreckt werden.

Im Jahre 1993 hat die RPR-UDF-Regierung einen Anlauf unternommen, die Vier-Tage-Woche (mit 32 Stunden) einzuführen, ist jedoch an der fast einmütigen Ablehnung seitens der Gewerkschaften sowie des Unternehmerverbandes, dessen Präsident Perigot die »Wunderrezepturen« als »Schimären« verurteilte, gescheitert. Bei den GATT-Verhandlungen machte Premierminister Balladur Front gegen den Agrarkompromiß und sprach sich für eine europäische Außenhandelspolitik aus, die europäische Arbeitsplätze durch höhere Zollbarrieren sichern soll. Diese protektionistischen Tendenzen unterstützte der Unternehmerverband, indem er sich gegen den Import billiger Produkte aus Ländern mit Niedriglöhnen und fehlenden Sozialeinrichtungen aussprach. Bei der Diskussion innerhalb und außerhalb der Nationalversammlung wurde eine wachsende Abneigung gegen das »Maastricht-Europa« deutlich. Eine überragende Parlamentsmehrheit verfocht einen protektionistischeren Kurs und sprach sich für die Einrichtung eines »Schutz-Europas« für europäische Arbeitsplätze aus. Doch diese parlamentarischen Pirouetten nehmen sich harmlos aus gegenüber den staatlichen Eingriffen in die Führungsspitze französischer Konzerne.

Anfang 1994 hat die Regierung Balladur ein Privatisierungsprogramm für 21 Konzerne der Industrie, der Banken und Versicherungen vorgelegt. Diese neuerliche Privatisierungswelle soll zugleich eine Neuverteilung der Macht innerhalb des ökonomischen Establishments erlauben. Industriepolitik und Nationalisierungen bzw. Denationalisierungen haben in Frankreich einen höheren Stellenwert als in jedem anderen westlichen Industrieland. Allein innerhalb eines Jahrzehnts sind vier Etappen auszumachen:

- Die Linke betrieb 1982/83 ein umfangreiches Nationalisierungsprogramm, das fast hundert Banken, darunter die beiden Geschäftsbanken »Paribas« und »Suez« erfaßte. Einige Banken (BNP, Crédit Lyonnais, Société Générale) und Versicherungsgesellschaften waren bereits in der unmittelbaren Nachkriegszeit verstaatlicht worden. Die wichtigsten Industriekonzerne (die Elektro- und Elektronikgruppe CGE, später: Alcatel-Alsthom, die Mischgruppe für Röhren, Glas und Verpackung Saint-Gobain, Bull, Thomson, die NE-Metallgruppe Pechiney, die Chemiegruppe Rhône-Poulenc, Matra, Usinor und Sacilor) wurden unter staatliche Kontrolle gestellt.

- Gerade vier Jahre später unternahm die rechte Koalitionsregierung aus UDF und RPR, die 1986 an die Macht kam, erste (Re-)Privatisierungen (Paribas, Suez, Saint-Gobain, Matra, Havas, Société Générale, Alcatel-Alsthom), und zwar nach der Technik der »harten Kerne« (noyaux durs). Im Herbst 1987 wird das Privatisierungsprogramm wegen des Börsenkrachs gestoppt.

- Von 1988 bis 1993 sind erneut die Sozialisten an der Macht und erlauben, um Budgetdefizite zu decken, einige Teilprivatisierungen (die Erdöl- und Erdgasgruppe Elf Aquitaine und Total, Rhône-Poulenc).

- Im Frühjahr 1993 gewinnt wiederum eine UDF-RPR-Koalition die Wahlen und läßt ein erneutes Privatisierungsprogramm anlaufen (BNP, die Versicherungsgruppe UAP, Elf Aquitaine)

Der neue französische Kapitalismus nimmt also Form an, aber ist er tatsächlich neu? Die privatisierten Betriebe bleiben unter Staatseinfluß, da der Staat die Generaldirektoren (Présidents) ernennt und ebenfalls die Wahl des Aktionärskerns bestimmt. Dabei wird die Logik verfolgt, nach und nach einen mächtigen Finanzkern einzurichten, der von einem kleinen Kreis hochrangiger Funktionäre mit einem homogenen sozialen und politischen

Profil geleitet wird. Kreuzweise Beteiligungen machen die Kerne zu einem geschlossenen System: Der Hauptaktionär von BNP ist die Versicherungsgesellschaft UAP, und umgekehrt ist der Hauptaktionär von UAP die Bank BNP (Le Monde, 8. 3. 1994, V). Frankreich ist das einzige Land, in dem der Staat im voraus die Hauptaktionäre festlegt und die Aufsichtsräte (Conseils d'Administration) zu Clubs gegenseitiger Bewunderung ohne jegliche Gegenmacht und Kontrolle macht.

Die Effektivität der gegenseitigen Kontrollen ist ohnehin stark eingeschränkt, weil das Führungspersonal dieselben sozialen Initiationsriten durchlaufen hat: Die Generaldirektoren waren oft hochrangige Verwaltungsbeamte, stammen aus der Inspection de Finance oder den Grands Corps und haben häufig Erfahrungen in Ministerien und Kabinetten gesammelt, wobei dieser soziale Werdegang in der Regel zementiert wird durch eine politische Denkgemeinschaft. Das Profil dieser Generaldirektoren entspricht somit in keiner Weise dem Bild des Industriekapitäns oder des unternehmenden Unternehmers. Eine Managerrevolution hat in Frankreich nicht stattgefunden. Die Regierung schafft sich mit den Privatisierungen ein direktes Einflußnetz in den großen französischen Konzernen unter weitgehender Ausschaltung von Marktmechanismen. Dieses ökonomische System kommt dem japanischen nahe. Jedenfalls ist es weder dem »rheinischen« noch dem »angelsächsischen« Kapitalismusmodell (Michel Albert) zuzuordnen.

In Frankreich bildet die ökonomische Führungselite eine geschlossene Kaste, deren soziale Zusammensetzung homogener ausfällt als die politische. Hinter dem Privatisierungsdiskurs verbirgt sich eine Neuverteilung ökonomischer Macht, die wenig an den Grundstrukturen ändert. Der Kreis bleibt geschlossen: »Die dreißig Männer der französischen Bourgeoisie, die das Gros aller Konzerne kontrollierten, sind zunächst abgelöst worden durch Vertrauensleute der Linken. Jetzt werden sie zunehmend ersetzt durch dreißig neue Herrscher von Balladurs Gnaden. Sie bilden als Konzernchefs und Großaktionäre den harten Kern befreundeter Konzernverwaltungen: Einmal als Président Directeur Général (PDG) im eigenen Konzern und ein dutzendmal im Aufsichtsrat bei den PDG-Kollegen der übrigen Konzerne.« (FAZ vom 6. 1. 1994).

Als Beleg für diese Behauptung kann der Machtwechsel an der Spitze der Industrie im Juli 1986 genommen werden, da er exemplarisch ist: Die Chefs der 24 größten verstaatlichten Unternehmen sind neu benannt worden. Eigentlich wäre es Sache der künftigen Privataktionäre, die neuen Geschäftsführer zu berufen, wie Experten schon seit längerer Zeit anmahnen (FAZ vom 24. 7. 1986). Die neogaullistisch-neoliberale Regierung versicherte zwar, es gehe um die »Kompetenz« der neuen Präsidenten, doch waren »nicht allein die Kompetenz und der Unternehmenserfolg als Kriterium« (ebd.) der Machtablösung erkennbar. So verlor Bernard Attali, Bruder des engsten Mitterrand-Beraters, den Vorsitz bei der Versicherungsgruppe GAN. Jean-Yves Haberer, Präsident von Paribas, mußte zurücktreten zugunsten von Michel François-Poncet, einem persönlichen Freund des RPR-Vorsitzenden Jacques Chirac. Ausgewechselt wurde ebenfalls der Chef des Elektrokonzerns CGE, ersetzt durch einen den Neogaullisten nahestehenden Gewährsmann. Den Präsidenten der Investitionsbank Compagnie Financière de Suez, den Chef von Rhône-Poulenc, abgelöst durch einen Vertrauten des ehemaligen Staatspräsidenten Giscard d'Estaing, zugleich Schatzmeister der neoliberalen UDF-Partei, ereilte dasselbe Schicksal. Der satirische Canard Enchaîné meinte dazu: »Niemand glaubt, daß er die geringste Ahnung hätte von Chemie und Arzneien.« Auch die Spitze des Aluminiumkonzerns Pechiney Ugine Kuhlmann verblieb nicht im Amt. Das Karussell drehte sich weiter. Jean-Yves Haberer folgte Lévêque als Chef des Crédit Lyonnais nach und wurde im März 1994 von der Regierung als Chef des Crédit National abberufen, und zwar wegen schlechter Geschäftsergebnisse des Crédit Lyonnais.

Die ökonomische Macht wurde zwar diffundiert, aber innerhalb eines geschlossenen Führungszirkels. Zwar mag es mit der speziell französischen »Mischökonomie« (Economie mixte) vorbei zu sein, doch der französische Sonderweg wäre damit keinesfalls beendet. Weder ist derzeit eine Entwicklung der französischen Ökonomie hin zu einem ungezügelten Finanzkapitalismus wie in Großbritannien oder den USA, wo die Börse über das Schicksal von Unternehmen entscheidet, auszumachen noch eine Entwicklung hin zu einem »rheinischen« Kapitalismus, in dem Banken und Versicherungsgesellschaften das Sagen haben.

Das Patronat hat sich von einer amorphen Freundschaftsvereinigung über den Weg des »Anti-Streik-Vereins« zum multifunktionalen Unternehmerverband gewandelt, der eingebunden ist in politische und diskursive gesellschaftliche Auseinandersetzungen. Die im Gefolge des Mai 1968 zutage getretenen internen Widersprüche haben sich aufgelöst zugunsten einer modernistischen Patronatsfraktion, die entschieden für eine institutionelle Reform und eine offensive Informationspolitik plädiert. Zwar hat diese Fraktion bei der Umsetzung der Reformabsichten Rückschläge hinnehmen müssen, doch auf dem Gebiet der Informationspolitik wurde eine völlige Kehrtwende vollzogen von der Politik des leeren Stuhls und der Medienabstinenz hin zu einer nicht mehr bloß reaktiven, sondern aktiv intervenierenden Informationspolitik, die zugleich gesellschaftspolitische Züge annahm. Zugleich wurde ein distanzierteres Verhältnis zum Staat gesucht, das jedoch auf der verbalen Ebene einen klareren Ausdruck fand als auf der realen, wie die Umsetzung der Privatisierungsvorhaben zeigt.

1.3.6 Europapolitische Proklamationen des Patronats

Die Direktwahl zum europäischen Parlament im Juni 1984 verschob die Schwerpunkte der politischen Agenda Frankreichs: Wie ein Senkrechtstarter erschien die rechtsextreme Front National unter Jean-Marie Le Pen auf der politischen Bühne mit 11 % der abgegebenen Stimmen. Die vereinigte neoliberal-neogaullistische Opposition aus UDF und RPR erreichte 43, die Sozialisten jedoch nur 20,8 %. Als Konsequenz dieses Wahlergebnisses schieden die Kommunisten aus der Regierung aus und die Sozialisten vollzogen eine wirtschaftspolitische Kurswende und legten eine Reformpause ein, wodurch sie allerdings weiter an Glaubwürdigkeit einbüßten. Trotz beachtlicher Erfolge bei der Haushaltskonsolidierung und Inflationsbekämpfung trug bei den nächsten Parlamentswahlen im März 1986 die UDF-RPR-Opposition den Sieg davon, und der Staatspräsident mußte sich auf eine erste »cohabitation« (d. h. eine »rechte« Regierung unter einem »linken« Staatsoberhaupt) einlassen. Erneut wurde ein wirtschaftspolitischer Kurswechsel vollzogen, der eine Reihe von Privatisierungen großer Betriebe einschloß. Die Wiederwahl Mitterrands zum Präsidenten im Mai 1988 quittierte die Börse mit einem positiven Echo, das Beobachter in letzter Instanz auf ein verstärktes Engagement ausländischer Anleger zurückführten (NZZ vom 11. 5. 1988).

Im März 1986 trat der Präsident der CNPF-Sozialkommission Yvon Chotard, zugleich Vizepräsident des CNPF, unter aufsehenerregenden Umständen von seinem Posten zurück. Statt die sonst übliche Diskretion zu wahren, bemängelte er, daß der CNPF-Präsident Yvon Gattaz es an Zusammenhalt und Konzertation vermissen lasse. Chotard hatte jahrelang mit Gewerkschaften verhandelt und war von der Notwendigkeit eines Dialogs überzeugt, während der Kleinunternehmer Gattaz häufiger zur Konfrontation neigte.

Im Vorfeld der Europawahl 1989 herrschte in Frankreich eine wahre Euro-Euphorie. Wie eine magische Formel geisterte die Jahreszahl 1992 durch das politische und ökonomische Leben, und auch der 10. Plan sollte den Binnenmarkt vorbereiten. Der Euro-Enthusiasmus der ökonomischen und politischen Eliten schlug sich aber nicht in der Wahlbeteiligung nieder, denn diese verblieb unter 50 %. Hatte sich die Kluft zwischen den Führungsschichten und der Bevölkerung vertieft, sich Euro-Optimismus auf der einen, Euro-Skepsis auf der anderen Seite ausgeprägt? Jedenfalls nutzte der CNPF die französische Ratspräsidentschaft des zweiten Halbjahres 1989, um sich für seine Konzeption eines europäischen Binnenmarkts stark zu machen.

Am 13. Dezember 1988 hatte der CNPF im Pariser Kongreßpalast 4000 Unternehmer für einen Sonderkongreß über Europa versammelt, der eine Charta europäischer Unternehmer verabschiedete. Dieses erste Gipfeltreffen europäischer Unternehmerverbände stand unter dem Motto:»Unser Unternehmen: Europa«. Die hausinterne Presseschau belegt, daß die Veranstaltung von der gesamten französischen Presse sowie von einigen internationalen Stimmen ausführlich kommentiert wurde (CNPF-Revue 507, Februar 1989). Dieser hervorragend besuchte Kongreß war sorgfältig vorbereitet worden, u. a. durch verstärkte Kooperation des CNPF mit anderen nationalen Unternehmerverbänden sowie einer Reise des CNPF-Präsidenten Perigot nach Brüssel anläßlich eines Zusammentreffens des Direktionsrates des europäischen Unternehmerverbandes UNICE. Eine Europatournee führte Perigot außerdem nach London, Madrid, Genf, Athen, Stockholm, aber auch nach Deutschland zu BDI und BDA. Der 25. Jahrestag des deutsch-französischen Vertrages wurde als Anlaß genommen, die Notwendigkeit einer Vertiefung der deutsch-französischen Kooperation zu unterstreichen. Zugleich erklärte Perigot:»Das Europa der zweiten Generation stellt eine historische Chance für unsere Unternehmen, unser Land und unsere Zivilisation dar, eine historische Chance, die wir nutzen müssen[7]«.

Auf dem Pariser Sonderkongreß fand Perigot deutliche Worte für Europa: »Zuerst möchte ich die Alarmglocke läuten. Überall wird eine beunruhigende Hintergrundmusik vernehmlich, die Zweifel und Ungläubigkeit verbreitet. Nach der euphorischen Phase von 1987 beginnt die Zeit des ›ja, aber . . .‹ Gewisse Politiker aus der Europäischen Gemeinschaft, hohe Funktionäre aus Frankreich, aber auch aus den Vereinigten Staaten halten mit Bedenken und Befürchtungen nicht hinter dem Berg . . . Für die Unternehmer ist 1992 ein historisches Datum. Darauf auch nur teilweise zu verzichten, käme in den Augen der Welt einer eklatanten Niederlage gleich.« Ohne die Betriebe sei Europa bloß eine Halluzination. Die Stellung Europas in der Welt entscheide über unsere Zukunft. Die Frage von Erfolg oder Mißerfolg

---

7 G. Heidelberg, Nachholbedarf in Paris. Frankreichs Firmen für den Binnenmarkt schlechter gerüstet als die deutschen, in: Handelsblatt vom 30. 3. 1988

des Binnenmarktes sei von historischer Bedeutung »für das Überleben unserer humanistischen Zivilisation«, die konfrontiert sei »mit anderen Zivilisationen, die zwar sicherlich ökonomisch effektiver seien, aber deren soziale Systeme weit hinter den unseren liegen.« Es sei eine zwingende Verpflichtung, die Zweifler zu überzeugen (CNPF-Revue 505, Dezember 1988).

Der Präsident der Sozialkommission des CNPF unterstützte diesen Kurs in einem Interview 1989 und erklärte hagiographisch: »Insgesamt hat der CNPF viel getan, um den europäischen Sozialdialog anzukurbeln.« (CNPF-Revue 508, März 1989) Bei dieser Gelegenheit betonte er die Bedeutung kollektiver Repräsentationsformen und widersprach einem Gemeinplatz, demzufolge der CNPF sich über den gewerkschaftlichen Einflußverlust freuen würde. Im Gegenteil wünsche der CNPF repräsentative Gewerkschaften, da nur repräsentative Verbände auch tatsächlich ihre Mitglieder binden könnten. Der CNPF sei repräsentativ, und der Metallverband UIMM sei »hundertzehnprozentig repräsentativ«. Je weniger Mitglieder ein Verband habe, desto größere Denkfreiheit herrsche, und es sei nicht verwunderlich, wenn bei wenig repräsentativen Organisationen die soziale Vorstellungskraft »überschwappe«, denn ihre Konzepte würden niemanden zu irgend etwas verpflichten.

Auf der CNPF-Jahresversammlung 1990 schnitt der Präsident der Sozialkommission Giral das Thema »Europäischer Sozialdialog« an: Die Reflexion und Konzertation über europäische Themen, beispielsweise Immigrationspolitik, müßten verstärkt werden, damit der CNPF seine Rolle als »Kompaß« wahrnehmen könne. Der Verband müsse nicht nur Potentiale und Kompetenzen analysieren, sondern sich die Werkzeuge verschaffen, um Entwicklungen zu antizipieren. »Regierung und Sozialpartner sprechen von einem europäischen Sozialdefizit. Der Arbeitsminister wirft der Kommission ihr Zögern und ihre Langsamkeit vor, so als ob Frankreich an einem Sozialdefizit im Verhältnis zu den anderen europäischen Ländern litte. Doch dies ist nicht der Fall. Unser Land nimmt in mehreren Bereichen eine Spitzenposition ein.« (CNPF-Revue 526, Januar 1991) Dieses Mißverständnis, die Kritik an der sozialen Unterentwickeltheit der europäischen Union als Kritik am französischen Sozialsystem zu deuten, ist so grundlegend, daß es nicht als Lapsus abgetan werden kann, sondern angenommen werden darf, daß sich tiefsitzende Vorbehalte gegenüber einer Ausgestaltung des europäischen Sozialraumes dahinter verbergen.

Anläßlich der Jahresversammlung 1991 spielte das Thema Europa keine Rolle, und Giral widmete seine Rede vollständig der Kollektivvertragspolitik und ihren Vorzügen gegenüber dem legislativen Weg. Auf der Generalversammlung 1992 wurde Europa wie ein Appendix behandelt. Der neue Präsident der Sozialkommission Domange flocht in seine Schlußsätze einige Worte über Europa ein, in denen er lapidar die Bedeutung der gemeinsamen Erklärung der Sozialpartner vom 31. Oktober 1991 hervorhob. Auf der Generalversammlung vom 14. Dezember 1993 unterließ er jegliche Anspielung auf Europathemen.

2. Großbritannien

2.1 Das britische System der Kollektivverhandlungen

Lionel Fulton

Seitdem das Abkommen zwischen EGB, UNICE und CEEP im Oktober 1991 unterzeichnet wurde, stehen europäische Tarifverhandlungen auf der Tagesordnung der europäischen Gewerkschaftsbewegung. Die Beweggründe für dieses Abkommen waren für die Arbeitgeber andere als für die Gewerkschaften, aber die Tatsache, daß ein Übereinkommen erzielt und danach im Wortlaut in das »Protokoll über die Sozialpolitik« übernommen wurde, hat dazu beigetragen, daß viele der im EGB organisierten Gewerkschaften (Rahmen-)Tarifverträge auf europäischer Ebene als ein anzustrebendes (und erreichbares) Ziel ansehen.

Nach Meinung des EGB (Strategiepapier des Exekutivausschusses vom März 1993) muß die europäische Dimension der Tarifverhandlungen es ermöglichen, die Interessen der Arbeitnehmer auch grenzüberschreitend erfolgreich zu vertreten. Die Aufgabe einer Europäisierung der Tarifverhandlungen besteht für die europäischen Gewerkschaften aus zwei Teilen:

– einerseits geht es darum, die Positionen der Gewerkschaften bei nationalen Verhandlungen durch Information und Koordination auf europäischer Ebene zu stärken;

– andererseits soll die nationale Ebene durch grenzüberschreitende und europäische Verhandlungen ergänzt werden, soweit dies im Interesse der Arbeitnehmer und ihrer Gewerkschaften notwendig oder sinnvoll ist.

Europäische Verhandlungen sind also kein Ziel an sich, sondern ein Mittel zur Bewältigung von Problemen, die auf nationaler Ebene nicht gelöst werden können. Diese Position wird auch von den britischen Vertretern im EGB eingenommen. David Lea, ein führender Funktionär des TUC war Mitglied der ad-hoc-Gruppe, die das ursprüngliche Abkommen mit UNICE und CEEP ausgehandelt hat. Daß es aber unter den britischen Gewerkschaftern eine gewisse Skepsis hinsichtlich der Möglichkeit, Tarifverhandlungen auf europäischer Ebene zu führen, gibt, zeigt etwa die Resolution der Druckergewerkschaft GPMU zum TUC Kongreß im Jahre 1992: Diese spricht von dem »Zynismus der Mehrheit der europäischen Arbeitgeberverbände, die offen... zugeben, daß sie nur bereit sind, Verhandlungen aufzunehmen, um die Verabschiedung von Richtlinien und anderen bindenden Maßnahmen zu verhindern.«

In der Tat ist es aus britischer Sicht besonders schwierig, an die Idee europäischer Tarifverhandlungen und Tarifverträge zu glauben. In den letzten Jahren hatten britische Gewerkschaften zunehmende Probleme, ihre bestehenden nationalen Tarifverhandlungen und Tarifverträge aufrechtzuerhalten. Daher darf es nicht verwundern, wenn einige britische Arbeitnehmervertreter die mögliche Einführung einer zusätzlichen Ebene der Verhandlungen, die die ganze Europäische Union erfassen will, als »realitätsfern« betrachten.

Diese verschiedenen Auffassungen – ein logischer nächster Schritt für die Mehrheit der Mitglieder des EGB, doch unrealistische Träumerei für viele Briten – wurzeln in wichtigen Unterschieden zwischen dem Tarifsystem in Großbritannien und den Systemen der anderen EU-Staaten. Es würde zu weit führen, die Unterschiede zwischen den kontinentalen Arbeitsbeziehungen und dem britischen System im einzelnen zu beschreiben. Aber es gibt doch einige Schlüsselelemente, die die unterschiedliche Situation kennzeichnen:

– der gesetzliche Stellenwert der Tarifverträge;

– die aktuelle Struktur des Tarifverhandlungssystems;

– der Deckungsgrad der Tarifverträge.

2.1.1 Der gesetzliche Stellenwert der Tarifverträge

Im Gegensatz zur Mehrheit der EU-Staaten sind britische Tarifverträge gerichtlich nicht einklagbar. Juristisch gesehen binden sie nicht einmal die unterzeichnenden Parteien. Allerdings werden Teile der Tarifverträge, die die Arbeitsbedingungen des einzelnen Arbeitnehmers festlegen, als Teile des individuellen Arbeitsvertrages angesehen und haben daher Rechtskraft. Aber den dadurch formell gegebenen Rechtsschutz gegen Veränderungen seitens des Arbeitgebers kann der Arbeitnehmer nur schwerlich für sich in Anspruch nehmen. Nur wenn die Veränderungen so weitreichend sind, daß sie einer Kündigung gleichkommen, kann der Fall vor dem Arbeitsgericht (Industrial Tribunal) behandelt werden. In allen anderen Fällen muß der Arbeitnehmer vor herkömmlichen Gerichten seine Klage einbringen, was nicht nur kompliziert, sondern meist auch wenig erfolgversprechend ist.

Ganz außerhalb des Rechtsprozesses liegen die nicht individuell bezogenen Teile des Tarifvertrages, die beispielsweise die Mitspracherechte der Gewerkschaften bei Veränderungen im Betrieb regeln. Der Arbeitgeber kann in diesen Bereichen das Vereinbarte ändern oder sogar ganz streichen, ohne befürchten zu müssen, daß die Gewerkschaften ihn gerichtlich zur Rechenschaft ziehen können.

So wie es den britischen Tarifverträgen an rechtlicher Substanz mangelt, fehlt es ihnen auch an einer verbindlich festgelegten Form. Man kann auf allen Ebenen verhandeln. Tarifverträge können Industriezweige, Konzerne, Betriebe oder Abteilungen innerhalb einzelner Betriebe betreffen. Manchmal erfassen sie ganze Belegschaften, manchmal nur einen Teil davon. Der Arbeitgeber steht unter keinem gesetzlichen Zwang mit der Gewerkschaft oder mit den Arbeitnehmervertretern zu verhandeln und kann jederzeit seine Bereitschaft dazu ohne Begründung zurückziehen. Die Tariffähigkeit der Gewerkschaften, wie sie im deutschen Recht festgelegt ist, oder sogar ihre Tarifhoheit, sind für die Briten völlig fremde Begriffe. Es gibt keine festgelegte Verfahrensform und keine Institution, bei der die abgeschlossenen Verträge hinterlegt oder registriert werden müssen.

Der Gegensatz zwischen der britischen Tarifpraxis und der Situation in den meisten europäischen Staaten, wo klare und verbindliche Richtlinien die Tarifpolitik regeln, könnte kaum größer sein. Die Tatsache, daß britische Tarifverträge nicht einklagbar sind und keine bindende Wirkung haben, bereitet auch praktische Schwierigkeiten für ein System der europäischen Tarifverhandlungen, das laut EGB-Vorstellungen zur Schaffung von »Rahmenabkommen« führen soll. Ohne nationale gesetzliche Grundlagen blieben europäische Tarifverträge in Großbritannien ohne jede Wirkung. Es ist andererseits schwer vorstellbar, daß nur europäische Tarifverträge Rechtskraft haben könnten, während im nationalen Bereich alles beim alten bliebe. Daher ist anzunehmen, daß die Einführung verbindlicher europäischer Tarifverträge eine grundlegende Änderung des gesamten britischen Tarifsystems mit sich bringen bzw. voraussetzen würde.

2.1.2 Die aktuelle Struktur des Tarifverhandlungssystems

Die britische Tariflandschaft unterscheidet sich von der Lage in der Mehrheit der europäischen Staaten nicht nur bezüglich ihrer Gesetzesgrundlage. Ein zweiter wesentlicher Unterschied liegt in der Bedeutung von Branchentarifverträgen gegenüber Tarifverträgen, die nur für eine Firma, einen Betrieb oder sogar für eine noch kleinere betriebliche Einheit gelten.

Im Gegensatz etwa zu Deutschland, Italien oder Spanien verlieren in Großbritannien die Tarifverhandlungen auf Branchenebene rapide an Bedeutung. Die Arbeitgeber sind immer weniger bereit, die Lohnfindung – also ein wesentliches Element ihrer Gesamtkosten und damit, wie sie meinen, ihrer Konkurrenzfähigkeit – einem Arbeitgeberverband zu überlassen. Es gibt zahlreiche Beispiele, wo Tarifverhandlungen auf Branchenebene zugunsten firmenbezogener Regelungen zusammengebrochen sind. Sie betreffen große Tarifgruppen, wie zum Beispiel die Großbanken, wo 1987 nationale Verhandlungen wegen Meinungsverschiedenheiten über eine Londoner Zusatzbezahlung (London weighting) scheiterten, oder auch die großen Lebensmittelketten und die privaten Fernsehanstalten. Diese Tendenz gilt auch im Bereich kleinerer Tarifgruppen wie der Milchindustrie, der Kabelherstellung, der Wolltuchindustrie und einer Reihe von regionalen Speditionsabkommen.

Der Tarifvertrag in der Metallindustrie, der den tarifpolitischen Rahmen für mehr als 500 000 Beschäftigte festsetzen sollte, brach zusammen, als die Arbeitgeber sich 1989 weigerten, eine von den Gewerkschaften geforderte Reduzierung der Arbeitszeit zu vereinbaren. Eine ähnliche Entwicklung, diesmal mit Lohnforderungen verbunden, konnte in den letzten Jahren in der Druckindustrie und im Baugewerbe beobachtet werden.

Einschlägige Forschungen (die z. T. auch vom britischen Arbeitsministerium gefördert werden) untermauern diese Tendenz statistisch: Der Prozentsatz der Arbeiter, deren Löhne in Branchen- bzw. Verbandstarifverträgen festgesetzt wird, ist von 58 % im Jahr 1980 auf 54 % im Jahr 1990 zurückgegangen; bei Angestellten – von 62 % im Jahr 1980 auf 56 % zehn Jahre später. Der öffentliche Sektor ist in diesen Zahlen enthalten. Hier haben sich zumindest bis 1990 Branchentarifverhandlungen noch verhältnismäßig gut halten können. Betrachtet man allerdings nur die private verarbeitende Industrie, so sieht die Situation für die Branchenverträge noch weit negativer aus: Der Prozentsatz der Arbeiter, deren Löhne durch solche Verträge festgesetzt werden, ist in einem Zehnjahreszeitraum von 52 % auf 36 % zurückgegangen (Workplace Industrial Relations in Transition: 1992).

Diese Tendenz im privaten Bereich wird sich fortsetzen. Und wird – forciert durch die konservative Regierung – zunehmend auch den öffentlichen Bereich erfassen: Die Aufgaben der zentralen Ministerien werden immer häufiger von unabhängigen Anstalten (independent agencies) übernommen, die Selbstentscheidungsrechte in Tariffragen besitzen. Im Gesundheitsdienst vermehren sich wiederum unabhängige, gemeinnützige Vereine, die Tarifkompetenzen haben. Und auch in den kommunalen Verwaltungen wird der nationale Tarifvertrag brüchig, nachdem einzelne Kommunen begonnen haben, eine eigene Tarifpolitik zu verfolgen.

Im Rahmen der Diskussion über die Einführung europäischer Tarifverträge ist diese Entwicklung in mehrfacher Hinsicht bedeutsam: Die Dezentralisierung und Fragmentierung des Tarifverhandlungssystems in Großbritannien schreitet voran. Die Unterschiede zwischen dem britischen System und der Mehrzahl der kontinentalen Systeme der Arbeitsbeziehungen nehmen zu. Europäische Rahmenvereinbarungen, die eine Koppelung an die kollektiven, verbandlichen Ebenen voraussetzen, werden somit durch die britischen Grundstrukturen, vor allem aber durch die aktuellen Entwicklungen zusätzlich erschwert.

2.1.3 Der Deckungsgrad der Tarifverträge

Der dritte wesentliche Unterschied zwischen dem Tarifsystem in Großbritannien und den Systemen in den übrigen EU-Staaten liegt im Deckungsgrad der Tarifverträge, d. h. dem Prozentsatz der Beschäftigten, der überhaupt von Tarifverträgen erfaßt wird. Eine damit verbundene Frage ist, inwiefern der Erfassungsgrad etwa durch staatliche Aktivitäten erweitert werden kann. Während in den meisten EU-Staaten Tarifverhandlungen unmittelbar die Löhne und Gehälter der überwiegenden Mehrheit der Arbeitnehmer bestimmen, ist das in Großbritannien zunehmend nicht der Fall.

Untersuchungen über Arbeitsbeziehungen im Betrieb zeigen, daß gegenwärtig nur eine knappe Mehrheit der Beschäftigten, nämlich 54 %, von Tarifverträgen erfaßt werden, während es 1984 noch 71 % waren (siehe Tabelle). Im privaten Dienstleistungsbereich, dem Sektor, wo die Beschäftigungszahlen am stärksten gewachsen sind, decken Tarifverträge nur ein Drittel der Beschäftigten ab.

Tabelle

Beschäftigte, die von Tarifverhandlungen erfaßt werden (Angaben in %)

	1984	1990
Wirtschaft insgesamt	71	54
Private Industrie	64	51
Private Dienstleistung	41	33
Öffentlicher Sektor	95	78

Quelle: Workplace Industrial Relations in Transition 1992

In Großbritannien gibt es keine rechtlichen Grundlagen oder politische Mechanismen, um die Ergebnisse der Tarifverhandlungen zu erweitern; diejenigen Mittel, die früher existierten, wurden Anfang der achtziger Jahre von der konservativen Regierung beseitigt. Die letzten Reste eines staatlichen Eingriffs in die Tarifpolitik verschwanden im Herbst 1993, als die »Wages Councils«, die Mindestlöhne festsetzten, abgeschafft wurden.

Die diesbezügliche ordnungspolitische Philosophie der britischen Regierung kommt exemplarisch in einem 1988 verfaßten Beratungspapier zum Ausdruck, in dem es heißt:»Es gibt keinen einzig richtigen Weg, Löhne zu bestimmen; aber viele Verfahren, die heute benutzt werden, können der Flexibilität, die wir dringend brauchen, um die Beschäftigung zu fördern, nur schaden. Nationale Tarifverträge und Begriffe, wie das allgemeine Abschlußniveau oder die jährliche Tarifrunde, müssen durch Systeme ersetzt werden, die sich leichter an die Bedingungen des örtlichen Arbeitsmarktes, an die Gewinne des Unternehmens und an die Unterschiede in Leistungen, Wert und Fähigkeiten anpassen.« (Wages Councils: 1988 Consultation Document)

Diese Erklärung kommt einer totalen Absage an die wesentlichen Merkmale der europäisch-kontinentalen Tarifsysteme gleich. Britische Verfechter europäischer Tarifverträge müssen sich nicht nur mit dieser konservativen Regierungsstrategie auseinandersetzen, sie müssen auch der Tatsache Rechnung tragen, daß Tarifverträge insgesamt in Großbritannien an Bedeutung verlieren. Ein »europäischer tarifpolitischer Überbau« ist aber kaum möglich, wenn die »Basis« wegbricht.

2.1.4 Perspektiven

Welche Schlußfolgerungen lassen sich vor diesem Hintergrund ziehen? Eine erste mögliche Antwort lautet: Die Unterschiede zwischen Großbritannien und dem kontinentalen Europa sind so enorm, daß sie unüberbrückbar bleiben. Da die britische Regierung das Maastrichter Sozialprotokoll nicht unterschrieben und sich nicht auf die Einführung einer gemeinsamen Währung festgelegt hat, bleibt die »britische Sonderrolle« zementiert. Da die Amtsübernahme von John Major kaum zu einem verbesserten Klima im Sozialbereich geführt hat, ist nur bei einem Regierungswechsel mit einer Veränderung der innen- und tarifpolitischen Rahmenbedingungen zu rechnen.

Ein zweiter Schluß: Die britischen Gewerkschaften würden materiell wie organisationspolitisch von europäischen Tarifverträgen profitieren. Von der Struktur her würden solche Verträge beispielsweise den gewerkschaftlichen

Einfluß in den Betrieben sichern und stärken helfen. Arbeitgeber können nicht auf Dauer abseits stehen, wenn auf europäischer Ebene Gewerkschaften und Arbeitgeberverbände über Rahmentarifverträge verhandeln. Auch in materieller Hinsicht haben britische Gewerkschaften Nachholbedarf. Berufliche Qualifizierung, ein mögliches wichtiges Thema eines zukünftigen europäischen Tarifvertrages, war bislang in Großbritannien trotz gewerkschaftlicher Anstrengungen kaum Gegenstand der Tarifverhandlungen.

Nach fast 15 Jahren unerbittlicher Konfrontation mit der konservativen Regierung kann es nicht überraschen, daß britische Gewerkschaften eher in Brüssel als in London nach Fortschritt und Unterstützung suchen. Das gilt für die sozialpolitische Gesetzgebung und auch zunehmend für die Einrichtung von Eurobetriebsräten auf dem Vereinbarungswege. Noch sind die Möglichkeiten europäischer Tarifverträge nicht hinreichend stark im Bewußtsein der britischen Gewerkschaftsbasis verankert. Sollte es zur Herausbildung eines europäischen Kollektivvertragssystems kommen, müssen sich Beobachter und Mitspieler auf beiden Seiten des Ärmelkanals darüber im klaren sein, welch große strukturellen und traditional-mentalen Hindernisse überwunden werden müßten, ehe europäische Tarifverträge in die anders gelagerte britische Tariflandschaft eingefügt werden können.

2.2 Struktur und Standpunkt des britischen Arbeitgeberverbandes CBI

Pete Burgess

Die Arbeitgeber Großbritanniens sind durch einige Eigenschaften gekennzeichnet, die in Europa einzigartig sind. Diese Eigentümlichkeiten erklären auch zum Teil die Sonderstellung der Arbeitgeberverbände Großbritanniens in der Europäischen Union, wobei nicht übersehen werden darf, daß der ideologische Standpunkt der seit 1979 regierenden konservativen Partei es dem nationalen Arbeitgeberverband erleichtert hat, in europäischen Gremien öffentlicher als andere nationale Unternehmensvertreter eine Deregulierungspolitik zu propagieren. Zu diesen Eigentümlichkeiten zählen:

- Verglichen mit anderen EU-Ländern sind die Unternehmen, nicht aber unbedingt die Betriebe, relativ groß. Dies ergibt sich zum Teil als Resultat des britischen ›Sonderwegs‹ (frühe Globalisierung besonders im Primärsektor), zum Teil auch als Endergebnis eines lang andauernden Fusionsprozesses. Diese Fusionswelle ist erheblich von Finanzgesichtspunkten vorangetrieben worden, wobei die Größe der Londoner Börse und die Auffassung, daß Unternehmen nicht mehr als veräußerliche Güter sind, eine wichtige Rolle gespielt haben. Verglichen mit Deutschland ist der britische Mittelstand sehr unterentwickelt. Dies heißt aber auch, daß die Bereitschaft, in die Arbeitgeberverbände einzutreten, entsprechend geringer ist. Schon in den dreißiger Jahren haben Großkonzerne wie ICI angefangen, ihre eigenen Personalabteilungen aufzubauen, die unter anderem auch Verhandlungsfunktionen ausüben.

- Mischkonzerne sind überproportional vertreten. Bei ihnen gelten nicht nur die oben erwähnten Faktoren (Größe, eigene personalpolitische Prozeduren usw.), sie sind auch branchenmäßig schwer einzuordnen. Die britischen Mischkonzerne neigen dazu, eine Dezentralisierung der unmittelbaren Lohn- und Gehaltsfindung mit einem straffen, zentralen Kostenmanagement zu kombinieren.

- Die Globalisierung der Geschäftätigkeiten nicht nur als Exporteure, sondern auch als Produzenten. Diese Situation schwächt die Bindung an den nationalen Standort (und die dazugehörigen Einrichtungen, wie etwa Verbände).

- Der Einfluß von ausländischen Arbeitgebern, deren Personalpraktiken (in den fünfziger bis siebziger Jahren US-amerikanisch, in den achtziger Jahren japanisch) die Gestaltung der Arbeitsverhältnisse sowohl direkt durch Investitionen als auch indirekt geprägt haben. US-amerikanische und japanische Firmen weisen eine niedrigere Bereitschaft auf, in die Arbeitgeberverbände einzutreten, als einheimische.

Tabelle

Die einkommenstärksten Arbeitgeberverbände Großbritanniens 1992

Name	Branche	Einkommen (in Millionen Pfund)	ca. Mitglieder
Engineering Employers Federation	Metall	15,6	5480
Building Employers Federation	Bau	11,6	7800
Freigh Transport Association	Spedition	10,3	12870
British Printing Industries Fed.	Druck	5,3	3150
Chemical Industrial Association	Chemie	5,0	159
Electronic Contractors Association	Bauinstallation	4,9	2412

1992 waren insgesamt 128 Arbeitgeberverbände amtlich registriert. 1991 waren 293 140 Firmen Verbandsmitglieder, davon ca. 150 000 Bauern, selbständige Einzelhändler und kleinere Firmen im Baugewerbe.

Die zentrale nationale Organisation der britischen Arbeitgeber ist die Confederation of British Industry (CBI), die folglich auch die britischen Arbeitgeberinteressen bei UNICE vertritt. Ihr sind sowohl einzelne Firmen als auch sektorale Arbeitgeberverbände angeschlossen, die insgesamt rund 10 Millionen Arbeitnehmer beschäftigen, also etwa 40 % der Erwerbstätigen. Die CBI wurde im Jahre 1965 gegründet als Ergebnis einer Fusion von drei Organisationen, deren Wurzeln in der verarbeitenden Industrie lagen. Als solche ist die CBI bis heute sehr von ihrer industriellen Vergangenheit geprägt, nämlich als traditioneller Kontrahent einer stark gewerkschaftlich organisierten Arbeiterschaft. In den sechziger und siebziger Jahren war sie bereit (oder neigte dazu), die Probleme der britischen Wirtschaft (Inflation, mangelnde Konkurrenzfähigkeit) mit korporatistischen Mitteln anzugehen. Wie die deutsche Arbeitgeberorganisation BDA verhandelt die CBI selbst nicht direkt mit den Gewerkschaften. Im Laufe der achtziger Jahre hat das drastische Schrumpfen der verarbeitenden Industrie die CBI veranlaßt, ihre Mitgliedskreise zu erweitern. War die CBI in den siebziger Jahren, noch ein Träger der Einkommenspolitik, so hat sie danach eine Wende in ihrer Tarifpolitik vollzogen. Seit mehreren Jahren befürwortet sie eine möglichst weitgehende Dezentralisierung der Lohnfindung und betont dabei die Wichtigkeit der Strategien, Lohn- und Gehaltserhöhungen an die betrieblichen Ergebnisse zu knüpfen (Gewinnbeteiligung, leistungsorientierte Vergütung usw.). Wie ihr Generaldirektor im März 1993 erklärte, betrachtet es die CBI als einen Erfolg, daß Firmen in Großbritannien einen hohen Grad an »Diversität und Flexibilität in ihren Vergütungsstrategien aufweisen«. Trotzdem hat die industrielle und korporatistische Herkunft der CBI dazu geführt, daß ihr Standpunkt mit der seit 1979 herrschenden neo-liberalen Politik der konservativen Regierung nicht immer im Einklang stand. Dazu zählen vor allem die Mißstimmung über die Hochzinspolitik der Regierung 1980–82 und ihr Verhalten zum EWS sowie der geplanten EWU.

Der heutige Einfluß der CBI auf die Regierungspolitik ist wahrscheinlich geringer als in den siebziger Jahren auf die Labour- (d. h. sozialistische) Regierung, da sie damals ein Bestandteil der tripartistischen Abkommen war. Heute spielt dagegen das »Institute of Directors« (d. h. der Geschäftsführer bzw. Vorstandsmitglieder der Unternehmen) eine größere Rolle als in den achtziger Jahren, weil es nie Teil des Korporatismus war und eher die Begeisterung der Neo-Liberalen für Deregulierung teilt.

Die Schwäche der CBI, international gesehen, beruht auf zwei Faktoren. Einerseits werden die der CBI angeschlossenen Industrieverbände in Großbritannien selber durch mangelnde Repräsentativität und die Eigenarten der britischen Wirtschaft bzw. des britischen Tarifsystems erheblich geschwächt. Wichtige Firmen in der Metallindustrie, zum Beispiel General Motors (Vauxhall), Ford und GEC sind nicht Mitglieder des Metallindustrieverbandes (Engineering Employers Federation). Der Chemieriese ICI ist in den dreißiger Jahren aus dem Chemiearbeitgeberverband ausgetreten, um seinen eigenen Weg zu gehen. Andererseits wurden korporatistische Ansätze in Großbritannien seit Beginn der sechziger Jahre eher als Krisenüberwindungsmittel konzipiert und nur selten als ein Versuch, die Sozialpartner in feste, dauerhafte Strukturen einzubinden. Widerstand gegen frühere Versuche, von dem Prinzip der Freiwilligkeit und der Tarifautonomie (›voluntarism‹ und ›free collective bargaining‹) abzugehen, haben aber auch die Gewerkschaften und nicht nur das Arbeitgeberlager geleistet.

In der Zeit nach dem Zweiten Weltkrieg entstand ein zweistufiges Tarifsystem. Industrietarifverträge, die Mindestlohnsätze, Arbeitszeitregelungen und Schieds- und Schlichtungsverfahren festlegten, wurden durch Abmachungen auf betrieblicher Ebene ergänzt. Im Laufe der sechziger Jahre verlagerten sich zunehmend wichtige Kompetenzen hin zur betrieblichen Ebene, ein Ergebnis sowohl der wachsenden Macht der ehrenamtlichen betrieblichen Gewerkschaftsvertreter (›shop stewards‹) als auch des Bestrebens der Firmen, mehr Kontrolle über die Gesamtheit der Verhandlungsthemen ausüben zu können. Die Auflösung der Industrietarifverhandlungen hat sich während der achtziger Jahre beschleunigt. Seit dem Ende der Industrietarifverhandlung 1989 sowie der Privatisierung und Aufspaltung der ehemals großen nationalen Tarifbereiche in den Versorgungsunternehmen spielt die Tarifverhandlung auf Industrieebene nur eine sehr geringe Rolle.

Der weitgehende Verzicht auf industrieweite Tarifverhandlungen hat die materielle Grundlage der ohnehin brüchigen Solidarität der Arbeitgeber weiter geschwächt. In Zeiten der Hochkonjunktur läßt sich diese organisatorische Schwäche an der gegenseitigen Abwerbung von knappen Facharbeiter(inne)n ablesen. In rezessiven Zeiten gewährt die Dezentralisierung Spielraum auf betrieblicher Ebene, beispielsweise für Lohnpausen, ohne auf Tarifverträge Rücksicht nehmen zu müssen.

Der Rückzug der Industrieverbände aus der direkten Beteiligung an Tarifverhandlungen hat zu einer Änderung sowohl der objektiven Rolle als auch des Selbstverständnisses dieser Organisationen geführt. Viele Arbeitgeberverbände betrachten sich zunehmend als Dienstleistungsorganisation und Lobbyisten für ihre Mitgliedsfirmen, nicht als ›Sozialpartner‹ (ein Begriff mit wenig Resonanz in Großbritannien). Im Extremfall sehen sie sich eher in einer gemeinsamen Linie mit den mit ihnen konkurrierenden freien Unternehmensberatern, denn als Einrichtungen, die eine sozialpolitische Funktion ausüben.

Im Gegensatz zu denjenigen Mitgliedstaaten der Europäischen Union, die Verfahren für den Abschluß verbindlicher Nationalabkommen aufweisen, hat Großbritannien nie ein solches Regelwerk auf Dauer entwickelt. Selbst Tarifverträge auf Firmenebene sind nicht direkt einklagbar. Ein Kollektivabkommen schafft keine rechtsverbindliche Beziehung zwischen Gewerkschaft und Arbeitgeber, sondern wird wirksam dadurch, daß der Inhalt eines Tarifvertrages in den Einzelarbeitsvertrag aufgenommen wird. Dieser Prozeß der ›Eingliederung‹ bietet die einzige rechtliche Garantie, daß Tarifverträge eingehalten werden. Es gibt weder ein Verfahren für die Allgemeinverbindlichkeitserklärung von Tarifverträgen, noch – seit der Abschaffung der Wages Councils 1993, die Mindestlohnsätze in besonders schwach organisierten Sektoren festlegten – andere Mechanismen, um Mindestarbeitsbedingungen per Gesetz zu sichern.

Ein Vorschlag der Regierung im ersten Entwurf für den Trade Union and Labour Relations Act 1993 sah vor, daß Tarifverträge rechtsverbindlich sein sollten, es sei denn, die Kontrahenten wollten es nicht. Das Hauptanliegen der Regierung war dabei weniger, das britische Tarifsystem rationalisieren zu wollen, als die Tariflandschaft für Auslandsinvestoren transparenter – also investitionsfreundlicher – zu machen. Nachdem die meisten Betroffenen sich dagegen ausgesprochen hatten, wurde der Vorschlag wieder aus dem Gesetzesentwurf genommen. Dieser Tatbestand bedeutet letztlich aber auch, daß Vereinbarungen zwischen den Sozialpartnern auf europäischer Ebene in Großbritannien nur sehr schwierig direkt umgesetzt werden könnten.

Der schlechte Rahmen für Konzertierung auf nationaler Ebene und für die Festsetzung verbindlicher Normen bedeutet aber nicht, daß Großbritannien nie Phasen des Tripartismus erfahren hat. Mehrere tripartistische Einrichtungen sind im Laufe der sechziger und siebziger Jahre entstanden, wie z. B. die Schlichtungsinstanz ACAS, eine nationale Aufsichts- und Verwaltungsbehörde im Bereich Sicherheit am Arbeitsplatz, und das Büro für Wirtschaftsentwicklung NEDO. Viele dieser Organisationen sind von der konservativen Regierung als Bestandteil ihrer Strategie, den politischen Einfluß der Gewerkschaften zu kappen, aufgelöst worden.

Parallel zur Schaffung korporativer Institutionen sind mehrere Versuche unternommen worden, die Steigerungsrate der Löhne (und gelegentlich auch der Preise) durch Einkommenspolitik zu regeln. In manchen Fällen erfolgten diese auf freiwilliger Basis, in anderen waren sie obligatorisch (d. h. mit gesetzlicher Grundlage). Insgesamt lassen sich 13 Phasen der Einkommenspolitik in den Jahren 1961–79 unterscheiden. Zwar war das Ende der verschiedenen Phasen scheinbar auf das Fehlen gewerkschaftlicher Einhaltung der Lohnleitlinien zurückzuführen. In der Tat aber hat die entscheidende Wende bei den Arbeitgebern und vor allem innerhalb der konservativen Partei stattgefunden. Seit 1979 besteht im privaten Sektor die Tarifautonomie. Im öffentlichen Dienst hingegen sind in den achtziger Jahren einige Gremien errichtet worden, deren Aufgabe darin besteht, Lohn- bzw. Gehaltszuwächse für Arbeitnehmergruppen wie Ärzte, Krankenschwestern, Feuerwehrleute und neuerdings Lehrer(innen) festzulegen. 1992 ist im öffentlichen Dienst eine haushaltsbedingte Einkommenspolitik in Kraft getreten.

Als Folge dieser Entwicklung gibt es keine formalen Mechanismen oder sonstigen nationalen Einrichtungen, die in der Lage wären, etwaige Ergebnisse einer europäischen Tarifverhandlungsbewegung in rechtsverbindlicher Form auf nationaler bzw. Industrieebene umzusetzen. Einzelne Arbeitgeberverbände könnten aber wohl Vereinbarungen mit nationalen Gewerkschaften im Sog eines europäischen Tarifabkommens abschließen. Die Pflicht, solche Vereinbarungen einzuhalten, könnte die gleiche innerverbandliche Bedeutung haben wie andere Mitgliedsvorschriften. Es ist aber höchst unwahrscheinlich, daß ein britischer Arbeitgeberverband einen solchen Schritt wagen würde, da, wie oben schon erwähnt, die meisten Arbeitgeberorganisationen weder in der Lage noch bereit sind, Industrietarifverhandlungen in der nationalen Wirtschaft aufrechtzuerhalten.

Dieser Zustand bedeutet aber nicht, daß informelle Gespräche zwischen Gewerkschaften und Arbeitgeberverbänden nicht stattfinden – trotz des Zusammenbruchs des formalen Tripartismus. Ohne Zweifel gibt es auch Kräfte im Arbeitgeberlager, die – unter geänderten politischen Verhältnissen – einer Wiederbelebung gewisser Formen der nationalen Zusammenarbeit nicht im Wege stehen und sie sogar gutheißen würden. Zum Beispiel ist die 1990/91 von den Gewerkschaften initiierte Debatte, ob eine koordinierte Tarifrunde im Zusammenhang mit einer auf weitgehendem Konsens beruhenden nationalen Wirtschaftseinschätzung nicht wünschenswert sei, auf einige Resonanz unter den Arbeitgebern gestoßen.

Die ablehnende Haltung der britischen Regierung gegenüber der »Gemeinschaftscharta der sozialen Grundrechte«, die sich mit der ›Ausstiegsklausel‹ zum Sozialprotokoll im Maastrichter Vertrag fortsetzte, hat die CBI in eine singuläre Position gebracht. Sie ist der einzige Mitgliedsverband der UNICE, für den keine politische Vertretung im Ministerrat bei Sozialangelegenheiten vorhanden ist. Das heißt einerseits, daß die britischen Arbeitgeber keine effektive politische Stimme bei der Gestaltung oder zumindest bei der Abstimmung von Sozialmaßnahmen im neuen Verfahren haben. Andererseits aber ist die CBI gezwungen, die Interessen und Perspektiven der britischen Arbeitgeber durch die Beratungsmöglichkeiten, die im Sozialprotokoll festgelegt sind, aktiv zu vertreten.

Die CBI teilt den Standpunkt der Regierung zu Maastricht zumindest formal, wenn auch nicht mit all dem regierungsamtlichen Chauvinismus. Nach Meinung der CBI würden die Maßnahmen, die das Sozialprotokoll erlaubt, die Konkurrenzfähigkeit Europas beeinträchtigen und die Kosten steigen lassen ohne jegliche kompensierende Wettbewerbsvorteile (CBI, Social Europe after Maastricht). Die CBI glaubt sogar, daß Verbesserungen im Be-

reich der Arbeitsbedingungen und Arbeitnehmer-Arbeitgeber-Beziehun-
gen durch »eine Zwangsjacke unnötiger aber kostspieliger Vorschriften und
Regelungen gefährdet werden könnten« (ebd.). Eine mögliche interessante
Entwicklung im Bereich der europäischen Sozialpolitik ergibt sich auch
dadurch, daß diejenigen Regierungen, die sich bisher bei Richtlinienvorschlägen auf das Veto der britischen Mitglieder des Ministerrats verlassen
konnten, im künftigen Gesetzesverfahren selber Flagge zeigen müssen.

Trotz dieser Ablehnung ist sich die CBI sehr bewußt, daß die jetzige Situation
Gefahren in sich birgt. Insofern besteht ein gewisser Pragmatismus bezüglich künftiger Entwicklungen. Die Ausstiegsklausel ist von den meisten Arbeitgebern und ihren Verbänden befürwortet worden. Zugleich aber sind die
daraus folgenden Nachteile evident. Erstens gibt es, wie erwähnt, keine unmittelbare Vertretung für ›britische‹ Interessen bei der Ausarbeitung und Verabschiedung von Richtlinien im sozialpolitischen Bereich. Überdies könnten solche Richtlinien sowohl direkt (z. B. Eurobetriebsräte) als auch indirekt europaweit tätige Unternehmen betreffen, selbst wenn sie ihren Sitz
in Großbritannien haben. Es wurde zum Beispiel behauptet, daß der durch
die Sozialklausel verursachte Verzicht auf ein Vetorecht im Ministerrat bei
sozialpolitischen Angelegenheiten es erlauben wird, ›anspruchsvollere‹ Maßnahmen durchzusetzen, die zu einem integralen Bestandteil des Gemein-
schaftsstandards der Europäischen Union würden. Entweder muß Großbritannien sich irgendwann anpassen (vielleicht nach der nächsten Regierungskonferenz 1996), oder diese Maßnahmen werden als europäische
Errungenschaften angesehen, die die britischen Gewerkschaften durch
Tarifverhandlungen oder per Gesetz nach einem Regierungswechsel durchzusetzen versuchen. Andererseits übt aber auch die Tatsache, daß Großbritannien als Beispiel einer relativ deregulierten Wirtschaft »vor der Tür steht«,
einen gewissen restriktiven Druck auf die anderen elf europäischen Geset-
zesgeber im Ministerrat aus. Darüber hinaus gibt es auch Bedenken, daß –
gestärkt durch den Rückzug Großbritanniens aus dem Wechselkursmecha-
nismus des EWS – einige Standortnachteile bezüglich ausländischer Direktinvestitionen aus der britischen ›Abseitslage‹ entstehen könnten.

Trotz der Unterstützung der Ausstiegsklausel will die CBI an den beratenden
Gremien teilnehmen, die durch den Maastrichter Vertrag zu einem Teil des
Gesetzgebungsprozesses geworden sind. Obwohl ausgeschlossen von
den Überlegungen im Ministerrat, wird Großbritannien aber weiterhin durch
die CBI und den TUC im Sozialdialog präsent sein. So wie UNICE hat die CBI
die Verbesserungen der Beratungsmöglichkeiten (Artikel 3) begrüßt. Die
britischen Arbeitgeber haben mit besonderer Schärfe auf die Unzuläng-

lichkeiten des früheren Prozesses hingewiesen, dessen Ergebnisse sie als ›realitätsfremd‹ bezeichneten. Die CBI betont aber nachdrücklich, daß die im Artikel 4 des Maastrichter Vertrages enthaltenen Möglichkeiten, Abkommen auf EU-Ebene zu beschließen, keinen Raum für eigenständige Tarifbestrebungen seitens der Gewerkschaften darstellen dürfen. Das Verfahren dürfe nur anhand eines Gesetzesvorschlags ausgelöst werden, wobei die Kommission versuchen solle, die Möglichkeit eines Abkommens als Alternative zu einer Richtlinie auszuloten.

Bisher hat die CBI sich lediglich dazu verpflichtet, etwaige EU-Abkommen im Einzelfall zu überprüfen und dann zu entscheiden, ob sie nur den Inhalt an ihre Mitglieder mitteilt oder eine Empfehlung abgibt. Angesichts des Rückgangs der Industrietarifverhandlungen in Großbritannien ist die Lage bei den sektoralen Arbeitgeberverbänden nicht viel anders. Eine Tarifbindung über eine Allgemeinverbindlichkeitserklärung kann es unter den gegebenen Umständen nicht geben. Die sektoralen Arbeitgeberverbände lehnen dies gleichfalls ab und auch die CBI hat ihren Widerstand gegen sektorale Abschlüsse angekündigt. Ob einzelne Unternehmen bereit wären, europäische Haustarifverträge abzuschließen, steht auf einem anderen Blatt.

2.3 Europäische Kollektivverhandlungen – Die Sicht eines sektoralen Arbeitgeberverbandes

Peter Reid

Neuerdings wird sehr viel über die Machbarkeit europäischer Kollektivverhandlungen gesprochen. Grund dafür ist eine gemeinsame Vereinbarung zwischen UNICE und EGB vom Oktober 1991, die im Sozialprotokoll als Anlage zum Vertrag von Maastricht übernommen wurde und den Abschluß von Kollektivvereinbarungen in den Bereichen Beschäftigung, Arbeit und Soziales als möglich erklärt.

Dies möchte ich unter zwei Gesichtspunkten diskutieren[1]: Erstens, ob das Konzept von Kollektivverhandlungen auf EU-Ebene, sei es überfachlich oder sektoral oder auch ganz allgemein, zu tragfähigen, vorteilhaften Ergebnissen führt, und zweitens, sind Kollektivverhandlungen auf EU-Ebene überhaupt praktikabel?

Jedesmal wenn ich von der Notwendigkeit von Mindeststandards für Arbeits- und Sozialbedingungen lese oder höre, weniger von Entgeltmindeststandards, werde ich an die Ergebnisse eines Reports aus dem Jahre 1956 mit dem Titel »Soziale Aspekte der Europäischen Wirtschaftskooperation« erinnert, der von einer Gruppe von Experten des Internationalen Arbeitsamtes (IAO) erstellt wurde. Die Frage, ob die europäische Integration einer besonderen sozialen Dimension bedarf, wurde bereits zu Beginn der fünfziger Jahre heiß diskutiert. Die damalige Debatte beinhaltete bereits all die dortige Rhetorik, die auch heute wieder im Schwange ist. »Sozialdumping« war das große Bedenken seinerzeit. Würde eine engere wirtschaftliche Zusammenarbeit zwischen einer Anzahl von Ländern zu unfairem Wettbewerb (»unfair competition«) führen durch Länder mit niedrigeren Standards der Arbeitsbedingungen?

---

1 Dieser Beitrag wurde bewußt in der Ich-Form belassen, um sicherzustellen, daß der beabsichtigte polemische Effekt meines anläßlich der Expertentagung gehaltenen Vortrages bei der Übertragung in Schriftform nicht verloren geht.

99

Die Antwort der IAO-Expertengruppe, bekannt als »Ohlin-Komitee«, war extrem deutlich. Sie kamen zu dem Ergebnis, daß die unterschiedliche Höhe der Arbeitskosten zwischen den Ländern nicht zu auf Dauer gerichteten Disparitäten führt. Die Experten gingen in ihrer Aussage sogar noch weiter: Sie erklärten ausdrücklich, daß es keinen Bedarf für aktive interventionistische Politiken gebe, um Äquivalente zum Ausgleich solcher Unterschiede in der pan-europäischen Wirtschaftszone zu schaffen.

Der Ohlin-Report war nun nicht etwa nur das Ergebnis einer Gruppe von Marktwirtschaftlern, im Gegenteil, er spiegelte den breiten Konsensus ökonomischen Denkens quer durch die europäischen Mitgliedsstaaten seiner Zeit wider. Die Experten kamen auch zu dem Ergebnis, daß es weder wünschenswert noch machbar sei, die nationalen Systeme der sozialen Sicherheit zu harmonisieren und sie wiesen die Idee zurück, Arbeitszeit- und Überstundenregelungen anzugleichen. Doch sie gingen noch weiter und hoben hervor, daß die Länge der Wochenarbeitszeit durch jedes einzelne Land und von Gewerbe zu Gewerbe bestimmt werden sollten.

Im Kern sind die Ergebnisse des Ohlin-Reports ziemlich einfach: Eine aktive interventionistische Sozialpolitik als Teil der neuen ökonomischen Dimension in Europa ist entbehrlich: Bemerkenswert ist allerdings, daß in einem Bereich Standardisierung für notwendig gehalten wird, nämlich im Arbeitsschutz. Damit war aber nicht dasselbe gemeint, wie in der erweiterten Interpretation des Artikels 118 a der Verträge von Rom durch die Europäische Kommission, die »Arbeitsschutz« als Trojanisches Pferd zur legislativen Durchsetzung von Regulierungen der Arbeitsbedingungen benutzt, so zum Beispiel bei der Richtlinie zur Organisation der Arbeitszeit.

Was hat das nun alles mit Kollektivverhandlungen auf der Ebene der EU zu tun? Ich meine, eine ganze Menge. Es hat bis heute kein wirklich schlüssiges und überzeugendes wirtschaftliches Argument für Standardisierung gegeben. Standardisierung wäre aber das unvermeidbare Ergebnis von Kollektivverhandlungen auf EU-Ebene. Und ich verwende bewußt den Begriff der »Standardisierung« und nicht »Harmonisierung«, weil es in der Natur der Kollektivverhandlungsprozesse liegt, daß sie im Ergebnis zur Standardisierung führen.

Worum geht es eigentlich bei Kollektivverhandlungen auf EU-Ebene? Wer wird davon Vorteile haben? Jedenfalls nicht, so glaube ich, die Arbeitnehmer. Letztendlich führen solche Verhandlungen zur Institutionalisierung von Gewerkschafts- und Arbeitgebermacht auf der Ebene der EU. Sind wir wirklich so verblendet zu glauben, daß der beschleunigte Prozeß der Dezentralisierung gestoppt werden kann? Die Befürworter von Kollektivverhandlungen auf der Ebene der EU wünschen doch in Wirklichkeit, daß der gemeinsame europäische Markt und die damit verbundenen Entwicklungen verschwinden. Der Erfolg des gemeinsamen Marktes und letztendlich die erfolgreiche Bewältigung der Herausforderungen gegen Ende des 20. und zu Anfang des 21. Jahrhunderts für europäische Unternehmen beruht darauf, daß sie ihren Anteil am Weltmarkt behalten und ausbauen. Wir müssen nach außen schauen und dürfen keine Nabelschau betreiben. Die Metallarbeitgeber im Vereinigten Königreich sind von daher entschieden gegen jede Form von Kollektivverhandlungen, unabhängig vom Verhandlungsgegenstand.

Lassen Sie uns nun zur Praxis kommen. Für die Vereinigung der (britischen) Metallarbeitgeberverbände (Engineering Employers Federation/EEF) sind Tarifverträge auf nationaler Ebene nicht unbekannt. Wir schlossen nationale Kollektivvereinbarungen über Entgelthöhe und Arbeitsbedingungen für die Beschäftigten in über 5000 Metallbetrieben ab. Während des Höhepunkts in den sechziger und Anfang der siebziger Jahre erfaßten Entgelte und Arbeitsbedingungen regelnde Tarifvereinbarungen über drei Millionen Arbeitnehmer. Dies endete 1989, weil die Metallarbeitgeber zu der Auffassung gelangt waren, und die Vertreter der Arbeitnehmer bestätigten dies indirekt, daß sich ihre Verhandlungsfähigkeit auf lokaler oder auf Unternehmensebene deutlich verbessern würde.

Anzumerken ist jedoch, daß diese Entwicklung nicht über Nacht eintrat. Bereits seit den frühen siebziger Jahren brachten Unternehmen vermehrt ihre Besorgnis zum Ausdruck, daß das starre Konzept der zentralen bzw. sektoralen Kollektivverhandlungen ihre Fähigkeit, auf den Markt zu reagieren, einschränkt. Dies führte in der britischen Metallindustrie dazu, daß zunehmend große Unternehmen, insbesondere im Bereich der Automobilindustrie, sich aus den zentralen Kollektivverhandlungen zurückzogen und Entgelt- und Arbeitsbedingungen auf Unternehmens- oder lokaler Ebene verhandelten. Während eine solche Entwicklung im Kontext des »Voluntarismus« der britischen Arbeitsbeziehungen unvermeidbar war, können wir vergleichbare Veränderungen auch in traditionell stärker regulierten Arbeitsbeziehungskulturen feststellen, so etwa in Schweden, aber auch anderswo. Wenn Arbeitgeber nicht mehr davon überzeugt sind, daß eine zentralistische Branchenorganisation wie die EEF, der sie freiwillig angehören, das angemessene Forum zur Regulierung von Entgelt- und Arbeitsbedingungen bietet, wieviel weniger werden dann Unternehmen bereit sein zu glauben, daß solche Regulierungen auf der Ebene der EU sinnvoll sein können.

Die Entwicklung hin zu lokaler Kollektivverhandlung endet aber nicht mit der Unternehmensebene, sondern reicht hinab bis auf die Ebene des Betriebs und manchmal sogar bis auf die Ebene der Werkstatt bzw. Abteilung. Das führt in der Praxis großer multinationaler Unternehmen dazu, daß sich in ihnen ein breites Spektrum von Praktiken und eine Vielzahl von Systemen ausdifferenziert hat, das die jeweiligen unterschiedlichen Geschäftslagen der einzeln operierenden Betriebe widerspiegelt. Viele britische Unternehmen haben sogar völlig auf Kollektivvereinbarungen verzichtet und entgelten Arbeitnehmer nur noch individualrechtlich. Zu beachten ist dabei, daß diese Entwicklung nicht etwa Ergebnis des Wunsches der Arbeitgeber ist, die Rechte der Arbeitnehmer zu mißachten, sondern, daß die Unternehmen schlicht auf Globalisierung und die Realität von Weltmärkten reagieren mußten.

Eine Untersuchung, wie weit Entgeltvereinbarungen reichen, seit die EEF zentrale Kollektivverhandlungen eingestellt hat, belegt deutlich, daß dort, wo die Unternehmensgewinne gestiegen sind, auch die Arbeitnehmer davon profitiert haben, wo aber am Markt geringere oder keine Gewinne gemacht wurden, Entgeltstagnation oder sogar -kürzung das Ergebnis sind. Wir bei EEF glauben, daß es eine einfache Wahrheit gibt: Eine Belegschaft, die die Natur des Wirtschaftens versteht und am Fertigungsprozeß beteiligt ist, ist besser vorbereitet, auch schwierige Entscheidungen zu akzeptieren.

Wie bereits gesagt, Kollektivverhandlungen führen zu Standardisierung. Auf zentraler, nationaler Ebene wird damit eine Regelung für das Wirtschaften eingeführt, die die individuelle ökonomische Situation eines Betriebes nicht hinreichend berücksichtigen kann. Kollektivverhandlungsergebnisse auf EU-Ebene würden eine Regelung vorgeben, die soweit von der Situation der einzelnen Betriebe entfernt ist, daß sie gegenstandslos wäre. In einer Situation aber, in der man sich eine Regelung nicht leisten kann, wäre der Effekt kontraproduktiv und würde letztlich nur zum Schaden der Arbeitnehmer gereichen. In Abwandlung eines Zitats des amerikanischen Ökonomen und Nobelpreisträgers Samuelson sei gefragt: »Was nutzt es einem Arbeitnehmer zu wissen, daß er einen Anspruch auf eine Entgelterhöhung von fünf Cent hat, wenn genau sie dazu führt, daß er seinen Arbeitsplatz verliert?«

Kollektivverhandlungen auf EU-Ebene würden einen Zentralisierungs- und Standardisierungseffekt haben, der den Arbeitgebern und den Gewerkschaften jene institutionelle Bedeutung verleiht, in der sich die Institutionen der EU in Brüssel selbst bespiegeln. Solch eine Zentralisierung ist brüchig, bezogen auf die wachsende dezentrale Realität der Unternehmensorganisationen und Arbeitsbeziehungsverhandlungen. Es ist ziemlich unwahrscheinlich, daß die gewerkschaftlichen Vertrauensleute (shop stewards) und Mitglieder der betrieblichen gewerkschaftlichen Verhandlungskommission (convenors), die auf der Betriebsebene der britischen Metallindustrie die Kollektivverhandlungen führen, glücklich wären, wenn sie ihre derzeitige Verhandlungsmacht aufgeben müßten und der betriebsnahe Aushandlungsprozeß, der mit der Einstellung der zentralen Kollektivverhandlungen verbunden war, verloren ginge.

Es übersteigt mein Vorstellungsvermögen, mir eine Situation vorzustellen, in der lokale Gewerkschaftsvertreter eine EU-weit geltende Regelung anerkennen, wenn sie wissen, daß ein bestimmtes Unternehmen extrem profitabel ist. Mit Recht würden sie sich dafür einsetzen, daß ihre Mitglieder – die Arbeitnehmer – davon profitieren. Und das lokale Management würde wahrscheinlich auch wollen, daß die Arbeitnehmer davon profitieren. Niemand wäre davon begeistert, daß ein zentrales Diktat dem lokalen Management vorschriebe, Einkommenszuwächse abzulehnen, nur weil im Werk»A« im Land»A« keine Gewinne gemacht werden, obwohl man selber einen anständigen Profit erwirtschaftet hat.

Wenn also Kollektivverhandlungen zur Regelung von Entgeltfragen auf EU-Ebene unrealistisch und rückschrittlich sind, wie ich bereits andeutete, dann gilt das in noch höherem Maße für den Abschluß von Kollektivvereinbarungen im Bereich Arbeit und Soziales. Die Mitgliedsstaaten der EU wie auch die Staaten der erweiterten europäischen Wirtschaftszone haben eigene Arbeitsbeziehungsstrukturen entwickelt mit je spezifischen Reaktionsmustern für bestimmte Situationen. Diese unterschiedlichen Reaktions- und Handlungsmuster spiegeln die jeweilige kulturelle und rechtliche Entwicklung wider. Die Trennungslinie verläuft nicht, wie es einige glauben machen wollen, zwischen Großbritannien und dem»Rest von Europa«, als ob gleichsam seine geographische Insellage es auch sonst isoliere. Tatsache ist doch, daß es deutliche Unterschiede zwischen Arbeitsrecht und -praxis auch in Belgien, Luxemburg, Deutschland und Frankreich gibt, obwohl doch alle diese Länder aneinandergrenzen. Eine effektive Standardisierung und Zentralisierung durch Kollektivvereinbarungen auf EU-Ebene würde die natürlichen Unterschiede innerhalb der demokratischen Systeme ersticken, von denen die Arbeitnehmer heute stark profitieren. Ein solcher Prozeß stünde in einem fundamentalen Widerspruch zum Prinzip der»Subsidiarität« des Vertrags von Maastricht.

Lassen Sie mich noch eine kurze Anmerkung zu dem machen, was das Europäische Parlament in bezug auf Maastricht als »demokratisches Defizit« bezeichnet. Welches Recht haben eigentlich Gewerkschaften, die vorgenannten Gegenstände auf EU-Ebene kollektiv zu verhandeln? Diese Frage beabsichtigt nicht zu provozieren. Jede Kollektivverhandlung wirft aber vorab die Frage auf, welches die wirkliche Vertretungskompetenz der Verhandlungsparteien ist. In einigen EU-Mitgliedsstaaten liegt der gewerkschaftliche Organisationsgrad nur noch bei 10 %, mit fallender Tendenz. Welche Legitimität ermächtigt die Gewerkschaften zu Kollektivverhandlungen auf pan-europäischer Ebene? Ich glaube, solche Kollektivverhandlungen sind absolut illegitim. Genauso gilt das auch für die Arbeitgeberorganisationen. Wir (EEF) haben uns von der nationalen Ebene verabschiedet und es wäre aus meiner Sicht für eine Organisation wie der unseren absolut illegitim, nun Verhandlungsmacht auf EU-Ebene anzustreben[2].

Auf lange Sicht sind starre Lösungen nicht zum Vorteil der Arbeitnehmer. Die Lebensqualität der Menschen in der EU hängt von flexiblen Lösungsmöglichkeiten ab, die die Wettbewerbsfähigkeit der Wirtschaft sicherstellen. Kollektivverhandlungen sollen sich praktischen Dingen zuwenden und die unmittelbaren Anliegen der Arbeitnehmer betreffen. Und solche Anliegen sind sehr unterschiedlich. Zum Beispiel ist derzeit das vordringliche Anliegen der Arbeitnehmer in den USA die Krankenversicherung, während gleichermaßen unterschiedliche Verhandlungsforderungen in jedem Mitgliedsstaat der EU existieren.

Wer glaubt, daß Kollektivverhandlungen auf EU-Ebene letztendlich dem Ziel gleicher Arbeits- und Lebensbedingungen dienen, unterliegt einer gefährlichen Illusion. Sie erschweren Entscheidungsprozesse, beseitigen die Wettbewerbsfähigkeit, führen zur Erstarrung und am Ende zerstören sie die Arbeitsplätze. Es ist der Erfolg am Markt, genauer der Erfolg, auf dem Markt wettbewerbsfähig zu sein, der zu dem Lebensstandard geführt hat, den wir jetzt in der EU haben. Das Ergebnis wurde erzielt nicht trotz, sondern wegen der Unterschiedlichkeit.

Um den Lebensstandard langfristig zu erhöhen, müssen wir uns darauf konzentrieren, die Wirtschaft wettbewerbsfähiger zu machen. Wir müssen erkennen, daß es insbesondere um die Wettbewerbsfähigkeit auf dem Weltmarkt geht.

---

2 Der Autor ist sich nach dem (erfolglosen) Abschluß der zweiten Stufe des Konsultationsprozesses gemäß Sozialdialog (über die »Informationsrechte der Arbeitnehmer in multinationalen Unternehmen«) bewußt, daß die Beeinflussung der Gesetzgebung auf EU-Ebene Arbeitgeber und Gewerkschaften in eine Art von »Kollektivverhandlung« führt. Wie auch immer, die Schwierigkeiten, in die UNICE und EGB bei der Suche nach gemeinsam vereinbarten Regeln für Gespräche schon bei der ersten Initiative nach dem Sozialprotokoll als Anlage zum Maastrichter Vertrag geraten sind, rechtfertigten aus der Sicht des Autors die Auffassung, wonach keine der Organisationen über die erforderliche Legitimation verfügt, um als bedeutende Akteure auf der Ebene der EU Kollektivverhandlungen führen zu können.

Die Unternehmen müssen vermehrt Informationen für die Arbeitnehmer bereitstellen. Arbeitnehmer müssen sich als anerkannter Teil der Wirtschaft verstehen, und das heißt, daß sie den Erfolg des Unternehmens auch als ihren eigenen Erfolg begreifen. Wenn wir dieses nicht als unser aller Ziel setzen, dann wird die EU nicht jene gewaltige Wirtschaftskraft entfalten können, deren Potential in ihr steckt.

Übersetzung aus dem Englischen: Detlef Perner

3. Deutschland

3.1 Arbeitsbeziehungssystem und Perspektiven europäischer Kollektivverhandlungen

Berndt Keller

»It still takes two to tango and,
in a world with free capital movement,
your partner may choose not to dance.«[1]

3.1.1 Einleitung und Problemstellung

Wir charakterisieren das deutsche System der Arbeitsbeziehungen als »duales System«, welches sich damit von monistisch-eindimensionalen unterscheidet, wie wir sie etwa in den skandinavischen Ländern oder in Italien finden:

– Gewerkschaften als Organisationen mit grundsätzlich freiwilliger Mitgliedschaft agieren auf der sektoralen bzw. Branchenebene, auf der sie für die typischerweise dort angesiedelte Tarifpolitik zuständig sind;

– Betriebsräte (BR) als gesetzlich eingerichtete Interessenvertretung aller Arbeitnehmer agieren ausschließlich auf der betrieblichen Ebene.

Mit dieser Verteilung der Aufgaben korrespondiert eine spezifische Verteilung der Handlungsmöglichkeiten: BR sind ausschließlich auf schiedlich-friedliche Verfahren der Interessendurchsetzung (einschließlich der Friedenspflicht nach dem BetrVG) verwiesen, während gewerkschaftliche Strategien das legalisierte Kampfmittel des Streiks einschließen. Faktisch beobachten wir eine deutliche Diskrepanz zwischen formaler Regulierung und informeller Praxis: Trotz der formalrechtlich deutlichen Trennung von Gewerkschaften und BR gelingt bei einer arbeitsteiligen Kooperation innerhalb der »widersprüchlichen Einheit« in der Regel eine enge Abstimmung und Koordination der Politiken der betrieblichen und sektoralen Interessenvertretungen.

Der Zentralisierungsgrad des deutschen Tarifverhandlungssystems liegt im internationalen Vergleich der EG- oder OECD-Staaten auf einem mittleren Niveau; er ist deutlich höher als etwa in Großbritannien, aber deutlich niedriger als in Skandinavien. Die in zentralen Branchen (Metall, Chemie)

---

1 Esping-Andersen, G., The three worlds of welfare capitalism, Princeton 1990, S. 188

regional geführten Verhandlungen werden auf beiden Seiten von den Fachspitzenverbänden koordiniert. Der Einfluß der Dachverbände ist dabei eher gering; DGB bzw. BDA sind selbst faktisch nicht Tarifvertragsparteien, obwohl das Tarifvertragsgesetz (TVG) diese Alternative keinesfalls von vornherein ausschließt. Haustarifverträge, die wir vor allem in kleineren Betrieben finden, erfassen nur eine Minderheit von Beschäftigten.

Seit den achtziger Jahren beobachten wir – wie auch in anderen Ländern innerhalb und außerhalb der EG – eine doppelte Verschiebung von Macht und Einfluß innerhalb dieses Systems der Arbeitsbeziehungen:

- Zum einen haben wir es mit Verbetrieblichungstendenzen, d. h. mit einer Dezentralisierung der Tarifpolitik bzw. der Regelungsebene zu tun; BR werden zu noch wichtigeren Akteuren, als sie es ohnehin schon waren. Dieser inzwischen recht eindeutige Trend läßt sich am Beispiel der Arbeitszeitpolitik demonstrieren, wird aber durch Entwicklungen in anderen Feldern der Tarifpolitik (etwa in der Qualifizierungspolitik oder bei der Einführung und Implementation von IuK-Technologien) verstärkt. Tarifverträge sind in zunehmendem Maße nur noch Rahmenvereinbarungen, deren Inhalte die Akteure auf der betrieblichen Ebene konkretisieren und an die jeweiligen spezifischen Bedingungen anpassen müssen; das Instrument der Umsetzung sind Betriebsvereinbarungen nach dem BetrVG. Dieser Trend einer Dezentralisierung ermöglicht ein hohes Maß an Flexibilität in ihrer koordinierten Variante. Er muß im übrigen nicht unbedingt zu einem Machtverlust der Gewerkschaften, sondern kann durchaus zu einer Funktionsverschiebung in Richtung auf eine verstärkte Wahrnehmung von Dienstleistungsaufgaben für die BR führen.

- Zum andern haben wir es sowohl durch die zunehmende Internationalisierung der Volkswirtschaften (u. a. wachsende Zahl von grenzüberschreitenden Konzernbildungen und transnationalen Fusionierungen von Unternehmen) als auch durch die politisch gewollte Integration der EG mit Internationalisierungs- im Sinne von Europäisierungstendenzen zu tun, mit deren Konsequenzen wir uns im folgenden vor allem befassen wollen.

Diese Diskussion, die vor allem in Deutschland erst spät begann und durch das alles beherrschende Thema der deutschen Einigung bald wieder in den Hintergrund gedrängt wurde, beschränkt sich bislang ganz eindeutig und für meine Begriffe viel zu einseitig auf die Ebene des Betriebs bzw. des Unternehmens, ohne die Probleme der Regulierung auf den übergeordneten Ebenen angemessen zu berücksichtigen. Im Mittelpunkt steht häufig das handlungsstrategisch zweifellos wichtige Problem, ob Europäische Betriebsräte (EBR) nur durch eine allgemein verbindliche Richtlinie der EG oder auch durch freiwillig-kontraktuelle Vereinbarungen der Sozialpartner zustande kommen können; damit ist implizit zugleich die Frage nach den Regulierungsinstrumenten (Gesetz vs. Vertrag) und deren Relationen zueinander gestellt.

Der seit Ende 1990 bestehende Vorschlag für eine »Richtlinie des Rates über die Einsetzung der EBR zur Information und Konsultation der Arbeitnehmer in gemeinschaftsweit operierenden Unternehmen bzw. Unternehmensgruppen« war ebenso wie verschiedene frühere Gesetzesinitiativen aufgrund des Einstimmigkeitserfordernisses bislang nicht konsensfähig. Daher versuchen seit einigen Jahren verschiedene nationale und betriebliche Interessenvertretungen, aus der Not eine Tugend zu machen und EBR über freiwillige Vereinbarungen mit einzelnen multinationalen Firmen einzurichten. Bislang waren die Erfolge dieser »Doppelstrategie« weder quantitativ noch qualitativ überwältigend: Derzeit existieren ganze 20 bis maximal 30 EBR; oder: in etwa zwei Prozent aller Konzerne, welche die Kriterien des Richtlinienvorschlags erfüllen, bestehen EBR. Diese sind zudem von der Qualität ihrer Partizipationsrechte her eher reine Informations- oder Wirtschaftsausschüsse denn BR mit echten Mitbestimmungsrechten im Sinne des deutschen BetrVG.

Selbst wenn wir von der durchaus realistischen Annahme ausgehen, daß ihre Zahl in den kommenden Jahren zunehmen wird, bleibt die Reichweite der Vertragsstrategie trotz eines erheblichen Einsatzes von Ressourcen prinzipiell begrenzt: Sie eignet sich lediglich als Vorläufer bzw. Zwischenlösung, um Präzedenzfälle in Form positiver Beispiele für das politische bargaining um eine verbindlich-gesetzliche Regelung zu schaffen, nicht hingegen, um ein flächendeckendes Netz von funktionierenden EBR zu etablieren.

Diese seit den späten achtziger Jahren geführte Diskussion um eine Einschränkung der »management prerogatives« zugunsten bilateraler Prozeduren der Entscheidungsfindung soll uns im folgenden nur insoweit beschäftigen, wie sie für unsere spezifische Frage nach den Möglichkeiten, oder wie wir argumentieren werden, Unmöglichkeiten eines europäischen Systems von Kollektivverhandlungen mittelbar relevant ist. Wir bewegen uns bei dieser Frage nach dem »Herzstück« der Arbeitsbeziehungen auf tarifpolitisch wie wissenschaftlich gleichermaßen ungesichertem Terrain. Dennoch wollen wir das Wagnis eingehen, Prognosen zu formulieren und Bandbreiten der Entwicklung abzuschätzen, denn anders lassen sich Wissenslücken nicht füllen und Handlungswissen nicht gewinnen. Wir wollen bei unseren Versuchen, Antworten auf diese durchaus offenen Fragen zu formulieren, nicht nur wie in der EG-Diskussion inzwischen allgemein üblich, organisationstheoretisch, sondern auch interessenpolitisch argumentieren. Die Fragestellung ist von weit mehr als nur akademischem Interesse, denn anders als die Vollendung des Binnenmarktes am Anfang könnte die Einführung der Wirtschafts- und Währungsunion am Ende der neunziger Jahre durch feste Wechselkurse und eine einheitliche Währung zu einem höheren Stellenwert der Tarifpolitik führen und die Entwicklung entsprechender Kollektivverhandlungsstrukturen notwendig machen.

3.1.2 Europäische Kollektivverhandlungen aus deutscher Sicht

Auf den ersten Blick müßte aus der spezifischen Sicht der skizzierten Funktionsbedingungen der deutschen Arbeitsbeziehungen ein System der Kollektivverhandlungen auf der Ebene der Branche bzw. des Sektors institutionalisiert werden, um supranationale Arbeitsbeziehungen zu ermöglichen. Dadurch würden die nationalen lediglich um eine relativ neue internationale Regelungsebene ergänzt bzw. komplettiert, keinesfalls aber ersetzt.

Europäische Tarifverträge wären dann in Analogie zu aktuellen, rein nationalen vermutlich Rahmenvereinbarungen, welche vor allem Mindeststandards, allgemeine Ziele und prozedurale Regeln vorgeben würden. Die EBR hätten diese generellen Vorgaben in einer »zweiten« Verhandlungsrunde zu konkretisieren und an die jeweiligen Randbedingungen der Konzerne anzupassen, um das notwendige Maß an betrieblicher Flexibilität zu garantieren. Diese »Umsetzung« müßte dann im Gegensatz zu der rein nationaler Verträge in zwei Etappen erfolgen, nämlich zuerst durch die EBR und anschließend durch die nationalen BR, die parallel weiterhin existierten. Diese mehrstufige Prozedur würde notwendigerweise neue Probleme einer einigermaßen einheitlichen Umsetzung auf und zwischen den Ebenen beinhalten.

Ein solches System hätte natürlich neben politischen eine Reihe institutioneller Voraussetzungen. Zu letzteren gehören Verbände als kollektive Träger, die nicht nur pro forma, sondern auch faktisch willens und in der Lage sein müßten, europäische Tarifverträge abzuschließen. Supranationale Verbände, die Interessen vertikal integrieren könnten und von ihren autonomen nationalen Mitgliedern mit einer generellen Verhandlungsvollmacht sowie den notwendigen Ressourcen ausgestattet werden müßten, sind derzeit und auf absehbare Zukunft auf beiden Seiten nicht vorhanden. Damit bestehen jeweils interne Probleme, die gelöst werden müßten, bevor die externen angegangen werden können:

• Die Gewerkschaften sind seit einigen Jahren durchaus bemüht, wenngleich in verschiedenen Branchen mit unterschiedlicher Intensität sowie mit differierendem Erfolg, ihre internationalen Branchenorganisationen sowohl quantitativ als auch qualitativ auszubauen und deren Rechte innerhalb des internationalen Dachverbandes zu stärken[2]. Die Europäischen Gewerkschaftsausschüsse als sektorale Vereinigungen bzw. Brückenköpfe autonomer Branchengewerkschaften sind seit der Organisationsreform 1991 ebenso wie die nationalen Dachverbände ordentliche Mitglieder des EGB mit Stimmrecht, außer bei Finanzfragen. Dennoch ist ein solidarischer »Internationalismus« bisher rein verbaler Art geblieben, die notwendige horizontale und vertikale Koordinierung und Abstimmung längst noch nicht erreicht; die materielle und politische Unterstützung der europäischen Ebene ist und bleibt mangelhaft.

Die Koordinations- und Abstimmungsprobleme wären bei einem sektoralen bargaining erheblich, da die Interessen in bezug auf Forderungen, Ziele und Strategien noch deutlicher differieren als auf der nationalen Ebene. Die Europäischen Gewerkschaftsausschüsse müßten, um den Anforderungen innerverbandlicher Demokratie zu entsprechen, international besetzte Tarifkommissionen bilden, ihren europäischen Verhandlungskommissionen ein generelles Mandat erteilen und ggf. Kampfmaßnahmen organisieren. Eine Übertragung der Verhandlungsvollmachten von nationalen, in ihrer Tarifpolitik autonomen Gewerkschaften auf internationale ist ebenso unrealistisch wie die Durchführung grenzüberschreitender Mobilisierungs- und sogar Arbeitskampfaktionen angesichts eines fehlenden europäischen Arbeitskampfrechts.

• Auf Seiten der Arbeitgeber bestehen keine vergleichbaren Branchenorganisationen, sondern allenfalls Zusammenschlüsse innerhalb eng umgrenzter Teilsektoren (etwa Automobilbau, Chemie). Über den Aufbau von echten Branchenverbänden jenseits des derzeit diskutierten informellen Netzwerks europäischer Arbeitgeber denkt innerhalb des internationalen Dachverbandes UNICE wohl niemand ernsthaft nach; bis zur Gründung bzw. bis zur Funktionsfähigkeit würde aller Erfahrung nach sowieso noch viel Zeit vergehen. Ob es sich dann um Arbeitgeberverbände im Sinne der

---

2 Auf die Sondersituation der Interregionalen Gewerkschaftsräte in Grenzregionen will ich nicht näher eingehen. Die Zusammenarbeit im Rahmen der Interregios ist enger als üblich, stellt aber einen regional bedingten Sonderfall dar.

deutschen, partout nicht in allen anderen EG-Mitgliedsländern anzutreffenden Unterscheidung von Wirtschafts- bzw. Unternehmens- und Arbeitgeberverbänden mit ihrer spezifischen Aufgabenteilung in den Bereichen von Wirtschafts- bzw. Sozialpolitik handeln würde, ist mehr als ungewiß.

Außerdem ist die Frage vollkommen ungeklärt, welche konkreten Vorteile aus der Sicht von UNICE diese internationalen Branchenverbände im Vergleich zur derzeitigen Fragmentierung bieten könnten: Jede Abweichung vom Status quo, der durch die systematische Verhinderung von Kollektivverhandlungen gekennzeichnet ist, könnte nur zum status quo minus führen, d. h. zur Einführung eben dieser Kollektivverhandlungen. Eine weitere Differenzierung des Verbandssystems würde in diesem Fall im Gegensatz zu verschiedenen nationalen Erfahrungen fundamentalen Interessen des bestehenden Verbandes widersprechen und ist deswegen eher unwahrscheinlich. Bislang hat UNICE ausschließlich aus wohlkalkulierten, rein taktisch begründeten Überlegungen ehemals festgefügte Positionen aufgegeben, wenn nämlich begründeter Anlaß zu der Vermutung bestand, daß eine Weiterführung der Blockadetaktik eine verbindliche, strengere Richtlinie nicht mehr würde verhindern können. In diesem Fall und nur in diesem versucht UNICE, durch ein freiwillig geschlossenes und damit besser zu beeinflussendes Abkommen eine drohende Intervention der Kommission zu verhindern, um damit einer im Sinne des Verbandes ungünstigeren Lösung zuvorzukommen[3].

Selbst wenn wir in einem einigermaßen kühnen Gedankenexperiment unterstellen, daß aktionsfähige internationale Branchenverbände auf beiden Seiten irgendwann nicht nur bestehen würden, sondern sogar bereit wären, Kollektivverträge abzuschließen, wäre deren Implementation auf den dezentralen Ebenen immer noch ein vollkommen ungelöstes Problem. Diese typische Schwierigkeit der Umsetzung bzw. Durchführung wurde im Kontext der alten US-amerikanischen Industrial Relations-Diskussion unter dem label »administering the contract« intensiv behandelt, in Deutschland hingegen wegen des hohen Grades der Verrechtlichung der Arbeitsbeziehungen traditionell viel weniger beachtet. Ihre zentrale Bedeutung für unseren Kontext wird deutlich, wenn wir uns vergegenwärtigen, daß etwa die Inhalte britischer oder irischer Betriebskollektivverträge nicht rechtlich verbindlich und damit nicht einklagbar sind.

---

3 Beim zweiten Hinschauen stellen wir fest, daß die Situation für den EGB genau umgekehrt ist: Warum soll er verhandeln, wenn er gesetzliche Regelungen haben kann? Über die Konsequenzen dieser Konstellation wird derzeit kaum nachgedacht.

Über Mechanismen zur Kontrolle der Einhaltung von Verträgen finden sich im Maastrichter Vertrag über die Politische Union keine definitiven Aussagen[4]. Auch in der Diskussion »nach« Maastricht wird über diesen wichtigen Aspekt der Kontrolle viel zu wenig nachgedacht. Durchsetzungsinstrumente sind nach wie vor nicht Teil des Gemeinschaftsrechts, sondern bleiben vollständig in der Kompetenz nationaler Entscheidungsträger. Infolge des Fehlens eines supranationalen Tarifrechts ist eine auch nur einigermaßen einheitliche Durchsetzung und Wirkung von Inhalten europäischer Kollektivverträge nicht nur nicht gewährleistet, sondern nicht einmal wahrscheinlich. Eine Lösung auf der Basis des kleinsten gemeinsamen Nenners, also der Schnittmenge der verschiedenen nationalen Tarifrechte, liefe Gefahr, zur europapolitischen Null-Lösung zu degenerieren; ein flankierendes, EG-weit geltendes Tarifrecht ist nicht in Sicht.

Wenn wir das Implementationsproblem nicht von seinen rechtlichen Voraussetzungen, sondern von den potentiellen Trägern her angehen, könnten die Aufgabe der Durchsetzung getroffener Vereinbarungen faktisch nur die Arbeitnehmervertretungen auf den verschiedenen Ebenen übernehmen, also EBR und nationale BR; andere geeignete Institutionen existieren nicht und sind zumindest im deutschen Kontext auch nur schwer vorzustellen (z. B. Qualitätszirkel, Arbeitsgruppen). Damit wäre aber eine weitere notwendige Voraussetzung eines Systems europäischer Kollektivverhandlungen die Existenz eines flächendeckenden und handlungsfähigen Systems von EBR. Oder anders formuliert: Die Funktionsfähigkeit der einen, nämlich der überbetrieblichen Ebene setzt die der anderen betrieblichen voraus. Wie die eingangs erwähnte Diskussion um EBR zeigt, sind wir von einer Situation, in der diese Bedingungen erfüllt wären, auf absehbare Zukunft ein gutes Stück entfernt.

Schließlich wäre, um das kühne Gedankenexperiment noch einen Augenblick fortzusetzen, auch der Bereich der Objekte von Kollektivverhandlungen bei supranationalen Verhandlungen von vornherein enger begrenzt als bei nationalen: Es müßte sich um Gegenstände handeln, an denen beide Tarifparteien im Sinne eines Positivsummenspiels potentielles Interesse entwickeln, die transnationale Dimensionen aufweisen und die nicht gerade als Test für die Konfliktfähigkeit beider Seiten dienen sollten. Selbst wenn wir

---

4 Das Protokoll über die Sozialpolitik besagt in Art. 4, Abs. 2 lediglich vage: »Die Durchführung der auf Gemeinschaftsebene geschlossenen Vereinbarungen erfolgt entweder nach den jeweiligen Verfahren und Gepflogenheiten der Sozialpartner und der Mitgliedstaaten oder ... auf gemeinsamen Antrag der Unterzeichnerparteien durch einen Beschluß des Rates auf Vorschlag der Kommission.«

entgegen vorgängiger Erfahrung optimistisch bleiben und unterstellen, daß die Themenfindung kein prinzipielles Problem darstellen würde, wäre dadurch die Reichweite der Objekte recht eng begrenzt:

- Alle Entgeltfragen, die nach wie vor einen zentralen Gegenstandsbereich klassisch-nationaler Tarifpolitik abgeben, scheiden aus, da sie per definitionem zu einem Nullsummenspiel bzw. distributiven bargaining führen müssen; außerdem werden auf absehbare Zukunft erhebliche Differenzen in der Produktivitätsentwicklung und damit Unterschiede in der Entlohnung bestehen bleiben. Eine generelle Erhöhung der Entgelte verbietet sich, weil dadurch spezifische Standortvorteile vor allem der südlichen Mitgliedsstaaten beseitigt würden; die entgegengesetzte Strategie einer Nivellierung nach unten würde am Widerstand der Arbeitnehmer und ihrer Organisationen aus den nördlichen (Hochlohn-)Ländern scheitern. Die Idee einer Vorgabe von Mindestlöhnen, etwa in Höhe von X % des jeweiligen nationalen Durchschnittsentgelts, ist nicht realistisch, zumal verschiedene Länder (wie z. B. die BRD) keine Mindestlöhne kennen.

- Am ehesten kämen noch Fragen des Gesundheitsschutzes sowie Qualifizierungs- bzw. Weiterbildungsprobleme für ein integratives bargaining im Sinne von Walton/McKersie[5] in Betracht. Für diese Vermutung einer eher »qualitativ« als »quantitativ« ausgerichteten europäischen Tarifpolitik sprechen im Bereich von Qualifizierung auch verschiedene externe Faktoren (u. a. kleinere Alterskohorten, Zuwanderung relativ unqualifizierter Arbeitnehmer, abnehmende Halbwertszeit von erworbenem Wissen und erlernten Fähigkeiten).

Last but not least weisen auch die Reichweiten der gesetzlichen bzw. vertraglichen Regulierungen im internationalen Vergleich deutliche Unterschiede auf (u. a. Festlegung von Mindestbedingungen des Arbeitsverhältnisses, Gleichstellung von Frauen und Männern, Dauer, Lage und Verteilung der Arbeitszeit einschl. ihrer Flexibilisierung, Kündigungsschutz, Schutzvorschriften für verschiedene atypische Beschäftigungsverhältnisse, Humanisierung der Arbeit). Die EG-Mitgliedsländer sind in durchaus unterschiedlichem Ausmaß Sozialstaaten. Potentielle Verhandlungsobjekte, die in verschiedenen Ländern bereits gesetzlich und damit allgemein verbindlich geregelt sind, können aber kaum noch mit Aussicht auf Erfolg vertraglich angegangen werden.

---

5 Walton, R. E., McKersie, R. B., A behavioral theory of labor negotiations. An analysis of a social interaction system, 2nd ed. Ithaca 1991

Zumindest bleibt das »richtige« Mischungsverhältnis der beiden eher komplementären als alternativen Durchsetzungsinstrumente »Gesetz« und »Vertrag« auf europäischer Ebene angesichts der erheblichen nationalen Differenzen problematisch und ungeklärt, so daß Entlastungswirkungen nicht auftreten können. Die »Varianz« der Regelungen ist bei rein freiwilligen Vereinbarungen deutlich größer als bei eher einheitlichen gesetzlichen Vorgaben; außerdem erreicht die Regelungsdichte häufig nicht dasselbe Ausmaß. Die Gewerkschaften sind bei gesetzlichen Regelungen in einer günstigeren Position, da sie ihre knappen Ressourcen nicht jeweils für die fallweise Aushandlung von Rechten im Prozeß eines do ut des mit den Arbeitgebern einzusetzen brauchen.

Neben institutionellen müßten auch ganz bestimmte politische Voraussetzungen erfüllt sein, falls ein System europäischer Kollektivverhandlungen zustande kommen sollte. Wiederum in Analogie zu entsprechenden deutschen Regelungen müßte neben der Koalitionsfreiheit als sozialem Grundrecht eine wie immer konkret geartete europaweite Tarifautonomie etabliert werden, welche mindestens Streik- ggf. Aussperrungsrechte, eine durchaus nicht in allen Ländern übliche Friedenspflicht (in Ergänzung zu der des TVG) während der Laufzeit von Verträgen sowie Regelungen über den transnationalen Geltungsbereich bzw. die gemeinschaftsrechtliche Verbindlichkeit kollektivvertraglicher Abmachungen einzuschließen hätte[6].

Derartige Regelungen zu einem gemeinsamen europäischen Arbeitskampfrecht bzw. zur Tarifautonomie werden jedoch in absehbarer Zukunft nicht zustande kommen: Die EG-Organe als quasi-staatliche Institutionen auf supranationaler Ebene werden die notwendigen politischen Rahmenbedingungen im Sinne von constraints and opportunities nicht schaffen wollen, wegen der vorhandenen Interessendifferenzen auch gar nicht schaffen können: Systeme der Tarifautonomie im skizzierten deutschen Sinne existieren bei weitem nicht in allen Mitgliedsstaaten; so ist etwa in Frankreich, Italien und Spanien eine durchaus aktive, formelle wie informelle Partizipation des Staates und nicht die eigenverantwortlich-autonome Aushandlung der Entgelte und übrigen Arbeitsbedingungen durch die Tarifvertragsparteien die Regel (Tripartismus vs. Bipartismus). Auch die Frage nach dem Geltungsbereich von Verträgen ist national sehr unterschiedlich geregelt; so kennt etwa Großbritannien kein Pendant zur deutschen Allgemein-

---

6 Die Vereinbarung von Schlichtungsverfahren zur Beilegung von kollektiven Interessenkonflikten hingegen könnte autonomen Verhandlungen der Tarifvertragsparteien überlassen bleiben.

verbindlichkeitserklärung, was dazu führt, daß ein deutlich geringerer Prozentsatz der Arbeitnehmer von Tarifverträgen erfaßt wird.

Die Tatsache, daß derartige strategisch bedeutsame Grundsatzentscheidungen weder im ursprünglichen Gemeinschaftsrecht noch in der Sozialcharta bzw. im sozialen Aktionsprogramm noch im Protokoll zum Maastrichter Vertrag formuliert wurden, ist gewiß kein Zufall, sondern hat mit dem politischen System der EG zu tun; dieses können wir bisher und auch in Zukunft eher als fragmentiert-pluralistisch denn als eurokorporatistisch bezeichnen. Ein gewisser Souveränitätsverzicht der Mitgliedsstaaten, der für bestimmte Regelungen auch außerhalb einer politischen Union notwendig wäre, ist völlig unwahrscheinlich.

Die Tarifvertragsparteien als die anderen potentiellen Motoren werden zur Schaffung entsprechender Voraussetzungen auch im Rahmen des in Maastricht im Protokoll über die Sozialpolitik inhaltlich erweiterten und normativ aufgewerteten »sozialen Dialogs« nicht imstande sein[7]; sie werden diesen in absehbarer Zukunft nicht in gegenseitiger Übereinstimmung nutzen, um auf europäischer Ebene »zur Herstellung vertraglicher Beziehungen, einschließlich des Abschlusses von Vereinbarungen« zu gelangen. Substantielle Differenzen bestehen fort, d. h. die Arbeitgeberverbände sind nach wie vor prinzipiell nicht an freiwilligen Vertragsabschlüssen interessiert. Außerdem ist die pure Möglichkeit, Kollektivverhandlungen im Rahmen des sozialen Dialogs zu führen, noch nicht identisch mit Tarifverhandlungen im engeren Sinne, d. h. unter Einschluß von Arbeitskampfmaßnahmen.

Damit ergibt sich eine Situation, in der alle relevanten Akteure wenngleich aus ganz unterschiedlichen Gründen nicht willens sind, die für europäische Tarifverhandlungen notwendigen rechtlichen und faktischen Voraussetzungen zu schaffen. Für durchaus zutreffend halte ich ein Argument, welches Kritiker aus verschiedenen Ländern seit dem Abschluß des Maastrichter Vertrages über die Politische Union vorbringen: Die Aufgabe der Verbände im Rahmen ihrer formal deutlich erweiterten Handlungsspielräume innerhalb des sozialen Dialogs auf Sektor- bzw. Branchenebene kann nicht darin bestehen, Quasi-Richtlinien zu formulieren und dadurch ein Alibi für die sozial- und arbeitspolitische Untätigkeit oder Unfähigkeit der Kommission zu liefern. Die politischen Akteure verhalten sich schlichtweg opportunistisch, indem sie unter den Vorzeichen des wiederentdeckten Prinzips der

---

7 Zur Erinnerung: Die europäischen Gewerkschaften konnten sich nicht einmal untereinander auf die Forderung nach einem Verbot der Aussperrung einigen; die offizielle Sprachregelung läuft lediglich auf deren »Ächtung« hinaus.

Subsidiarität[8] nicht einseitig in die Sphäre staatsfreier Selbstregulierung und Gestaltungsautonomie der Verbände eingreifen wollen. Statt dessen soll auf ein gesetzgeberisches Initiativrecht verzichtet und der Vorrang bilateraler-autonomer Abkommen offiziell anerkannt und deren Legalisierung quasi garantiert werden. Bei einer realistischen Betrachtung sind Verhandlungen im Rahmen des sozialen Dialogs nicht Mittel zum Zweck der Überwindung von politischen Pattsituationen, sondern letzten Endes Ausdruck einer neuen politischen Leerformel, die sozial- und arbeitspolitische Richtlinien verhindert.

3.1.3 Zentralisierung oder Dezentralisierung als Alternative?

Meine bisherige Argumentation läuft auf den Beleg der praktischen Unmöglichkeit europäischer Kollektivverhandlungen hinaus. Ihr läßt sich vor allem aus nicht-deutscher Perspektive trefflich entgegenhalten, daß sie relativ strikt an den Funktionsbedingungen der deutschen Arbeitsbeziehungen orientiert sei und insofern einen »germanic bias« aufweise. Aber aus den verschiedenen Diskussionen der vergangenen zwei Jahrzehnte (etwa um die fünfte Richtlinie zum Unternehmensrecht in den siebziger oder um die Vredeling-Richtlinienvorschläge in den achtziger Jahren) haben wir doch zumindest eines gelernt: Jedweder Versuch, die Institutionen und Regeln eines der nationalen Systeme zum Referenzmodell zu machen und auf andere Länder zu übertragen, ist aus politischen Gründen a priori zum Scheitern verurteilt! Insofern muß jede Suche nach dem einen homogenen, strikt an nationalen Vorbildern orientierten Modell für europäische Arbeitsbeziehungen vergeblich sein und bleiben. Eine vollständige Harmonisierung im Rahmen einer »europäischen Tarifunion« wäre, um die nationale Vielfalt zu bewahren, gar nicht unbedingt wünschenswert; eine gewisse Angleichung hingegen wäre notwendig im Interesse der Integration bzw. der Realisierung der sozialen Dimension.

Ich will nun nicht den leichten Ausweg aus diesem Dilemma wählen, indem ich argumentiere, daß die Darstellung genau dieser deutschen Perspektive meine Aufgabe im Rahmen der Arbeitsteilung unseres gemeinsamen Buchprojektes sei. Statt dessen möchte ich versuchen, die Begründung der praktischen Unmöglichkeit europäischer Kollektivverhandlungen anders zu

---

8 Gemäß dem in ordnungspolitischer Sicht neoliberalen Prinzip der Subsidiarität sollen die Vorgehensweisen so dezentral wie eben möglich ansetzen, und gemeinschaftsweite Regelungen gegenüber einzelstaatlichen, regionalen oder gar kommunalen die Ausnahme bleiben.

führen. Dazu wollen wir uns im folgenden von den Rahmenbedingungen des deutschen Systems weitgehend lösen und uns stärker einer Art komparativer Analyse zuwenden, die es uns ermöglichen soll, Politikoptionen deutlicher zu erkennen. Zunächst betrachten wir die beiden im nationalen Rahmen durchaus realisierten strategic choices, nämlich ein stärker zentralisiertes und ein völlig dezentralisiertes System, näher.

Eine zentralisierte Lösung hätte als eine ihrer institutionellen Voraussetzungen, daß die europäischen Dachverbände in enger Abstimmung mit ihren Mitgliedern, den nationalen Dachverbänden, die Kollektivverhandlungen zu führen hätten. Sowohl der EGB als auch UNICE sind jedoch aufgrund ihrer bereits skizzierten Bedingungen dazu faktisch nicht in der Lage. Da in Deutschland weder BDA noch DGB tatsächlich Tarifvertragsparteien sind, ist nicht einzusehen, weshalb bzw. wie sie auf EG-Ebene derartige Verhandlungen führen sollten[9]. Im übrigen wären die deutschen Industriegewerkschaften ebensowenig wie die Arbeitgeberverbände bereit, ihre auf der nationalen Ebene unumstrittene Zuständigkeit für die Tarifpolitik und damit wesentliche Teile ihrer Autonomie und Kompetenz an die europäischen Dachverbände abzutreten. Ebenso fehlt in anderen Mitgliedsstaaten ein originäres Interesse bei »starken« Verbänden; lediglich Gewerkschaften wie die französischen könnten sich eine Kompensation nationaler »Schwäche« auf europäischer Ebene erhoffen. Schließlich wären alle Verhandlungsergebnisse aufgrund der Ebene des Abschlusses nahezu notwendigerweise extrem inflexibel und von daher für beide Partner gleichermaßen unattraktiv. Die für den Fall eines mittleren Zentralisierungsgrades weiter oben bereits geschilderten Umsetzungsprobleme rahmenvertraglicher Regelungen wären im Fall einer hochgradigen Zentralisierung noch schwieriger zu lösen. Insgesamt ist daher diese Alternative aufgrund fehlender institutioneller Voraussetzungen in zumindest einigen wichtigen Mitgliedsländern nicht realistisch und wegen der potentiellen Ergebnisse wenig attraktiv für die korporativen Akteure. Die Aufgaben der europäischen Dachverbände EGB und UNICE werden daher auch in Zukunft eher im dreiseitigen political bargaining liegen, bei der Vertretung allgemein-branchenübergreifender Interessen durch lobbying bei den europäischen Institutionen sowie durch nicht-verbindliche Gemeinsame Erklärungen à la Val Duchesse, nicht aber im zweiseitigen collective bargaining, in der eigenverantwortlichen Führung von Tarifverhandlungen.

---

9 Ähnliches gilt auch für Großbritannien, während in einigen anderen Ländern durchaus auf nationaler Ebene verhandelt wird.

Die andere denkbare Option wäre ein völlig dezentralisiertes, ausschließlich auf Unternehmensebene angesiedeltes System von Kollektivverhandlungen als analoge Konstruktion zu entsprechenden nationalen Arbeitsbeziehungen wie etwa in Großbritannien. In einem solchen »monistischen« System wären die betrieblichen Vertretungen für die Durchsetzung sämtlicher Interessen zuständig, ohne daß eine überbetriebliche Koordination und Abstimmung von Partialinteressen stattfinden würde. Die entsprechenden nationalen Erfahrungen zeigen als Resultat deutliche Unterschiede in allen Regelungen, also bei Löhnen und allen übrigen Arbeitsbedingungen. Zudem entstehen hohe Transaktionskosten bei Situations- und Humanfaktoren als »Betriebskosten des Systems«. Die in verschiedenen Ländern auf beiden Seiten bestehenden überbetrieblichen Institutionen würden weitgehend überflüssig, die Verbände ihre stabilisierend-ausgleichenden und transaktionskostenreduzierenden Funktionen verlieren.

An einer derartigen Entwicklung der Arbeitsbeziehungen, die wir im klassischen Jargon als »Balkanisierung«, im aktuellen als »Japanisierung« bezeichnen, haben zumindest die deutschen korporativen Akteure auf beiden Seiten kein sonderliches Interesse, wie die aktuelle Diskussion seit Mitte der achtziger Jahre in ihren verschiedenen Schattierungen immer wieder zeigt. Die Arbeitgeberverbände optieren zwar für ein »flexibleres« System der Arbeitsbeziehungen im allgemeinen und der Kollektivverhandlungen im besonderen, nicht jedoch für dessen Abschaffung durch vollständige Dekollektivierung etwa nach dem Vorbild Großbritanniens in den achtziger Jahren. Entsprechende Forderungen werden zwar von Minderheiten (wie der Aktionsgemeinschaft Selbständiger Unternehmer – ASU) gelegentlich aufgestellt, sind jedoch auch innerhalb der Arbeitgeberverbände nach wie vor nicht mehrheitsfähig.

3.1.4 Ein konzernzentriertes System transnationaler Kollektivverhandlungen

Ein ganz anderes und, wie wir sehen werden, überzeugenderes Argument gegen den Versuch einer Begründung der praktischen Unmöglichkeit transnationaler Kollektivverträge lautet, daß die skizzierten institutionellen und politischen Voraussetzungen gar nicht notwendigerweise erfüllt sein müssen, um so etwas wie europäische Kollektivverhandlungen in Gang zu setzen. Wir können schließlich anhand der recht urwüchsigen Entwicklungen der Tarifbeziehungen in verschiedenen Ländern nachvollziehen, daß durchaus der Grundsatz »structure follows strategy« gelten kann: Die Akteure entwickelten Institutionen und vor allem Verfahrensregeln jeweils erst, nachdem die ersten Verhandlungen im andauernden Stadium ungeregelter Beziehungen längst geführt worden waren. Insofern geschah die kollektive Durchsetzung von Interessen in der Regel bereits vor der Bildung von Institutionen.

Eine derartige Lösung des Problems ist nicht nur nicht auszuschließen, sondern sogar von allen Alternativen die wahrscheinlichste, wenngleich es sich in diesem Fall nicht mehr um relativ integrierte europäische Kollektivverhandlungen im stringenten, bisher ausschließlich verwandten Sinne des Terminus handeln würde. Aufgrund von Problemen bei der Aggregation und Mediatisierung von Interessen, die mit dem Zentralisierungsgrad tendenziell zunehmen, würde diese Lösung eher auf dezentraler Ebene ansetzen müssen. In diesem Szenario würde eine partielle Konvergenz also nicht in Richtung auf ein ganz bestimmtes neues Modell mit zentralen, allgemein verbindlichen Elementen stattfinden. Statt dessen hätten wir es mit einer bunteren Landschaft von Verhandlungsebenen, -themen und -akteuren zu tun, wobei dieser Typus nur gewisse gemeinsame Elemente hätte.

Wir wollen im folgenden vor allem eine ganz bestimmte Entwicklung aus dem Spektrum der wahrscheinlichen verfolgen und andere denkbare tarifpolitische Ansatzpunkte nur kurz erwähnen. So diskutiert vor allem der EMB im Rahmen einer »europaweiten Vernetzung der Tarifpolitik« Maßnahmen, wie regelmäßige Berichte über die gewerkschaftliche Lage in der Metallbranche mit dem Ziel tarifpolitischer Konsequenzen, die Einrichtung eines europaweiten Tarifarchivs mit elektronischem Zugang sowie eine Koordinierung von Branchen und Sektoren, wie z. B. der Automobilindustrie. Zu den nicht ausführlich behandelten Aspekten gehören auch verschiedene Vorformen, wie national geführte, aber international informell abgestimmte Verhandlungen über dieselben Objekte (etwa über die Verkürzung der Arbeitszeiten oder die Begrenzung von Überstunden), gegenseitige Hilfsaktionen bei Arbeitskämpfen, gemeinsame Aktionen zur Unterstützung nationaler und/oder grenzüberschreitender Verträge[10]. Derartige Varianten würden in relativ homogenen Einheiten auftreten und zu einer größeren, bislang unbekannten Vielfalt europäischer Arbeitsbeziehungen beitragen.

In der Tat könnte vor allem das Management multinationaler Unternehmen eines fernen Tages auf die Idee kommen, jenseits von Verbandszuständig-

---

10 Lang, K., Sauer, J., Wege zu einer europäischen Tarifpolitik, in: Steinkühler, F. (Hrsg.), Europa '92. Industriestandort oder sozialer Lebensraum, Hamburg 1989, S. 222 ff.; Blank, M., Europäische Kollektivverträge und Sozialer Dialog, in: Däubler, W. u. a. (Hrsg.), Arbeit und Recht. Festschrift für Albert Gnade zum 65. Geburtstag, Köln 1992, S. 649 f.

keiten und -disziplin und auch ohne die Existenz eines verrechtlichten Rahmens mit »ihren« EBR über ganz bestimmte konzernspezifische Probleme, etwa solche der bereits erwähnten Qualifizierung bzw. Weiterbildung und/oder der Flexibilisierung, Lage und Dauer der Arbeitszeit, in direkte Verhandlungen einzutreten mit dem Ziel, Konzerntarifverträge oder -vereinbarungen abzuschließen. Die Positionen der europäischen Dachverbände zu derartigen »high trust and low conflict«-Initiativen wären ziemlich eindeutig:

- Der EGB als Vertreter allgemeiner-supranationaler Interessen würde einen solchen Trend nicht verhindern wollen, ja aus seiner verbandspolitischen Logik gar nicht behindern können: Die nationalen Dachverbände haben aufgrund ihrer vorgängigen nationalen Erfahrungen recht heterogene Präferenzen für ganz verschiedene Verhandlungsebenen (Betrieb, Region/Branche, Nation), so daß sich der EGB gar keine exklusive Prioritäten »leisten« kann.

- UNICE würde sich gegen ein solches eher informell-dezentrales System kaum sträuben, vor allem weil es eigenen ordnungspolitischen Vorstellungen weitgehend entspricht, indem es nur ein Minimum an Regelungsdichte voraussetzt; außerdem dient es eigenen Interessen, indem es den präferierten Vorrang von Verträgen gegenüber Gesetzen anerkennt und festschreibt.

Eine solche Entwicklung mit einem gewissen Experimentalcharakter – »Organisation und Management der Vielfalt« – nach eher wenigen, informellen Regeln könnte durchaus in mancherlei Hinsicht eine gewisse Attraktivität für verschiedene Akteure auf den anderen Ebenen haben:

- Konzernweite Verträge könnten den Vorrang nationaler Tarifverträge im Sinne des Subsidiaritäts- bzw. Günstigkeitsprinzips durchaus anerkennen, gleichwohl langfristig Rückwirkungen auf diese haben. Insgesamt wäre in diesem Szenario eine Kombination aus nationalen und transnationalen Regelungen wahrscheinlich, wobei letztere aufgrund der zunehmenden wirtschaftlichen Integration sowie der (tatsächlich oder vermeintlich) veränderten Wettbewerbspositionen allmählich wichtiger werden und erstere erodieren.

- Diese Verbindung könnte im günstigsten Fall in Analogie zu Regelungen in anderen sozialpolitischen Politikfeldern so gestaltet werden, daß transnationale Verträge ergänzenden Charakter haben und Mindestbedingungen vorgeben, die national durchaus über-, aber nicht unterschritten werden dürfen; so könnten hohe Grade an Verbindlichkeiten und Flexibilität miteinander vereinbart werden, ohne die Wettbewerbsfähigkeit zu beeinträchtigen oder bereits bestehende, höhere nationale Standards zu gefährden. Schließlich wären als potentielle Formen auch Verträge nach dem sog. Cafeteria-Modell, also mit Auswahlmöglichkeiten aus einer vorgegebenen, begrenzten Anzahl von Alternativen, grundsätzlich durchaus möglich.

• Die bereits mehrfach erwähnten Durchführungs- und Implementationsprobleme wären allein aufgrund der niedrigeren Verhandlungsebene geringer als bei allen alternativen Lösungen, die eo ipso auf einer höheren Ebene ansetzen müßten. Insofern bestünde ein positiver Zusammenhang zwischen Verhandlungsebene und -gegenständen: Je dezentraler (zentraler) die Verhandlungsebene desto spezifischer (allgemeiner) die Verhandlungsobjekte. Eine Implementation von Vertragsinhalten durch Rechtsprechung bräuchte in diesem Szenario nur eine geringe Rolle zu spielen.

• Flexibilität in ihren verschiedenen Schattierungen (u. a. numerisch-extern, funktional, qualifikatorisch oder in bezug auf Entgelte, insb. die Lohnstruktur) wäre in dezentralen Verhandlungen eher zu erreichen als in zentralisierten. Insofern würde dieses »grass roots«-Szenario, in dem Tarifbeziehungen durch eine Art mikrokorporatistischer Arrangements aufgebaut werden, den seit den achtziger Jahren deutlichen, möglicherweise inzwischen bereits irreversiblen, in den kommenden Jahren eher noch zunehmenden Trends zur Dezentralisierung der Regelungsebene bzw. zur Verbetrieblichung der Arbeitsbeziehungen sogar entgegenkommen.

• Vielleicht behalten die Eurooptimisten recht mit ihrer Hoffnung, daß die elf Mitgliedsstaaten, d. h. ohne Beteiligung Großbritanniens, den Richtlinienvorschlag zu EBR in absehbarer Zukunft verabschieden werden; dies kann geschehen, indem die elf von den erweiterten qualifizierten Mehrheitsentscheidungen Gebrauch machen, die nach dem Sozialprotokoll zum Maastrichter Vertrag möglich sind[11]. Dieser existentiell wichtige Schritt kann allerdings nur gelingen, wenn eine integrationsfreundliche Regierung (wie die deutsche) die Präsidentschaft im Europäischen Rat inne hat und entsprechende Initiativen ergreift, möglicherweise nachdem weitere Veränderungen an dem Vorschlag vorgenommen worden sind. In diesem Fall wäre sogar eine ganz entscheidende institutionelle Voraus-

---

11 Die Tatsache, daß in diesem Fall Großbritannien von seiner opting out-Option Gebrauch machen und damit ein Europa der mindestens »zwei Geschwindigkeiten« Realität würde, wäre wohl kein echtes Hindernis für die elf. Zudem gäbe es vermutlich erhebliche Rückwirkungen der beschleunigten Integration auf Großbritannien.

setzung in Form der Existenz handlungsfähiger Akteure erfüllt, die zudem z. T. bereits über Vorformen von Verhandlungserfahrung mit »ihrem« Management verfügen und sich deswegen als Nukleus konzernzentrierter Verhandlungen eignen würden.

Eine derartige Entwicklung zu einer dezentralisierten, konzernnahen europäischen Tarifpolitik würde vermutlich nicht überall gleichzeitig einsetzen, sondern allmählich-schrittweise erfolgen und zu einem »Flickenteppich« europäischer Arbeitsbeziehungen führen. Diese wären stark voluntaristisch bzw. kaum legalistisch geprägt und würden damit die Nachteile ähnlich strukturierter nationaler Systeme aufweisen (vor allem Großbritanniens). Diese Alternative würde allenfalls auf supranationale Verhandlungen in einer jeweils eher begrenzten und von Fall zu Fall wechselnden Anzahl von beteiligten Konzernen mit Stammsitz in verschiedenen Ländern hinauslaufen. Diese euro-spezifische Form der »Verbetrieblichung« würde vermutlich am ehesten realisiert in spezifischen, relativ weitgehend internationalisierten Sektoren, und zwar entlang relativ homogener Produkt- und Dienstleistungslinien bzw. bestimmter Produktmarktinteressen multinationaler Konzerne (etwa Automobilbau, Versicherungen, Teile der Chemieindustrie, Transport). Andere, weiterhin primär national orientierte Sektoren blieben von derartigen Entwicklungen weitgehend unbeeinflußt; hier können die Kernbereiche des öffentlichen Dienstes als Paradebeispiel dienen.

Die Schwierigkeit bei der Analyse dieser fragmentierten Form von Arbeits- bzw. Tarifbeziehungen wäre eine ganz »neue Unübersichtlichkeit« von konvergierenden und divergierenden Trends. Die praktische Folge wäre eine Entwicklung in Richtung auf US-amerikanische labor relations mit stark unterschiedlich prosperierenden Regionen und Sektoren innerhalb eines einheitlichen Wirtschaftsraumes, mit nur wenigen Schutzrechten der Arbeitnehmer sowie mit wenigen, kaum handlungsfähigen Arbeitgeberverbänden und schwachen Gewerkschaften vom Typus der business unions, die vergleichsweise eng definierte ökonomische Interessen vertreten, welche sie vor allem durch collective bargaining und weniger durch political bargaining durchzusetzen versuchen.

Eher unwahrscheinlich erscheint dagegen ein »union exclusion« im englischen Sinne sowie ein »union busting« im Sinne des Einsatzes aktiver Maßnahmen zur Ausschaltung von Gewerkschaften wie in den USA in den achtziger Jahren. Auf jeden Fall müßten die Gewerkschaften ihre strategische Position innerhalb eines solchen europäischen Modells der Interessenvertretung neu bestimmen. So schlagen etwa holländische Gewerkschaften seit kurzem vor, Koordinationsgremien für und mit den EBR in multinationalen Unternehmen zu schaffen. Ob eine solche Koordinierung durch »externe« Organisationen gelingen kann, ist aus verschiedenen Gründen eher zweifelhaft: Erstens besteht auf seiten der Arbeitgeber ein manifestes Desinteresse, zweitens sind die Gewerkschaften durch die oben geschilderte Heterogenität charakterisiert; drittens müssen sich die EBR nicht unbedingt als tarifpolitische Informationsquelle instrumentalisieren lassen.

Insgesamt wäre das skizzierte System deutlich dezentralisiert, stärker fragmentiert, eher dereguliert und weniger tripartistisch ausgerichtet; dieser transnationale Pluralismus würde insofern gut zu einem europäischen Minimalstaat ohne vollständig ausgebildete politische Institutionen »passen«. Zu dem mindestens seit den achtziger Jahren bekannten, kaum aufzubrechenden Betriebssyndikalismus auf nationaler würde ein vermutlich ebenso stabiler Konzernsyndikalismus bzw. -egoismus auf supranationaler Ebene treten, der die »ins« weiter zu Lasten der »outs« bevorzugt, also Vorteile internalisiert, Nachteile hingegen externalisiert. Kurioserweise könnte gerade in dieser polarisierenden Verteilung eine gewisse Attraktivität für EBR liegen, da das stets befürchtete und in Einzelfällen durchaus realisierte Gegeneinander-Ausspielen »ihrer« Belegschaften in verschiedenen Ländern erheblich erschwert würde.

Eine derartig weitgehende Fragmentierung auf der Mikroebene des Betriebs bzw. Konzerns wäre auf der Makroebene mit einer Verteilung von costs and benefits verbunden, die noch ungleicher wäre als bei einer gewissen Zentralisierung. In der Makroperspektive wäre die Alternative mit allen Nachteilen der Fragmentierung befrachtet (u. a. keine vergleichbaren Wettbewerbsbedingungen, deutliche Lohndifferenzen zwischen vergleichbaren Gruppen von Arbeitnehmern), wie wir sie traditionell in dezentralisierten Systemen und aktuell wiederum bei den kontraktuell vereinbarten EBR beobachten können. Eine konzernübergreifende Koordination divergierender Interessen durch Industriegewerkschaften und Fachspitzenverbände wäre sehr schwierig.

3.1.5 Schluß

Eine solche Entwicklung zu einem »konzernzentrierten System transnationaler Kollektivverhandlungen« kann man aus den genannten Gründen für relativ wahrscheinlich halten; eine ganz andere Frage ist, ob man sie für wünschenswert halten soll. In dieser normativen Version der Problemstellung werden sich die aus den nationalen Diskussionen bekannten beiden

Lager einer sozialen Ordnungspolitik erneut, diesmal auf der europäischen Ebene gegenüberstehen:

- Die einen setzen auf Freisetzung der Marktkräfte durch Freihandel, dadurch bedingte höhere Produktivität und verbesserte Angebotsbedingungen sowie auf den prinzipiell geringen Einfluß eines Minimalstaates, dessen Einfluß in der Marktökonomie nicht über die Kontrolle der Einhaltung weniger Rahmenregelungen hinausgehen soll. Die soziale Integration folgt der wirtschaftlichen quasi-automatisch und ohne besondere Förderung; die soziale Dimension ist Ergebnis der wirtschaftlichen Integration.

- Die anderen betonen die empirisch immer wieder nachgewiesene Unvollkommenheit des Marktes sowie die daraus abzuleitende Notwendigkeit systematischer Eingriffe durch einen aktiven Staat, der seiner Sozialökonomie mehr als nur weit gefaßte Rahmenbedingungen setzt. Die soziale Dimension hat eine eigenständige Bedeutung, ist Voraussetzung der wirtschaftlichen Integration und muß daher durch Aktionen der Gemeinschaft gefördert werden.

Im Sinne der zuletzt genannten Position wären im Rahmen von public policies politische Regulierungen der Beschäftigungsbedingungen auf der Makroebene notwendig, um eine stärkere Entwicklung der sozialen Dimension der Gemeinschaft zu erreichen, die Jacques Delors sehr zu Recht als deren »Achillesferse« bezeichnet hat. Neben den derzeit zum Teil schon vorhandenen individuellen wären zukünftig vor allem kollektive sozialen Rechte zu garantieren, um zweifellos bestehende massive Legitimationsdefizite abzubauen, den geringen Grad der Akzeptanz der Gemeinschaft bei ihren Bürgern zu erhöhen sowie mögliche Verluste »sozialer« Produktivität zu verhindern.

3.2 Perspektiven für Kollektivverhandlungen in der EU aus Sicht der IG Metall

Michael Blank

3.2.1 Einleitung

Die Ausgangsfrage dieses Bandes, ob europäische Kollektivverhandlungen möglich sind, läßt sich aus gewerkschaftlicher Sicht nur mit ja beantworten. Alles andere käme einer europapolitischen Bankrotterklärung gleich. Es scheint aber auch über Gewerkschaftskreise hinaus ein weiter politischer Konsens zu bestehen, daß Kollektivverhandlungen ein grundlegender Bestandteil der Arbeitsbeziehungen in der EU sind und daß dies auch in Zukunft so bleiben soll. In der Gemeinschaftscharta der sozialen Grundrechte[1] wurde dieser Grundsatz bekräftigt. Da in allen Mitgliedstaaten Arbeitsbeziehungen zu mehr oder weniger großen Teilen durch Kollektivverträge geregelt werden, ist das nicht weiter erstaunlich. Über die Zukunft der Kollektivverhandlungen in der Gemeinschaft gibt es dagegen höchst unterschiedliche Vorstellungen. Während die EG-Kommission in ihrem Aktionsprogramm zur Gemeinschaftscharta[2] auf dem Standpunkt steht, daß es für die Gemeinschaft hier nichts zu tun gebe, da das Prinzip autonomer Tarifverhandlungen in allen Mitgliedsstaaten anerkannt sei, fordern die Gewerkschaften, daß das Prinzip der Kollektivverhandlungen im Gemeinschaftsrecht mit Grundrechtsqualität verankert wird. Auch das EG-Parlament steht der Zurückhaltung der EG-Kommission skeptisch gegenüber. In einer jüngst veröffentlichten Stellungnahme zu den Menschenrechten und Grundfreiheiten beklagt es die Verletzung der Gewerkschaftsrechte in einigen Mitgliedsstaaten[3]. Die Wahrscheinlichkeit, daß die Gemeinschaft sich dieses Themas annimmt, ist allerdings nicht sehr groß. Im Sozialprotokoll des EG-Vertrags von Maastricht wird ihr gerade die Kompetenz abgespro-

---

1 Gemeinschaftscharta der sozialen Grundrechte der Arbeitnehmer vom 9. 12. 1989 (KOM-89-248 endg.)
2 Aktionsprogramm der Kommission der Europäischen Gemeinschaft zur Anwendung der Gemeinschaftscharta der sozialen Grundrechte vom 29. November 1989 (BR-Drucksache 717/89)
3 Europäisches Parlament, Achtung der Menschenrechte in der EG, Entschließung vom 11. März 1993 – A3 – 0025/93, Europäische Grundrechtszeitung EuGRZ 1993, S. 313

chen, im Rahmen dieses Protokolls Regelungen über Fragen des Kollektivrechts zu treffen.

Der Europäische Gewerkschaftsbund (EGB) und der Europäische Metallgewerkschaftsbund (EMB) haben im Frühjahr 1993 den Versuch unternommen, ihre Vorstellungen und Forderungen in zwei Beschlüssen mit unterschiedlicher Akzentuierung zusammenzufassen[4]. Im Vergleich beider Stellungnahmen wird deutlich, daß der Begriff »Europäische Kollektivverhandlungen« nicht eindeutig ist. Während der EGB transnationale Kollektivverhandlungen mit dem Ziel transnationaler Kollektivverträge als durchaus realistische Perspektive ansieht, nimmt der EMB dazu eine distanzierte Haltung ein und legt die Priorität auf eine Koordinierung nationaler Kollektivverhandlungen und -abschlüsse. Im Ergebnis besteht jedoch Konsens, daß letztendlich beide Elemente notwendig sind.

Läßt man die aktuellen Aussagen der gewerkschaftlichen Dachverbände und der politischen Instanzen Revue passieren, so ergibt sich alles in allem ein recht verschwommenes Bild. Obwohl die Gewerkschaften das Thema für bedeutsam halten, gehört es doch nicht zu den drängendsten Tagesaufgaben. Tarifpolitik steht für jede Gewerkschaft im Mittelpunkt des Interesses, aber eben nur als nationale Tarifpolitik. Ansätze zu einer Europäisierung, sei es durch verstärkte Koordinierung oder durch Abschluß transnationaler Kollektivverträge, gibt es nur vereinzelt. Die Schwierigkeiten, die die Gewerkschaften bei der Formulierung einer gemeinsamen Perspektive für europäische Kollektivverhandlungen zu überwinden haben, sind immens. Denn Gewerkschaften sind von Natur aus konservativ. Ihre Vorstellungen über die Ausgestaltung der Arbeitsbeziehungen in Europa unterscheiden sich zunächst nicht wesentlich von dem, was sie im eigenen Land kennen und für bewährt halten. Die Kollektivverhandlungssysteme in den Mitgliedsstaaten der EG weisen aber die denkbar größten Unterschiede auf. Das Spektrum reicht von normativ wirkenden Tarifverträgen in Branchen, Unternehmen oder Betrieben über Rahmentarifverträge der Dachverbände, zum Teil unter staatlicher Beteiligung, bis hin zu rechtlich nicht einklagbaren Abmachungen in den Betrieben[5]. Auch das Streikrecht unterliegt unterschiedlichen

---

4 EGB-Exekutivausschuß vom 4. 3. 1993: »Orientierungen für die Tarifverhandlungen und Perspektiven für die Entwicklungen des Sozialen Dialogs«; Tarifpolitische Konferenz des EMB am 11./12. März 1993: »Tarifpolitik im Europa des Wandels – Tarifpolitische Grundsatzerklärung des Europäischen Metallgewerkschaftsbundes«

5 R. Blanpain, Die Regelung der Arbeitsbeziehungen in den Mitgliedsstaaten der EG, Band 1, Soziales Europa, Beiheft 4/92, S. 98 ff.; EG-Kommission, Zweiter Bericht über die Anwendung der Gemeinschaftscharta der sozialen Grundrechte der Arbeitnehmer, Soziales Europa, Beiheft 1/93

Regelungen. In Deutschland werden nur gewerkschaftlich geführte Streiks, die ein tariflich regelbares Ziel verfolgen, als rechtmäßig angesehen; in anderen Ländern gehören auch politische Streiks gegen die Wirtschafts- und Sozialpolitik der Regierung zum rechtlich akzeptierten Erscheinungsbild[6]. Auch wenn man sich darüber einig ist, daß das Prinzip der Tarifverhandlungen in der EG auf Gemeinschaftsebene abgesichert und weiterentwickelt werden muß, gibt es doch nur wenig fortgeschrittene Vorstellungen, wie dies konkret geschehen soll.

Um den Stand der Überlegungen der IG Metall zu skizzieren, will ich zunächst auf die deutschen Ausgangsbedingungen eingehen, im zweiten Schritt die bereits vorhandenen Vereinbarungen über die Einrichtung Europäischer Betriebsräte beleuchten, im dritten Schritt das in Masstricht vereinbarte Instrumentarium des Sozialen Dialogs betrachten und abschließend einige verallgemeinernde Betrachtungen über die Zukunft europäischer Kollektivverhandlungen anstellen.

3.2.2 Grundelemente des Kollektivverhandlungssystems in Deutschland

Das deutsche System der Kollektivverhandlungen beruht auf drei Säulen – der Betriebsverfassung, der Unternehmensmitbestimmung und den Tarifverträgen.

Betriebsräte sind das gewählte Repräsentativorgan der gesamten Belegschaft. De jure von den Gewerkschaften unabhängig, schließen sie in dem normativ abgesteckten Rahmen der Mitbestimmung Betriebskollektivverträge oder Betriebsvereinbarungen. Ihre Verhandlungsmacht beruht zu wesentlichen Teilen darauf, daß das Betriebsverfassungsgesetz für die Mitbestimmung über die Einigungsstelle ein Zwangsschlichtungsverfahren zur Verfügung stellt. Kampfmaßnahmen sind den Betriebsräten dagegen untersagt. Im Rahmen der Betriebsverfassung herrscht Friedenspflicht.

Die ebenfalls gesetzlich geregelte Unternehmensmitbestimmung gehört streng genommen nicht unmittelbar zum System der Kollektivverhandlungen; sie räumt den Arbeitnehmervertretern, zu denen kraft Gesetzes auch außerbetriebliche Vertreter der Gewerkschaften gehören, über die Präsenz in den Aufsichtsräten einen gewissen Einfluß auf die Unternehmenspolitik ein, erhöht indirekt aber auch die Effizienz betrieblicher Kollektivverhandlun-

---

6 Vgl. die Übersichten in W. Däubler, W. Lecher (Hrsg.), Die Gewerkschaften in den 12 EG-Ländern, Köln 1991, S. 100 ff.

gen, indem sie den Arbeitnehmervertretern eine weitere Ebene der Einflußnahme eröffnet.

Im Vergleich zur Betriebsverfassung ist das normative Gerüst für Tarifverhandlungen sehr viel schwächer ausgestaltet. Das Tarifvertragsgesetz regelt nur die Art und Weise, in der Tarifverträge wirksam werden, nicht aber deren Zustandekommen. Tarifverträge können auf seiten der Arbeitnehmer nur von Gewerkschaften abgeschlossen werden. Soweit sie Arbeitsbedingungen regeln, wirken sie normativ. Gewerkschaftsmitglieder können unmittelbar Rechte aus dem Tarifvertrag geltend machen. Faktisch erstreckt sich die Wirkung der tarifvertraglich geregelten Arbeitsbedingungen jedoch auf alle Arbeitnehmer im Geltungsbereich des Tarifvertrags, weil die Unternehmer sorgfältig darauf achten, daß sie die Attraktivität der Gewerkschaft nicht durch Differenzierung der Arbeitsbedingungen erhöhen.

Zwischen Betriebsvereinbarungen und Tarifverträgen besteht eine klare Rangordnung. Das Betriebsverfassungsgesetz untersagt den Betriebsparteien, von Tarifverträgen abweichend Regelungen zu treffen oder Fragen zu regeln, die üblicherweise durch Tarifverträge geregelt werden[7]. In der politischen Diskussion hat es in jüngster Zeit zahlreiche Angriffe auf den gesetzlich abgesicherten Vorrang der Tarifverträge gegeben. Die Gegner des Status quo wollen betriebliche Öffnungsklauseln durchsetzen, um den Betriebsparteien die Möglichkeit zu geben, auch zuungunsten der Arbeitnehmer von Tarifverträgen abzuweichen. Das wäre ein Systembruch, da der im politischen Kräftespiel der Tarifvertragsparteien gefundene Kompromiß für den völlig anders gearteten Konfliktlösungsmechanismus der Betriebsverfassung geöffnet würde. In letzter Konsequenz müßte eine Einigungsstelle entscheiden, ob ein Tarifvertrag Bestand hat, ohne daß die Arbeitnehmer sich gegen eine negative Entscheidung mit Kampfmaßnahmen zur Wehr setzen könnten. Das Thema kann hier nicht vertieft werden[8]. Die wenigen Bemerkungen mögen genügen, um den Stellenwert deutlich zu machen, den das sorgfältig austarierte Beziehungsgeflecht zwischen betrieblichen und gewerkschaftlichen Kollektivverhandlungen in Deutschland hat.

Der Versuch, dieses System auf die EG zu übertragen, wäre zum Scheitern verurteilt. Das Zusammenspiel zwischen Betriebsräten und Gewerkschaften funktioniert nur vor dem Hintergrund relativ starker Einheitsgewerkschaften.

---

7 §§ 77 und 87 BetrVG
8 U. Zachert, Fristlose Kündigung von Tarifverträgen in den neuen Bundesländern, in: WSI-Mitteilungen, 1993, S. 187

Obwohl formal von den Gewerkschaften unabhängig, sind die weitaus meisten Betriebsräte Mitglieder und Funktionäre einer DGB-Gewerkschaft. Dadurch sind beide Ebenen eng verklammert, und die Gewerkschaften haben Einfluß auf die betrieblichen Kollektivverhandlungen, an denen sie formal nicht beteiligt sind.

Es kommt hinzu, daß der Dualismus zwischen betrieblicher und gewerkschaftlicher Interessenvertretung in vielen Mitgliedsstaaten nicht existiert, weil es dort nur eine gewerkschaftliche Interessenvertretung, wenn auch durch konkurrierende Gewerkschaften, gibt[9]. Die deutschen Gewerkschaften mußten deshalb sehr früh von der Vorstellung Abschied nehmen, europäische Kollektivverhandlungen könnten dem deutschen Modell folgen. Die Einsicht, die daraus folgt, lautet, daß es in Europa um nicht mehr, aber auch nicht um weniger geht, als die Absicherung derjenigen Grundelemente, die für freie und autonome Kollektivverhandlungen unverzichtbar sind. Dazu gehören in den Unternehmen bzw. Konzernen eine repräsentative Interessenvertretung der Arbeitnehmer mit relevanten Einflußmöglichkeiten auf die Unternehmens- bzw. Konzernpolitik sowie die Möglichkeit autonomer gewerkschaftlicher Kollektivverhandlungen unter Anerkennung der Koalitionsfreiheit und des Streikrechts.

3.2.3 Europäische Betriebsräte

Es lassen sich mehrere Gründe dafür namhaft machen, daß sich die Diskussion in sehr starkem Maße auf die Europäischen Betriebsräte konzentriert. Die betrieblichen Interessenvertretungen sind stärker als die Gewerkschaften mit den Auswirkungen des europäischen Binnenmarktes konfrontiert. Während die Unternehmen europäisch oder global planen und handeln, stoßen die Interessenvertretungen der Arbeitnehmer unabhängig von allen Systemunterschieden auf nationale Grenzen. Grenzüberschreitendes Handeln wird dadurch erschwert, wenn nicht unmöglich. Diesen strategischen Vorteil nutzen die Unternehmer, indem sie die betrieblichen Interessenvertretungen in den Mitgliedsstaaten gegeneinander ausspielen. Der Druck zur Zusammenarbeit in den europaweit tätigen Unternehmen und Konzernen ist dadurch immens gewachsen[10].

---

9 S. Mielke, P. Rütters, K. P. Tudyka, Gewerkschaftsorganisationen und Vertretungsstrukturen, in: W. Däubler, W. Lecher (Hrsg.), Die Gewerkschaften in den 12 EG-Ländern, Köln 1991, S. 131 ff.

10 T. Klebe, S. Roth (Hrsg.), Informationen ohne Grenzen, Computernetze und internationale Arbeitsteilung, Hamburg 1987

Die politischen Bemühungen, das Prinzip der betrieblichen Interessenvertretung in der EG durch das fehlende europäische Versatzstück zu verlängern, sind an die 30 Jahre alt[11]. Das Konzept Europäischer Aktiengesellschaften von 1970/85 sah erstmals Europäische Betriebsräte vor. 1980/83 folgte der Entwurf der sogenannten Vredeling-Richtlinie, die die Informations- und Konsultationsrechte der Arbeitnehmervertreter in europaweit tätigen Unternehmen vereinheitlichen sollte. Nach Verabschiedung der Gemeinschaftscharta der sozialen Grundrechte legte die EG-Kommission 1990/92 einen neuen Richtlinienentwurf über die Errichtung Europäischer Betriebsräte vor, der jedoch wie alle seine Vorgänger am Erfordernis eines einstimmigen Beschlusses im Ministerrat scheiterte[12]. Erst nach Inkrafttreten des Maastrichter Europavertrages besteht eine Chance, diesen neuesten Entwurf in modifizierter Fassung mit qualifizierter Mehrheit zu verabschieden[13].

Der Begriff »Europäische Betriebsräte«, der sich in Deutschland eingebürgert hat und auch in der offiziellen Übersetzung des Richtlinienentwurfs enthalten ist, ist mißverständlich. Es geht nicht um Betriebsräte im Sinne der deutschen Betriebsverfassung. Vielmehr sollen in europaweit tätigen Unternehmen und Konzernen eigenständige europäische Gremien der Arbeitnehmervertreter aus Betrieben in mehreren Mitgliedsländern errichtet werden, die neben die unterschiedlichen nationalen Formen der Interessenvertretung treten sollen. Es soll also nach dem Richtlinienentwurf auf europäischer Ebene keine der deutschen Betriebsverfassung vergleichbare Mitbestimmung geben.

Die IG Metall, die sich in der Diskussion um den Richtlinienentwurf sehr stark engagiert hat[14], verfolgte von Anfang an eine Doppelstrategie. Sie fordert eine Regelung durch den europäischen Gesetzgeber und kritisiert den von der EG-Kommission vorgelegten Richtlinienentwurf wegen der schwachen Rechte, die dem europäischen Gremium eingeräumt werden sollen. Sie

---

11 M. Lutter, Europäisches Unternehmensrecht, 3. Aufl. 1991; H. Wißmann, Die Mitbestimmung der Arbeitnehmer in der Europäischen Aktiengesellschaft (SE), in: Recht der Arbeit, 1992, S. 320; M. Blank, Perspektiven der Mitbestimmung in der EG, in: Arbeit und Recht 9/1993; T. Klebe, Europa: Mitbestimmung in Grenzen, in: Däubler, W. u. a. (Hrsg), Arbeit und Recht, Festschrift für Albert Gnade, Köln 1992, S. 661

12 Vorschlag der Kommission für eine Richtlinie des Rates über die Einsetzung Europäischer Betriebsräte zur Information und Konsultation der Arbeitnehmer in gemeinschaftsweit operierenden Unternehmen und Unternehmensgruppen vom 5. 12. 1990 (KOM-90-581 endg.), ABl. Nr. C 39/10; geänderter Vorschlag vom 16. 9. 1991 (KOM-91-346 endg.), ABl. 1991 Nr. C 366/11

13 Art. 2 des »Protokolls über die Sozialpolitik« sieht hierfür eine Beschlußfassung mit qualifizierter Mehrheit vor.

14 Schriftenreihe der IG Metall 120, Europäische Wirtschaftsausschüsse und gewerkschaftliche Interessenvertretung im Binnenmarkt 92; Schriftenreihe der IG Metall 134, Betriebsräte in Europa

tritt aber wie der DGB und der EGB für die rasche Verabschiedung der Richtlinie ein, damit wenigstens auf betrieblicher Ebene eine gesetzlich abgesicherte Form für die europäische Zusammenarbeit der Arbeitnehmervertreter in den Unternehmen und Konzernen zur Verfügung gestellt wird. Diese Forderung der europäischen Dachverbände versteht sich übrigens keineswegs von selbst. Erst Mitte der achtziger Jahre wurde es möglich, die Mitbestimmung als gemeinsames Ziel der europäischen Gewerkschaften zu formulieren. Bis dahin war das Prinzip unter den Gewerkschaften umstritten. Mittlerweile setzen aber gerade die ehemaligen Kritiker der Mitbestimmung in Großbritannien, Frankreich und in den südlichen Ländern große Hoffnungen darauf, über eine institutionalisierte Mitbestimmung verlorenen Einfluß wiedergewinnen zu können.

Da angesichts der eindeutigen Haltung Großbritanniens und der Skepsis einiger anderer Mitgliedsstaaten absehbar war, daß die notwendige Einstimmigkeit im Ministerrat nicht erreichbar sein würde, wollte die IG Metall von Anfang an Europäische Betriebsräte auch ohne gesetzliche Grundlage durchsetzen. Das ist mittlerweile in einer Reihe von Unternehmen gelungen, teils aufgrund freiwilliger Vereinbarungen, teils aufgrund stillschweigender Duldung. Da die Gemeinschaft finanzielle Mittel bereitgestellt hat, um europäische Treffen betrieblicher Arbeitnehmervertreter zu ermöglichen, konnten die Gewerkschaften in zahlreichen Unternehmen initiativ werden. In der Metallindustrie gibt es mittlerweile mehr als zehn Unternehmen, in denen eine europaweite Zusammenarbeit der Arbeitnehmervertreter durchgesetzt werden konnte[15].

Die Vereinbarungen, die in einigen Unternehmen abgeschlossen wurden, können als Prototyp europäischer Kollektivverträge angesehen werden. Der Vertrag über den Euro-Betriebsrat bei VW wurde von der IG Metall, vom EMB, von den beteiligten Betriebsräten und Vertretern des Unternehmens, also von europäischen Vertragspartnern aus mehreren europäischen Ländern unterzeichnet. In Ermangelung einer anderen Rechtsgrundlage nimmt der Vertrag auf den sozialen Dialog des EG-Vertrags (Art. 118b EWGV) Bezug[16].

Es ist noch zu früh, um zu beurteilen, ob es den Europäischen Betriebsräten gelingen wird, in nennenswertem Umfang europäische Kollektivverträge

---

15 M. Bobke, Information und Konsultation in grenzüberschreitend tätigen Unternehmen, in: Arbeitsrecht im Betrieb 1993, S. 356
16 abgedruckt in: Hans-Böckler-Stiftung (Hrsg.), Europäische Betriebsräte – Ein Beitrag zum sozialen Europa, 2. Aufl. 1991, S. 35

abzuschließen. Die Durchsetzung Europäischer Betriebsräte auf kollektiv-rechtlicher Basis läßt jedoch bei aller gebotenen Vorsicht darauf schließen, daß europäische Kollektivverhandlungen zunächst nicht über einzelne Konzerne oder Unternehmen hinausgehen werden. Branchentarifverträge, wie sie in Deutschland üblich sind, werden transnational kaum durchsetzbar sein. Sollten die Europäischen Betriebsräte sich zu relativ starken Verhand-lungsgremien entwickeln, wäre die Gefahr eines europäischen Konzernsyn-dikalismus nicht auszuschließen. Tarifpolitik darf jedoch das Gesamtinter-esse der von den Gewerkschaften vertretenen Arbeitnehmer nicht aus dem Auge verlieren.

3.2.4 Perspektiven und Schranken des Sozialen Dialogs

In dem Bemühen, der sozialen Dimension der Gemeinschaft schärfere Konturen zu verleihen, wurde 1987 der Soziale Dialog zu einer Einrichtung des EWG-Vertrags erhoben. In Art. 118b heißt es, die Sozialpartner könnten im Rahmen des Sozialen Dialogs zu »vertraglichen Beziehungen« gelan-gen. Um welche Art vertraglicher Beziehungen es sich dabei handeln soll, blieb freilich offen. Zum Teil wird die Auffassung vertreten, damit sei eine gemeinschaftsrechtliche Grundlage für europäische Kollektivverträge ge-schaffen worden. In der Praxis hat diese Frage noch keine Rolle gespielt. Bislang hat der von der EG-Kommission initiierte und geförderte Soziale Dialog nur zu einer Reihe wenig aussagekräftiger gemeinsamer Stellung-nahmen zu den Themen Allgemeinbildung, Erstausbildung, Erwachsenen-bildung und europäischer Arbeitsmarkt geführt. In einem einzigen Fall kam aufgrund einer gemeinsamen Stellungnahme des Sozialen Dialogs ein Rahmenabkommen zwischen dem EGB und dem CEEP zur Bildung und Ausbildung in den Sektoren Schienenverkehr und Energieversorgung zu-stande[17].

Ein europäisches Kollektivverhandlungssystem hat sich auf dieser Grund-lage schon deshalb nicht entwickeln können, weil auf beiden Seiten keine von ihren Mitgliedern legitimierten, mit Abschlußvollmacht ausgestatteten Verhandlungspartner zur Verfügung stehen. Weder die Spitzenverbände EGB und UNICE noch die Dachverbände der einzelnen Branchen sind deshalb in der Lage, Kollektivverhandlungen zu führen.

---

17 Kommission der EG (Hrsg.), Der Soziale Dialog auf europäischer Ebene – gemeinsame Stellungnahmen; M. Blank, Europäische Kollektivverträge und Sozialer Dialog, in: Däubler, W. u. a. (Hrsg.), Arbeit und Recht, Festschrift für Albert Gnade, Köln 1992, S. 649

Die Neuregelung des Sozialen Dialogs im Abkommen über die Sozialpolitik zum EG-Vertrag von Maastricht sieht eine Ausweitung seiner Funktionen und des institutionellen Rahmens vor. Das Ziel vertraglicher Beziehungen wurde durch den Zusatz »einschließlich des Abschlusses von Vereinbarungen« bekräftigt. Für die Umsetzung der Vereinbarungen sind zwei Wege vorgesehen. Der erste verweist auf die Verfahren und Gepflogenheiten der Sozialpartner in den Mitgliedsstaaten. Der zweite sieht einen Beschluß des Rates über die Durchführung einer Sozialpartnervereinbarung, d. h. ihre Transformation in Gemeinschaftsrecht vor. Allerdings ist dieses zweite Verfahren nur bei Gegenständen möglich, auf die sich die Gesetzgebungskompetenz der Gemeinschaft im Bereich der Sozialpolitik erstreckt. Soweit Arbeitsentgelt, Koalitionsrecht und Arbeitskampfrecht betroffen sind, steht dieser Weg nicht zur Verfügung. Im Rahmen des Sozialen Dialogs können die Sozialpartner auch in sozialpolitische Gesetzgebungsverfahren der Gemeinschaft intervenieren und eine Materie an sich ziehen, um sie durch eine Sozialpartnervereinbarung selbständig zu regeln. Die Praktikabilität dieses Verfahrens darf mit Fug und Recht bezweifelt werden, da dies nur gelingen kann, wenn beide Seiten eine Einigung erzielen.

Ob der derart aufgewertete Soziale Dialog eine geeignete gemeinschaftsrechtliche Grundlage für europäische Kollektivverträge darstellt, ist fraglich und im Ergebnis wohl zu verneinen. Das ist jedenfalls auch die Auffassung der UNICE und des EMB[18]. Der Soziale Dialog kann im günstigsten Fall zur Belebung und Unterstützung der Sozialpolitik der Gemeinschaft beitragen. Da er auf den Konsens der Parteien angewiesen ist, dürfen die Erwartungen jedoch nicht allzu hoch gespannt werden. Die bisherigen Erfahrungen sind jedenfalls nicht sehr ermutigend. Die theoretisch vorstellbare Möglichkeit, daß Arbeitgeber und Gewerkschaften den Sozialen Dialog nutzen könnten, um das fehlende normative Gerüst für europäische Kollektivverhandlungen zu erarbeiten, dürfte an unüberwindbaren politischen und praktischen Hindernissen scheitern. Die Erfahrung nicht nur in der Bundesrepublik, sondern auch in allen Mitgliedstaaten zeigt, daß in dieser konfliktträchtigen Materie kein Konsens erreichbar ist. Der Soziale Dialog funktioniert aber wenn überhaupt dadurch, daß ein Konsens durch Dialog und nicht durch Konflikt erzielt wird. Kollektivverhandlungen können dagegen stets in einen offenen Konflikt münden. Sie sind letztlich Machtfragen.

---

18 R. Hornung-Draus, Sozialer Dialog aus Sicht der UNICE; M. Bobke, Perspektiven des Sozialen Dialogs aus Sicht der europäischen Gewerkschaften, beide in: Informationsdienst Europäisches Arbeits- und Sozialrecht, 7/1993

Es ist für die Gewerkschaft wichtig, über Möglichkeiten und Grenzen des Sozialen Dialogs Klarheit zu gewinnen. Seine Ausgestaltung im Sozialprotokoll zum Maastrichter EG-Vertrag beruht auf einem Konzept, das UNICE, CEEP und EGB gemeinsam erarbeitet haben. Die Übernahme dieses Konzepts durch den Ministerrat war für beide Seiten ein Erfolg. Es ist deshalb verständlich, daß der EGB große Hoffnungen daran knüpft. Die skeptisch abwartende Haltung der IG Metall bedeutet keine Ablehnung des Sozialen Dialogs. Es geht ihr darum, daß über dem glitzernden neuen Instrument die alten Ziele nicht verlorengehen. Die Gewerkschaften können nicht darauf verzichten, daß das Gemeinschaftsrecht durch normative Grundlagen für europäische Kollektivverhandlungen ergänzt wird. Darüber hinaus muß die Gefahr gesehen werden, daß die stärkere Einbindung der Sozialparteien der Gemeinschaft einen Vorwand für sozialpolitische Untätigkeit liefern kann, weil ja nun an erster Stelle die Sozialpartner gefordert sind, im Rahmen des Sozialen Dialogs einen Konsens zu finden.

3.2.5 Perspektiven der Kollektivverhandlungen in Europa

Statt von europäischen Tarifverhandlungen soll hier genauer von Kollektivverhandlungen in Europa die Rede sein. Damit soll deutlich gemacht werden, daß Kollektivverhandlungen zunächst und auf absehbare Zeit eine nationale Angelegenheit sind. Grenzüberschreitende Kollektivverhandlungen und -verträge sind bis auf die oben erwähnten wenigen Ausnahmen Zukunftsmusik. Die Gründe sind größtenteils schon benannt. In Deutschland ist die Tarifpolitik Angelegenheit der DGB-Gewerkschaften, Ähnliches ist in einigen anderen Ländern der Fall. Der nationale Dachverband hat dafür kein Mandat, so auch in Großbritannien. In einigen anderen Staaten verhandeln dagegen die Dachverbände über Rahmenabkommen. Wegen der überragenden Bedeutung, die die Tarifpolitik für die nationalen Gewerkschaften hat, dürfte es ihnen schwerfallen, Kompetenzen an die europäischen Dachverbände zu delegieren. Vorstellbar sind realistischerweise wohl nur punktuelle Verhandlungsmandate zu beschränkten Fragen, die auf europäischer Ebene gelöst werden sollen.

Es hat den Anschein, daß die strukturellen Probleme auf seiten der Arbeitgeberverbände ähnlich gelagert sind. EGB und EMB haben die Dachverbände der Arbeitgeber mehrfach aufgefordert, ihre Bereitschaft zur Aufnahme von Verhandlungen zu einzelnen Sachfragen zu erklären. Die Antwort war stets ablehnend. Vermutlich ist die Bereitschaft zur Mandatierung der Dachverbände auf der Arbeitgeberseite noch geringer ausgeprägt als bei den Gewerkschaften.

Auf seiner tarifpolitischen Konferenz im Frühjahr 1993 hat der EMB konsequenterweise den den Schwerpunkt auf die Koordinierung der nationalen Tarifpolitiken gelegt. Das erscheint unter den gegebenen Voraussetzungen als realistisch. Die inhaltlichen Vorstellungen, die in dem vom EMB beschlossenen Papier ihren Niederschlag gefunden haben, mögen aus heutiger Sicht in vieler Hinsicht utopisch erscheinen. Daß eine tarifpolitische Koordinierung möglich ist, haben die dem EMB angehörenden europäischen Metallgewerkschaften jedoch in der Frage der Arbeitszeitverkürzung bewiesen. Das Ziel der 35-Stunden-Woche wird heute von den Mitgliedsgewerkschaften des EMB geteilt, und es wurden in allen Mitgliedsstaaten der EG substantielle Fortschritte zur Verkürzung der Arbeitszeit erreicht.

Aber auch die Koordinierung der nationalen Tarifpolitiken ist mit dem Problem konfrontiert, daß die rechtlichen Rahmenbedingungen für Kollektivverhandlungen in den Mitgliedsstaaten stark voneinander abweichen. Die Rechtmäßigkeit von Kampfmaßnahmen stellt sich von Land zu Land unterschiedlich dar. Die Aussperrung ist in einigen Staaten verboten, in anderen wird sie nicht praktiziert, in Deutschland spielt sie eine außerordentlich große Rolle. Auch die sogenannte »kalte Aussperrung«, die 1986 durch den Entzug des Kurzarbeitergeldes für mittelbar arbeitskampfbetroffene Arbeitnehmer eine für die Gewerkschaften existenzbedrohende Ausweitung erfahren hat, spielt in anderen Ländern keine oder zumindest keine vergleichbare Rolle. Unterschiede bestehen auch hinsichtlich der Friedenspflicht[19]. Die Gewerkschaften sind mit einer Situation konfrontiert, die es ihnen nicht gestattet, zum selben Zeitpunkt für dieselbe Forderung Kampfmaßnahmen durchzuführen. Dieser Zustand ist für die zeitliche Koordinierung der Tarifpolitik hinderlich.

Für die Gewerkschaften besteht ein unauflösbarer Zusammenhang zwischen Kollektivverhandlungen und Streikrecht. Kollektivverhandlungen ohne die Möglichkeit des Streiks wären nach einer durch das Bundesarbeitsgericht berühmt gewordenen Formulierung »kollektives Betteln«. Faßt man als fernere Perspektive auch grenzüberschreitende europäische Kollektivverhandlungen mit dem Ziel grenzüberschreitender Kollektivverträge ins Auge, so wird deutlich, daß eine Verankerung der Kollektivrechte auf Gemeinschaftsebene unverzichtbar ist. Dazu gehören die Koalitionsfreiheit, das Recht auf Kollektivverhandlungen und das Streikrecht sowie ein dem Tarifvertragsgesetz ähnliches normatives Gerüst für die Wirkungsweise der

---

19 Vgl. Anmerkung 6

Kollektivverträge. Es ist z. B. fraglich, ob auf europäischer Ebene abgeschlossene Kollektivverträge in Deutschland unter das Tarifvertragsgesetz fielen und normative Wirkung entfalten könnten. In Ländern wie Großbritannien wären sie weitgehend wirkungslos. Sie müßten dort auf nationaler Ebene erneut von den Gewerkschaften durchgesetzt werden. EMB und EGB fordern deshalb für europäische Tarifverträge eine unmittelbare normative Wirkung in den Mitgliedsstaaten[20].

Das in Maastricht vereinbarte Sozialprotokoll schließt Rechtsakte der Gemeinschaft über das Koalitionsrecht, das Streikrecht und das Aussperrungsrecht ausdrücklich aus. Rechtsakte des einfachen Gemeinschaftsrechts wären ohnehin eine unzuverlässige Grundlage, da sie zur Disposition der Gesetzgebungsorgane stehen. Die Forderungen der Gewerkschaften richten sich deshalb darauf, diese Rechte als soziale Grundrechte des Gemeinschaftsrechts auszugestalten. Die politischen Schwierigkeiten, die dem entgegenstehen, dürften auf lange Zeit unüberwindbar sein. Wenn seit dreißig Jahren bis heute keine Einigung in der Frage der Europäischen Betriebsräte zu erzielen war, ist das für den ungleich schwierigeren Versuch, Rahmenbedingungen für europäische Kollektivverhandlungen und -verträge zu finden, wenig ermutigend. Für die Zukunft der industriellen Beziehungen in der Gemeinschaft hat diese Frage jedoch außerordentlich große Bedeutung. Je mehr die Integration des Binnenmarktes fortschreitet, desto näher rückt der Zeitpunkt, der für die Gewerkschaften eine »Europäisierung« von Kollektivverhandlungen notwendig machen kann, weil nationale Kollektivverhandlungen unter den Bedingungen einer Währungsunion an Bedeutung verlieren. Damit das Prinzip der Kollektivverhandlungen als wesentliches Regulativ der industriellen Beziehungen und letztlich auch der sozialen Marktwirtschaft in der Gemeinschaft seine Bedeutung behält, müssen beizeiten die Voraussetzungen für ihre Europäisierung geschaffen werden. Das ist zum einen eine politische Aufgabe der Gemeinschaft, die dafür den normativen Rahmen bereitstellen muß, zum anderen eine Aufgabe der Gewerkschaften, die ihre Strukturen den Erfordernissen des Binnenmarktes und der Gemeinschaft stärker als bisher anpassen müssen.

---

20 Vgl. Anmerkung 4; M. Coen, Europäische Gemeinschaft und Tarifautonomie, in: Arbeitsrecht im Betrieb, 1992, S. 256; W. Däubler, Europäische Tarifverträge nach Maastricht, EuZW, 1992, S. 329

3.3 Perspektiven europäischer Arbeitsbeziehungen aus Arbeitgebersicht

Alexander Klak

3.3.1 Einleitung

»Das Vertrauen wiederherzustellen, die Grundlagen für das Wirtschaftswachstum zu stärken und die Schaffung neuer Arbeitsplätze zu fördern«, so lautete die Schlußfolgerung des Europäischen Rats Ende 1992, ohne jedoch den Sozialpartnern genau zu sagen, welche Reaktionen und Maßnahmen notwendig sind.

Dezentralisation und Subsidiarität, lokale Verantwortlichkeit, Flexibilität und Mobilität am Arbeitsmarkt, das heißt eine gesunde Beschäftigungspolitik, sowie ein konstruktives Verhältnis zu den Belegschaftsvertretungen und Gewerkschaften sollten sozialpolitische Berücksichtigung finden, um die gebotene Eintracht und Einheit der Gemeinschaft in wichtigen Fragen europäischer Industrie- und Sozialpolitik zu dokumentieren. Eine Schlüsselfunktion kommt dabei dem »Sozialen Dialog« der Sozialpartner auf europäischer wie auf nationaler Ebene zu.

Die europäische Sozialdimension prallt auf Strukturen gewachsener nationaler Interessenvertretungen. Eines der vorrangigen Probleme der nahen Zukunft, die es zu bewältigen gilt ist, die nationalen Sonderheiten, mitunter Starrheiten und Eigentümlichkeiten der Unternehmens- und Betriebsverfassung auf die im Entstehen befindliche übernationale europäische Ebene auszurichten.

3.3.2 Netzwerke der Information entwickeln

Information stärkt das Vertrauen, fördert die Motivation und festigt den sozialen Frieden. Arbeitnehmer im Unternehmen wollen wissen, was um sie herum geschieht. Sie wollen die Zusammenhänge erkennen, um die Entwicklungen im Unternehmen und im Betrieb, in dem sie arbeiten, die direkt oder indirekt die Arbeitsbedingungen und Sozialleistungssysteme beeinflussen, besser verstehen zu können.

»Vertrauensvolle Zusammenarbeit« mit den Arbeitnehmervertretungen wird daher als ein wesentlicher Baustein einer europäischen Sozialpolitik angesehen. Die Verbesserung der Information der Arbeitnehmer als Ausdruck der sozialen Komponente des gemeinsamen Binnenmarktes ist ein positives Ziel. Hierüber besteht kein Dissens zwischen den Sozialpartnern. Unterschiede und Divergenzen gibt es jedoch über den richtigen Weg, um ein Netzwerk der Information und damit des gegenseitigen Dialoges zu entwickeln. Streitig ist aber auch das angemessene Mittel: Richtlinie oder Empfehlung. Die Waagschale dürfte sich wohl zugunsten der Richtlinie geneigt haben. Eine politische Entscheidung, deren Wert und Richtigkeit bezweifelt werden darf. Da insoweit nur wenig Spielraum zu bestehen scheint, konzentriert sich die aktuelle Diskussion auf die materielle Ausgestaltung: Starrheit und damit gesteuerte Spielregeln kontra Eigenständigkeit durch selbstbestimmte, eigene Informationsmodelle.

3.3.3 Historischer Rückblick

Die EG-Kommission bemüht sich seit nunmehr über 20 Jahren um europäische Spielregeln der Betriebs- und Unternehmensverfassung. Mit dem im Dezember 1990 vorgelegten »Richtlinienentwurf über die Einrichtung Europäischer Betriebsräte zur Information und Konsultation der Arbeitnehmer in gemeinschaftsweit operierenden Unternehmen und Unternehmensgruppen« hat die Kommission einen erneuten Anlauf unternommen, institutionelle Mindestrahmenbedingungen zu setzen.

Bereits die Debatte über Verhaltenscodices für multinationale Unternehmen, deren Höhepunkt in den sechziger und siebziger Jahren lag, kann durchaus als ein Moment gewerkschaftlicher Politik im Hinblick transnationaler Arbeitnehmerbeteiligung gewertet werden.

Ein weiteres Moment dürfte die »Tripartite Declaration Of Principals Concerning Multinational Enterprises And Social Policy« der International Labour Organisation (ILO) aus dem Jahre 1977 sein. Dort findet sich die politische Aussage, wonach in multinationalen und nationalen Unternehmen im gegenseitigen Einverständnis zwischen Arbeitgebern und Arbeitnehmern und deren Vertretern und entsprechend der nationalen Gesetzgebung und Praxis regelmäßige Beratungen über Angelegenheiten von gemeinsamem Interesse einzurichten sind. Obwohl Artikel 56 der Deklaration – wie auch das gesamte Regelwerk – keinerlei Rechtsverbindlichkeit in den Mitgliedsstaaten der ILO besitzt, hat die Grundübereinstimmung – der Konsens in der Sache – doch entscheidend die nationale Gesetzgebung und die Beziehungen zwischen den Sozialpartnern beeinflußt.

Die »Vredeling-Richtlinie«, die vom Rat Anfang der achtziger Jahre nicht verabschiedet wurde, hat sicherlich den neuerlichen Vorstoß der Kommission materiell geprägt. Ohne auf ihren Inhalt näher einzugehen, bezogen sich die Anhörungs- und Unterrichtungspflichten auf wirtschaftliche Angelegenheiten, wie sie nach dem deutschen Betriebsverfassungsrecht dem Wirtschaftsausschuß gegenüber zu geben sind, und auf Betriebsänderungen. Die vorgegebene Informationskaskade berücksichtigte aber nicht wichtige Grundprinzipien des deutschen Betriebsverfassungsrechts, die den Betriebsfrieden sicherstellen sollen, wie das Partnerschaftsgebot, das zur vertrauenvollen Zusammenarbeit zwischen Arbeitgeber und Betriebsrat verpflichtet, die Neutralitätspflicht und das Arbeitskampfverbot: Innere Eckwerte, die damals wie heute das Fundament deutscher Mitbestimmung und Betriebsverfassung ausmachen.

Auch der neuerliche Vorstoß der Kommission muß sich mit diesen Aspekten auseinandersetzen. Akzeptanzschwierigkeiten beruhen möglicherweise aber auch auf Umsetzungsproblemen. Zu verschieden sind immer noch die Arbeitnehmerbeteiligungsformen in Europa. Bereits die Rechtsgrundlagen sind unterschiedlich: Gesetz oder Vereinbarung.

Die grundlegenden Unterschiede in den ordnungsrechtlichen und politischen Systemen wie auch die unterschiedlich stark ausgeprägte Einflußmöglichkeit nationaler Gewerkschaften in Europa legen deshalb die Annahme nahe, daß weder das juristische noch das politische Konzept irgendeiner nationalen Betriebsverfassung und Mitbestimmung für alle Mitgliedsstaaten paßt. Das »duale System« in Deutschland mit der klaren und strikten Abgrenzung (Tarifautonomie der Gewerkschaften und Arbeitnehmermitbestimmung im Unternehmen und im Betrieb durch von der Belegschaft gewählte Betriebsräte und Aufsichtsratsmitglieder) ist in Europa nahezu einmalig. Es hat sich in Deutschland bewährt, ob es sich auch in Europa bewährt, mag zu Recht in Zweifel zu ziehen sein.

3.3.4 Eigenständiger Ansatz der deutschen chemischen Industrie

Frühzeitig, nämlich bereits 1989, setzten sich die Sozialpartner der deutschen Chemieindustrie mit Fragen zur Verbesserung der Information und Konsultation der Arbeitnehmer auf europäischer Ebene auseinander. Mit den im August 1990 abgeschlossenen Hinweisen über Betriebsratskontakte auf europäischer Ebene haben die Tarifparteien einerseits einen wichtigen Impuls gesetzt, andererseits die Grundlage geschaffen, um die notwendige Infrastruktur für derartige Betriebsratskontakte formell und materiell unternehmensangemessen gestalten zu können. Denn die Vereinbarung, die keine Tarifvertragsqualität hat, beläßt den Unternehmen und deren Arbeitnehmervertretungen hinreichenden Spielraum, eigene Lösungswege zu entwickeln: Mitbestimmung durch Mitgestaltung.

Die wesentliche »Spielregel« der Hinweise lautet: Das Unternehmen ist frei in der Entscheidung, ob es Betriebsratskontakte auf europäischer Unternehmensebene einrichtet. Europäische Betriebsratskontakte richten sich nach fünf Regeln aus: Teilnehmer, bilateral oder multilateraler Kontakt, Themenstellung, Kooperation mit dem Management, Größe und Häufigkeit der Sitzungen.

Die außertarifliche Sozialpartner-Vereinbarung dokumentiert sozialpolitische Verantwortung. Sie stellt unter Beweis, daß kreative Kooperation der Tarifparteien Wege finden läßt, die die Unternehmen und die Belegschaftsvertretungen in die Lage versetzt, selbstbestimmte Modelle zu entwickeln.

3.3.5 Betriebsratskontakte auf europäischer Ebene in der deutschen chemischen Industrie

Innerhalb der deutschen Chemie haben sich unterschiedliche Netzwerke europäischer Kontakte mit Belegschaftsvertretungen entwickelt, wobei allen gemein ist, daß sie den Ansatz der Weiterentwicklung in sich tragen.

Einige Modelle beruhen auf einer Vereinbarung, andere auf einer mündlichen Absprache. Gemein ist aber allen, daß sie die in den Hinweisen niedergelegten Prinzipien umsetzen. Einen unvollständigen Überblick gibt die nachfolgende Zusammenstellung.

Tabelle

Betriebskontakte auf europäischer Ebene in der deutschen chemischen Industrie

Unternehmen	Forum
BASF	Bilaterale Gespräche
Bayer AG	Europa-Forum
Braun Melsungen	Europäische Arbeitnehmerkonferenz
Continental AG	Euro-Forum
Henkel KGaA	Europäischer Sozialer Dialog
Hoechst AG	European Information Meeting

Festzuhalten ist, daß die Hinweise der Tarifparteien der chemischen Industrie Deutschlands eine breite Zustimmung nicht nur in Deutschland, sondern auch in Europa, und zwar auch außerhalb des Chemiebereichs gefunden haben. Der »chemie-deutsche« Ansatz wird oft als »Dritter Weg« bezeichnet, um eigenständige, industriebezogene Lösungen des Problems aufzuzeigen. Die unterschiedlichen Formen sind mehr oder minder stark strukturiert und auch mehr oder minder stark formalisiert. Eines ist allen Modellen gemein, sie zeigen die Vielfalt an Möglichkeiten und, dies gilt es besonders zu unterstreichen, sie verdeutlichen den Sinn des Prinzips der Subsidiarität.

3.3.6 Hoechster European Information Meeting – ein Anfang und ein Weg

Grundlage des Hoechster European Information Meeting (HEIM) ist die Außertarifliche Sozialpartner-Vereinbarung. Es ist eingebettet in die ordnungspolitischen Grundsätze des Hoechst Konzerns zur Personal- und Sozialpolitik und berücksichtigt die unterschiedlichen Strukturen und Gegebenheiten der Belegschaftsvertretung in der europäischen Hoechst-Gruppe. Es ist in enger Abstimmung mit den Geschäftsführungen der Europäischen Auslandsgesellschaften und in Absprache mit dem Gesamtbetriebsrat der Hoechst Aktiengesellschaft diskutiert und vereinbart worden.

Das Hoechster European Information Meeting ist eine eigenständige, jährlich einmal tagende europäische Informations- und Gesprächsrunde, deren Teilnehmerkreis sich aus einem Unternehmensvertreter und grundsätzlich zwei Belegschaftsvertreter der jeweiligen Auslandsgesellschaft zusammensetzt. Unternehmensfremde Personen können nach Absprache zwischen Unternehmensleitung und Gesamtbetriebsrat zu der Sitzung eingeladen werden. Die Entscheidung, wer von den Belegschaftsvertretern der Auslandsgesellschaften an der Sitzung teilnimmt, richtet sich nach den lokalen Regelungen. Auf die Delegation übt die Konzernleitung keinen Einfluß aus. Dieses Vorgehen entspricht den Hoechster Grundsätzen zur europäischen Personal- und Sozialpolitik, wonach die Ausgestaltung der Personal- und Sozialpolitik primär eigenverantwortlich vom lokalen Management wahrzunehmen ist.

Das European Information Meeting ist keine Gesprächsrunde, die Verhandlungen führt und Verpflichtungen für die teilnehmenden Auslandsgesellschaften beschließt. HEIM dient der Information und dem Gespräch untereinander. Information heißt: Information über die wirtschaftliche Lage des Hoechst Konzerns weltweit und in Europa, über die Finanzpolitik und Organisationsstruktur des Konzerns, über seine Investitions- und Forschungspolitik und über personal- und sozialpolitische Fragestellungen, die nicht

141

landesspezifische Ursachen haben, sondern die Hoechst-Gruppe-Europa insgesamt betreffen. Des weiteren werden Umweltschutz, Gesundheitsschutz und Arbeitssicherheit als Sachthemen behandelt.

Ziel des European Information Meeting ist es, die Information dort hinzubringen, wo sie sinnvoll ist und gebraucht wird, also zum Mitarbeiter. Die dort gegebene Information ersetzt nicht die bereits bestehenden Informationsnetze der lokalen Gesellschaften. Diese Informationsarbeit bleibt unberührt und hat ihren eigenständigen sozialpolitischen Wert. Am HEIM nehmen zur Zeit die Landesgesellschaften aus Portugal, Spanien, Frankreich, Italien, Holland und Deutschland teil. Die Teilnehmergröße liegt bei ca. 28 Vertretern einschließlich dem Management.

3.3.7 Überlegungen zum EG-Richtlinienentwurf »Europäischer Betriebsrat«

Wie bereits ausgeführt, besteht über das Ziel, nämlich die Verbesserung der Information und Konsultation der Arbeitnehmer in europaweit tätigen Unternehmen, kein Dissens. Die europäischen Sozialpartner EGB und UNICE sind sich insoweit einig.

Dennoch und dies zeigt das Regelwerk des Entwurfes deutlich, gehen die Verfasser von dem Mißverständnis aus, daß der Arbeitgeber eine Personal- und Sozialpolitik von »teile und herrsche« anstrebt. Überbetont wird daher der zentralistische Ansatz und der Gedanke des permanenten Durchgriffs der Konzernzentrale auf die Auslandsgesellschaften. In der Presse wird dies oftmals als »Dallas-Syndrom« bezeichnet.

Kritisches Nachdenken und Hinterfragen sind weiterhin notwendig. Der Entwurf regelt ein Verfahren zur Bildung des »Besonderen Verhandlungsgremiums« und enthält Mindestvorschriften im Anhang, die zu erheblichen Schwierigkeiten in der Praxis führen und dem Autonomiegedanken widersprechen.

Die bestehenden Ungereimtheiten bei den Bestimmungen über das »Besondere Verhandlungsgremium« sind unter anderem Folge der Vielfalt an unterschiedlichen Beteiligungsformen in Europa. Das Nebeneinander von Gewerkschaftsvertretern und Belegschaftsvertretern berücksichtigt den Legitimationsgedanken nicht hinreichend. In Anlehnung an den allgemein anerkannten Verfassungsgrundsatz, daß alle Macht vom Volke ausgeht, muß die Legitimation auf das Votum der Belegschaft zurückzuführen sein, wenn es um den »Europäischen Betriebsrat« geht. Dies muß dann aber auch für das »Besondere Verhandlungsgremium« gelten. Verfahrensregelungen ließen sich möglicherweise auf ein Minimum durch stärkere Einbindung nationaler Regeln beschränken. Was spricht dagegen, eine den Belegschaftsinteressen gerechte Bestellung des »Besonderen Verhandlungsgremiums« durch die Arbeitnehmervertretung auf Konzern- oder Unternehmensebene vornehmen zu lassen. Für Deutschland hieße dies, den Konzernbetriebsrat oder Gesamtbetriebsrat das Verhandlungsmandat zu übertragen. Die Belegschaft der Auslandsgesellschaft könnte über einen sogenannten »Delegierten« vertreten sein.

Des weiteren bedarf es einer besseren Absicherung »freiwilliger« Unternehmensmodelle. Bereits praktizierte Informationsverfahren sollten durch eine Regelung des europäischen Gesetzgebers nicht in Frage gestellt werden. Nähe an der Sache sollte akzeptiert werden und vorgehen. Schließlich muß die Frage erlaubt sein, ob Mindestregelungen notwendig sind.

3.3.8 Sozialer Dialog: Übernationale Interessenvertretungen

Wo immer Menschen sich Aufgaben vornehmen, die nur in gemeinsamer Anstrengung und mit großem Mitteleinsatz bewältigt werden können, kommt der Organisation überragende Bedeutung zu. Die ideale Organisation gibt es jedoch nicht. Jede Zeit muß für die ihr eigenen politischen und wirtschaftlichen, personellen und sozialen Fragestellungen neue Antworten erarbeiten und eine angemessene Organisationform bereitstellen. Hierzu gehören auch die Beziehungen der Unternehmen und Verbände auf europäischer Ebene. Schlagwortartig und in einem Abriß zu nennen sind:

- UNICE, Union of Industrial and Employers Confederations of Europe, als branchenübergreifende Interessenvertretung;
- CEFIC, Conseil Européen de l'Industrie Chimique, mit ca. 15 Chemieverbänden und über 44 Firmenmitgliedern;
- ERT, European Round Table of Industrialists, der sich industrie- und sozialpolitischen Themen annimmt;
- CEELG, Chemical Employers European Liason Group, mit zwölf europäischen Chemieverbänden;
- EEN, European Employers Network, einem Informationsgremium der Verbände und Unternehmen.

Ebenso wie Gewerkschaften müssen sich auch Verbände und Unternehmen über ihre Funktion und Rolle in Europa sowie im Rahmen des Sozialen Dialoges klar werden und Schwerpunkte setzen. Um dem Geist des »Sozial-Protokolls« und dem Maastrichter-Vertragswerk hinreichend Rechnung zu tragen, bedarf es handlungsfähiger und handlungsbereiter europäischer

Sozialpartner auf beiden Seiten. Hierzu sind aber auch Sozialtechniken erforderlich, um auf die strukturellen Veränderungen adäquat und interessengerecht reagieren zu können.

3.3.9 Zusammenfassung

Der europäische Dialog zwischen Arbeitgeber und Belegschaft und die damit einhergehende Forderung nach einer formalisierten Information und Konsultation der Arbeitnehmer auch in internationalen Zusammenhängen, ist grundsätzlich zu befürworten. Ein konstruktives Miteinander der Sozialpartner sollte jedoch als tragendes Moment die Freiwilligkeit akzeptieren, um angemessene Lösungen und Wege finden zu können, die den vielschichtigen unternehmensspezifischen Herausforderungen Rechnung tragen können. Mindestregularien, die es einzuhalten gilt und über die ein Verhandeln nicht mehr möglich ist, strangulieren und erzeugen kein Klima der vertrauensvollen Zusammenarbeit zum Wohl der Unternehmensgemeinschaft.

4. Probleme der Repräsentanz: Gewerkschaften in Frankreich, Großbritannien und Deutschland

Wieland Stützel

4.1 Einleitung

Die Gewerkschaften in Europa befinden sich angesichts epochaler Veränderungen vor weitreichenden Handlungsanforderungen: Der Wegfall der Systemkonkurrenz, die Triadenkonkurrenz mit der Nordamerikanischen Freihandelszone (NAFTA) und dem südostasiatischen Raum mit Japan sowie die Vollendung des Binnenmarktes wären schon Anforderungen genug. Zugleich setzen aber massive Veränderungen in der Arbeitsorganisation neue Produktivitätswettläufe in Gang (lean production).

Dieser Beitrag will konvergente und divergente Elemente einer europäischen Gewerkschaftspolitik benennen. So einmalig wie das Projekt einer politischen Union, so dringlich und leistbar, dies meine Überzeugung, ist das Projekt einer Gewerkschaftsbewegung, welche die nationalen Grenzen und Begrenzungen hinter sich läßt – auch wenn dies vorerst nur dem stummen Zwang einer unumkehrbaren politischen und ökonomischen Entwicklung entsprechen mag.

4.2 Ökonomie, Sozialstruktur und Arbeit im Wandel

Das Ende der Systemkonkurrenz fiel 1989 zusammen mit einem in den entwickelten kapitalistischen Staaten sich verschärfenden sozialstrukturellen Wandel. Die Phänomene des Strukturwandels lassen sich in aller Kürze so beschreiben (Müller-Jentsch 1992, 30 ff.):

- Der Arbeitsmarkt ist geprägt von einer zunehmenden Tertiarisierung (in Deutschland vor allem durch produktionsnahe Dienstleistungen). Die Dienstleistungen insgesamt sind gekennzeichnet durch die starke Zunahme weiblicher Beschäftigung (»Feminisierung«), Flexibilisierung und

145

Prekärisierung. Der letzte Begriff bezeichnet die Tendenz zu nichtstandardisierten Arbeitsverhältnissen (»Erosion des Normalarbeitsverhältnisses«).

• Die Produktionssphäre ist gleichzeitig durch Prozesse von Globalisierungs- und Dezentralisierungstendenzen gekennzeichnet. Hier erhalten die Informations- und Kommunikationstechniken durch die Produktivkraft »Organisation« eine zusätzliche Qualität. Die technikfixierte Entwicklung der Arbeitsorganisation stößt zunehmend an die Grenzen des »menschlichen Faktors« (»neue Produktionskonzepte«, »lean production«). Unbestritten ist eine Tendenz der »Rundumnutzung« der menschlichen Arbeitskraft festzustellen. Unbestreitbar ist auch die Tendenz zur Höherqualifizierung und der Druck auf die Unternehmen, die höheren Ansprüche der Beschäftigten an die Arbeit zu berücksichtigen.

• Nicht erst seit dem Ende des Staatskommunismus ist eine Entdramatisierung traditioneller Konfliktlinien zwischen Kapital und Arbeit festzustellen. Der gestiegene Lebensstandard der Mehrheit der Arbeitnehmer in West- und Nordeuropa wie auch die Bildungsexpansion haben neue Themen auf die Tagesordnung gesetzt. Ökologische Fragen erhalten ebenso einen neuen Stellenwert wie die Bestimmung des Wertes der Arbeit (System- und Lebenswelt, materialistisch oder postmaterialistisch) (Beck 1986).

Die hier kurz skizzierten Veränderungen der Arbeitsorganisation greifen tiefer in die Sphäre der Arbeit ein, als es die mikroelektronische Revolution alleine vermocht hätte. In der Bundesrepublik Deutschland wurde die Diskussion darüber durch das Buch von Horst Kern und Michael Schumann »Das Ende der Arbeitsteilung?« (Kern/Schumann 1990) 1984 ausgelöst. Belegt durch umfangreiche Studien in den Kernindustrien Auto, Werkzeug und Chemie entwarfen sie Prognosen zu den Auswirkungen der fortschreitenden Rationalisierung in der industriellen Produktion. Sie stellten fest: Angesichts der Umbrüche der Produktions- und Arbeitskonzepte ist Qualifikation auch bei den Arbeitern wieder gefragt, Trends lassen die Durchsetzung neuer, ganzheitlicher Arbeitsgestaltung vermuten. Während bislang Rationalisierungsformen die Produktivität und Effizienz von Einzelfunktionen zu steigern versuchten, findet bei der »systemischen Rationalisierung« eine »an die Substanz gehende Neufassung« (ebd., 16) kapitalistischer Rationalisierung statt, »und zwar mit dem Ziel, die Leistungsfähigkeit (Flexibilität, Effizienz) des Betriebsablaufs insgesamt durch eine informationstechnische Verknüpfung und Koordination aller funktional zusammenhängenden, relevanten betrieblichen und zum Teil auch überbetrieblichen Teilprozesse des Produktionssystems zu erhöhen« (Helfert 1991, 74).

Erneuten Auftrieb erhielt die Diskussion – vor allem in Deutschland – durch die MIT-Studie »Die zweite Revolution in der Autoindustrie« (Womack/ Jones/Ross 1992). Geradezu euphorisch schildern die Autoren das System der »schlanken Produktion« (»lean production«) wegen seiner Potentiale zur Entfaltung menschlicher Ressourcen. Gewerkschaftliche und arbeitswissenschaftliche Diskussionen kreisen seitdem verstärkt um die Frage, ob in der Arbeitspolitik neue Wege beschritten werden können, die es ermöglichen, »den bisher für unüberwindbar gehaltenen Widerspruch zwischen dem Streben nach ökonomischer Effizienz und der humanen Gestaltung von Arbeitskonditionen tendenziell aufzulösen« (ISF München 1992).

4.3 Frankreich: Gewerkschaften in einer existentiellen Krise

Die Wende von einer indikativen Planung und Lenkung der Wirtschaft hin zu einer radikalen Form der Wirtschaft, deren Kennzeichen Privatisierung und Liberalisierung des Finanzsystems waren, wurde ausgerechnet von einer sozialistischen Regierung unter Mitterrand Anfang der achtziger Jahre eingeleitet. Die Strukturveränderungen, die Marktwirtschaft als Fortschritt und Modernisierung auch ideologisch durchsetzten, hatten beachtliche wirtschaftliche Erfolge vorzuweisen.

Die Förderung von Spitzentechnologien geht einher mit einem hohen Konzentrationsgrad der Industrie. Hier beschäftigen 895 Großunternehmen die Hälfte aller Lohn- und Gehaltsempfänger, repräsentieren 60 % des Bruttoeinkommens und realisieren 75 % der Exporte. In 25 Großkonzernen und Trusts wird die Hälfte der gesamten Industrieproduktion erstellt. Die Großindustrie ist überwiegend von der Automobil-, Chemie- und Elektronikbranche geprägt. Ihnen stehen rd. 20000 kleine und mittlere Unternehmen gegenüber, die zwischen 20 und 500 Arbeitnehmer beschäftigen (Hoss 1993, 3). Damit gibt es in Frankreich beträchtlich weniger Klein- und Mittelbetriebe als in der Bundesrepublik (ca. die Hälfte), ihr Gewicht innerhalb der Industriestruktur ist ein völlig anderes. Der Typ des deutschen mittelständischen Unternehmens zwischen 500 und 2000 Beschäftigten, das selbständig auf dem nationalen und internationalen Markt agiert, gibt es kaum (ebd.).

Die Arbeitsproduktivität stabilisiert sich auf bundesrepublikanischem Niveau, nachdem sie in den siebziger Jahren noch um 5 % darunter gelegen hatte. Die Inflationsrate konnte so wirksam bekämpft werden, daß sie 1992 erstmals unter der der Bundesrepublik lag. Ihren Preis haben die ökonomischen Erfolge allerdings im Ansteigen der Arbeitslosenzahlen auf über drei Millionen, was in etwa 10 % der Erwerbsbevölkerung entspricht (ebd., 2).

Die stärkere Polarisierung der beruflichen Qualifikationsstruktur in Frankreich gegenüber der Bundesrepublik hat eine ebensolche Unternehmens- und Arbeitsorganisation zur Folge. Es gibt nicht nur mehr Vorgesetzte pro Arbeiter im Betrieb, vor allem ist die Beziehung zwischen beiden Gruppen eine andere. Zwischen Arbeitern und Vorgesetzten besteht eine tiefe soziale Kluft, es wird auf Anweisung gehandelt, nicht auf der Grundlage von Erfahrungsaustausch und Überzeugung. Ebenso ist ein innerbetrieblicher Aufstieg von der Werkstatt auf eine höhere betriebliche Ebene – anders als in Deutschland – kaum möglich (ebd., 4 f.). Ein allgemein beobachtbarer halbpaternalistisch, halb-militärischer Habitus stellt seine Effizienz allerdings unter Beweis, wenn man die hohe Arbeitsproduktivität in Rechnung stellt (ebd., 5).

Geprägt war bislang der Charakter der Mitgliedschaft in französischen Gewerkschaften durch das Bild vom »militant«. Diese sind aktive Mitglieder der jeweiligen Gewerkschaft, haben meist mehrere Ämter inne und identifizieren sich in hohem Maße mit ihrer Organisation (Schinko 1991, 4 f.). Diese ursprünglich »elitäre« Ausrichtung der Gewerkschaften am anarcho-syndikalistischen Typus entsprang dem Selbstverständnis ihrer Führer als »handelnde Minderheiten«. Es wurde sogar die Meinung vertreten, eine zu große Mitgliederrekrutierung würde das Klassenbewußtsein des Gewerkschaftskampfes korporativ-reformistisch verwässern (Rehfeldt 1991, 96).

So verloren die Gewerkschaften in weniger als 20 Jahren mehr als die Hälfte ihrer Mitglieder. René Mouriaux nennt für 1974 noch einen Organisationsgrad von 20 %, im Jahre 1991 ist er auf unter 10 % gesunken (1991, 738); Wolfgang Lecher schätzt den Organisationsgrad in der Privatwirtschaft auf gerade noch 6 % (1993, 58). Damit nimmt Frankreich, verglichen mit den anderen europäischen Ländern, den letzten Platz ein.

Während die CGT bis 1991 nicht von einer gewerkschaftlichen Krise sprechen mochte (Mouriaux 1991, 783), hatte die CFDT frühzeitig die Schwierigkeiten eingestanden, um einen gewerkschaftlichen Kurswechsel vom am Klassengegensatz orientierten Gesellschaftsprojekt der »Autogestion« zum Paradigma der »konfliktorischen Kooperation« zu rechtfertigen (Schinko 1991). In Frankreich ist auch heute noch der Betrieb überwiegend ein »Ort grundsätzlicher Konfrontation zwischen Kapital und Arbeit« (Lecher 1993, 62). Hat die in Deutschland historisch gewachsene Mitbestimmungskultur eine Praxis der konfliktorischen Kooperation etabliert, ist in Frankreich eine eher harte Personalführung der »Patrons« festzustellen (ebd.; Hoss 1993). Es überwiegen daher die direkten Aktionen gegenüber beteiligungsorientierten Strategien professionell und repräsentativ handelnder Betriebsräte in Deutschland.

Ein recht düsteres Bild zeichnet Lecher für die Zukunft der französischen Gewerkschaften. Zwar stellt er fest, daß auf Betriebsebene durchaus »interessante neue Verhandlungsgegenstände wie Eingruppierung, neue Technologien, Arbeitszeitarrangements, Bildung und Qualifikation« verhandelt würden. Es gebe aber andererseits eine »Tendenz, Tarifpolitik und Konsultationseinrichtungen zu marginalisieren« (Lecher 1993, 62). Der Abschluß, aber auch die Umsetzung von Tarifverträgen, in Deutschland von den Betriebsräten kontrolliert, wird immer schwieriger, in der zunehmenden Zahl der Kleinunternehmen hat ohnehin meist der Patron das letzte Wort. »Die zersplitterte französische Gewerkschaftsbewegung und die nicht minder differenzierte betriebliche Interessenvertretung befinden sich seit ungefähr einem Jahrzehnt in einer existenzbedrohenden Krise. Das französische Arbeitsbeziehungssystem funktioniert nur noch punktuell. Umfassende Sanierung und konkrete Lösungsperspektiven sind bisher nicht in Sicht.« (ebd.)

4.4 Großbritannien:
Nach der Militanz der Pragmatismus

Die Übernahme der Regierungsmacht durch M. Thatcher und ihre in zwei Wahlen bestätigte Mehrheit führten zu gravierenden Eingriffen in die traditionellen Muster industrieller Beziehungen. Neben den Gewerkschaftsgesetzen führte die wirtschaftliche Entwicklung zu einem starken Anstieg der Arbeitslosigkeit. Dieser verstärkte zusätzlich die regionale Spaltung in einen prosperierenden Südwesten und einen verarmenden Norden und Nordosten. Zugleich setzte sich der Prozeß der De-Industrialisierung weiter fort, während das Wachstum im Dienstleistungsbereich anhielt. Damit ging eine erhebliche Verschiebung in der Arbeitskräftestruktur einher. Der Anteil von Frauen als Teilzeitbeschäftigte an der Peripherie des Arbeitsmarktes nimmt zu, während der traditionelle Typus der dauerhaften Normalbeschäftigungsverhältnisse rückläufig ist.

Diese sozialstrukturellen Wandlungen der britischen Gesellschaft und Ökonomie haben auch bei den Gewerkschaften des Landes tiefe Spuren hinterlassen. Von 1979, als der TUC mit 12,1 Millionen Mitgliedern seinen Höchststand erreicht hatte, bis heute hat er über vier Millionen verloren (Albers 1993, 97; Hyman 1992). Diese Krise führte zu einem Trend des Zusammenschlusses großer Einzelgewerkschaften, sog. »Supergewerkschaften« (Super Unions, so etwa die Verschmelzung von AEU und EEPTU zur AEEU). Ihre finanzielle und organisatorische Macht wird die Bedeutung des TUC schwächen und Fragen nach seiner Zukunft stellen.

Der Thatcher-Regierung ist es zwar nicht gelungen, die Gewerkschaften zu zerschlagen, auch ihr Organisationsgrad liegt immer noch bedeutend über dem Frankreichs, etwa gleichauf mit dem Deutschlands bei knapp 40 %. Dennoch ist es der konservativen Regierung gelungen, »den traditionell eher rechtlich ausgesparten Raum sich selbst regulierender Kollektivbeziehungen (free collective bargaining) einem umfangreichen System gesetzlicher Regelungen zu unterwerfen« (Albers 1993, 98).

Die Beobachter der britischen Gewerkschaftsbewegung sind sich in der Beurteilung weitgehend einig, daß trotz massiver Interventionen der Regierung nicht von dramatischen Veränderungen der betrieblichen Arbeitsbeziehungen gesprochen werden kann. Dennoch, die Tendenzen der Formalisierung und Dezentralisierung angesichts veränderter ökonomischer und rechtlicher Rahmenbedingungen lassen den Schluß zu, daß die Position des Managements gefestigt wurde und gleichzeitig die Position der Gewerkschaften durch eine größere Flexibilität gekennzeichnet ist (ebd.).

Ob das größere Maß an »Nachgiebigkeit« (compliance) schon einem Paradigmenwechsel »weg vom konfliktorischen Gewerkschaftsverständnis« nahekommt, ist schwer auszumachen. Die von den Gewerkschaften beklagte Verbetrieblichung der Arbeitsbeziehungen ist nämlich eine historische Hypothek auch der Gewerkschaften. »Die Neigung britischer Unternehmen zu Betriebs- oder Unternehmensabkommen entspricht den betriebszentrierten gewerkschaftlichen Strukturen.« (Jacobi 1989, 46) Denn die Produktionsstätten waren immer auch unmittelbare Kampfstätten, die von »den Vertrauensleuten beherrschten Vereinbarungen, verschärft um die Lohn-Lohn-Spiralen infolge gewerkschaftlicher Vertretungsvielfalt, schlossen die gesamtwirtschaftliche Einordnung der Lohnbewegung weitgehend aus« (ebd., 46 f.). In der Krise wird allerdings deutlich, »daß einstige Solidarität in inner- und zwischengewerkschaftliche Konkurrenz mit häufig ruinösem Ausgang und frühere Militanz in ohnmächtigen Protest, nicht selten aber auch in anbiedernde Kollaboration umgeschlagen sind« (ebd.).

Der institutionelle Ausbau des »single employer bargaining« hat in den beiden letzten Jahrzehnten an Bedeutung gewonnen. Verstärkt insbesondere durch die japanischen transplants in Großbritannien scheint sich sektoral eine neue »Kultur« der Arbeitsbeziehungen zu entwickeln. Sie sind durch folgende Kriterien gekennzeichnet: Anerkennung des Prinzips »ein Betrieb – eine Gewerkschaft« (Single Union Agreement); Verbesserung der Arbeitsproduktivität; einheitlicher Status aller Beschäftigten; Mitspracherechte am Arbeitsplatz; streikausschließende Konfliktlösungsmechanismen; für alle Seiten verbindliche Schlichtungsinstanzen (AEU 1990; Wickens 1993). Ob damit schon ein neues Kapitel britischer Regulation der Arbeitsbeziehungen aufgeschlagen ist oder nicht doch kulturelle Traditionen (wieder) aufbrechen, die sich einem vorschnellen japanischen Weg entgegenstellen, ist ungeklärt, solange diese in Niederlassungen mit jungen, leistungsfähigen und hochmotivierten Arbeitnehmern produzieren.

Den gewerkschaftlichen Bedenken der Implementierung japanischer Produktionssysteme gibt selbst Peter D. Wickens, Personaldirektor bei Nissan in Sunderland, recht, wenn er kritisiert, daß »das Management in einem eigentlich ganzheitlichen System ausschließlich den Zielen kurzfristiger Produktivität seine Aufmerksamkeit widmet« (ebd., 29). Allerdings gibt er zu bedenken: »Wenn sie (d. Gewerkschaften, d. Verf.) im übrigen argumentieren, diese Techniken seien lediglich Versuche zur Zersetzung der Gewerkschaften, haben sie nicht erkannt, daß ihr Einflußverlust nicht auf Gewerkschaftsfeindlichkeit zurückzuführen ist, sondern darauf, daß das Management konstruktive, kooperative Beziehungen zur Belegschaft aufbaut.« (ebd., 29 f.).

Diese Bemerkungen korrespondieren mit den Bemühungen von AEEU und GMB, durch eine entsprechende Industriepolitik erst einmal auf das investorische Engagement ausländischer – meist japanischer – Konzerne zu setzen. Ohne modernste Fertigungsstätten sei der Strukturwandel der britischen Gesellschaft überhaupt nicht mehr zu bewältigen. Insbesondere japanische Unternehmen böten Arbeits- und Gehaltsbedingungen, Qualifizierungsprogramme und Mitarbeiterbeteiligung, wie sie sich viele Gewerkschaften in Großbritannien immer gewünscht hätten. John Edmonds, Vorsitzender des GMB, fordert neues Denken, die alte Konfrontation »wir hier unten – ihr da oben«, wie sie bisher von den Gewerkschaften gepflegt wurde, wäre untauglich für die Bewältigung der neuen Aufgaben (Stützel 1992 b, 9).

Dennoch fehlt derzeit sowohl in den meisten Gewerkschaften, bei Unternehmern als auch in der Regierung jegliches Interesse an der Institutionalisierung eines leistungsfähigen Regelungssystems, mit dem moderne Gewerkschaften agieren könnten. Die gewerkschaftsfeindliche Einstellung der Regierung war noch bei der letzten Unterhauswahl ihr Trumpf bei den Wählern. Immerhin deuten neuere Diskussionen darauf, daß die Trennung von Gewerkschaften und Labour Party jetzt denkbar erscheint. Dadurch könnten Kräfte freigesetzt werden, welche die Gewerkschaften glaubhaft als Motoren des sozialen Fortschritts und des sozialen Friedens präsentieren.

4.5 Deutschland: Ein »Modell« auf dem Prüfstand

»Entweder es gelingt uns, die italienische Art des Arbeitskampfes in die anderen Länder Europas zu exportieren, oder es wird dem Kapital gelingen, die DGB-Politik nach Italien zu importieren.« (Winkler 1987, 20) Diese Äußerung Bruno Trentins, 1973 auf dem Höhepunkt der Arbeitskämpfe in Italien getan, erlangt heute, zwanzig Jahre später, ironischerweise neue Aktualität. Was damals als drohende Entwicklung ausgemalt wurde, gewinnt heute in manchen Ländern Europas Anziehungskraft. Denn das deutsche Modell der Mitbestimmung, das seinen verrechtlichen Rahmen (vor allem) im Betriebsverfassungsgesetz findet, wurde auch zu einer Erfolgsgeschichte der bundesdeutschen Gewerkschaften.

Entgegen ursprünglicher Intention von Staat, Unternehmern und Rechtsprechung (Müller-Jentsch 1986, 221) hat sich das »Betriebsratswesen« als »Basis und Zentrum der betrieblichen Gewerkschaftsorganisation« (Streeck 1979, 216) entwickelt. Die duale Organisation betrieblicher und gewerkschaftlicher Interessenvertretung bildet gewissermaßen eine »widersprüchliche Einheit« (ebd., 217). Nicht nur außerhalb Deutschlands irritiert diese Verflechtung. Bösche und Grimberg stellen fest (1993, 67), das »Betriebsverfassungsgesetz und seine Vorläufer hätten dazu geführt, daß die Gewerkschaften kaum noch über eigene betriebliche Organisationsstrukturen verfügen«. An anderer Stelle ihres Aufsatzes müssen die Autoren aber eingestehen, daß »die quasi berufsmäßige Ausübung der Freigestelltenfunktion (des Betriebsratsmitgliedes, d. Verf.) ... zu einer beträchtlichen Stabilisierung der gewerkschaftlichen Strukturen (führt), da gewerkschaftliche Ämter oft entsprechend der betrieblichen Freistellung über viele Jahre wahrgenommen werden. Die besondere Stabilität der deutschen Gewerkschaftsstrukturen hat möglicherweise hierin einen ihrer wesentlichen Gründe.« (ebd., 68)

Die betriebliche Mitbestimmung gibt den Gewerkschaften ein »einzigartiges Instrument zur wirksamen Vertretung nicht nur ihrer Mitglieder, sondern aller Arbeitnehmer« (Streeck 1979, 41). Damit wurde das Betriebsverfassungsgesetz »mehr und mehr zur betriebspolitischen Ergänzung des sektoralen und klassenpolitischen Instrumentariums der deutschen Industrie- und Einheitsgewerkschaften ... (so) daß das Betriebsratssystem allmählich in den verlängerten betrieblichen Arm der überbetrieblichen Industriegewerkschaften transformiert werden konnte« (Streeck 1992, 42).

Für die Zukunft drohen diesem »Modell« indes Gefahren. Der noch von Streeck festgestellte »Vorrang überbetrieblicher gegenüber betrieblichen Regelungen« (ebd.) ist in Gefahr. Als Reaktion auf Veränderungen des innerkapitalistischen Qualitäts- und Kostenwettbewerbs im Rahmen einer zugespitzten Weltmarktkonkurrenz nimmt die Kritik der Arbeitgeberverbände an der kollektivvertraglichen Interessenregulierung durch Flächentarifverträge zu. Die Arbeitgeberverbände verfügen nicht mehr über genügend Bindekraft, die auseinanderstrebenden Interessen zusammenzufügen. Während bislang die Großbetriebe die tarifpolitischen Entscheidungen dominierten, gewinnen zunehmend die Vertreter der Mittelbetriebe an Einfluß, die nicht ohne weiteres in der Lage sind, die übertariflichen Leistungen beizubehalten. Sie versuchen vielmehr, ihre Wettbewerbsposition durch eine veränderte Tarifpolitik zu verbessern (Schroeder 1993, 485 ff.). Die bislang in der Geschichte der Bundesrepublik einmalige Kündigung eines Tarifvertrages in den fünf neuen Ländern 1993 war insoweit als Signal gedacht. Die Durchsetzung von Öffnungsklauseln nach unten – also eine betrieblich mögliche Unterschreitung des flächentarifvertraglich gesicherten Mindeststandards – sollte die IG Metall an ihrer vermeintlich schwächsten Stelle treffen.

Bekanntlich konnte dieses Vorhaben abgewehrt werden. Allerdings gibt es auch bei der IG Metall Überlegungen, wie der betriebsrätliche Pragmatismus eines Produktivitätsbündnisses mit dem eigenen Unternehmen in Grenzen gehalten werden kann. In ihrem Diskussionspapier »Tarifreform 2000« (IG Metall 1991) schlägt die IG Metall vor, die Mitbestimmungsrechte des Betriebsrats auszubauen, paritätische Kommissionen (Arbeit und Technik, Qualifizierung, Eingruppierung, Entgeltgrundsätze) mit den Arbeitgebern einzurichten und den Arbeitnehmern materiell gesicherte Reklamationsrechte gegen unzumutbare Arbeits- und Leistungsbedingungen zu verschaffen. Mit tariflichen statt betrieblichen Vereinbarungen will die IG Metall bei diesen Themenfeldern betrieblichen Einfluß auf die Inhalte einer neuen Arbeitsorganisation nehmen.

Bis jetzt ist unklar, wie die Arbeitgeber auf diese Ausweitung der tarifvertraglichen Einflußnahme in die Regelungskompetenz der Betriebsräte reagieren werden. Eine Dramatisierung als »Einbruch in die Betriebsverfassung« (Mundorf 1993, 2) wird der Strategie der IG Metall nicht gerecht. Es waren die Arbeitgeber, die im Streit um die Verkürzung der Arbeitszeit, eine betriebliche Flexibilisierung in die Hände von Betriebsräten und Unternehmern gelegt hatten.

Die Tendenz »Deal for Power«, wie die »Financial Times« treffend schrieb, ist gegenwärtig bei allen deutschen Gewerkschaften beobachtbar. Angesichts geschwundener Verteilungsspielräume gewinnen die qualitativen Aspekte der Tarifpolitik zunehmend an Gewicht. Dies dürfte zugleich die Chance erhöhen, bei bislang organisationsfernen Arbeitnehmern mit hoher Qualifikation Zuspruch zu finden (Bankenstreik 1992, Arbeitskampf bei Digital Equipment 1993) (Stützel 1992 a), denn strukturell bildet die Mitgliedschaft die Beschäftigtenstruktur der Bundesrepublik der späten fünfziger Jahre ab. Die massiven Mitgliederverluste 1992/93 gehen wohl eher auf die spezifischen Probleme des ostdeutschen Arbeitsmarktes und die weltweite Rezession zurück (WSI 1993).

4.6 Europäische Gewerkschaftsvielfalt

Die beschriebenen Gewerkschaftskulturen in Deutschland, Frankreich und Großbritannien sind eingebettet in eine fast unüberschaubare Vielfalt unterschiedlich strukturierter und politisch durchaus konträr orientierter Gewerkschaften. Zu Recht spricht Jacobi von einem »Flickenteppich von Tarifsystemen« (1992, 8). Er hat eine Reihe von Zuordnungskriterien definiert, die einen Überblick über diese Vielfalt und Widersprüchlichkeit der existierenden Sozial- und Arbeitsbeziehungen in Europa erlauben (ebd., 9 ff.):

- In den mittel- und nordeuropäischen Ländern existieren Einheitsgewerkschaften, ihnen stehen Gewerkschaftssysteme gegenüber, in denen politische Richtungsgewerkschaften konkurrieren (beginnend in Belgien bis zum Mittelmeerraum).

- Neben starken Branchengewerkschaften bestehen andererseits Berufsgewerkschaften und stark zentralisierte Gewerkschaftsbünde.

- Auch die Organisationsquote, absolut wie relativ, differiert extrem. Sie reicht von unter 10 % in Spanien oder Frankreich über eine Mittelgruppe

(Deutschland, Italien, Großbritannien) zwischen 35 und 45 % bis zu den Spitzenreitern (Belgien, Österreich und Skandinavien) mit über 60 %.

- Entstehungsgeschichte, politisch-kulturelle Entwicklungen bestimmen bis heute Maß und Niveau politisch-administrativer Professionalität europäischer Gewerkschaften. Nicht alle verfügen in gleichem Maße über hoch qualifiziertes und wissenschaftliches Personal, um strategische Entscheidungen zu treffen und die Organisation zu führen.

- Auch die Praxis der Tarifverhandlungen verläuft höchst different. Werden in Großbritannien die Abkommen vorwiegend auf Unternehmensebene abgeschlossen, sind in Ländern mit starken Dachverbänden (wie in Italien) auch die Regierungen eng in die Tarifpolitik involviert. Deutschland kennt das Prinzip sektoraler Vereinbarungen mit einem das Branchenunternehmen repräsentierenden Arbeitgeberverband.

- Das gewerkschaftliche Streikrecht und die Rechtmäßigkeit unternehmerischer Aussperrungsfreiheit variieren ebenso von Land zu Land wie die Schlichtungsverfahren (sofern diese überhaupt installiert sind).

Während die Verfassungen das Recht zu streiken in Griechenland, Frankreich, Italien und Spanien explizit garantieren, ist dies in den nordeuropäischen Ländern im allgemeinen indirekt garantiert. Die obersten Gerichte in Luxemburg und der Bundesrepublik Deutschland haben die verfassungsmäßigen Bestimmungen so interpretiert, daß diese die Koalitionsfreiheit ebenso garantieren, wie das Recht auf Streik. In Irland und Großbritannien wiederum garantiert deren Rechtssystem das Streikrecht weder implizit noch explizit. Gewerkschaften, Funktionäre wie auch die Beschäftigten, die Arbeitskampfmaßnahmen ergreifen, handeln ungesetzlich und werden nur unter genau bestimmten Umständen von Gerichtsverfahren befreit.

Geprägt werden die Arbeitsbeziehungen eines Landes auch durch die Rechtstradition der Arbeitsverweigerung. In Spanien und Frankreich wird das Streikrecht als ein individuelles Recht behandelt. Die Entscheidung des einzelnen Beschäftigten, an Arbeitsniederlegungen teilzunehmen oder nicht, darf von daher nicht durch den Willen von Mehrheiten oder Minderheiten, wie sie in Urabstimmungen zum Ausdruck kommen, beschränkt oder behindert werden. Dieser Definition des Streiks als individuelles Menschenrecht steht Großbritannien entgegen als ein Land, in dem Urabstimmungen gesetzlich vorgeschrieben sind, bevor eine Arbeitskampfmaßnahme ergriffen werden kann.

Aussperrungen sind nur in Portugal und Griechenland verfassungsmäßig bzw. gesetzlich verboten. In Belgien, Frankreich, Deutschland, Italien und

Spanien dürfen Arbeitgeber Beschäftigte nur unter genau spezifizierten Umständen aussperren.

Auch bei den Beschränkungen für Arbeitskampfmaßnahmen im öffentlichen Dienst gibt es eine breite Palette von Regelungen. Ein umfassendes Streikverbot besteht für Beamte in Österreich und Deutschland, allerdings ist hier deren Einsatz als Streikbrecher jüngst gerichtlich für unrechtmäßig erklärt worden.

4.7 Aktuelle Probleme der Arbeitnehmer-Repräsentation

Die hier nur kurz angerissenen Differenzen nationaler Arbeitskulturen und Konfliktregelungsmechanismen im System der Arbeitsbeziehungen der Staaten Europas bilden die Grundlage für zukunftsorientierte Überlegungen der Gewerkschaften. Dazu gehört auch, daß der Strukturwandel in den Ländern des Europäischen Wirtschaftsraumes (EWR) zwar verschieden dramatisch verläuft, die Auswirkungen indes alle Akteure der Arbeitsbeziehungen betreffen.

Zahlreiche Gewerkschaften haben sich daher mit ihren Zukunftschancen befaßt. In Frankreich führen die CFDT (Schinko 1991), in Deutschland besonders IG Metall, HBV, DGB (Hoffmann u. a. 1990) und in Großbritannien GMB/UCW (1990) seit Mitte/Ende der achtziger Jahre – unter dem Druck der Strukturbrüche und Rekrutierungsprobleme – diese Debatten. Dabei standen die Schwachstellen gewerkschaftlicher Politik im Vordergrund, von Mückenberger (1992) als Probleme der »Unter-Repräsentation« bezeichnet, die gerade angesichts der Erfordernisse des europäischen Binnenmarktes prekär werden. Dabei meint Mückenberger nicht nur die Schwäche der Rekrutierung von (neuen und alten) Mitgliedergruppen, vielmehr bezieht er sich auf die inhaltlich zu bearbeitenden »neuen« Themen, die der Strukturwandel auf die Tagesordnung gesetzt hat.

4.7.1 Partizipation

»Partizipation auf Arbeitnehmerseite ist nur möglich, wenn der Mechanismus der Repräsentation von der Vielgestaltigkeit der Arbeits- und Lebensverhältnisse der Repräsentierten geprägt ist.« (ebd., 158) Damit sind die gewerkschaftlichen Programme und Forderungsstrukturen auf dem

Prüfstand. Nicht nur müssen die vielfältigen Interessenlagen aktueller und potentieller Mitglieder zur Sprache kommen können, es müssen Strukturen geschaffen werden, die deren Artikulation sicherstellen. Die von Mückenberger vorgeschlagenen Quoten zur Sicherstellung pluraler Mitgliederrepräsentation ist in einigen Gewerkschaften Europas schon Fakt: In Deutschland, Skandinavien und Großbritannien sind Quoten vorgeschrieben, die die Mindestvertretung von Frauen garantieren sollen, ethnische Quoten sind in Großbritannien bekannt.

4.7.2 Dualisierung

Die in Deutschland unter dem Schlagwort von der »Zwei-Drittel-Gesellschaft« diskutierte Tendenz zur Dualisierung wirft zusätzliche Repräsentanzprobleme für die Gewerkschaften auf. Wer aus dem Schutzbereich des Arbeits- und Sozialrechts herausfällt – und damit der gewerkschaftlichen Repräsentation – weil ohne Vollzeitbeschäftigungsverhältnis oder in die »neue«, d. h. erzwungene Selbständigkeit getrieben wird, gerät in einen Teufelskreis: »weil diese wachsende Klientel wenig von der traditionellen gewerkschaftlichen Repräsentation zu erwarten hat, organisiert sie sich nicht; weil sie sich nicht organisiert, gewinnt sie aber auch keinen Einfluß auf die gewerkschaftliche Politik, deren gewerkschaftliche Repräsentation für sie attraktiv sein könnte« (ebd., 159). Deshalb plädiert Mückenberger dafür, daß sich gewerkschaftliche Repräsentation nicht alleine als Mitgliedervertretung verstehen dürfe, sondern als »Vertretung zu repräsentierender Interessen« (ebd.).

Hier sind Vorbilder im Tarifwesen der romanischen Länder (insbesondere Spanien und Frankreich) anzutreffen, wo der Geltungsbereich von Tarifverträgen sich nicht nach der Mitgliedschaft in tarifschließenden Verbänden, sondern nach einer Abstimmung unter den vom Kollektivvertrag potentiell Betroffenen richtet. Da der Vertrag allgemeinverbindliche Wirkung besitzt (erga omnes), bietet ein solcher politischer Mechanismus selbst bei schwachem Organisationsgrad Chancen auf sozialen Schutz und sozialer Integration.

Andere Interessenbereiche lassen sich denken, verknüpft mit, aber nicht eingebunden in betriebliche Interessenvertretungsstrukturen, so das an den skandinavischen Ombudsleuten orientierte Modell des betrieblichen oder überbetrieblichen Beauftragten für bestimmte gesellschaftliche Zwecke. Die Gewerkschaften in Deutschland fordern beispielsweise schon länger betriebliche Umweltbeauftragte. Zahlreiche betriebliche Frauenbeauftragte, die quer zu den üblichen kollektiven Beteiligungsstrukturen, aber durchaus im Austausch mit ihnen »neue« Themen bearbeiten, Fragen der Vereinbarkeit von Familie und Beruf, Kinderbetreuung etc. sind schon im Amt. Trotz sehr unterschiedlicher Entwicklungen der ökonomischen und kulturellen Determinanten in Frankreich, Großbritannien und Deutschland klingen die Zustandsbeschreibungen ihrer Gewerkschaften ähnlich: beklagt werden Probleme der Unterrepräsentanz wichtiger Arbeitnehmergruppen, das ideologisch schwarze Loch nach dem Paradigmenwechsel des (zumindest programmatischen) Antikapitalismus, Beteiligungs- und Demokratiedefizite in den Großorganisationen, mangelnde grenzüberschreitende Kommunikation und Kooperation.

4.8 Konvergenz: Der Zwang zum Handeln

Alle diese Problemfelder müssen den Prozessen der nationalen Dezentralisierung ebenso Rechnung tragen wie der internationalen Zentralisierung. Diese widersprüchlichen Anforderungen sind einerseits der zunehmenden Internationalisierung der Produktion geschuldet (Kooperation entlang logistischer Ketten, internationale Gewerkschaftskooperation), verstärkt durch den europäischen Binnenmarkt. Andererseits bedürfen die sich ausdifferenzierenden Interessen der Beschäftigten und die besonderen regionalen, ökologischen wie betrieblichen Anforderungen einer spezifischeren, betriebsnäheren Tarifpolitik.

Das Ende der Systemkonkurrenz hat zu einer »Entdramatisierung des Interessenkonflikts« (Müller-Jentsch 1991, 8) geführt. Damit stehen die Gewerkschaften Europas aber vor einer Neubestimmung ihrer Vertretungsphilosophie. Wenn sie als intermediäre Organisationen betrachtet werden, vertreten sie Mitgliederinteressen nicht ungebrochen, vielmehr ist ihre Interessenpolitik »Ausdruck einer pragmatischen Vermittlung zwischen Systeminteressen und Mitgliederinteressen« (Müller-Jentsch 1986, 63). Für die dann zwar immer noch konfliktreiche, aber kompromißfähige Tarifpolitik zwischen Arbeitgebern (resp. deren Verbänden) und den Gewerkschaften hat Müller-Jentsch den Begriff der »Konfliktpartnerschaft« geprägt (Müller-Jentsch 1991). Tatsächlich sind die Gewerkschaften Europas, auch solche mit ausgeprägt syndikalistischen und konfliktorientierten Traditionen (wie in Frankreich, aber auch in Großbritannien), unübersehbar auf dem Weg, sich zu rechtlich-institutionell geschützten und organisatorisch befestigten Verbänden zu entwickeln.

Trotz aller Skepsis, was die Aktionsmöglichkeiten und programmatischen Optionen der Gewerkschaften im europäischen Binnenmarkt angeht, bietet dieses ambitionierte Modernisierungsprojekt eine zukunftsweisende Perspektive. Mit den Verträgen von Maastricht ist explizit auch die besondere Rolle der Sozialpartner anerkannt und gefestigt worden. Kooperationsverträge zwischen Gewerkschaften (etwa des britischen GMB und der deutschen IG Chemie) lassen auf erweiterte übernationale Handlungsfähigkeit hoffen. Die Teilnahme europäischer Gewerkschaften an nationalen Tarifvertragsverhandlungen (IG Bau Steine Erden) ist ein vorwärtsweisender Schritt.

Die Herausbildung eines europäischen Tarifvertragssystems kann nicht voluntaristisch gelingen. Trotz mancher verspäteter und halbherziger Wahrnehmung der europäischen Herausforderungen haben die deutschen Einzelgewerkschaften und der DGB durch die Unterstützung des Europäischen Gewerkschaftsbundes und der Berufs- und Branchensekretariate »Schrittmacherdienste« (Platzer 1991, 199) geleistet.

Streeck betont, unbeschadet der Zukunft kleinbetrieblicher Strukturen in der europäischen Gemeinschaft müsse man davon ausgehen, »daß ein großer Teil der produktiven Leistungen der europäischen Wirtschaft nach 1992 unter dem Dach von Konzernen konzentriert sein wird« (1992, 32). Die Installierung von Euro-Betriebsräten bietet daher nicht nur gute Chancen der praktischen Erprobung neuer Modelle der Arbeitsbeziehungen und grenzüberschreitenden Kooperationen von Belegschaften und Gewerkschaften. Die gewerkschaftliche Intervention in diesen ökonomischen Machtzentren ist von strategischer Bedeutung für das Überleben der Arbeitnehmerorganisationen. Beobachter dieser Entwicklung setzen auf die organisationspolitische Logik der Institution Euro-Betriebsrat. Nicht ohne Grund haben die britische Regierung, nationale Unternehmerverbände und der europäische Arbeitgeberverband UNICE im Verbund mit den Konzernen eine Regelung in Brüssel zu hintertreiben versucht. Das Einfallstor für die Installierung von Euro-Betriebsräten haben die staatlichen Interventionen der französischen sozialistischen Regierung im Bündnis mit dem EG-Kommissionspräsidenten Delors geschaffen (Gold/Hall 1992); auch der Beitrag der IG Metall-Betriebsräte (u. a.) bei Volkswagen ist nicht geringzuschätzen. Die Prognose sei gewagt, daß eine kontinuierlich kooperierende und kommunizierende Arbeitnehmervertretung in den europäisch angesiedelten Konzernen eine entsprechend grenzüberschreitende Tarifvertragspolitik nach sich ziehen wird.

Literatur:

AEU, 1990: A Model Single Union Agreement From The Amalgamated Engineering Union 1990, London

Albers, D. (Hrsg.), 1993: Regionalpolitik der europäischen Gewerkschaften. Eine vergleichende Bestandsaufnahme, Köln

Albert, M., 1992: Kapitalismus contra Kapitalismus, Frankfurt/New York

Beck, U., 1986: Risikogesellschaft. Auf dem Weg in eine andere Moderne, Frankfurt

Bösche, B./Grimberg, H., 1993: Die Janusköpfigkeit der deutschen Gewerkschaftsgesetze, in: Die Mitbestimmung, Jg. 38, S. 67–70

GMB/UCW, 1990: A New Agenda. Bargaining for Prosperity in the 1990s, London

Gold, M./Hall, M., 1992: Europaweite Informations- und Beratungsmaßnahmen in multinationalen Unternehmen: Auswertung der Praxis, Luxemburg

Helfert, M., 1991: Neue Techniken und der Wandel betrieblicher Innovation – arbeits- und mitbestimmungspolitische Konsequenzen, in: Schabedoth, H.-J. (Hrsg.), 1991: Gestalten statt Verwalten. Aktive Mitbestimmung bei Arbeit und Technik, Köln

Hoffmann, J./Hoffmann, R./Mückenberger, U./Lange, D. (Hrsg.), 1990: Jenseits der Beschlußlage. Gewerkschaft als Zukunftswerkstatt, Köln

Hoss, D., 1993: Die »Firma Frankreich« zwischen dem amerikanischen und dem rheinischen Modell, in: Reader zur Sonderveranstaltung des RKW mit dem FAST-Programm der Europäischen Gemeinschaft am 14. Mai 1993: Europa 1993 – Advanced European Manufacturing – Humanorientierte Produktionssysteme, Düsseldorf (RKW)

IG Metall (Hrsg.), 1991: Tarifreform 2000, Frankfurt

Institut für Sozialwissenschaftliche Forschung (ISF) (Hrsg.), 1992: Jahrbuch sozialwissenschaftliche Technikberichterstattung 1992. Schwerpunkt: Dienstleistungsarbeit, München/Berlin

Jacobi, O., 1989: Der Einfluß von gewerkschaftlichen Organisationsstrukturen auf die wirtschaftliche Entwicklung, in: Gewerkschaftliche Monatshefte, Jg. 40, S. 42–50

Jacobi, O., 1992: Soziale Demokratie als gewerkschaftliche Perspektive in Europa – ein Plädoyer, in: Friedrich-Ebert-Stiftung (Hrsg.), Reihe Eurokolleg 21 (1992), Bonn

Kern, H./Schumann, M., 1990: Das Ende der Arbeitsteilung? Rationalisierung in der industriellen Produktion, München

Lecher, W., 1993: Das französische Arbeitsbeziehungssystem funktioniert nur noch punktuell, in: Die Mitbestimmung, Jg. 39, S. 58–62

Mouriaux, R., 1991: Lage und Perspektiven der französischen Gewerkschaftsbewegung, in: Gewerkschaftliche Monatshefte, Jg. 42, S. 782–789

Mückenberger, U., 1992: Individuum und Repräsentation, in: Kühne, P./West K. W. (Hrsg.) 1992: Verlust der politischen Utopie in Europa? Berlin, S. 151–160

Müller-Jentsch, W., 1986: Soziologie der industriellen Beziehungen, Frankfurt

Müller-Jentsch, W., 1991: Konfliktpartnerschaft, München/Mering

Müller-Jentsch, W., 1992: Gewerkschaftliche Mobilisierung und sozial-struktureller Wandel, in: Hans-Böckler-Stiftung/Europäisches Gewerkschaftsinstitut (Hrsg.) 1992: Streik im Strukturwandel. Zur Zukunft der Mobilisierungsfähigkeit von Gewerkschaften in Europa, Düsseldorf/Brüssel, S. 30–36

Mundorf, H., 1993: Einbruch in die Betriebsverfassung, in: Handelsblatt vom 29. 6. 93, S. 2

Platzer, H.-W., 1991: Gewerkschaftspolitik ohne Grenzen? Die transnationale Zusammenarbeit der Gewerkschaften im Europa der 90er Jahre, Bonn

Rehfeldt, U., 1991: Strukturkrise der Gewerkschaften, in: Deutsch-Französisches Institut (Hrsg.): Frankreich-Jahrbuch 1991, Opladen, S. 95–111

Schinko, R., 1991: Die französische Gewerkschaft CFDT, Hans-Böckler-Stiftung (Hrsg.), Düsseldorf

Schroeder, W., 1993: Die politische Blockade der Arbeitgeberverbände, in: Die Neue Gesellschaft/Frankfurter Hefte, Jg. 40, S. 485–488

Streeck, W., 1979: Gewerkschaftsorganisation und industrielle Beziehungen, in Matthes, J. (Hrsg.) 1979: Sozialer Wandel in Westeuropa. Verhandlungen des 19. Deutschen Soziologentages in Berlin 1979, Frankfurt, S. 206–226

Streeck, W., 1992: Klasse, Beruf, Unternehmen, Distrikt: Organisationsgrundlagen industrieller Beziehungen im europäischen Binnenmarkt, WZB-discussion paper, Berlin

Stützel, W., 1992 a: Der Bankenstreik 1992. Probleme und Chancen der Mobilisierung von Angestellten, in: WSI Mitteilungen, Jg. 45, S. 660–666

Stützel, W., 1992 b: Arbeitspolitik auf der Insel, in: Die Mitbestimmung, Jg. 38, S. 9

Wickens, P. D., 1993: Schlanke und menschenorientierte Produktion. Das System, seine Kritiker und seine Zukunft, Eschborn

Winkler, W., 1987: Kontinuität und Wandel im Selbstverständnis sozialistischer Betriebs- und Gewerkschaftsarbeit, in: express, Jg. 25, S. 10–21

Womack, J. P./Jones, D. T./Ross, D., 1992: Die zweite Revolution in der Autoindustrie. Frankfurt/New York

WSI, 1993: Gewerkschaften: Mitgliedschaft 1992, in: Informationsdienst Arbeit, Jg. 13, S. 5–7

5. Die Fortdauer der Unterschiede zwischen den nationalen Systemen der Arbeitsbeziehungen in Europa

Klaus Armingeon

5.1 Fragestellung

Dieser Beitrag geht von der Richtigkeit einer These aus, die an dieser Stelle selbst nicht weiter untersucht wird (Schmidt 1992; Lepsius 1991; Armingeon 1991). Ihr zufolge steigt die Chance von Kollektivverhandlungen auf der Ebene der Gemeinschaft mit dem Ausmaß der strukturellen Gleichförmigkeit der nationalen Arbeitsbeziehungen. Wenn die Regeln und Organisationen der nationalen Systeme von gänzlich anderen Prinzipien geleitet werden, sind die Koordinationsaufwendungen für Politik auf europäischer Ebene so hoch, daß ein supra-national konzentriertes Vorgehen der einzelnen nationalen Akteure (Gewerkschaften, Arbeitgeber, Regierungen) wenig wahrscheinlich ist. Sind die nationalen Systeme jedoch weitgehend gleichförmig, so ist die Koordinationsaufwendung für Politiken auf der Gemeinschaftsebene gering und tragbar. Eine weitgehende Gleichförmigkeit der nationalen Systeme bedeutet allerdings noch nicht, daß es unbedingt zu europäischen Kollektivverhandlungen kommt, aber sie ist eine wichtige Voraussetzung dafür. Dies gilt nicht nur für den Prozeß der Formulierung und Verhandlung einer Forderung, sondern auch und ganz besonders für den Prozeß der Implementation der Kollektivabmachungen. Wenn europäische Tarifverträge ihr Ziel erreichen sollen, müssen sie überall in der Gemeinschaft gleichermaßen zur Wirkung gebracht werden (vgl. den Beitrag von Keller in diesem Band). Dies wird leichter gehen, wenn die Unterschiede zwischen den implementierenden Institutionen gering sind.

Meine Frage bezieht sich auf die Chance, daß diese notwendige, aber nicht hinreichende Voraussetzung für europäische Interessenvertretungspolitik durch die Konvergenz nationaler Systeme der kollektiven Arbeitsbeziehungen zustande kommt. Ich möchte zunächst zwei verbreitete Sichtweisen vorstellen, die solch eine Konvergenz in den Mitgliedsländern der Europäischen Gemeinschaft erwarten lassen. Im Anschluß daran soll die zentrale These dieses Beitrages theoretisch und empirisch begründet werden. Ihr zufolge stehen einem raschen Wandel institutionelle Trägheitskräfte entgegen.

Das empirische Material, das im folgenden ausgewertet wird, stammt aus einer vergleichenden Studie über die Reformen der Verfahrensregeln der kollektiven Arbeitsbeziehungen in 21 Nationen im Zeitraum zwischen der jeweiligen Einführung der Koalitionsfreiheit und dem Jahr 1990 (Armingeon 1993). Die These wird somit nur an den zentralen Regeln überprüft, die dem Handeln der Akteure der kollektiven Arbeitsbeziehungen – Gewerkschaften, Unternehmern und staatlichen Stellen – zugrunde liegen. Neben den Organisationen machen diese Regeln den institutionellen Kern des Systems der Arbeitsbeziehungen aus. Deshalb steht einer vorsichtigen Generalisierung der folgenden empirischen Befunde auf das ganze System der kollektiven Arbeitsbeziehungen wenig entgegen.

5.2 Veränderte politische Kräfteverteilungen und funktionale Notwendigkeiten

Der Wandel von Organisationen und Regeln, der zu mehr Gleichförmigkeit nationaler Systeme führen könnte, wird häufig aufgrund von zwei Überlegungen für möglich gehalten. Der ersten Sichtweise zufolge sind institutionelle Reformen das Resultat von veränderten politischen Kräfteverhältnissen (Korpi 1983). Konvergenz der nationalen Systeme der Arbeitsbeziehungen in Europa wäre dann zu erwarten, wenn es überall politische Akteure geben würde, die Reformen in eine bestimmte Richtung anstreben und durchsetzen können. Dafür scheinen jedoch im Moment die Voraussetzungen nicht gegeben zu sein. Beispielsweise hat sich die Vermutung eines allgemeinen Niedergangs der Sozialdemokratie und einer generellen Deregulierung in allen westlichen Ländern nicht bewahrheitet (Merkel 1993; Armingeon 1989), und damit fehlen die positiven Voraussetzungen für eine allgemeine Deregulierung der kollektiven Arbeitsbeziehungen. Und noch weniger Anzeichen finden sich für die europaweite Stärkung linker[1] Parteien, die Reformen zugunsten der Gewerkschaften durchsetzen wollen und können.

Der zweiten Überlegung zufolge sind Kräfteverhältnisse weniger wichtig. Was nach ihr zählt, sind Notwendigkeiten, an die sich nationale Systeme

---

1 Darunter werden hier sozialistische und sozialdemokratische Parteien verstanden.

anzupassen haben. Tun sie dies nicht, riskieren sie Nachteile, die bis zur existentiellen Bedrohung eines Systems gehen können. Der Binnenmarkt und die damit verbundene Expansion des Handels zwischen den EG-Mitgliedsländern könnte zu derartigen funktionalen Notwendigkeiten führen, die nationale Gewerkschaften, Arbeitgeber und Regierungen zwingen, die verschiedenen Systeme in Richtung auf ein einheitliches Modell zu reformieren. Nicht zuletzt der Optimismus vieler Politiker und Verbandsvertreter über die Erreichbarkeit europäischer Arbeitsbeziehungen gründet sich auf das Vertrauen in diesen stummen Zwang der Verhältnisse, der bewirken soll, was bislang politische Strategien nicht verwirklichen konnten.

5.3 Institutionelle Trägheit

Freilich: Wer auf die Karte der Konvergenz durch funktionale Notwendigkeiten setzt, übersieht die Beharrungskräfte nationaler Institutionen (d. h. Regeln und Organisationen). Aus theoretischen und empirischen Gründen spricht viel dafür, daß sich die nationalen Systeme der Arbeitsbeziehungen noch sehr lange einem Anpassungsdruck widersetzen können, selbst wenn dieser stärker würde. In dieser Sichtweise könnte es sehr wohl sein, daß ein europäisches System der Arbeitsbeziehungen nicht entsteht, obwohl alle beteiligten nationalen Akteure dies grundsätzlich für wünschenswert halten. Für diese These werde ich einige theoretische und empirische Belege präsentieren. Zwei Klarstellungen seien jedoch vorweggeschickt: Die erste betrifft die Grundstruktur des Organisations- und Regelsystems der nationalen Arbeitsbeziehungen. Es läßt sich zeigen, daß diese grundlegenden Strukturen den politisch-sozialen Kräfteverhältnissen und Konfliktmuster jener Zeit entsprechen, in denen sie entstanden sind (Armingeon 1993; Ebbinghaus 1992). Da sich diese Rahmenbedingungen entgegen einer häufig geäußerten Vermutung nur wenig geändert haben (Bartolini/Mair 1990), wird die weiter unten zu diskutierende institutionelle Trägheit durch diese Konstanz der politisch-sozialen Rahmenbedingungen gestützt und vielleicht sogar erst ermöglicht. Die zweite Klarstellung bezieht sich auf den Grad der institutionellen Stabilität. Es wird im folgenden nicht behauptet, die Institutionen der kollektiven Arbeitsbeziehungen entzögen sich jedem politischen Veränderungsversuch. Vielmehr wird argumentiert, Reformen seien aufgrund institutioneller Trägheit sehr schwierig. Darüber hinaus gibt es noch unterschiedliche Konstellationen und Koalitionen von Akteuren, die bei gleicher Kräfteverteilung – beispielsweise zwischen sozialdemokratischen und bürgerlichen Parteien – unterschiedliche Reformchancen zur Folge haben. Dieses Problem kann jedoch an dieser Stelle nicht weiter verfolgt werden.

5.3.1 Theoretische Belege

Theoretische Belege für einen hohen Grad institutioneller Trägheit lassen sich besonders aus neueren anglo-amerikanischen organisationssoziologischen Studien (Hannan/Freeman 1984; 1989) und aus politikwissenschaftlichen Analysen mit institutionalistischem Ansatz ableiten (March/Olsen 1989; Krasner 1988). Nicht jedes der im folgenden aufgeführten sechs Argumente muß in jedem Fall zutreffen. Außerdem ist auch fraglich, ob alle einzelnen Argumente miteinander vereinbar sind. Insgesamt legen sie jedoch den Schluß nahe, daß Institutionen der kollektiven Arbeitsbeziehungen eine sehr große zeitliche Beständigkeit haben.

- Das erste Argument für Trägheit ergibt sich aus der Definition dessen, was unter Institution zu verstehen ist. Institutionen geben sozialem Handeln Stabilität; sie haben mithin schon eine eingebaute, wenngleich auch begrenzte Resistenz gegenüber Umweltveränderungen. Würden Regelsysteme und Organisationen auf jede externe Veränderung reagieren, so könnten sie ihre stabilisierende Funktion nicht erfüllen, und sie würden dann auch nicht unter dem Begriff der Institution rubriziert. Aufgrund dieser Resistenz wäre deshalb nur bei kräftigen und andauernden Umweltveränderungen institutioneller Wandel zu erwarten. Anders ausgedrückt: Es wäre schon sehr verwunderlich, wenn sich die Anpassung der Systeme der kollektiven Arbeitsbeziehungen an eine verstärkte wirtschaftliche Zusammenarbeit in Europa ohne Zeitverzögerung vollziehen würde.

- Es gibt für Organisationen gute Gründe, sich nicht an Veränderungen der Umwelt anzupassen. In unserem Fall würde dies heißen, daß Gewerkschaften, Unternehmer und staatliche Bürokratien sich nicht an die Notwendigkeiten anpassen, die momentan mit dem Binnenmarkt verbunden sind oder in Zukunft wahrscheinlich mit ihm verbunden sein werden. Der Grund liegt in der Unsicherheit über die Entwicklung der Umweltveränderung und in der Sicherheit, die mit den bestehenden Institutionen verbunden sind. Wer immer versucht, seine Verbandsstrukturen oder die Verfahrensregeln der kollektiven Arbeitsbeziehungen an neue Produktionsweisen oder an neue politische Gegebenheiten anzupassen, der weiß nicht, ob diese derzeitigen Notwendigkeiten nach der Reform noch bestehen. Vielleicht hat sich innerhalb von wenigen Jahren soviel an der EG verändert, daß die Reform zwar heute zum Zeitpunkt ihrer Formulierung als vollkommen angemessen erscheint, aber nicht mehr nach ihrer Durchführung wenige Jahre später: »Indeed the worst of all possible worlds is to change structure continually only to find each time upon reorganization that the environment has already shifted to some new configuration that demand yet a different structure.« (Hannan/Freeman 1984, 115). Man braucht nicht die radikale Implikation dieser These zu akzeptieren – ändere dich niemals –, um in langsamen, unzureichenden und zögerlichen Anpassungen von Institutionen nicht nur ärgerliche Bequemlichkeit, sondern auch gute, vernünftige Gründe entdecken zu können.

- Alte Organisationen können sich schlechter an neue Umwelten anpassen als neue. Organisationen benötigen für ihren internen Betrieb und für den Umgang mit ihrer Umwelt Mitglieder, die hierfür in zum Teil langwierigen und kostspieligen Prozessen Kenntnisse erworben haben. Je älter eine Organisation ist, desto mehr Mitglieder hat sie mit solchen kostspieligen Qualifikationen, die durch Veränderungen der verschiedenen Regeln oder Organisationsstrukturen ganz oder teilweise entwertet würden. Aus diesem Grund werden jüngere Organisationen – im Vergleich zu älteren Verbänden – eher bereit sein, Reformen zu unterstützen, die sie selbst betreffen. Gewerkschaften sind ein Musterbeispiel für alte Organisationen. Auf sie dürfte diese Beobachtung ganz besonders zutreffen. Ein gutes Beispiel sind die Probleme, die die DGB-Gewerkschaften über viele Jahre hatten, die für sie positiven Teile der Reform des Betriebsverfassungsgesetzes von 1972 zu implementieren. Das lag nicht so sehr am Widerstand der Unternehmer, sondern an den Umstellungsproblemen und Kosten – d. h. insbesondere am »Umlernen« der deutschen Betriebsräte (Knuth 1982).

- Strukturelle Trägheit wächst mit der Größe von Organisationen oder Organisationsnetzwerken. Je größer Organisationen sind, desto intern differenzierter sind sie üblicherweise. Jede Regelveränderung wirkt sich auf Teile dieser differenzierten Organisation aus, während andere Teile davon unberührt bleiben. Dies kann zu erheblichen Konflikten führen, wenn mit der neuen Regel auch eine organisationsinterne Umverteilung von materiellen Ressourcen und Macht verbunden ist – was häufig der Fall ist[2]. Aus diesem Grund werden sich besonders in großen Organisationen leicht vernünftig begründete Koalitionen gegen Reformvorhaben bilden lassen, deren Gesamtziel von allen Beteiligten grundsätzlich positiv bewertet wird.

---

2 So kann beispielsweise durch eine Änderung des Betriebsverfassungsgesetzes eine gewerkschaftsinterne Abteilung für Betriebsräte mit zusätzlichen Ressourcen ausgestattet werden, die etwa von einer Abteilung für Sozialpolitik abgezogen werden müssen.

- Dieses letzte Argument läßt sich sinngemäß nicht nur auf Organisationsteile, sondern auch auf Organisationen in einem Netzwerk übertragen. Jede Veränderung an einer Stelle des Netzwerks hat auch Auswirkungen auf viele andere Elemente im Netzwerk. Bei fast jeder Reform der Arbeitsbeziehung wird sich ein Organisationssegment finden, das sich der Reform widersetzt, weil die organisationsinternen Nachteile – trotz positiver Gesamteffekte – als zu groß betrachtet werden. Wenn einige Organisationen zusammen eine Reform vorantreiben möchten, besteht eine große Wahrscheinlichkeit, daß versucht wird, dies von irgendeiner Stelle des Netzwerkes her abzubremsen.

- Verfahrensregeln der kollektiven Arbeitsbeziehungen – die hier im Mittelpunkt des Interesses stehen – betreffen unmittelbar jene Akteure, die die Reformen der Regeln an herausragender Stelle bewirken oder verhindern möchten. Erfahrungsgemäß ist das Engagement und die Aufmerksamkeit von Organisationen besonders hoch, wenn es um sie selbst geht. Dafür gibt es auch gute rationale Gründe, die im existentiellen Interesse der Organisationsmitarbeiter liegen. Die innovative Phantasie gedeiht beispielsweise da besonders schlecht, wo man sich im Interesse eines übergeordneten Zieles selbst abschaffen müßte.

5.3.2 Empirische Belege

Diese Argumente beruhen allerdings auf zahlreichen Annahmen über Interessen und Politiken von Organisationen und ihren Mitarbeitern. Einige Illustrationen der Behauptungen finden sich schnell. Ein gutes Beispiel ist der Nachdruck, mit dem die deutschen Gewerkschaften eine Betriebsverfassung heute unterstützen, deren Strukturen sie 40 Jahre zuvor in Grund und Boden verdammt haben. Ein zweites Beispiel sind die Implementationsprobleme, auf die die britische Gewerkschaftsgesetzgebung der achtziger Jahre gestoßen ist. Die Unternehmer nutzen keineswegs vollständig jene für sie vorteilhaften Gesetze aus, die ihnen die konservative Mehrheit im Unterhaus gab (Marsh 1992, 82–109).

Man stünde jedoch auf sicherem Boden, wenn sich systematisch Beobachtungen machen ließen, die diesen Behauptungen zumindest nicht widersprechen. Dies wäre ein indirekter und summarischer Test der Hypothesen, da es sehr schwierig sein dürfte, sie über die oben aufgeführten Kausalketten einzeln zu überprüfen.

Der erste systematische Beleg ist das Alter der Grundregelungen der Arbeitsbeziehungen in ökonomisch hochentwickelten OECD-Nationen. Damit sind jene Regelungen gemeint, die die Grundstruktur eines nationalen Systems der kollektiven Arbeitsbeziehungen geprägt haben. In der Tabelle sind diese historischen Weichenstellungen mit ihrem Datum aufgeführt. Wohlgemerkt: Im Anschluß an diese Grundsatzentscheidungen sind teilweise beachtliche Reformen durchgeführt worden; aber die Grundformen der heutigen nationalen Arbeitsbeziehungen gehen auf diese Regeln zurück.

Tabelle

Kernregelungen der kollektiven Arbeitsbeziehungen in der Zeit nach dem Zweiten Weltkrieg

Land	Entstehungsdatum	Regel(n)
Australien	1904	Schlichtungsgesetz
Belgien	ab 1945 umgesetzt:	Pakt der Sozialen Solidarität
Dänemark	1899	Septemberabkommen
	1936	Standardverhandlungsregeln
Deutschland	1949	Tarifvertragsgesetz
	1951	Montan-Mitbestimmungsgesetz
	1952	Betriebsverfassungsgesetz
Finnland	1940/44	»Januar-Verlobung« mit Folgeabkommen
Frankreich	ab 1945	Anknüpfung an die Regeln der III. Republik
	seit 1950	Restitution der Regeln der III. Republik
Großbritannien	1871/75	Trade Union/Conspirations and Protection of Property Act
Irland	1941/1942	Trade Unions Acts
	1946	Industrial Relations Act
Italien	1947	Verfassung
Japan	ab 1945	Übertragung des National Labor Relations Act der USA
Kanada	ab 1944	Übertragung des National Labor Relations Act der USA; zuerst auf Bundesebene und nach Auslaufen der Bundeszuständigkeiten auf Provinzebene
Neuseeland	1894	Schlichtungsgesetz
Niederlande	ab 1945 umgesetzt:	Stiftung der Arbeit; Sozial-Ökonomischer Rat
Norwegen	1935	Hauptabkommen
Österreich	ab 1945	Betriebsrätegesetz/Tarifvertragsgesetz/Wirtschaftskommission/Paritätische Kommission
Schweden	1938	Saltsjöbaden-Abkommen
Schweiz	1937	Friedensabkommen/Solidaritätsbeiträge
	1941	Allgemeinverbindlicherklärung
USA	1935/1947	National Labor Relations Act/ Labor-Management Relations Act

erstellt nach: Armingeon 1994, Kap. 5 und Anhang.

Die Tabelle zeigt ein hohes Durchschnittsalter der Grundsatzentscheidungen. Sie wurden selten revidiert. Nur in Großbritannien und Neuseeland wurde in den letzten Jahren eine große Wende versucht, und es ist noch offen, ob die neue Regelung tatsächlich erfolgreich implementiert wird.

Es gibt einen weiteren Weg, die Trägheitshypothese systematisch mit Daten zu konfrontieren. Er besteht darin zu fragen, wann nach Ansicht von Experten Chancen für große Reformen des Systems der kollektiven Arbeitsbeziehungen bestanden haben und wie oft diese Chancen genutzt wurden. War dies häufig der Fall, so läßt sich die Trägheits-Hypothese kaum halten.

Neben nationalen Katastrophen – in deren Folge das Neuordnen besonders leichtfällt – werden in der Literatur vier Typen von Umständen genannt, unter denen Reformen naheliegend und wahrscheinlich sind:

- Ein großer Regierungswechsel: Die Übernahme der Regierungsmacht durch eine bisherige Oppositionspartei schaffe eine Situation, in denen Veränderungen zunächst besonders leichtfallen (Kingdon 1984, 176). Vor allem bei linken Regierungen liegt die Vermutung nahe, daß sie recht schnell nach dem Amtsantritt Politik zugunsten der sie unterstützenden Gewerkschaftsbewegung machen.

- Lange Regierungsdauer linker Parteien: Reform braucht Zeit, und deshalb ist anzunehmen, daß während langdauernder linker Regierungsbeteiligung besonders stark und zugunsten der Gewerkschaften in das System interveniert wird. Rechts-bürgerliche Regierungsparteien würden dagegen zu weniger Intervention in das Regelsystem neigen, während Regierungen unter der Führung von Zentrums-Parteien (d. h. insbesondere christ-demokratische Parteien) versuchen würden, gleichermaßen die Macht von Gewerkschaften und Unternehmern in ihren jeweiligen Extremen zu beschneiden (Korpi 1983; Schmidt 1982; Castles 1982; Powell 1982, Kap. 9).

- Umfangreiche Streiks: Große Streiks können in funktionalistischer Perspektive als Indikator für Reformnotwendigkeiten interpretiert werden. Der Streik zeige an, daß das Regelsystem nicht mehr zureichend funktioniere, und die Regierung müsse dann durch geeignete Politiken dieses Defizit beheben (Doeringer 1981, 12). In einer klassentheoretischen Sichtweise deuten Streiks auf Veränderungen von Machtverhältnissen zwischen Klassen hin. Diese Veränderungen würden sich anschließend in Reformen der Arbeitsbeziehungen niederschlagen (Goldfield 1989).

- Große Wirtschaftskrisen: Ebenso wie große Streiks können schwere ökonomische Krisen, wie insbesondere die Weltwirtschaftskrise der Zwischenkriegszeit und der Zeit nach dem Herbst 1973 (Ölpreiskrise) als Perioden betrachtet werden, in denen sich Regulierungsdefizite zeigen oder in denen grundlegende Veränderungen von sozialen und politischen Kräfteverhältnissen eingetreten sind. In deren Folge würden Reformen vorgenommen (Gourevitch 1986).

Für die untersuchten Länder und Zeiträume wurde erhoben, wann und wie oft solche Reformchancen bestanden hatten. Dann wurde überprüft, wie oft sie genutzt wurden, um eine neue Regelung zu verabschieden. Das Ergebnis läßt sich in vier Punkten zusammenfassen (Armingeon 1993):

- Die meisten großen Regierungswechsel waren nicht von Reformen der Regeln der kollektiven Arbeitsbeziehungen begleitet. Aber es gab einige wenige Fälle, in denen ein deutlicher Zusammenhang zwischen Regierungswechsel und Reform bestand.
- Meistens verging eine langdauernde sozialistische Regierungsperiode ohne grundsätzliche Reformen zugunsten der Gewerkschaften. In einigen Fällen jedoch war ein kausaler Zusammenhang zwischen linker Regierungsbeteiligung und Politik zugunsten der Gewerkschaften deutlich zu beobachten.
- Die meisten großen Streiks hatten keine großen Reformen der Arbeitsbeziehungen zur Folge; bei einigen wenigen war dies jedoch eindeutig der Fall.
- In den meisten Ländern hatten die beiden großen Weltwirtschaftskrisen keine Folgen für das Regelsystem der kollektiven Arbeitsbeziehungen. In einigen Ländern jedoch war die Krise ganz unzweifelhaft die Ursache einer Reform der Arbeitsbeziehungen.

Aus diesen Beobachtungen folgt, daß Reformchancen nur in außergewöhnlichen Umständen genützt werden und genützt werden können. Auch dies stützt die Trägheitshypothese.

5.4 Schluß

Die Institutionen der nationalen Systeme der Arbeitsbeziehungen sind hochgradig resistent gegenüber Kräften, die gleichermaßen auf die nationalen Systeme der kollektiven Arbeitsbeziehungen einwirken und grundsätzlich zu deren strukturellen Konvergenz führen könnten. Dies liegt zum einen an der Konstanz der national spezifischen politisch-sozialen Kräfteverteilungen und Konflikt- und Koalitionsstrukturen, die dem nationalen

System seine je eigentümliche Form aufgeprägt hat und diese stabilisiert. Zum zweiten – und dies stand im Mittelpunkt dieses Beitrages – haben Institutionen ein sehr beachtliches Beharrungsvermögen. Dies gilt ganz besonders für die kollektiven Arbeitsbeziehungen, mit ihren alten und großen Interessenorganisationen.

In bezug auf die Wahrscheinlichkeit eines funktionierenden europäischen Systems der Arbeitsbeziehungen mit europaweiten Kollektivverhandlungen ziehe ich damit dieselben Schlußfolgerungen, zu denen insbesondere auch – mit anderen Argumenten – der Beitrag von Keller und die Berichte über das Vereinigte Königreich kommen: Es scheint auf der Basis der bisherigen Erfahrungen außerordentlich unwahrscheinlich, daß die nationalen Systeme der Arbeitsbeziehungen in Zeiträumen von etwa 10 bis 20 Jahren so stark konvergieren, daß eine europäischen Interessenvertretung der Arbeitnehmer möglich wird.

Literatur:

Armingeon, K., 1989: Sozialdemokratie am Ende? Die Entwicklung der Macht sozialdemokratischer Parteien im internationalen Vergleich 1945–1988, in: Österreichische Zeitschrift für Politikwissenschaft 18, S. 321–345

Armingeon, K., 1992: Towards a European System of Labour Relations, in: Journal of Public Policy, 11, S. 399–413

Armingeon, K., 1994: Staat und Arbeitsbeziehungen. Ein internationaler Vergleich, Opladen

Bartolini, S./Mair, P., 1990: Identity, Competition, and Electoral Availability. The stabilisation of European electorates 1885–1985, Cambridge

Castles, F. (ed.), 1982: The Impact of Parties, Beverly Hills/London

Ebbinghaus, B., 1992: The Transformation of Cleavage Structures into Western European Trade Union Systems. Can we draw union diversity in Rokkan's Conceptual Map?, Florenz/Limerick: Paper für den ECPR-workshop über »Trade Unions and Politics«, Limerick, 30. März–4. April 1992

Goldfield, M., 1989: Worker Insurgency, Radical Organization, and New Deal Labor Legislation, in: American Political Science Review 83, S. 1257–1282

Gourevitch, P., 1986: Politics in Hard Times. Comparative Responses to International Economic Crises, Ithaca/London

Hannan, M. T./Freeman, J., 1984: Structural Inertia and Organizational Change, in: American Sociological Review 49, S. 149–164

Hannan, M. T./Freeman, J., 1989: Organizational Ecology, Cambridge, Mass./London

Knuth, M., 1982: Nutzung betrieblicher Mitbestimmungsrechte in Betriebsvereinbarungen, in: Die Mitbestimmung, 28, S. 204–208

Korpi, W., 1983: The Democratic Class Struggle, London

Krasner, S. D., 1988: Sovereignty. An Institutional Perspective, in: Comperative Political Studies 21, S. 66–94

March, J. G./Olsen, J. P., 1989: Rediscovering Institutions. The Organizational Basic of Politics, New York

Marsh, D., 1992: The New Politics of British Trade Unionism. Union Power and the Thatcher Legacy, Houndsmill/London

Merkel, W., 1993: Ende der Sozialdemokratie?, Frankfurt/New York

Powell, G. B., 1982: Contemporary Democracies. Participation, Stability and Violence, Cambridge, Mass./London

Schmidt, M. G., 1982: Wohlfahrtsstaatliche Politik unter bürgerlichen und sozialdemokratischen Regierungen. Ein internationaler Vergleich, Frankfurt/New York

Schmidt, M. G., 1992: Gesellschaftliche Bedingungen, politische Strukturen, Prozesse und die Inhalte staatlicher Politik, in: Gabriel, O. W. (Hrsg.): Die EG-Staaten im Vergleich, Opladen, S. 414–427

Teil 2

Transnationale Arbeitsbeziehungen und Kollektivvereinbarungen auf europäischer Ebene: Rahmenbedingungen, Handlungsformen, Themenfelder, Positionen der Akteure

1. Die europäische Dimension der Tarifautonomie nach Maastricht

Martin Coen

Für die Integration mehrerer Staaten stellt die herkömmliche Staatslehre drei verschiedene Typen zur Verfügung: den Bundesstaat, den Staatenbund und die supranationale Organisation. Im Bundesstaat haben sowohl die Gliedstaaten als auch der Bund Staatscharakter, aber nur der Bund ist völkerrechtlich souverän, während die Gliedstaaten der Bundesverfassung unterworfen sind. Der Staatenbund hingegen läßt die Souveränität seiner Mitgliedstaaten unangetastet. Der Bund ist hier selbst kein Staat, sondern wird nur in den ihm zugewiesenen Aufgabenfeldern tätig und übt eine Art »Vereinsgewalt« gegenüber seinen Mitgliedstaaten aus. Eine supranationale Organisation ist ebenfalls kein Staat, übernimmt aber von den Mitgliedstaaten ihr zugewiesene Aufgaben und nimmt sie an deren Stelle wahr.

Diesem Begriffsgefüge entzieht sich die Europäische Einigung. Die daraus entstehende Verlegenheit zeigt sich daran, daß die deutsche Staatsrechtslehre auf die etwas ratlose Beschreibung zurückgreift, die einst Pufendorf für das Heilige Römische Reich deutscher Nationen gegeben hatte. Dessen Verfassungsgefüge bezeichnete er als »monstro simile«, einem Monster ähnlich. Auch der Maastrichter Vertrag läßt sich damit nur schwerlich auf einen juristischen Begriff bringen. Seine Struktur zu erkennen ist jedoch nach meiner Auffassung auch für die Bewertung seiner Auswirkungen auf die Wirtschafts-, Sozial- und Tarifpolitik von ganz erheblicher Bedeutung.

Dazu möchte ich zunächst auf die in dem Maastrichter Vertrag der EU überantworteten neuen Kompetenzen eingehen. Dabei ist zwischen den Befugniszuweisungen durch die Konferenz über die Politische Union und denen durch die Konferenz über die Wirtschafts- und Währungsunion zu unterscheiden.

Den Kompetenzzuweisungen, die im Rahmen der Konferenz über die Politische Union erfolgt sind, liegt erkennbar keine der Kompetenzübertragung eigene Konzeption zugrunde. Bei den meisten Kompetenzzuweisungen handelt es sich entweder um den Ausbau bereits bestehender Befugnisse der Gemeinschaft oder um solche, die aus Gründen der Abrundung oder des Ausbaus bestehender Kompetenzen von allen Mitgliedstaaten gemeinsam für erforderlich erachtet wurden. Die der Gemeinschaft überantworteten Befugnisse betreffen die Bildungs-, Berufs- und Kulturpolitik, die Sozialpolitik, die Jugendpolitik, das Gesundheitswesen, den Verbraucherschutz, die Infrastruktur- und Industriepolitik, den wirtschaftlichen und sozialen Zusammenhalt, die Forschungs- und Technologiepolitik, die Umweltschutzpolitik sowie die Entwicklungspolitik. Sämtlichen Befugnisübertragungen liegt als Verfassungsmodell zugrunde, daß grundsätzlich die Mitgliedstaaten Träger der Zuständigkeit und Verantwortung für die betreffenden Politikbereiche bleiben. Die Politikgestaltung durch die Gemeinschaft beschränkt sich – vergleichbar ihren Aufgaben in anderen Bereichen – auf die Koordinierung und Ergänzung der mitgliedstaatlichen Politik sowie auf die Finanzierung mitgliedstaatlicher Programme. In keinem der Bereiche führt die Befugnisübertragung dazu, daß die Politikgestaltung durch die Gemeinschaft die Politik der Mitgliedstaaten ablöst.

Hingegen ist bei den Kompetenzen, die der Gemeinschaft im Rahmen der Wirtschaftsunion übertragen wurden, und den Hoheitsrechten, die ihr zur Gestaltung der Währungspolitik überantwortet werden mußten, zu unterscheiden.

Auf der Ebene der Mitgliedstaaten bilden Wirtschaftspolitik und Währungspolitik in veschiedener Hinsicht eine Einheit, insbesondere dadurch, daß sie zwar von verschiedenen Organen wahrgenommen werden, aber auf ein und derselben Verfassungsebene angesiedelt sind. In Deutschland wird die Währungspolitik, jedenfalls die innere Währungspolitik (Liquiditäts- und Zinspolitik), von der Deutschen Bundesbank und die Wirtschaftspolitik von der Bundesregierung und den beiden Gesetzgebungskörperschaften zentral wahrgenommen. Die Lohnpolitik ist den Tarifvertragspartnern überantwortet, wobei das System der Lohnfindung als Folge der Struktur der Gewerkschaften und der Arbeitgeberverbände bzw. seiner administrativen Wahrnehmung ebenfalls im wesentlichen zentral ausgestaltet ist.

Man könnte annehmen, daß der Wirtschafts- und Währungsunion ein und dasselbe Verfassungsmodell zugrunde gelegt werden müßte. Um auf der Ebene der Gemeinschaft den gleichen einheitlichen Verbund wie auf mitgliedstaatlicher Ebene herzustellen, hätte der Gemeinschaft alle für die Gestaltung einer zentralen Wirtschafts- und einheitlichen Währungspolitik erforderlichen Befugnisse quasi gebündelt, wenn auch auf der Grundlage eines Stufenplanes, übertragen werden müssen.

Der Wirtschafts- und Währungsunion liegt jedoch, so wie sie auf der Konferenz ausgestaltet wurde, dieses einheitliche Verfassungsmodell nicht zugrunde. Während die Währungspolitik entsprechend dieser Modellvorstellung der Gemeinschaft zur ausschließlichen Zuständigkeit überantwortet worden ist, verbleibt die Wirtschaftspolitik auch in der Zukunft in der Verantwortung der Mitgliedstaaten, mit der Folge der Trennung von Staat und Währung. Anders als die Währungsunion, die durch eine zentrale, ausschließliche Zuständigkeit der Gemeinschaft für ihren Hoheitsbereich gekennzeichnet ist, beschränkt sich die Wirtschaftsunion unter Beibehaltung der mitgliedstaatlichen Verantwortung für die Wirtschaftspolitik auf deren Koordinierung durch die Gemeinschaft. Der maßgebliche Grund für die Aufspaltung der Zuständigkeit, insbesondere für den Verbleib der Verantwortung für die Wirtschaftspolitik bei den Mitgliedstaaten, besteht darin, daß die zentrale und vorrangige Gestaltung der Wirtschaftspolitik durch die Gemeinschaft einen sogenannten dominanten Haushalt der Gemeinschaft voraussetzen würde. Und zwar müßte die Gemeinschaft, um ihrer Verantwortung für die Steuerung des Wirtschaftsgeschehens in der gesamten Gemeinschaft nachzukommen, über einen zentralen Haushalt verfügen, der zumindest das Volumen aller zentralen Haushalte der Mitgliedstaaten erreichen müßte. Ein solcher dominanter Haushalt der Gemeinschaft würde voraussetzen, daß die Mitgliedstaaten das System der Sozialversicherung und vor allem die Infrastrukturpolitik der Gemeinschaft zu überantworten hätten, wie dies in allen entwickelten Föderationen der Fall ist. So schätzt man, daß z. B. in den USA ein Rückschlag im regionalen Einkommen eines Bundesstaates über den Bundeshaushalt und die nationale Sozialversicherung zu mehr als einem Drittel automatisch ausgeglichen wird, in der EU dagegen nur zu 1 %. In der stark föderalen Schweiz verfügt der Zentralstaat über 56 % (einschließlich Sozialversicherung) aller öffentlichen Ausgaben, der Haushalt der EU gerade über 2,5 %.

Ohne eine Übertragung weiterer zentraler Aufgaben auf die Gemeinschaft sind Ausgaben der Gemeinschaft, wie sie ein dominanter Haushalt impliziert, nicht vorstellbar. Mit der Übertragung dieser Politiken auf die Gemeinschaft müßten dieser die Gesetzgebungszuständigkeiten in allen wirtschafts-, sozial- und gesellschaftsrelevanten Bereichen überantwortet werden. Der mit einer derart zentralen Wirtschaftssteuerung verbundene Souveränitätstransfer würde die Umgestaltung der Europäischen Gemeinschaft in ein echtes Staatswesen voraussetzen. Ein derart weitreichender Souveränitätsverzicht der Mitgliedstaaten in Kernbereichen ihrer staatlichen Aufgaben stößt nach wie vor auf keine ausreichende politische Bereitschaft.

Sie ist jedenfalls derzeit politisch aussichtslos. In keinem der Mitgliedstaaten der Gemeinschaft wird die Wirtschaftspolitik in vergleichbarer Weise dezentral gestaltet wie die dezentrale Steuerung des Wirtschaftsablaufs in der Europäischen Union. Sie stellt damit ein verfassungspolitisches Experiment dar, das auf politischen Zwängen, nicht jedoch auf der Erkenntnis der Überlegenheit dieses Systems beruht.

Die Verfassung der Wirtschaftsunion, wie sie sich aufgrund des Vertrages von Maastricht abzeichnet, baut auf der Grundstruktur der Gemeinschaft als Staatengemeinschaft auf. Ihre Funktion liegt nicht in der zentralen Steuerung des Wirtschaftsablaufes, sondern darin, über geeignete Verfahren der Gemeinschaft die Wirtschaftspolitik der Mitgliedstaaten zu koordinieren. Die Steuerung des Wirtschaftsablaufes durch die Mitgliedstaaten erfolgt aufgrund allgemeiner und besonderer Leitlinien (Art. 102 a, 103 EGV) der Gemeinschaft.

Zu diesen Leitlinien gehört die Verpflichtung der Mitgliedstaaten, ihre Wirtschaftspolitik so auszurichten, daß die Wirtschaftsentwicklung in den einzelnen Mitgliedstaaten konvergent verläuft. Denn wenn ein so wichtiges Anpassungsinstrument wie die Veränderbarkeit der Wechselkurse aus der Hand gegeben wird, dann kann allein durch eine möglichst konvergente Wirtschaftsentwicklung der Anpassungsbedarf der Volkswirtschaften vermindert werden. Die Stabilitätspolitik der Zentralbank soll daher abgesichert werden durch stabilitätskonformes Verhalten von seiten des Staates, der Unternehmen und der Gewerkschaften. Ginge man nämlich zu einer einheitlichen europäischen Währung über, bevor die daran teilnehmenden Länder ein annähernd vergleichbares Gefüge der Produktionskosten aufwiesen, insbesondere eine am Produktivitätsfortschritt orientierte Lohnentwicklung, so würde bei dem Wegfall von Wechselkursanpassungen die Anpassung vor allem dadurch vollzogen, daß in Ländern mit einem gemessen am Produktivitätsfortschritt zu hohen Anstieg der Lohnkosten die Preise stiegen. Weil Wechselkursänderungen als Puffer entfielen, könnten sich zum einen Preissteigerungen in einem Land auf die Gemeinschaft ausbreiten, zum anderen könnte es in einigen Ländern zu einer Beschäftigungsspirale nach unten kommen, mit der Folge, daß Forderungen nach Finanztransfers aus Ländern mit stärkerem Wirtschaftswachstum zunähmen.

In einer Währungsunion werden die nationalen Arbeitsmärkte damit zu echten Wettbewerbsmärkten, so daß die beschäftigungspolitische Verantwortung der Lohn- und Sozialpolitik zunimmt. In der mündlichen Verhandlung vor dem Bundesverfassungsgericht über die Verfassungsbeschwerden gegen das Zustimmungsgesetz zum Vertrag über die Europäische

Union, in der in einem Fragenkatalog ausdrücklich nach den Auswirkungen einer zentralen Währungspolitik auf die nach Art. 102 a ff EGV zu koordinierende, d. h. dezentrale Wirtschaftspolitik der Mitgliedstaaten gefragt wurde, erklärte der damalige Präsident der Bundesbank Schlesinger, daß ohne Harmonisierung der Wirtschafts- und Sozialpolitiken mit regionaler Arbeitslosigkeit gerechnet werden müsse (FAZ vom 3. 7. 1993, 2). Und nach Auffassung des Präsidenten der Landeszentralbank Nordrhein-Westfalens Jochimsen »ist alles auf Sand gebaut, wenn die Geldpolitik integriert wird, der Rest hingegen nicht«. Notwendig seien daher neben der monetären auch parallele Koordinationen in der Lohn-, Finanz- und Sozialpolitik (Handelsblatt vom 4./5. 6. 1993).

Da mit der Errichtung der WWU die Möglichkeit der Nutzung des Wechselkurses als wettbewerbs- und beschäftigungspolitisches Schutzinstrument entfällt, hat die Tarifpolitik dann noch mehr ökonomischen Imperativen zu gehorchen, wenn sie größere Ungleichgewichte in der wirtschaftlichen Entwicklung der verschiedenen Volkswirtschaften vermeiden will. Aufgrund der Verfassung der Wirtschaftsunion nach dem Vertrag von Maastricht ist nicht auszuschließen, daß hier nicht nur wirtschaftliche Zwänge gesehen, sondern auch rechtliche Verbindungen geknüpft werden, denn die Mitgliedstaaten sind in Zukunft gemäß Art. 102 a und Art. 103 EGV verpflichtet, ihre Wirtschaftspolitik so auszurichten, daß ihre Wirtschaftspolitik konvergent verläuft. Dies heißt aber, daß die Inflationsraten niedrig gehalten werden müssen und, so wird behauptet, die Lohnpolitik deshalb an der Produktivität zu orientieren sei. Auch die Kommission der EU geht in ihrer Studie »Ein Markt, eine Währung« (Europäische Wirtschaft, Nr. 44, Oktober 1990, 25) davon aus, daß die Währungsunion das Verhalten der Tarifparteien beeinflussen wird und z. B. die Lohndisziplin stärken wird, worin der ehemalige Vorsitzende des Sachverständigenrates zur Begutachtung der gesamtwirtschaftlichen Lage Sievert (Die Lohn- und Finanzpolitik der Nationalstaaten in der Disziplin der EPZ, FAZ vom 26. 9. 1992) den wichtigsten Aspekt der Währungsunion sieht. Künftig wird die Lohnpolitik damit zum Puffer für gesamtwirtschaftliche Anpassungszwänge, die die Wechselkursanpassung ersetzen soll, denn die Arbeitsmarktflexibilität und insbesondere Lohnflexibilität ist das wichtigste Anpassungsinstrument, wenn das Instrument des nominalen Wechselkurses ausfällt. Die Währungsunion wird daher eine unzweideutige Verantwortung für die realen Löhne und insoweit für die realen Kosten der Unternehmen begründen, da in einer Währungsunion Geldpolitik immer in dem Bewußtsein zu führen ist, daß sie Real- und Lohnpolitik ist, weil die das Niveau der Güterpreise bestimmenden monetä-

179

ren Bedingungen, unter denen die Arbeitskräfte des einzelnen Landes im intraeuropäischen Wettbewerb antreten, nicht länger auch in Abhängigkeit davon verändert werden können, welche Geldlöhne diese verlangen.

Da die Wirtschafts- und Währungsunion zu mehr Preisstabilität verpflichtet, wird die Lohnpolitik infolge ihrer größeren beschäftigungspolitischen Verantwortung in den europäischen Regionen in eine viel größere ex ante Rationalität gezwungen. Dies bedeutet, daß man von vornherein weitgehend darauf verzichtet, die Tragfähigkeit der makroökonomischen Globalrelationen zu stören, so daß inflatorische Vor- und Rückwälzungen minimiert werden. Unter diesen Voraussetzungen kann der Preismechanismus ungestörter seine Rolle spielen, die knappen Ressourcen in die optimale Verwendung zu lenken. Inflation als ohnehin nur noch global wirkende ex post Anpassung wird von der Europäischen Zentralbank kaum toleriert werden. Keine der nationalen Gewerkschaften kann daher im großen europäischen Raum damit rechnen, in den dezentralen Tarifverhandlungen ein so genügendes Gewicht zu haben, die Europäische Zentralbank ins akkomodierende Schlepptau zu nehmen. Damit kann also keine der nationalen Gewerkschaften darauf hoffen, ihre gegebenenfalls über den Produktivitätsfortschritt hinausgehende Lohnpolitik auf andere abwälzen zu können; weder die Europäische Zentralbank noch das Instrument der Wechselkursänderung stehen hierfür noch zur Verfügung. Die Europäische Zentralbank wird zu fern sein, als daß sie in der Öffentlichkeit glaubwürdig zum Sündenbock gemacht werden kann.

Unter diesen Umständen verändert sich im großen europäischen Raum der ordnungspolitische Rang der Lohnpolitik. Dies wird zum Teil als so entscheidend angesehen, daß ein Währungsraum dann als optimal definiert wird, wenn er »nennenswert größer, möglichst mehrfach größer ist als der Raum, für den sich ein wirksames Lohnkartell etablieren läßt« (Sievert, Geld das man nicht mehr selber herstellen kann, FAZ vom 26. 9. 1992).

Dies, sowie die Vermeidung von wachsenden Verteilungskonflikten zwischen unterschiedlich entwickelten Regionen (Nölling, Der Kampf um die Stabilität der Währung in Europa, 1993), zwischen Zentrum und Peripherie, die den Wechselkurs als Anpassungsventil ihrer Volkswirtschaften verloren haben, ist nach meiner Auffassung der Grund dafür, daß spätestens die Europäische Union Tarif- und Verhandlungsstrukturen verlangt, die die nationale Ebene mit der europäischen verbinden und die nationale Tarifverhandlung um die europäische ergänzen. Es ist unwahrscheinlich, daß eine Europäisierung aller Politikbereiche nicht auch eine europäische Angleichung der gewerkschaftlichen Tarifpolitik erfordert, also mehr als eine bloße trans- und internationale Kooperation, nämlich eine Annäherung der Verhandlungsformen und Forderungspakete, die Herausbildung von europaweiten Regulationsformen der Arbeitskosten, wenn auch die regionale und branchenmäßige Lohndifferenzierung zum Prinzip des Integrationsprozesses wird, um die realen Produktivitätsunterschiede wieder einebnen zu können.

In der Wirtschaftsunion soll das stabilitätskonforme Verhalten der Gewerkschaften gewährleistet werden durch einen sozialen Dialog zwischen den Sozialpartnern, um Lohnverhandlungen zu einem gesamtwirtschaftlich vertretbaren Abschluß zu bringen. Es ist daher anzunehmen, daß das Interesse von Regierungen und Zentralbanken an dem Ergebnis von Tarifverhandlungen weiter zunehmen und ihr Bestreben verstärken wird, auf das Verhalten der Tarifparteien Einfluß zu nehmen.

Es ist daher zu bedauern, daß Bestrebungen, die Maastrichter Beschlüsse zur Wirtschafts- und Währungsunion um eine Bestimmung zum Schutz der Tarifautonomie zu ergänzen, ergebnislos blieben, denn bisher kennt das Gemeinschaftsrecht keine ausdrückliche Anerkennung der Tarifautonomie. Die Sozialpartner bestehen aber darauf, daß ihre Autonomie respektiert wird. Ob dies mit den Instrumenten gelingen kann, die die Maastrichter Beschlüsse zur Sozialpolitik den europäischen Sozialpartnern zuweisen, ist zu bezweifeln. Insbesondere erscheint fraglich, ob der Sozialdialog mit unserem Verständnis von Tarifautonomie übereinstimmt, da zum einen ein Mitgliedstaat die Umsetzung von EU-Richtlinien den Tarifparteien auferlegen kann und zum anderen die grenzüberschreitende Normsetzungskraft von europäischen Tarifverträgen von der Umsetzung durch europäische Organe abhängig gemacht wird. Im einzelnen ergeben sich viele Fragen, die hier nur angedeutet werden können:

– Kann der Rat die Präsentation eines Vorschlags mit dem Argument ablehnen, das Vereinbarte stehe nach seiner Einschätzung mit den Zielen des Vertrages nicht in Einklang?

– Welchen rechtlichen Status hat ein vom Rat auf der Grundlage einer von den Sozialpartnern getroffenen Vereinbarungen gefaßter Beschluß?

– Welche Gerichte entscheiden bei etwaigen Rechtsstreitigkeiten über die Auslegung der auf der Grundlage des Abkommens der Elf erlassenen Rechtsinstrumente?

– Welchen Rechtscharakter haben die Verpflichtungen der Sozialpartner für den Fall, daß die Durchführung einer Vereinbarung in den Mitgliedstaaten nach den Verfahren und Gepflogenheiten der Sozialpartner erfolgt?

– Kann die Kommission auf einem Gebiet rechtssetzend tätig werden, auf dem eine auf dem Abkommen der Elf basierende Vereinbarung getroffen und von den Sozialpartnern gemäß den einzelstaatlichen Verfahren und Gepflogenheiten durchgeführt worden ist?

– Stehen die Abkommen unter dem Vorbehalt der Zustimmung der Mitgliedstaaten?

– Ist der Rat verpflichtet, die Vereinbarung der Sozialpartner auf Antrag so umzusetzen, wie die Sozialpartner sie abgeschlossen haben?

Entscheidend wird die Entfaltung einer grenzüberschreitenden Tarifautonomie jedoch davon abhängen, ob die Gewerkschaften auf europäischer Ebene ausreichende Druckmittel entfalten können, um die Arbeitgeber in kontroversen Fragen zu den gewünschten Vereinbarungen bewegen zu können. Dabei ist zunächst davon auszugehen, daß die Europäische Union bisher kein europäisches Arbeitskampfrecht kennt und auch die Maastrichter Beschlüsse zur Sozialpolitik trotz der Stärkung des sozialen Dialogs das Koalitions-, Streik- und Aussperrungsrecht in Art. 2 Abs. 6 des Abkommens ausdrücklich von der sozialpolitischen Kompetenz der Gemeinschaft ausklammert. Solange es aber kein europäisches Arbeitskampfrecht gibt, ist daher das nationale Arbeitskampfrecht gefordert, seine europäische Dimension zu achten, denn eine Supranationalisierung der Arbeits- und Wirtschaftsbedingungen ist ohne europäisches Arbeitskampfrecht nur dann zulässig, wenn die veränderten Rahmenbedingungen durch das nationale Arbeitskampfrecht in Rechnung gestellt werden.

2. Der Soziale Dialog und die Entwicklung europäischer Arbeitsbeziehungen aus der Sicht nationaler Regierungen

Walter Ueberbach

Eine offiziell festgehaltene Position der Bundesregierung – und meines Wissens auch anderer EU-Staaten – zu diesem Thema gibt es bis heute nicht. Man kann aber internen Papieren und Aufzeichnungen – z. B. aus dem BMA – sowie mündlichen Äußerungen von Ministerialbeamten in etwa entnehmen, welche Haltung die Bundesregierung zu den Artikeln 3 und 4 des Maastrichter Sozialabkommens einnimmt.

Grundsätzlich bejaht die Bundesregierung eine Interdependenz wirtschaftlichen und sozialen Fortschritts in der Gemeinschaft. Dies hat sie bei den Verhandlungen zur Vorbereitung des Maastrichter Vertragstextes, also in den Regierungskonferenzen 1990 und 1991, als deutsche Position vertreten und entsprechende Formulierungen im Vertrag gefordert.

Die Bundesregierung hält eine marktwirtschaftliche Ordnung freien und unverfälschten Wettbewerbs für die einzig richtige Grundlage des europäischen Binnenmarktes. Sie sieht darin eine klare Entscheidung u. a. für die Entfaltung wohlstandssteigernder und arbeitsplatzschaffender Marktkräfte. Der europäischen Sozialpolitik spricht sie dabei einen hohen Stellenwert zu: Europäische Sozialpolitik muß die Parallelität wirtschaftlichen und sozialen Fortschritts fördern und die soziale Marktwirtschaft im Binnenmarkt mitgestalten.

In einer gemeinsamen Stellungnahme des Bundesministers für Arbeit und Sozialordnung sowie des Bundesministers für Wirtschaft zur sozialen Dimension der Gemeinschaft aus Anlaß der deutsch-britischen Konsultationen am 5. Mai 1993 in Bonn heißt es:

»Soziale Marktwirtschaft heißt: die Freiheit auf dem Markt mit sozialem Ausgleich zu verbinden. Wirtschaftliche Effizienz und hohe soziale Leistungsfähigkeit bedingen einander. Wirtschaft und Arbeitnehmer sind Gewinner dieses Konzepts. Sozialer Friede, sozialpolitische Stabilität und Berechenbarkeit auf Dauer sind wichtige Standortbedingungen. Sie motivieren. Soziale Konflikte demotivieren Unternehmer und Beschäftigte und schwächen die Position im Standortwettbewerb. BMA und BMWi bekennen sich deshalb zur Fortentwicklung der sozialen Dimension der Gemeinschaft, zum Einstieg in die Europäische Sozialunion und zur Stärkung der Sozialpartner durch Maastricht. Sie sehen darin wesentliche Voraussetzungen, um das Konzept sozialer Marktwirtschaft im Binnenmarkt zu verwirklichen.«

Die »Stärkung der Sozialpartner« im sozialen Dialog wird von der Bundesregierung als zukunftsweisendes Ergebnis von Maastricht verstanden. Hierfür nennt sie zwei Gründe:

- Die Bundesregierung begrüßt das im Vertrag verankerte Recht der Sozialpartner auf Konsultation im gemeinschaftlichen Beschlußfassungsverfahren. Dieses Recht gibt ihrer Auffassung nach der Gemeinschaft die Möglichkeit, die soziale Dimension Europas praxisnah und bürgernah zu gestalten, weil die Sozialpartner näher an den Problemen sind als der Gesetzgeber.

- Dem trägt besonders die im Maastrichter Sozialabkommen der elf Mitgliedstaaten in Artikel 3 und 4 festgelegte Befugnis der Sozialpartner Rechnung: Anstelle von Gesetzen können die Sozialpartner selbst zu vertraglichen Regelungen kommen.

Man kann also feststellen, daß die Bundesregierung kollektiv-vertragliche Regelungen der Sozialpartner auf europäischer Ebene gutheißt,

- weil sie sich bei ihrem Eintreten für einen sozialen Fortschritt in Europa dessen bewußt ist, daß eine Beteiligung der Sozialpartner bei der Gestaltung des europäischen Sozialraumes – sei es in Form von Konsultationen, sei es in Form von Übereinkommen der Sozialpartner – von entscheidender Bedeutung ist,

- weil sie den Aspekt der Bürgernähe – ein seit dem ersten dänischen Referendum besonders betonter Begriff – für den Bereich der sozialen Dimension auf diese Weise mitberücksichtigt findet und

- weil sie grundsätzlich zur Tarifautonomie steht und auch nicht dagegen sein kann, wenn auf europäischer Ebene Möglichkeiten geschaffen werden, die zu einer solchen hinführen.

Es ist damit zu rechnen, daß sich die Regierungen der Mitgliedstaaten im Einzelfall die Entscheidung darüber vorbehalten werden, ob eine Gesetzgebungsmaßnahme allein in die Hände der Sozialpartner gelegt werden soll oder nicht, bzw. ob die Regierungen beispielsweise eine Rahmengesetzgebung in Erwägung ziehen, die dann anschließend durch kollektivvertragliche Vereinbarungen der Sozialpartner ergänzt werden kann. So könnte man sich z. B. vorstellen, daß die Regierung der Bundesrepublik nicht dazu

bereit wäre, eine Vereinbarung über die Einrichtung europäischer Betriebsräte allein den Sozialpartnern zu überlassen und selbst auf die gesetzliche
Festlegung zumindest von Rahmenbedingungen zu verzichten.

Was die Umsetzung von den auf europäischer Ebene abgeschlossenen
Vereinbarungen über einen Beschluß des Rates angeht (Art. 3 u. 4 des
Sozialabkommens der elf Mitgliedstaaten), hat m. E. die Bundesregierung
nicht die Absicht, vor einer Verabschiedung einer solchen Vereinbarung
Änderungen an dem zwischen den Sozialpartnern vereinbarten Text vorzunehmen. Diesbezügliche Befürchtungen wurden auf Gewerkschaftsseite –
und werden vielleicht immer noch – geäußert. Man stellte nämlich fest, daß
die Sozialpartner in ihrem Vorschlag vom 31. 10. 91 zur Änderung des
Artikels 118 B zwar geschrieben hatten, die Umsetzung der Vereinbarungen
erfolge durch Ratsbeschluß, »so wie diese abgeschlossen wurden« (»tels
qu'ils ont été conclus«), daß der Maastrichter Vertrag diese Passage des
sonst wörtlich übernommenen Textes aber nicht enthielt.

Zum Schluß dieser Ausführungen über die deutsche Position zu europäischen Arbeitsbeziehungen im übersektoralen Bereich möchte ich noch auf
einen anderen Aspekt hinweisen. Man müßte der Frage nachgehen, wie
weit das im Vertrag verankerte Tarifgeschehen auf europäischer Ebene die
Koalitionsfreiheit, die im Maastrichter Vertrag keine Berücksichtigung fand,
berührt und wie die Bundesregierung dazu steht. Man begegnet zwar der
Auffassung, daß das Abkommen der Elf die Koalitionsfreiheit »incidenter«
(nebenbei) im Rahmen der EU verankere. Ob das aber gleichbedeutend ist
mit der Absicht der Bonner Regierung, hier eine Klärung herbeizuführen
und eine Aufnahme in das Verhandlungspaket für die 1996 vorgesehene
Vertragsrevision vorzunehmen, weiß ich nicht zu sagen.

Auch in den anderen Mitgliedstaaten liegen keine offiziellen Stellungnahmen zu europäischen Kollektivverhandlungen vor. Man kann aber davon
ausgehen, daß z. B. Belgien und Frankreich – auch seit dem dortigen
Regierungswechsel – dieser Entwicklung positiv gegenüberstehen. In beiden Ländern werden sektorenübergreifende, landesweit gültige Verträge
zwischen den Dachverbänden der Sozialpartner abgeschlossen, deren
Inhalte Eingang in sektorielle Tarifverträge finden oder aber durch Regie-
rungsdekret Allgemeinverbindlichkeit erlangen.

Anders sieht die britische Haltung aus. Mit ihrem »opting-out« beim Maastrichter Sozialabkommen machte die britische Regierung deutlich, daß sie
die Regelungen bezüglich der sozialen Dimension, so wie sie in den Römischen Verträgen und in der Einheitlichen Akte festgelegt sind, für völlig
ausreichend hält. Kompetenzausweitungen der EU in diesem Bereich und

eine damit verbundene Änderung der Abstimmungsmodalitäten durch Verlagerung einzelner Themen aus der Einstimmigkeit in den Bereich der Mehrheitsbeschlüsse sind für sie nicht akzeptabel.

Analog zu dieser Haltung wendet sich die britische Regierung gegen eine entsprechende Ausweitung der Rechte der Sozialpartner. Sie lehnt es ab, daß z. B. Vereinbarungen der Sozialpartner über Arbeitsbedingungen durch Ratsbeschluß Gesetzescharakter bekommen und damit auch für Großbritannien Verbindlichkeit erhalten sollen. Als Argument wird hierbei u. a. vorgebracht, daß die europäischen Arbeitgeber- und Arbeitnehmerorganisationen, also UNICE und EGB, nicht repräsentativ seien. Unter Hinweis auf den in keinem Fall umfassenden und sehr unterschiedlichen Organisationsgrad der Gewerkschaften in den einzelnen Mitgliedstaaten wird eine europäische Kollektivvereinbarung als Bevormundung des einzelnen nicht organisierten Arbeitnehmers und als Einmischung in einzelstaatliche Kompetenzen sowie in Entscheidungsverfahren auf nationaler Ebene gesehen. Dies ergab die Analyse des Protokolls einer Diskussion, die der Europaausschuß des britischen Oberhauses am 15. 1. 1992 führte. Das Protokoll ist mir vom TUC mit dem Hinweis ausgehändigt worden, das dort Gesagte entspreche in etwa der Haltung der britischen Regierung.

Zum Schluß möchte ich noch auf eine Entwicklung aufmerksam machen, die zu der Forderung des EU-Rates führen könnte, den Kreis der Teilnehmer am Sozialen Dialog zu erweitern. Auf Drängen einiger europäischer Organisationen, nämlich der »Europäischen Union der unabhängigen Gewerkschaften« (CESI), gefolgt vom »Europäischen Verband der Industrie- und Handelskammern« (Eurochambres), der »Union des Handwerks und der Klein- und Mittelbetriebe« (UEAPME) und der »Europäischen Vereinigung der freien Berufe« (SEPLIS) erfolgte in Bonn ein Umdenken. Es wurde die Frage nach der Legitimität des jetzigen Sozialen Dialogs in der Zusammensetzung EGB, UNICE und CEEP erörtert.

Das Ergebnis: Der parlamentarische Staatssekretär Günther warb bei der Ratstagung der Arbeits- und Sozialminister am 6. 4. 1993 in Luxemburg für eine ausgewogenere Teilnehmerstruktur des sozialen Dialogs. Er machte die Auffassung der Bundesregierung deutlich, daß neben EGB, UNICE und CEEP weitere Organisationen beteiligt werden sollten. Dabei wies er darauf hin, daß Tariffähigkeit nicht das einzige und allein ausschlaggebende Kriterium für die Zuerkennung von Repräsentativität der Sozialpartner sein dürfe. Einige Mitgliedstaaten reagierten auf die deutschen Überlegungen im Rat positiv. Auch EU-Kommissar Flynn zeigte zumindest teilweises Verständnis und erinnerte an die Studie der Kommission zur Repräsentativität der Sozialpartner, die in Kürze fertiggestellt sein soll.

Die o. g. vier Organisationen nahmen am 18. 3. 93 auch an einer öffentlichen Anhörung teil, die im Europäischen Parlament stattfand. Hierbei ging es generell um die Frage der europäischen Sozialpolitik nach Maastricht (Berichterstatterin: Reding, EVP, Luxemburg). Die vier Organisationen forderten bei dieser Gelegenheit die Beteiligung am Sozialen Dialog im Sinne der Artikel 3 und 4 des Abkommens der elf Mitgliedstaaten. Sie warnten vor einer Verfestigung der gegenwärtigen Strukturen (»closed shop«). Nach dem Stand der Diskussion im EP-Sozialausschuß ist zu vermuten, daß im Bericht Reding eine Ausweitung des Kreises der Sozialpartner über EGB, UNICE und CEEP hinaus empfohlen werden wird.

3. Pioniere in eigener Sache – Europäisierung als Chance für die Gewerkschaften

Otto Jacobi

Mit der Vollendung des einheitlichen Binnenmarktes, dem Abschluß des Maastrichter Vertrages über die Europäische Union sowie mit dem absehbaren EG-Beitritt der meisten EFTA-Länder hat West-Europa binnen eines Jahrzehnts einen Quantensprung in Integration vollzogen, der an Bedeutung über die Gründung der EG hinausreicht und dessen Dynamik ohne Vorbild in staatenübergreifender Kooperation ist.

Die Schwierigkeiten, die viele Nationalkonservative und Linkstraditionalisten mit dem europäischen Einigungsprozeß haben, sind nur das reaktive, häufig schon reaktionäre Gegenbild zum unumkehrbaren Prozeß der Europäisierung. Die Referenden in Dänemark und Frankreich wie auch viele Proteststimmen aus anderen Ländern zeigen, daß anti-europäische Stimmungslagen weit in das gewerkschaftliche Milieu hineinreichen.

Gleichgültig, ob der Maastricht-Vertrag über die Europäische Union komplett oder partiell, rechtzeitig oder verzögert, im Gleichschritt oder in mehreren Geschwindigkeiten umgesetzt wird, die politische und wirtschaftliche Integration Europas geht unaufhaltsam weiter.

Bereits heute hat Westeuropa eine Dichte an supranationaler Vernetzung erreicht wie keine andere Region der Welt. Und nichts deutet darauf hin, daß es politisch wie wirtschaftlich praktikable und wünschenswerte Alternativen gibt. Das vereinigte Deutschland als unabhängige kontinentaleuropäische Vormacht in rechtslastigen Zerfallsprognosen der EU vorhergesagt und herbeigewünscht, wäre eine teuflische Entwicklung rückwärts in die Vergangenheit. Zu Recht ist – nicht nur wie etwa von Willy Brandt aus sozialdemokratischem Munde – gesagt worden, daß EG-Europa sich zu einer politisch-wirtschaftlich-sozialen Stabilitätsinsel vorgearbeitet hat.

Der Lernprozeß, den Europa in der Nachkriegsära vollzogen hat, ist die wichtigste politische Innovation in diesem Jahrhundert: Aus Feinden, die sich gegenseitig ruinierten, sind Kooperationspartner geworden. Zwischen dem Maastricht der Europäischen Union und Sarajewo von 1914/1993 liegt nicht nur die Zeitdifferenz eines Jahrhunderts: Hier stehen sich das neue, miteinander kooperierende Europa und das vormoderne Europa der Intoleranz gegenüber.

Die Gewerkschaften West-Europas haben den europäischen Einigungsprozeß, den linke Politiker maßgeblich geprägt haben, stets mit politischer Sympathie begleitet. Zwei Vorbehalte springen allerdings ins Auge.

• Die Europäische Gemeinschaft, insbesondere der einheitliche Binnenmarkt, wird vielfach als gegnerische Inszenierung gedeutet, nämlich als ein Europa des Kapitals und als ein Projekt der sozialen Deregulierung (Altvater/Mahnkopf 1993; EMB 1993). Die Folge für die Gewerkschaften ist eine überzogene Abwehrreaktion.

• Anders als Politik und Wirtschaft haben die Gewerkschaften es bislang versäumt, supranationale Strukturen mit supranationaler Entscheidungskompetenz aufzubauen. Dieser gewerkschaftliche Immobilismus, der insbesondere hierzulande von beständigen und stets ins Larmoyante abgleitenden Appellen an die EU-Gremien übertüncht wird, das soziale Europa zu schaffen, muß aufgebrochen werden. Wenn die Gewerkschaften mehr sein wollen als Beschwerdeführer und Alarmmelder, dann müssen sie dort handlungsfähig werden, wo ihre Zukunft liegt: Soziale Gewährsmacht im Westen zu bleiben und im Osten Europas zu werden, verlangt einen supranationalen gewerkschaftlichen Großakteur in Europa. Die Europäische Sozialunion als drittes Glied neben Politik und Wirtschaft in der Europäischen Union wird das Werk der vereinigten Gewerkschaften von Europa sein, oder sie wird nicht sein. Dies – und nicht der Heroismus in papiernen Appellen ist die Chance der Gewerkschaften.

In diesem Beitrag wird ausschließlich auf die Binnenprobleme der Gewerkschaften abgestellt, sich zu europäisieren. Gegen die altsozialistisch-traditionslinke Weinerlichkeit wie gegen den politikwissenschaftlichen Euro-Pessimismus, der intellektuell redlich, aber politisch fehlorientierend von der festen Mauer national-gewerkschaftlicher Beharrungskräfte ausgeht, sollen praktikable Wege zu einer EGU – Europäischen Gewerkschafts-Union – beschrieben werden. In Abänderung eines von der IG Chemie-Papier-Keramik kreierten Slogans ist nachfolgend davon die Rede, wie sich die Gewerkschaften zu Euro-Pionieren in eigener Sache entwickeln können.

3.1 Lernen von der Politik

Angesichts der Verspätung, mit der die Gewerkschaften als Akteure auf der europäischen Bühne – hoffentlich bald – erscheinen und eine Hauptrolle spielen werden, ist die Empfehlung, von den Integrationspolitiken und Integrationstechniken der Politik zu lernen, nicht bloß als Provokation gemeint. Politik und auch Wirtschaft haben sich einen Vorsprung an Integrationswissen angeeignet, von dem die Gewerkschaften profitieren und der ihren spezifischen Weg zur europäischen Einigung verkürzen kann. Die häufig von Gewerkschaftern vorgetragene Auffassung, daß insbesondere die Wirtschaft es leichter habe, sich zu einigen, weil Kapital und Profit grenzenlos sind, ist eine bewußte Irreführung, bestenfalls eine auf Unwissenheit beruhende Ausrede. Nicht nur die verschiedenen nationalen Muster von Wirtschaftsstilen, sondern auch die Konkurrenzsituation stellen der Wirtschaft mindestens ebenso viele Integrationsbarrieren in den Weg wie die Politikkulturen den Regierungen und die Sozialstrukturen den Gewerkschaften. Was nun ist von den in der EG entwickelten Integrationsmethoden zu lernen? Zunächst einmal geht es um einige grundlegende Einsichten:

Erstens um die Erkenntnis, die bereits in den fünfziger Jahren Pate der Montanunion und der EG war und mit der Wiedervereinigung aktualisiert wurde, daß nämlich Deutschland in europäische Strukturen eingebettet werden muß, um es und seine Nachbarn vor dem Abgrund eines zwischen West- und Ostorientierung unsicher schwankenden Sonderweges zu bewahren. Die in der Nachkriegsära eingeübte Orientierung an der politischen Kultur des Westens ist auch heute noch richtig und sollte richtungsweisend sein: »Unsere Selbsteinbindung in die Europäische Gemeinschaft liegt im langfristigen geschichtlichen Interesse Deutschlands an einer friedlichen Zukunft.« (Helmut Schmidt 1993) Diese Einsicht, zwar von der Führung der Gewerkschaften geteilt, ist weiten Teilen des Apparates, der Aktivisten und der Mitglieder nicht geläufig. Vorgeblich linke Kritik am Maastrichter Vertrag argumentiert denn auch – eher verschwiegen als bekennend – mit der Ablehnung der europäischen Währungsunion für geldpolitische Alleingänge (Altvater/Mahnkopf 1993); von dem sozialdemokratischen Währungspolitiker Nölling (1992) stammt in diesem Zusammenhang das Wort von den »alles überschattenden politischen Absichten, Deutschland einzugittern«. Einzelne Segmente der Linken – etwa aus dem pazifistischen Flügel – empfehlen einen sicherheitspolitischen Sonderweg. Sie plädieren offen für eine Aufgabe der Westorientierung und eine Öffnung nach Osten, die Mittellage einschätzend als Chance für eine Friedensmacht Deutsch-

190

land. Viele andere bis weit in die Spitzen der Gewerkschaften hinein reden mit ihrer Empfehlung einer strikt-pazifistischen, neutralistisch durchsetzten Abstinenz von deutscher Mitverantwortung in internationalen Gremien einer Sonderrolle verdeckt oder unbewußt das Wort. Unvermutet deuten sich hier Rückschritte in ein linksorientiertes nationales Denken an. Es ist schon irritierend, wie sehr Linkstraditionalisten und Rechtskonservative zwar nicht in den Politikinhalten, aber doch in ihren autoritären, intolerant-rechthaberischen, national-engstirnigen Denkmustern übereinstimmen.

Eine zweite Erkenntnis ist, daß kein einziges der europäischen Länder in der Lage ist, den globalen Wettbewerb in einer multipolaren Welt allein bestehen zu können. Die in vielen Forderungen nach subventionistischer Fortführung gefährdeter Produktionen und nach Schutz vor Konkurrenz mitklingende Idee von einer »Festung Europa« übersieht, daß weder ein einzelnes Land noch die EU als Ganzes sich in ein Reservat zurückziehen können. Nur wer die globalen Zusammenhänge mitdenkt, versteht die strategisch richtige Entscheidung der Europäischen Gemeinschaft, den Binnenmarkt zum größten Regionalmarkt der Welt auszubauen und mit dem Maastrichter Vertrag über die Europäische Union die Vertiefung der westeuropäischen Kooperation auf ein qualitativ neues Niveau zu heben. Dies alles ist weithin terra incognita in Gewerkschaftskreisen. Zum erstenmal haben mit Blank und Köppen (1993) zwei renommierte Autoren der IG Metall eine solche Position öffentlich im Gewerkschaftsjahrbuch 1993 vertreten: »Es ist ein Irrtum zu glauben, Deutschland allein könne im Wettbewerb mit den USA und Japan erfolgreich sein. Nicht Deutschland ist die dritte Kraft, sondern Europa.« Wirtschaftlichen Erfolg kann Europa nicht durch Abschottung, Besitzstandswahrung und Subventionen erreichen, sondern durch technologische Innovationen und Investitionen in Zukunftsbranchen wie Biotechnologie, Werkstoffindustrien oder Kommunikationssysteme.

Eine dritte Erkenntnis besagt, daß EG-Europa weit mehr als ein Staatenbund ist. Es ist auf dem Weg zu einem Bundesstaat. Bereits heute sind viele Kompetenzen von der nationalen Ebene auf die supranationale der EG verlagert. Ein Prozeß, der mit der Europäischen Union, insbesondere der Europäischen Währungsunion, beschleunigt wird. Im gewerkschaftlichen Bereich steht ein ähnlicher Transfer von nationaler Souveränität auf die europäische Ebene noch aus. Es muß endlich klar werden, daß es keine nationale Tarifpolitik mehr gibt. Bereits heute werden in EG-Ländern Tarifverhandlungen aufgeschoben und so lange angehalten, bis die deutschen Großgewerkschaften Metall, Chemie, Bau oder Öffentlicher Dienst ihre Abschlüsse getätigt haben. So wie die Deutsche Bundesbank mit jeder Entscheidung nicht nur deutsche, sondern europäische Wirtschaftspolitik betreibt, so auch die IG Metall mit ihren tarifpolitischen Entscheidungen. Sie ist – wie ein belgischer Gewerkschafter treffend sagte – eine »soziale Bundesbank«.

Also: Verankerung in der westlichen Kultur, das europäische Einigungswerk als historischer Fortschritt, die Europäische Gemeinschaft als Stabilitätsanker und Ausgangsbasis für globale Konkurrenz, Abschied vom insularen Denken, diese Stichworte geben die Richtung an, die in den Gewerkschaften Allgemeingut werden muß. Stimmt die Richtung, erzielt die Einzelkritik an vielen Defiziten des EG-zentrierten Europa ihre Wirkung. Gegenwärtig kommt Detailkritik, weil sie einer richtungslosen Seele gleicht, zu oft fundamentalistisch und nationalistisch daher.

3.2 Die politische Leerstelle als gewerkschaftliche Chance

Was die Gewerkschaften nicht lernen müssen, sondern was umgekehrt die Gewerkschaften zum Lehrstück für Politik und Wirtschaft machen müssen, ist der Sozialstaat. Diese Leerstelle ist die Chance der Gewerkschaften, unentbehrlicher Mitspieler im europäischen Einigungsprozeß zu werden.

Der demokratische Sozialstaat, der nur in Westeuropa etabliert werden konnte, ist der historische Beitrag der politischen und gewerkschaftlichen Arbeiterbewegung zur europäischen Moderne. Dieses Vermächtnis macht ganz wesentlich die große Attraktivität West-Europas im Osten des Kontinents und in der Dritten Welt aus. Den Sozialstaat im Westen Europas zu modernisieren und im Osten Europas überhaupt erst einzurichten, ist die Chance der Gewerkschaften, die ihnen das in dieser Hinsicht zweigeteilte EG-Europa mehr ungeplant als beabsichtigt überläßt.

Über das sozialpolitische Zerwürfnis in EG-Europa sind vor kurzem zwei Bücher mit – für die Gewerkschaften – bemerkenswerten Schlußfolgerungen erschienen. Michel Albert (1992), Chef der französischen Versicherungsgesellschaft AGF, teilt die Welt des Kapitalismus in zwei Großmodelle: Der maritime oder angelsächsische Kapitalismus ist am kurzfristigen Profit interessiert; Arbeit ist eine Ware, die je nach Geschäftslage ge- oder verkauft wird. Anders der rheinische Kapitalismus, den langfristiges Denken und der Ausgleich zwischen Kapital und Arbeit kennzeichnen. »Kapitalismus contra Kapitalismus« liest sich über weite Strecken hinweg als wiederkehrender Versuch, das deutsche Modell von Tarifautonomie und Betriebsverfassung als entscheidendes Element für die wirtschaftliche Überlegenheit des rheinischen über das angelsächsische Modell zu beschreiben: »Das rheinische Modell ist einzigartig. Es verkörpert die Synthese zwischen Kapitalismus und Sozialdemokratie.« Michel Albert zufolge wird die EU das Hauptschlachtfeld der beiden kapitalistischen Modelle werden. Er plädiert für die Vereinigten Staaten von Europa auf der Basis einer sozial ausbalancierten Marktwirtschaft mit starker Einheitswährung und -gewerkschaft.

Lester Thurow (1993) von der Sloan School of Management des MIT dekliniert Schwächen und Stärken der Triadenmächte USA, EG-Europa und Japan. Den USA stellt er das schlechteste Zeugnis aus: Das angelsächsische Kurzfristdenken, die Mängel in der Ausbildung der Arbeitskräfte und insbesondere die feindlichen Labour-Management-Beziehungen sind kaum behebbare Strukturmängel der USA gegenüber dem kommunitaristisch-gemeinschaftsorientierten Kapitalismus in Kontinentaleuropa. Interessant ist, worin Thurow die Schwäche Japans sieht: In der nationalen Begrenztheit japanischer Kultur und Wirtschaft, die zunehmend mit ihrem imperialistischen Gehabe in einen Konflikt mit der sich globalisierenden Umwelt gerät. Genau umgekehrt verhält sich Westeuropa, das seinen Nationalismus durch gemeinschaftsweite Kooperation überwunden und deshalb die besten Aussichten habe, die beherrschende Wirtschaftsmacht des 21. Jahrhunderts zu werden. Thurows Prognose ist daran gebunden, daß Westeuropa sich in der Lage zeigt, Osteuropa mit viel Geld und politischem Geschick auf die Beine zu helfen.

Die Gewerkschaften verfügen also mit dem europäischen Sozialstaat über einen der entscheidenden Aktionsparameter in der Triadenkonkurrenz. Der Sozialstaat ist ein Aktivposten, der freilich nur Bestand haben wird, wenn die Gewerkschaften ihn nicht bloß besitzkonservierend verteidigen, sondern an veränderte sozio-ökonomische Bedingungen anpassen. Was für den Kapitalismus gilt, trifft auch für den Sozialstaat zu: Stillstand ist Rückschritt.

Die Frage, wie das gewerkschaftliche Chancenmanagement in Europa auszusehen hätte, führt wieder zurück auf den Lehrpfad bereits erprobter Integrationstechniken.

3.3 Die Integrationstechniken der Gemeinschaft

Die folgende Zusammenstellung soll einen Überblick über die durchaus reichhaltigen und partiell auch innovativen Integrationstechniken geben, die die Europäische Gemeinschaft im Prozeß ihres Zusammenwachsens entwickelt hat.

3.3.1 Entscheidungstechniken

- Grundsatzentscheidungen werden mit Einstimmigkeit getroffen, Entscheidungen über die Methoden der Durchführung unterliegen dem Mehrheitsprinzip. So ist etwa die Entscheidung über den einheitlichen Binnenmarkt einstimmig gefällt worden, viele Gesetze dagegen mehrheitlich. Mit dieser Verfahrensweise gewinnt der Konvoi an Fahrt, weil er nicht mehr von der Geschwindigkeit des langsamsten abhängt.

- Die Regelmäßigkeit von europäischen Gipfeltreffen gepaart mit dem Ehrgeiz der halbjährlich wechselnden Präsidentschaften, substantielle Beiträge zu leisten, haben Kontinuität und Dynamik in den politischen Einigungsprozeß gebracht.

- Der Aufbau der EU-Kommission als kompetenter Exekutive und des Europäischen Parlaments als Kontrollorgan mit Rechten, über die manches nationale Parlament nicht verfügt, haben viel zur Realisierung und Legitimität des Projektes Europa beigetragen.

3.3.2 Angleichungstechniken

Handelt es sich bei den Entscheidungstechniken um Instrumente, Pattsituationen zu vermeiden, so haben alle Angleichungstechniken den Zweck, Mittelwege zu finden zwischen der Berücksichtigung von Vielfalt und dem Erfordernis gemeinschaftsweit gleicher Bedingungen. Es geht also darum, national sehr unterschiedliche Strukturen so anzugleichen, daß konvergente Tendenzen gefördert werden. Auch in dieser Hinsicht sind der EU beachtliche Lernschritte gelungen. Diese Mittelwege zwischen einer Laissez-faire-Politik, die nationale Unterschiede nicht abbauen, sondern als Instrument von Konkurrenz beibehalten will, und einer strikten Harmonisierungspolitik, die mit politischer Intervention Einheitlichkeit erzwingen will, zeichnen sich allesamt durch das Angebot aus, mit unterschiedlichen Mitteln zum gleichen Ziel zu gelangen. Die EU-spezifischen Angleichungstechniken lassen sich wie folgt klassifizieren:

- Koordinierungstechniken lassen Unterschiede in den Strukturen bestehen, vermitteln aber Übergänge und Kompatibilitäten. Ein schönes Beispiel sind die national unterschiedlichen Rentenversicherungssysteme, die unverändert bleiben, aber mittels Verrechnungstechniken so koordiniert werden, daß Arbeitnehmer mit Ansprüchen in verschiedenen Ländern keine Nachteile erleiden.

- Harmonisierungstechniken hingegen zielen darauf ab, Strukturen anzugleichen. Da die Erfahrung häufig genug gelehrt hat, daß strikte Einheitlichkeit nicht durchsetzbar ist, hat man sehr bewegliche Formen der Angleichung erfunden. Ein Instrument sind verbindliche Mindeststandards für alle mit der Möglichkeit der freiwilligen Aufbesserung jenseits des Minimums. Ein Beispiel hierfür ist die geplante EU-Gesetzgebung über Europäische Betriebsräte. Über die Standardausstattung hinaus ist vorgesehen, daß die beteiligten Sozialparteien Verbesserungen vereinbaren können. Eine andere Technik von flexibler Harmonisierung sind Optionen, zwischen denen gewählt werden kann. Für die geplante Rechtsform einer Europäischen Aktiengesellschaft soll eine Unternehmensmitbestimmung vorgeschrieben werden, deren konkrete Form zwischen verschiedenen Modellen ausgewählt oder sogar frei ausgehandelt werden kann. Bandbreiten sind ein weiteres Instrument der variablen Angleichung. So müssen etwa die nationalen Mehrwertsteuersätze innerhalb einer Spanne von 15 und 25 % liegen.

3.3.3 Akzeptanztechniken

Akzeptanztechniken stellen ein anderes Element im Integrationsprozeß dar. Man wird sicher zugestehen müssen, daß manches in der EU noch sehr bürgerfern, bürokratisch, obrigkeitsstaatlich oder zentralistisch ist. Andererseits jedoch ist das Ausmaß an gemeinschaftsweiten Programmen und Netzwerken, mit denen supranationale Kooperation und Austausch angeregt werden soll, beachtlich. Die nicht unbeträchtlichen Mittel, die die Gemeinschaft zur Vorbereitung von Euro-Betriebsräten den Gewerkschaften zur Verfügung stellt, sind nur ein Beispiel von vielen. Noch wichtiger sind die großen, finanziell gut ausgestatteten Fonds, die rückständige Gebiete gezielt fördern sollen. In einer schier unüberschaubaren Zahl von Aktivitäten wird so für die Europäische Union um Akzeptanz geworben.

Alle diese Techniken, die auf ein erfolgreiches Management des Spannungsbogens von Konvergenz und Divergenz beziehungsweise von Vielfalt und Einheitlichkeit gerichtet sind, spiegeln Komplexität und Lerneffekte eines multinationalen Einigungsprozesses wider.

3.4 Gewerkschaftliche Anwendungsbereiche

Keine der oben skizzierten Integrationstechniken können die Gewerkschaften einfach imitieren. Fast alle jedoch können sie in modifizierter Form für sich nutzbar machen. Das Rad muß nicht immer neu erfunden werden. Die Gewerkschaften können sich ein solch zeitaufwendiges Verfahren auch nicht erlauben, da die politische und wirtschaftliche Integration hochentwickelt, die gewerkschaftliche hingegen unterentwickelt ist. Die Gewerkschaften sind noch weithin in der Phase der vergleichenden Bestandsaufnahme, während Politiker und Wirtschaft schon supranationale Strategien und Verfahren ausgehandelt haben und praktizieren.

Um das Mißverhältnis zwischen der sehr begrenzten Handlungsfähigkeit der Gewerkschaften und den systemischen Verflechtungen in Politik und Wirtschaft einzuengen, müssen die Gewerkschaften Kontinuität und Dynamik entfalten, damit europäische Politik werden kann, was jetzt bestenfalls provisorischer Notbehelf ist. Aus dem Flickenteppich gewerkschaftlicher Organisationsvielfalt soll nicht unbedingt eine »one big union«, aber doch eine handlungsfähige Europäische Gewerkschafts-Union werden. Dazu müssen die Gewerkschaftssysteme modernisiert und einander angenähert werden.

Ähnlich wie die Politik sollten die politischen Gremien des EGB beschließen, daß

– Länder mit politischen Richtungsgewerkschaften,

– Länder mit einem Nebeneinander von Branchen-, Betriebs-, Berufs- und Allgemeingewerkschaften sowie

– Länder mit eingeengtem Vertretungsmandat ihrer Spitzenorganisationen

innerhalb eines knapp bemessenen Zeitraumes praktikable Vorschläge für größere organisatorische Einheitlichkeit vorzulegen haben. Eine rotierende Präsidentschaft des EGB und jährliche Gipfeltreffen wären einzurichten, Bericht über den Fortgang des Harmonisierungsprozesses zu erstatten. Einem solchen Verfahren kommt entgegen, daß in vielen Ländern Debatten um gewerkschaftliche Organisationsreformen geführt werden; ein Beispiel hierfür sind Tendenzen, Großverbände oder »super unions« zu gründen. Diese Reformen müssen strategisch so gesteuert werden, daß europaweit kompatible Strukturen entstehen, andernfalls sie wegen verfehlter Anpassung für unzulässig erklärt werden.

Solche Vorschläge mögen – und sollen – in Gewerkschaftsohren schrill klingen. Aber warum eigentlich sollte Gewerkschaften nicht gelingen, was

196

die Politik mit der Europäischen Währungsunion und die Banken mit europaweit geltenden Bilanzbestimmungen fertiggebracht haben?

Die Strukturfonds der EU könnten den Gewerkschaften als Vorbild dienen, über einen gewerkschaftlichen Kohäsionsfonds Entwicklungsmittel solchen Ländern zur Verfügung zu stellen, deren gewerkschaftliche Organisationen und industrielle Beziehungen unterentwickelt sind. Was die Politik kann, nämlich im Austausch gegen mehr Konvergenz einen Reichtumstransfer in die armen Länder zu organisieren, dürfte doch für eine Bewegung, die internationale Solidarität auf ihre Fahnen geschrieben hat, kein Problem sein.

Auch im Hinblick auf engere zwischengewerkschaftliche Kooperation könnte eine entschiedenere Entschlußfreudigkeit Dynamik in die gewerkschaftliche Euro-Politik bringen. Wenn es immer offenkundiger wird, daß es nationale Tarifpolitik kaum noch gibt, was liegt dann näher, als Europäische Tarifkommissionen zu beschließen? Einen ersten Ansatz hat die IG Bau-Steine-Erden gemacht, die Vertreter ausländischer Baugewerkschaften zu ihren Beratungen anläßlich der Tarifrunde 1993 hinzugezogen hatte. Eine Ausnahme zum Regelfall zu machen, kann per Mehrheit beschlossen und mit Hilfe variabler Harmonisierungstechniken situationsgemäß und branchenspezifisch im Sinne des auch von den Gewerkschaften als modern erklärten Subsidiaritätsprinzips umgesetzt werden. Um die überfällige Kooperation mit den Gewerkschaften in unseren östlichen Nachbarländern voranzutreiben, könnten alle Gewerkschaften verbindlich verpflichtet werden, binnen kurzem in Partnerschaftsnetzen mitzuarbeiten und beim Ausbau sozialstaatlicher Strukturen im Osten zu helfen. Ein anderes Pioniervorhaben, das der Verbreitung anempfohlen werden kann, ist das Partnerschaftsabkommen zwischen der IG Chemie-Papier-Keramik und der britischen GMB-Gewerkschaft. Mit der Ausweitung interregionaler Kooperationsnetze könnte ein weiteres, gegenwärtig wenig beackertes Aktivitätsfeld erschlossen werden.

In dem großen Bereich des Austausches von politischem Personal gibt es kein anderes Hemmnis als den selbstgemachten Immobilismus der Gewerkschaften. Hier könnten Gewerkschaften wirklich Pioniere in eigener Sache werden und ein breites bi- oder multinationales Austauschprogramm beschließen, das alle ohne Ausnahme zur zwischengewerkschaftlichen Kooperation verpflichtet. Nicht nur gewerkschaftlichem Fachpersonal wie Journalisten, Lehrern, Experten in Tarifpolitik, Arbeitsrecht et cetera sollten mehrmonatige Arbeitsaufenthalte angeboten werden, sondern auch gewerkschaftliche Spitzenvertreter aus Zentral- oder Regionalvorständen sollten bei ihren ausländischen Pendants hospitieren.

Die Erweiterung und Vertiefung gewerkschaftlicher Interessenvertretung in Europa setzt zwingend zweierlei voraus: Erstens den massiven Ausbau des EGB und der Branchenverbände. Um an einem beliebig austauschbaren Beispiel die karge Ausstattung gewerkschaftlicher Euro-Verbände zu illustrieren: Der Europäische Metallgewerkschaftsbund EMB ist beschämend elend untergebracht, mit gegenwärtig vier politischen Sekretären und ebenso vielen Bürokräften personell unterversorgt – das Brüsseler Lobbybüro von Daimler-Benz ist größer, und die Frankfurter IGM-Zentrale gleicht dagegen einem Fürstenhof an räumlicher und technischer Ausstattung. Diese Ärmlichkeit in Brüssel hat nichts mit Geld zu tun, sondern mit mangelnder Einsicht in die Bedeutung Europas. Es sind die mentalen Widerstände, nicht Geld, die es bislang verhindert haben, daß leistungsfähige und kompetente Apparate für gewerkschaftliche Euro-Politik geschaffen wurden. Wenn die Gewerkschaften dennoch einflußreich auf der Brüsseler Bühne agieren, dann ist dies ausschließlich dem Fleiß und der Intelligenz des Brüsseler Gewerkschaftspersonals zuzuschreiben.

Besondere Aufmerksamkeit sollte zwei wichtigen Einrichtungen des EGB gelten:

• Die Europäische Gewerkschaftsakademie EGA entwickelt sich dynamisch und sollte in ihrem Auftrag, hauptamtliches Personal mit europapolitischem Sachverstand auszustatten, mehr als bislang von den nationalen Verbänden unterstützt werden.

• Das Europäische Gewerkschaftsinstitut EGI hat die Phase der Etablierung abgeschlossen und könnte nun zu einem Zentrum ausgebaut werden, das die Gewerkschaften mit wissenschaftlichen Expertisen versorgt und den Dialog zwischen Wissenschaft und Gewerkschaft pflegt. Der Umstand, daß – wieder ein austauschbares Beispiel – es keine Analyse des Zustands und der Perspektiven der europäischen Metallindustrie gibt, belegt die Lücken, die das EGI selbst oder in koordinierter Abstimmung mit gewerkschaftsnahen Forschungseinrichtungen zu schließen hätte. Ferner müßte dem EGI ein größerer Freiheitsspielraum zugestanden werden, politische und wissenschaftliche Kontroversen um Europa zu organisieren. Auch für ein gewerkschaftliches Institut gilt, daß nur die Lebendigkeit der Kontroverse vor intellektuellem Stillstand schützt. Ob berechtigt oder nicht, die vielen Klagen über das EGI lassen es ratsam erscheinen, eine Umstrukturierung anzustreben. Eine Entpolitisierung im Sinne eines Rückzuges aus unmittelbarer Teilnahme an gewerkschaftlicher Euro-

Politik sollte mit einer Politisierung des Inhalts kompensiert werden, indem das EGI Denkfabrik und Dialogstätte der europäischen Gewerkschaftsbewegung wird.

3.5 Schlußbemerkung

Aus dem kleinen Boot eine weitaus größer dimensionierte gewerkschaftliche Vertretungsarmada zu machen, die um entsprechend aufgewertete Euro-Stäbe in den nationalen Verbänden zu ergänzen wäre, liefe auf eine Umschichtung des vorhandenen politischen und administrativen Personals der Gewerkschaften hinaus. Schlanke nationale Organisationen würden weit mehr Ressourcen freisetzen, als für Europa benötigt werden. Da trotz mancherlei Widerstände die europäische Integration weitergehen wird, müssen sich die Gewerkschaften schleunigst europäisieren, wenn sie nicht hoffnungslos zurückfallen wollen. Niemand hindert sie daran, es sei denn ihr eigener organisationspolitischer Konservativismus und ihr noch stark in nationalen und defensiven Denkmustern verankertes Verständnis von sozialer Interessenpolitik.

Es ist ein fataler Irrglaube anzunehmen, daß die Gesetzgeber in der Europäischen Union oder gar in den östlichen Nachbarländern für die Sicherung oder den Aufbau sozialstaatlicher Strukturen eingespannt werden könnten. Wenig wird passieren, wenn die Gewerkschaften sich nicht selbst politikfähig machen auf der europäischen Ebene. Nur dann, wenn sie organisatorisch mit einem leistungsfähigen Apparat ausgestattet sind und inhaltliche Konzeptionen entwickeln, die zum sozialen Ausgleich beitragen, können sie – wie der amerikanische Sozialwissenschaftler Paul Watzlawick einmal schrieb –»dem großen Ordner Tod« entgehen, der alle bestraft, die die Anpassung an veränderte Umwelten verpassen.

Umgekehrt ist ihre Europäisierung die Zukunftschance der Gewerkschaften. Von der Lohnpolitik über Aus- und Weiterbildung, Europäische Betriebsräte, demokratische Betriebs- und Unternehmensverfassungen bis hin zu Fragen von Industriepolitik, des Aufbaus Ost-Europas und dem politisch wie sozial brisanten Thema der Lohn-Unterbietungskonkurrenz bietet sich ein breites Feld für gewerkschaftliche Aktivitäten an. Der gewerkschaftliche Sachverstand in bezug auf soziale Demokratie wird auch in Zukunft gefragt sein. Aber nebenher läßt sich weder die Europäische Sozialunion noch die Europäische Gewerkschaftsunion herstellen.

Das im Maastrichter Vertrag über die Europäische Union enthaltene Sozialprotokoll sieht erweiterte Konsultationsrechte vor, vor allem aber als innovative Neuerung den Vorrang von Kollektivvereinbarungen der Sozialparteien vor gemeinschaftlicher Gesetzgebung. Da die Gewerkschaften das größte Interesse daran haben, Tarifdemokratie in Europa zu etablieren, müssen sie Pioniere sein. Berücksichtigt man, daß die EU-Kommission das Subsidiaritätsprinzip dahingehend auslegt, Sozialregelungen den Tarifparteien zu überlassen, und die Unternehmer zwar mächtige Wirtschafts-, aber ohnmächtige Tarifverbände gegründet haben, hängt es ausschließlich von der Handlungsfähigkeit der Gewerkschaften ab, ob der Tarifraum Europa etabliert werden kann. Die Vermutung, daß sich historische Erfahrungen nochmals bestätigen, liegt nahe. So wie in den kapitalistischen Frühzeiten die Gründung konfliktfähiger Gewerkschaften den Staat unter soziale Verpflichtung setzte und die Arbeitgeber erst Anti-Gewerkschaftsvereine, dann Tarifparteien organisieren ließ, werden heute gewerkschaftliche Euro-Verbände zum Vorreiter für eine europäische Tarifdemokratie.

Literatur

Albert, M., 1992: Kapitalismus contra Kapitalismus, Frankfurt

Altvater, E./Mahnkopf, B., 1993: Gewerkschaften vor der europäischen Herausforderung, Münster

Blank, M./Köppen, M., 1993: Europäischer Binnenmarkt, in: Kittner, M. (Hrsg.), Gewerkschaftsjahrbuch 1993, Köln

Brandt, W., 1992: Eine EG von Paris bis Wladiwostok?, in: Frankfurter Rundschau, 13. Mai

EMB, 1993: Tarifpolitik im Europa des Wandels, Luxemburg

Nölling, W., 1993: Die Folge ist, daß man auf die Nase fällt – Der Vertrag von Maastricht und die Schaffung einer EG-Zentralbank lohnen sich nicht, Frankfurter Rundschau, 25. Januar

Schmidt, H., 1993: Handeln für Deutschland, Die Zeit, 2. April

Thurow, L., 1993: Kopf an Kopf – Der kommende Wirtschaftskampf zwischen Japan, Europa und Nordamerika, Düsseldorf

4. Arbeitsbeziehungen auf der Dachverbandsebene und der sektoralen Ebene

4.1 Europäischer Gewerkschaftsbund EGB

Willi Buschak/Volker Kallenbach

4.1.1 Europäische Kollektivverhandlungen: ein alter Hut?[1]

»Es ist Aufgabe des internationalen Gewerkschaftsbundes und der ihm angeschlossenen Organisationen, den Arbeitern aller Länder begreiflich zu machen, daß die Gewerkschaftsbewegung der Gegenwart in internationaler Hinsicht dieselbe Taktik verfolgen muß, die sie vor 20 und 25 Jahren national angewandt hat. Damals lernte man einsehen, daß ein lokaler Kampf für die Verbesserung der Arbeitsbedingungen nicht nur eine geringe Bedeutung hat, sondern vielfach nachteilig auf den Kampf wirkt, den die Arbeiter eines bestimmten Berufes in demselben Lande zu führen haben. Die Arbeiter haben gelernt, ihr Teilinteresse zugunsten der allgemeinen Interessen der gesamten Berufskollegen ihres eigenen Landes und, wenn nötig, der gesamten Arbeiterschaft, in den Hintergrund zu schieben. Nunmehr ist es nötig zu begreifen, und die Taktik der Gewerkschaftsbewegung darauf einzurichten, daß nötigenfalls die Arbeiter eines Landes ihre Interessen, seien es die eines Berufes oder der ganzen Arbeiterschaft, zugunsten der Interessen und des Kampfes ihrer gesamten Berufskollegen oder der ganzen Arbeiterklasse überhaupt zurückzustellen haben.«[2]

Nein, es ist nicht Emilio Gabaglio, Generalsekretär des EGB, der sich in diesem Zitat zur Problematik europäischer Kollektivverhandlungen äußern würde. Es ist auch kein anderes Mitglied des Sekretariats des EGB und kein Generalsekretär einer europäischen Branchengewerkschaft. Wer nach dem Autor dieses Zitats sucht, muß viel weiter in der Gewerkschaftsgeschichte zurückgehen. Lassen wir den Schleier aber noch für einen Augenblick ungelüftet und hören wir unserem Autor etwas weiter zu. Die alte Taktik, be-

---

1 Der Aufsatz wurde von den Autoren gemeinsam konzipert. Von Willy Buschak stammen die Abschnitte 1, 2, 5, 6; von Volker Kallenbach die Abschnitte 3 und 4.
2 Fimmen, E., Vereinigte Staaten Europas oder Europa AG? Ein internationaler Ausblick. Jena 1925, S. 109

klagt er sich, das selbständige Vorgehen der Arbeitergruppe eines Landes, ohne vorherige Beratung und Abstimmung mit den Kollegen derselben Branche aus umliegenden Ländern, sei nicht nur unnütze Kraftvergeudung, sondern spiele geradezu den Unternehmern in die Hände.[3] Ebenso, wie früher die Arbeitsbedingungen der Metallarbeiter in Essen, Bochum und Dortmund unlösbar miteinander verbunden gewesen seien, sei es jetzt mit den »Arbeitsbedingungen der zu zwei verschiedenen Ländern gehörenden und zwei verschiedene Sprachen sprechenden Arbeiter«[4].

Hoover und ähnliche Standortverlagerungen, bei denen die Arbeitnehmer gegeneinander ausgespielt werden, scheint unser Autor gekannt zu haben. Tatsächlich ist er schon 50 Jahre vor dem Europäischen Binnenmarkt gestorben. Das erste Zitat stammt aus einer seiner Reden – vor dem Kongreß des Internationalen Gewerkschaftsbundes 1920 in London. Die übrigen Zitate aus einer Broschüre, die er 1925 schrieb: Vereinigte Staaten Europas oder Europa-AG. Er war Generalsekretär der Internationalen Transportarbeiterföderation und hieß Edo Fimmen, ein Niederländer der Herkunft nach. Seiner Zeit war er weit, weit voraus. Internationale Abstimmung und Koordinierung, eine internationale Strategie für Kollektivverhandlungen war für seine Zeitgenossen nicht nur avantgardistisch, Zukunftsmusik, sondern, weit schlimmer, schlicht unvereinbar mit den Aufgaben einer internationalen Gewerkschaftsorganisation. Lediglich bei der IUL, der Internationalen Union der Lebensmittelarbeiter, fand Fimmen Beifall. Kein Wunder, die IUL war eines der wenigen Internationalen Berufssekretariate, die in der Zeit zwischen den beiden Weltkriegen konkrete Erfahrungen in der Auseinandersetzung mit Transnationalen Konzernen sammelte.

Erst Ende der fünfziger und Anfang der sechziger Jahre wurden Fimmens Gedanken wieder aufgegriffen, neu geboren sollte man vielleicht besser sagen, denn Fimmen selbst war längst in Vergessenheit geraten. Die Tabakarbeiter-Branchengruppe der Internationalen Union der Lebens- und Genußmittelarbeitergewerkschaften dachte bereits 1960 an einen internationalen Kollektivvertrag, der die Arbeitswoche und den Urlaub standardisieren sollte. Einer der Vordenker damals: Günter Döding. 1963 entwickelte er in dieser Branchengruppe einen Tarifvertrag, der dem Multi BAT zur Unterschrift vorgelegt werden sollte. Dazu kam es freilich nicht. Bei BAT hatte

---

3 Ebd. S. 108
4 Ebd. S. 114

man nicht das geringste Interesse an einem solchen internationalen Kollektivvertrag.[5].

Kollektivverträge über die Grenzen hinweg wanderten von da ab in andere Regionen: in Buchpublikationen, Kongreßresolutionen, Aufsätze in Jahrbüchern und sonstige unverbindliche Zusammenhänge. Ludwig Rosenberg etwa schrieb 1973, Tarifpolitik müsse europäisch, innerhalb des Europäischen Bundes Freier Gewerkschaften (Vorläufer des EGB) gestaltet werden, wenn die Arbeitnehmer ihre Anliegen verteidigen wollten[6]. Heinz Oskar Vetter sah eine »gemeinsame tarifpolitische Strategie« in Europa als zentrale Aufgabe gewerkschaftlicher Politik der achtziger Jahre[7]. Bis die ersten, tastenden Schritte dann tatsächlich getan werden konnten, war man schon in den neunziger Jahren. Die Differenzen zwischen den Mitgliedsorganisationen des 1973 gegründeten Europäischen Gewerkschaftsbundes waren noch viel zu groß, als daß man ernsthaft daran hätte denken können, sich auf das Abenteuer europäischer Kollektivverhandlungen einzulassen. Und auf der anderen Seite war die Bereitschaft, von den Formelkompromissen wegzukommen, echte gemeinsame politische Positionen zu finden, unterbelichtet. Europäische Gewerkschaftspolitik war mehr Wurmfortsatz nationaler Politik, war Außenpolitik einzelner Organisationen, aber kaum vom Willen bestimmt, den Europäischen Gewerkschaftsbund mit Leben zu erfüllen. Der nationale Rahmen schien ausreichend zur Verteidigung von Arbeitnehmerinteressen und war obendrein vertraut. Schließlich gab es für europäische Kollektivverhandlungen nicht einmal einen rechtlichen Rahmen. Mit der Einheitlichen Europäischen Akte 1986 wurde das erste Mosaiksteinchen dazu gelegt. Artikel 118b der Akte hielt den Willen der Mitgliedstaaten der Europäischen Gemeinschaft fest, »den Dialog zwischen den Sozialpartnern auf europäischer Ebene zu entwickeln, der, wenn diese es für wünschenswert halten, zu vertraglichen Beziehungen führen kann.«[8].

Die Verlautbarung Jacques Delors', im Binnenmarkt würden 80 % der Entscheidungen, die für das wirtschaftliche und soziale Leben der europäischen Bürger von Bedeutung seien, in Brüssel getroffen, war zwar übertrieben, die Schockwirkung war trotzdem heilsam. Sie führte die Mitgliedsorga-

---

5 Rütters, P., Chancen internationaler Gewerkschaftspolitik. Struktur und Einfluß der Internationalen Union der Lebens- und Genußmittelarbeiter-Gewerkschaften (1945–1985), Köln 1989, S. 217ff.
6 Rosenberg, L., Sinn und Aufgabe der Gewerkschaften. Tradition und Zukunft. Düsseldorf/Wien 1973, S. 259f
7 Vetter, H. O., Gleichberechtigung oder Klassenkampf. Gewerkschaftspolitik für die achtziger Jahre, Köln 1980, S. 181ff.
8 Artikel 118b, Dialog zwischen den Sozialpartnern, in: EG-Handbuch Recht im Binnenmarkt, Herne/Berlin 1991

nisationen des EGB auf die Suche nach gemeinsamen Positionen und Definitionen für das bis dahin nur sehr vage und nebulös umschriebene »soziale Europa«. Die Möglichkeit, grenzüberschreitend zu verhandeln, wurde auch jetzt nur sehr zögerlich angedacht.

Für die europäischen Arbeiterverbände waren grenzüberschreitende Kontakte, erst recht Verhandlungen lange Zeit von Übel. Alle Begegnungen zwischen den Spitzenverbänden, zwischen EGB, UNICE und CEEP im Rahmen des »Sozialen Dialogs« konnten daran wenig ändern. Zwar wurden etliche gemeinsame Stellungnahmen verabschiedet: zur Unterrichtung und Anhörung von Arbeitnehmern bei der Einführung neuer Technologien, zu Beschäftigungsstrategien, zur Mobilität. Über Absichtserklärungen und weiche Statements wollten die Arbeitgeberverbände aber nicht hinausgehen.

4.1.2 Das Abkommen der Sozialpartner vom 31. 10. 1991

Um so überraschender erscheint das Übereinkommen zwischen den drei Spitzenverbänden vom 31. 10. 1991. Noch am Morgen des 31. Oktober hätten die Gewerkschaftsvertreter nicht geglaubt, den Tag mit einem Dokument abschließen zu können, das tatsächlich die Möglichkeit europäischer Rahmenvereinbarungen vorsah. Der plötzliche Sinneswandel der Arbeitgeberverbände ist vor dem Hintergrund der Debatte um die Reform der Verträge der Europäischen Gemeinschaft zu verstehen. Das »Abkommen« zwischen den Sozialpartnern war auch nichts weiter als ein Vorschlag zur Neuformulierung des Paragraphen 118. Er betraf die Erarbeitung und die Umsetzung von Maßnahmen der Sozialpolitik. Die Europäische Kommission sollte gehalten werden, die Sozialpartner vor Erarbeitung einer sozialpolitischen Maßnahme zu konsultieren. Sollte die Kommission nach dieser Vorab-Konsultation über die große Orientierung, die Leitlinien eines Vorhabens einen konkreten Vorschlag präsentieren, müßte sie die Sozialpartner auch dazu konsultieren. Bis hierher enthielt das »Abkommen« wenig Neues und lief nur auf die Forderung hinaus, verstärkt und vor allem frühzeitig zu Kommissionsvorhaben konsultiert zu werden. Neuland betrat man mit dem Gedanken, den Sozialpartnern eine Art Initiativrecht zuzuschreiben. Sie sollten der Kommission in der Entstehungsphase eines Regelungsvorschlages mitteilen können: Wir sind der Auffassung, daß dieses Thema eher auf dem Verhandlungswege angegangen werden kann, und werden innerhalb einer neunmonatigen Frist einen Vorschlag präsentieren, der dann für allgemeinverbindlich erklärt werden sollte. Auch die Umsetzung einmal auf europäischer Ebene beschlossener Regelungen auf nationaler Ebene sollten die Sozialpartner an sich ziehen können[9]. Über die Gründe für den Sinneswandel der Arbeitgeber ist viel spekuliert worden. Flucht nach vorn vielleicht, der Wunsch, die Auseinandersetzung um die Reform der Verträge zu beeinflussen, die Einsicht, daß Kollektivverträge so oder so eine europäische Dimension bekommen würden, daß man sich dem Zug, der mit der Einrichtung der ersten Europäischen Betriebsräte 1985 auf die Gleise gesetzt wurde, nicht länger in den Weg stellen könne, verbandspolitische Interessen, die Überlegung schließlich, daß Verhandlungslösungen günstiger für Arbeitgeber ausgehen könnten als gesetzgeberische Lösungen, all diese Motive werden eine Rolle gespielt haben.

Das von elf Staaten der Europäischen Gemeinschaft ohne Großbritannien im Dezember 1991 in Maastricht vereinbarte Protokoll über die Sozialpolitik nahm den Vorschlag der Sozialpartner fast unverändert auf. Danach haben die Sozialpartner eine neue Rolle bei der Durchführung und bei der Erarbeitung von Richtlinien. Die Mitgliedstaaten der Gemeinschaft (immer ohne Großbritannien) können den Sozialpartnern auf deren Antrag hin die Durchführung von Richtlinien übertragen. Nicht mehr ein nationales Gesetz, sondern eine Vereinbarung zwischen den Sozialpartnern sorgt für die Umsetzung dessen, was auf europäischer Ebene beschlossen wird. Freilich, die Mitgliedstaaten vergewissern sich, »daß die Sozialpartner spätestens zu dem Zeitpunkt, zu dem eine Richtlinie nach Artikel 189 umgesetzt sein muß, im Wege einer Vereinbarung die erforderlichen Vorkehrungen getroffen haben.«[10]

Die Kommission wird verpflichtet, vor Unterbreitung von Vorschlägen im Bereich der Sozialpolitik die Sozialpartner zu hören – wie eine Gemeinschaftsaktion gegebenenfalls ausgerichtet werden kann. Dabei können die Sozialpartner der Kommission mitteilen, daß sie es vorziehen, auf dem Verhandlungsweg, unter sich eine Lösung auszuarbeiten, die sie dann ihrerseits der Kommission innerhalb von neun Monaten übermitteln müssen. Schließlich können die Sozialpartner auf eigene Initiative, ohne Anstoß durch die Kommission, Vereinbarungen abschließen. Deren Umsetzung erfolgt dann »entweder nach den jeweiligen Verfahren und Gepflogenheiten der Sozialpartner und der Mitgliedstaaten« oder aber »auf gemeinsamen Antrag der Unterzeichnerparteien durch einen Beschluß des Rates auf Vorschlag der Kommission«[11].

---

9 Amtsblatt der Europäischen Gemeinschaften, C 191, 29. 7. 1992
10 Ebd.
11 Ebd.

Letzteres Prozedere ist eingeschränkt. Es gilt nicht für die breite Palette aller denkbaren sozialpolitischen Themen, sondern »nur« für die Verbesserung der Arbeitsumwelt zum Schutze der Gesundheit und der Sicherheit der Arbeitnehmer, Arbeitsbedingungen, Unterrichtung und Anhörung der Arbeitnehmer, Chancengleichheit von Frauen und Männern auf dem Arbeitsmarkt, Gleichbehandlung am Arbeitsplatz, berufliche Eingliederung der aus dem Arbeitsmarkt ausgegrenzten Personen. Das Abkommen der Sozialpartner und das Maastrichter Protokoll haben ein breites Echo gefunden. Sie sind als Durchbruch zu europäischen Kollektivverhandlungen gefeiert worden, als endlich gegebene Chance, europäische Kollektivverhandlungen mit Leben zu erfüllen, und als Möglichkeit für die Sozialpartner, viel breiter, viel intensiver als bisher in die Erarbeitung sozialpolitischer Vorschläge einbezogen zu werden. Der Zug zu Kollektivverhandlungen innerhalb der Gemeinschaft schien endlich auf die Gleise gesetzt und unter Dampf zu stehen. UNICE allerdings hat der Euphorie einen Dämpfer verpaßt: »Die im Abk. vorgesehenen Verhandlungen werden z. T. als Beginn europäischer Tarifverhandlungen interpretiert. Diese Auslegung ist nach Auffassung von UNICE nicht korrekt. Sinn und Zweck des Abkommens ist es, die Mitwirkungsmöglichkeiten der europäischen Sozialpartner an der Gestaltung der europäischen Sozialpolitik zu verbessern.« UNICE stehe der Möglichkeit solcher Verhandlungen durchaus aufgeschlossen gegenüber, werde aber nur dann zu ihnen bereit sein, wenn sie »sowohl unter Berücksichtigung des Subsidiaritätsprinzips als auch vom Inhalt her begründet sind«[12].

Die vielen Fragezeichen sind nicht zu übersehen, die noch geklärt werden müssen. Das beginnt mit der Frage, wer die Verhandlungen führen soll, auf die Abkommen und Maastrichter Protokoll eingehen: der EGB oder die Branchengewerkschaften auf europäischer Ebene? Und wie steht es um die Bereitschaft der Mitgliedsverbände, sich auf europäische Rahmenvereinbarungen einzulassen? Zu welchen Themenbereichen können Verhandlungen geführt werden? Auf welcher Ebene? Und wie kann die Vernetzung zwischen den Bereichen aussehen? Wie kann sichergestellt werden, daß die Tarifautonomie der Mitgliedsgewerkschaften des EGB erhalten bleibt, daß Kollektivverhandlungen auf europäischer Ebene die nationalen Verhandlungen ergänzen, sie begleiten und unterstützen, sie aber nicht ersetzen? Wie soll man methodisch vorgehen? Analog zur Methode der europäischen Gesetzgebung Mindeststandards anstreben, die dann jeder auf

---

12 Hornung-Draus, R., Sozialer Dialog aus Sicht der UNICE, in: Informationsdienst Europäisches Arbeits- und Sozialrecht, 7/1993, S. 7

seiner eigenen Verhandlungsebene noch einmal überbieten kann? Wer erteilt das Mandat für Verhandlungen? Wie legt man fest, mit welchen Forderungen man in Verhandlungen gehen will, und wer segnet das Ergebnis ab?

4.1.3 Europäische Kollektivverhandlungen: Verhandlungsebene und Mandat

Der Maastrichter Vertrag bietet den Sozialpartnern die Möglichkeit, auf vier verschiedenen Ebenen zu verhandeln:

– branchenübergreifend auf europäischer Ebene;

– auf Branchen- und Sektorenebene;

– auf interregionaler Ebene;

– auf der Ebene europaweit operierender Konzerne oder Unternehmen.

Die von der EG-Kommission auf der europäischen Ebene anerkannten Verbände sind der EGB, UNICE und CEEP. Zwischen diesen Verbänden können branchenübergreifende Abkommen abgeschlossen werden. Dabei handelt es sich um Rahmenabkommen, deren Inhalt auf nationaler und sektorieller Ebene weiterverhandelt und ausgestaltet werden müssen. Insofern können diese Rahmenabkommen auch nur Mindestnormen definieren und bestimmte Grundsätze und Leitlinien beinhalten.

Besondere Bedeutung innerhalb der europäischen Kollektivverhandlungen kommt den branchenspezifischen Verhandlungen zu. Dies wohl auch deshalb, weil – neben der transnationalen Unternehmensebene – dort die größten Chancen bestehen, zu europäischen Vereinbarungen zu kommen. Auf dieser Ebene könnten zwischen den zur Zeit 16 Europäischen Gewerkschaftsausschüssen und den jeweilig zuständigen europäischen Arbeitgeberorganisationen Rahmenverträge abgeschlossen werden. Auch diese wären selbstverständlich auf nationaler Ebene weiterverhandelbar.

Zu interregionalen Vereinbarungen könnte es speziell in Fragen kommen, die die Grenzregionen betreffen. Dabei könnten die Vereinbarungen in enger Zusammenarbeit mit den nationalen Gewerkschaften getroffen werden.

Auf der Ebene der transnationalen Konzerne und Unternehmen sind die Aussichten zweifellos am vielversprechendsten. Dort wurden bereits unter Einbeziehung der Europäischen Gewerkschaftsausschüsse die ersten europäischen Vereinbarungen abgeschlossen, ohne daß eine rechtliche

Grundlage dafür vorhanden war. Dabei bietet die Schaffung dieser Europäischen »Betriebsräte« die Voraussetzung, weitere Abkommen abzuschließen. In die grenzübergreifenden Verhandlungen könnten dabei sowohl die Europäischen Gewerkschaftsausschüsse als auch die nationalen Gewerkschaften miteingeschlossen werden.

Die richtige Verhandlungsebene zu wählen, sollte kein unüberwindbares Problem darstellen. Sie ist letztendlich keine Frage des Prinzips, sondern der politischen Opportunität und der gewerkschaftlichen Effizienz.

Die Frage des Verhandlungsmandats ist zweifellos das schwierigste Problem, das es zu überwinden gilt. Dabei geht es vor allem um den Willen zu einem gemeinsamen Handeln. Das zwischen EGB, UNICE und CEEP geschlossene Abkommen vom Oktober 1991 und Artikel 4 des Sozialprotokolls sehen ausdrücklich die Möglichkeit vor, Vereinbarungen auf europäischer Ebene abzuschließen.

Es liegt nun an den Gewerkschaften selber, diese Möglichkeiten auch zu nutzen. Es sollte klar sein, daß die Befugnisse des EGB und seiner sektoralen Mitgliedsorganisationen einzig und allein vom Auftrag der Mitglieder abhängig sind. Ebenso müßte für jede Verhandlung das Mandat limitiert sein, d. h. es kann kein generelles Verhandlungsmandat ausgesprochen werden, und es muß einer ständigen Kontrolle unterliegen. Dieses gilt vor allem auf der branchenübergreifenden Ebene. Berücksichtigen sollte man dabei, daß es unterschiedliche Strukturen in den einzelnen Ländern gibt, das heißt die Befugnis, Tarifvereinbarungen abzuschließen, liegt in Deutschland und Großbritannien allein bei den Einzelgewerkschaften, während in anderen Ländern den Gewerkschaftsbünden diese Möglichkeit offensteht. Trotz dieser Unterschiede ist es aber sehr wohl möglich, daß die nationalen Verhandlungsführer an europäischen Kollektivvertragsverhandlungen entweder direkt oder indirekt durch eine präzise Mandatserteilung beteiligt werden. Dabei muß in jedem Fall klargestellt werden, daß es bei allen Verhandlungen genügend Rückkoppelung mit den nationalen und sektoralen Organisationen des EGB gibt.

Die besten Aussichten bestehen wohl auf der Ebene der europaweit operierenden Unternehmen und Konzerne. Hier hängt es einzig und allein von dem zentralen Management der Unternehmen oder Unternehmensgruppen ab, Verhandlungen mit den repräsentativen Gewerkschaftsorganisationen aufzunehmen und letztendlich Vereinbarungen abzuschließen, die dann für das ganze Unternehmen oder die Unternehmensgruppe gelten.

4.1.4 Kriterien für europäische Verhandlungen

Das Maastrichter Protokoll bietet eine Reihe von Themen zur Umsetzung. Dabei sollten jedoch zunächst eine Reihe von Kriterien festgelegt werden.

• Erstes Kriterium wäre, daß die Forderungen realistisch sein müßten, also durchsetzbar erscheinen.

• Eine besondere Rolle bei der Auswahl der Themen spielt die Verhandlungsebene. Für die branchenübergreifende Ebene kämen nur Themen in Frage, die auch einer gesamteuropäischen Regelung bedürfen, wie z. B. die Festlegung von Mindestlöhnen, die Gleichstellung von Mann und Frau, Aus- und Weiterbildung und bestimmte Bereiche im Gesundheitsschutz.

• Für den sektoriellen Bereich würden sich Themen anbieten wie die Einführung neuer Arbeitsorganisationen, Leiharbeit, Schlechtwettergeld und Ruhezeiten. Letztendlich aber müßten die Themen und Prioritäten durch diejenigen Gremien festgelegt werden, die das Verhandlungsmandat erteilen.

• Ziel europäischer Kollektivverhandlungen darf es schließlich nicht sein, alle arbeitsrechtlichen oder sozialpolitischen Regelungen in Europa zu vereinheitlichen. Es geht nicht um Gleichmacherei, wie von den Arbeitgebern gelegentlich polemisch behauptet wird, und es geht ebenfalls nicht um Zentralisierung auf europäischer Ebene. Und schließlich ist es auch nicht Ziel des EGB, die Löhne von Kopenhagen bis Palermo zu vereinheitlichen. Ziel muß es sein, die Lebens- und Arbeitsbedingungen in ganz Europa anzugleichen. Dabei muß es gelingen, einen schnelleren Fortschritt für die Länder mit den schlechtesten Arbeitsbedingungen zu erreichen, ohne daß die Länder mit den besseren Standards in ihrem Fortkommen auf sozialem Gebiet behindert werden. Nur so läßt sich die Kluft zwischen Portugal und Dänemark, zwischen Griechenland und Portugal schrittweise verringern.

4.1.5 Ein Diskurs kommt in Gang

Einen Erfolg kann das Abkommen vom 31. 10. 1991 auf jeden Fall schon verbuchen: den Diskurs in der europäischen Gewerkschaftsbewegung über grenzüberschreitende Kollektivverhandlungen auf die Beine gebracht zu haben. Was vorher allenfalls eine Angelegenheit kleinerer Zirkel war, der tarifpolitischen Ausschüsse der europäischen Branchengewerkschaften (wenn vorhanden), wurde nun ins Licht einer breiteren gewerkschaftlichen Öffentlichkeit gestellt. Der EGB veranstaltete am 1. und 2. Juni 1992 in

Luxemburg eine größere Konferenz über die europäische Dimension von Kollektivverhandlungen, der EMB folgte im März 1993 mit einer Veranstaltung, auf nationalen Gewerkschaftskongressen wie etwa der Jahreskonferenz der GMB, Food and Leisure Section 1993 wurde die europäische Kollektivverhandlung zum Thema. Die IGBSE hat angekündigt, sich an die Ausarbeitung eines europäischen Tarifvertrages für das Naßbaggergewerbe machen zu wollen. Der Exekutivausschuß des EGB hat am 4./5. März 1993 in einer Erklärung zur Tarifpolitik europäische Kollektivverhandlungen in einer Reihe genannt mit Forderungen an die Wirtschafts-, Finanz-, Sozial- und Arbeitsmarktpolitik, als ein Mittel, die Interessen der Arbeitnehmer zu verteidigen. Der Spielraum für Tarifpolitik in den Mitgliedstaaten der Gemeinschaft sei schon jetzt erheblich eingeengt, die Erhaltung der Tarifautonomie, und das bedeutet gewerkschaftlichen Handlungsvermögens, erfordere geradezu die Koordination der nationalen und sektoriellen Verhandlungen auf europäischer Ebene. Das geeignete Gremium dazu seien die in den meisten europäischen Gewerkschaftsausschüssen bestehenden tarifpolitischen Abteilungen.

Europäische Kollektivverhandlungen besitzen, was der Exekutivausschuß unterstrich, auch eine nationale Dimension:»Die nationalen Tarifverträge müssen die europäische Dimension der durch die Vollendung des Binnenmarktes aufgeworfenen Probleme berücksichtigen. Gerade deshalb ist es erforderlich, Ziele und Strategien der nationalen Gewerkschaften in den europäischen Gewerkschaftsausschüssen zunehmend aufeinander abzustimmen, um die Interessen der Arbeitnehmer und ihrer Gewerkschaften in diesem Prozeß zu wahren. Zu diesem Zweck setzen sich die sektoralen und nationalen Mitgliedsorganisationen im Rahmen des EGB gemeinsame Ziele für ihre Tarifverhandlungen.«[13] Funktion europäischer Kollektivverhandlungen sei es, die Position der Gewerkschaften bei nationalen Verhandlungen durch Information und Koordination auf europäischer Ebene zu stärken. Andererseits gelte es aber auch, die nationale Ebene durch europäische Verhandlungen zu ergänzen. Europäische Verhandlungen seien kein Ziel an sich, sondern lediglich ein Mittel »zur Bewältigung von Problemen, die auf nationaler Ebene nicht gelöst werden können.«[14]

Der Soziale Dialog, die regelmäßigen Treffen zwischen Spitzenvertretern der Gewerkschaften und Arbeitgeberverbände auf europäischer Ebene unter Leitung der Kommission ist noch kein Gremium, das in der Lage wäre,

---

13 Europäische Tarifverhandlungen – Strategie des EGB, Exekutivausschuß, Brüssel 4.–5. März 1993
14 Ebd.

Kollektivverhandlungen zu führen. Der Soziale Dialog, stellte der Exekutiv-ausschuß klar, sei ein »Diskussionsforum für die Sozialpartner«, mehr nicht. Ein Gremium, in dem vorbereitende Diskussionen geführt werden, Standpunkte ausgetauscht und einander angenähert werden können, in dem die möglichen Themen von europäischen Kollektivverhandlungen auftauchen, aber nicht selbst ausgehandelt werden. Im Rahmen des Sozialen Dialogs wird sich der EGB dafür einsetzen, konkrete Absprachen mit den Arbeitgebern über wichtige sozialpolitische Ziele zu treffen, zum Beispiel über den Zugang zur beruflichen Bildung, über die Ankurbelung eines dauerhaften, qualitativen Wachstums, über Mindeststandards zum Schutz der Arbeitnehmer. Um von den eher unverbindlichen Erklärungen wegzukommen, die der Soziale Dialog bislang produziert hat, wird sich der EGB dafür einsetzen, daß beide Seiten diese Erklärungen als verbindliche Verpflichtungen begreifen, als etwas, für das sie sich einzusetzen haben, auf Gemeinschaftsebene und in den Mitgliedstaaten. Freilich reicht die schönste selbstverpflichtende Erklärung nur so weit wie die Verhandlungs- und Durchsetzungsmacht des Verhandlungspartners. Der Wille der Arbeitgeberverbände, in Abkommen festgehaltene Dinge umzusetzen, wird nur dann nicht erlahmen, wenn ihnen im Europäischen Gewerkschaftsbund ein Partner gegenübersitzt, der aktionsfähig ist.

Ohne die Möglichkeit grenzüberschreitender Aktionen bis hin zu grenzüberschreitenden Streiks bleiben europäische Kollektivverhandlungen in der Luft hängen. Der Maastrichter Vertragstext hat aber darauf verzichtet, das Koalitions- und Streikrecht grenzüberschreitend zu regeln. Und selbst wenn man diese Regelung vorgenommen hätte: Spätestens seit Ferdinand Lassalle weiß man, daß Durchsetzungsmacht eine rechtliche und eine faktische Seite hat. Bei einem Organisationsgrad von 10 % (beispielsweise in Frankreich) würde auch die rechtliche Möglichkeit grenzübergreifender Aktionen die Frage offenlassen, wieviel tatsächliche Durchsetzungskraft vorhanden ist.

4.1.6 Weder Allheilmittel noch Wunderdroge

Europäische Kollektivverhandlungen werden mit Sicherheit kein Allheilmittel und keine Wunderdroge sein. Sie werden nicht der Zauberbesen sein, mit dem man den Arbeitgebern im nationalen Rahmen drohen könnte, um verlorene Positionen wiederbesetzen zu können. Europäische Kollektivverhandlungen sind Teil des gewerkschaftlichen Reformprozesses, Element der notwendigen Wandlung, der sich Gewerkschaften unterziehen müssen, wenn sie weiterhin bestehen wollen, aber eben auch nur ein Element. Und obendrein ein Element, das vorsichtig gehandhabt werden muß, um zu vermeiden, daß die gewerkschaftlichen Teilnehmer eines europäischen Kollektivverhandlungsprozesses als düpierte Zauberlehrlinge dastehen. Nach einem Meister würden sie nicht mehr rufen können. Europäische Kollektivverhandlungsstrategie dürfte nicht vergessen, daß Tarifverhandlungen auch dazu dienen, Solidarität herzustellen. Im Klartext: Jegliche Verhandlungsstrategie, die sich etwa darauf ausrichten würde, die im europäischen Speckgürtel von London bis Mailand angesiedelten transnationalen Konzerne zum Dreh- und Angelpunkt zu machen, wäre fatal, weil sie dazu beitragen würde, die Arbeitsbedingungen noch unterschiedlicher zu machen, dann zumindest, wenn der Zusammenhang zu den nationalen Flächentarifverträgen gelöst würde.

In Italien erreichen nationale Tarifverhandlungen ungefähr 80 % der Arbeitnehmer, die nachfolgenden betrieblichen Verhandlungen aber nur noch 50 %. Man kann sich vorstellen, wie das bei Verhandlungen aussehen könnte, die auf europäischer Ebene beginnen. Wie läßt sich verhindern, daß Klein- und Mittelunternehmen mit ihren Beschäftigten ins soziale Abseits geraten? Auch wenn der Zug zum Binnenmarkt längst abgefahren ist, bedeutet das nicht, daß man mit Kollektivverhandlungen in einigen Jahren alles in Brüssel entscheiden würde. Es wird keinen europäischen Zentralismus geben, sondern die europäische Ebene als eine unter mehreren, wenn nicht vielen. Gewerkschaften der Zukunft werden differenzierte Interessenvertretungen sein müssen. Die Arbeitnehmer sind schon längst keine homogene Gruppe mehr, ihre Bedürfnisse und Anforderungen an gewerkschaftliche Politik werden vielfältiger und lassen sich nur mit einer Kollektivvertragspolitik aufgreifen, die eine sorgfältige abgestimmte Balance zwischen betrieblicher, regionaler, nationaler und europäischer Ebene wahrt. Eine bessere Koordinierung und Abstimmung der Tarifpolitik in Europa bedeutet nicht, daß auch nur eine dieser Ebenen verschwinden würde. Die Debatte über Kollektivverhandlungen in Europa scheint manchen Zukunftsmusik zu sein. Tatsächlich finden grenzüberschreitende Verhandlungen schon statt. Tatsächlich haben sie schon eine Tradition seit 1985, seit die ersten Europäischen Betriebsräte gebildet wurden in Verhandlungen zwischen europäischen Branchengewerkschaften und dem Management eines Konzerns, die ihren Abschluß in einem Vertrag gefunden haben.

Seit fast zehn Jahren sind Gewerkschaften in Europa schon in Kollektivverhandlungen begriffen, um das Recht auf grenzüberschreitende Information und Konsultation zu sichern. Auch andere Themen warten darauf, aufgegriffen zu werden. Zum Beispiel der Arbeitsschutz. Ein Abkommen, das in der

Druckindustrie etwa den Ersatz toxischer Reinigungsstoffe durch pflanzliche Öle vorsieht. Die dänische Druckgewerkschaft hat entsprechende Erfahrungen mit der Substitution gemacht, die gerade in Deutschland und Spanien aufgegriffen werden. Warum sollte man diesen Prozeß nicht durch Rahmenabkommen auf europäischer Ebene vorantreiben? Warum nicht Rahmenabkommen schließen zu neuen Formen der Produktions- und Arbeitsorganisation, etwa zur Gruppenarbeit? Oder Rahmenabkommen, die einige grundlegende Prinzipien für Betriebsverlagerungen aufstellen? Oder Rahmenabkommen, in denen sich beide Parteien verpflichten, auf das Verbot genetischer Einstellungstests zu drängen? Themen für europäische Kollektivverhandlungen gibt es genug. Freilich machen europäische Verhandlungen, soweit UNICE und EGB betroffen sind, nur als Rahmenabkommen Sinn. Und solche Rahmenvereinbarungen können unter gar keinen Umständen eine Alternative zur Gesetzgebung sein.

Um weitere Verhandlungen erfolgreich angehen zu können, müßte der Europäische Gewerkschaftsbund viel stärker als bisher seine Kampagnefähigkeit unter Beweis stellen, so wie ihm das mit den europaweiten Demonstrationen am 2. April 1993 gelungen ist. Ohne die Fähigkeit, den politischen Diskurs in Europa zumindest partiell zu bestimmen, Themen zu setzen und zu dominieren, werden Verhandlungen auf halbem Wege steckenbleiben. Die Gewerkschaften werden sich auf gar keine Weise um die Notwendigkeit herummogeln können, ihre europäischen Strukturen zu stärken.

Ist ein Vertrag einmal abgeschlossen, wie soll dann seine Anwendung eingehalten und überprüft werden? Hier stellt sich wieder die Frage nach dem Mandat und nach der Willensbildung über tarifvertragliche Ziele. Nur eine breite Willensbildung und Diskussion unter den Gewerkschaftsmitgliedern kann anschließend die Einhaltung europäischer Kollektivverträge garantieren. Die Antwort kann nicht in einer europäischen Kontrollbehörde, womöglich noch dreigliedrig strukturiert, liegen, wie man hier und da in der Auseinandersetzung um europäische Kollektivvereinbarungen meinte. Die Antwort liegt einzig und allein in starken europäischen Gewerkschaften, in einer Europäisierung gewerkschaftlicher Politik.

4.2 Europäischer Metallarbeiterbund EMB

Barbara Gerstenberger-Sztana / Bert Thierron

4.2.1 Tarifpolitische Aktivitäten des EMB bis heute

Mag die Abhängigkeit nationaler Tarifpolitik von Faktoren außerhalb einzelner Volkswirtschaften mit der Vollendung des Binnenmarkts eine neue Dimension erreicht haben, so sind die Auswirkungen einer wachsenden wirtschaftlichen Verknüpfung der Industrienationen Europas auf nationale Tarifverhandlungen schon seit Jahrzehnten spürbar.

Die europäische Dimension von Tarifpolitik ist daher vom Europäischen Metallgewerkschaftsbund (EMB) seit seiner Gründung im Jahr 1971 thematisiert worden. Die Anfänge internationaler Koordinationsversuche reichen sogar noch weiter zurück. Bereits die Vorgängerorganisation des EMB, der Europäische Ausschuß der Metallgewerkschaften, richtete 1968 einen Tarifpolitischen Ausschuß ein und veröffentlichte Ende 1969 eine erste Studie über die »Struktur und Entwicklung der Tarifverhandlungen in den Metallindustrien der EWG«. Mit dem Tarifpolitischen Ausschuß war ein Organ geschaffen, das den regelmäßigen Austausch von Informationen über abgeschlossene Verträge und laufende Verhandlungen zwischen den Mitgliedsorganisationen ermöglichte. Der Vergleich der in den einzelnen Staaten verfolgten Ziele und der bei ihrer Durchsetzung auftauchenden Probleme führte schnell zu der Erkenntnis, daß zahlreiche Forderungen besser gemeinsam vertreten werden. Die schriftliche Zusammenfassung der länderübergreifend zu beobachtenden Trends stellte den ersten Schritt in dem Bemühen dar, zu einer Koordination von national durchzusetzenden Zielen zu gelangen.

An den oben beschriebenen Strukturen hat sich in den vergangenen 25 Jahren wenig verändert. Die Zahl der Mitglieder des Tarifpolitischen Ausschusses hat sich mit der Aufnahme weiterer Gewerkschaften in den EMB vergrößert[1]. Seine Funktion als Gremium für den Informationsaus-

---

1 Der EMB hat heute 45 Mitgliedsorganisationen in 22 Ländern.

tausch über und die Koordination von tarifpolitischen Zielen ist jedoch gleich geblieben. Der Ausschuß ist besetzt mit den für Tarifpolitik zuständigen Experten der Mitgliedsorganisationen und tritt in der Regel zweimal jährlich zusammen. Eine Übersicht über die in der europäischen Metallindustrie geltenden Tarifverträge wird jährlich auf den neuesten Stand gebracht. In regelmäßigen Abständen erarbeitet der Ausschuß zudem Erklärungen zur Tarifpolitik, die einen gemeinsamen Forderungskatalog enthalten. Seit 1980 ist es nicht mehr erforderlich, daß die Mitglieder einstimmig alle Forderungen unterstützen. Das EMB-Sekretariat kann auch aktiv werden, wenn eine Mehrheit den Beschluß stützt.

Die Umsetzung dieser Forderungen, die auf nationaler Ebene erreicht werden muß, ist ein langwieriger Prozeß, der in den einzelnen Ländern mit unterschiedlicher Geschwindigkeit voranschreitet. So sind die gemeinsam formulierten Forderungen, wie die Einführung der 35-Stunden-Woche, die Arbeitszeitverkürzung für Schichtarbeiter oder der Überstundenausgleich durch Freizeit, bisher in unterschiedlichem Maße erfüllt. Es ist jedoch europaweit ein eindeutiger Trend in Richtung auf die Durchsetzung dieser Forderungen zu erkennen.

4.2.2 Auswirkungen von Binnenmarkt und EWU auf die Tarifpolitik

Mit dem Hinweis auf die Notwendigkeit, internationale Wettbewerbsfähigkeit erhalten zu müssen, haben Arbeitgeberverbände auch vor Beginn des europäischen Integrationsprozesses die Forderungen der Gewerkschaften nach besseren Lohn- und Arbeitsbedingungen vielerorts zurückgewiesen. Die Verwirklichung des Binnenmarktes und die für 1999 geplante Einführung der Währungsunion bedeutet aber eine neue Qualität der Standortkonkurrenz, die zu einer nie dagewesenen Bedrohung der bisherigen sozialen Errungenschaften und zukünftiger Verbesserungen von Lebens- und Arbeitsbedingungen europäischer Arbeitnehmer führen kann.

Die europaweite Mobilität des Kapitals ermöglicht rasche Produktionsverlagerungen von einem ins andere EG-Land. In der sich aus dieser Mobilität ergebenden Konkurrenz der Industriestandorte werden Lohn- und Lohnnebenkosten eine zentrale Rolle spielen. Bleiben die heute zu beobachtenden eklatanten Unterschiede zwischen den EG-Mitgliedsstaaten in bezug auf Löhne, Sozialabgaben und Arbeitszeiten auf lange Sicht bestehen, wird es in vielen Industrien zu umfassenden Verlagerungsbewegungen kommen. Die Bedeutung der Faktoren Lohn- und Lohnnebenkosten wird noch weiter zunehmen, wenn mit Einführung der Währungsunion der Spielraum des

Wechselkurs-Mechanismus[2] wegfällt und die bestehenden Produktivitäts-unterschiede in der Gemeinschaft allein über die Löhne ausgeglichen werden. Der Druck auf die Gewerkschaften, der Lohnflexibilisierung und Deregulierung der Arbeitsbeziehungen zuzustimmen, um nationale Produktionsstandorte zu erhalten, wird sich drastisch erhöhen. Die Gefahr der Öffnung einer Lohnspirale nach unten, der Senkung von Sozialstandards und der Zementierung sozialer und wirtschaftlicher Ungleichheit in Europa zeichnet sich deutlich ab. Dies kann das gesamte europäische Einigungs-projekt in Frage stellen, da ein Europa der krassen ökonomischen und sozialen Unterschiede sowie der mörderischen Konkurrenz der Regionen keine Stabilität finden kann.

4.2.3 Konsequenzen: Europäisierung der Tarifpolitik

Wenn mit der Vollendung des Binnenmarktes und der zu erwartenden Einführung der Währungsunion eine neue Qualität ökonomischer Integration in Europa erreicht wird, so müssen die Gewerkschaften bei ihren Kooperationsbemühungen ebenfalls einen qualitativen Schritt nach vorn tun. Drei Ebenen gewerkschaftlicher Aktivität lassen sich unterscheiden: Zum einen ist der innergewerkschaftliche Koordinationsprozeß auf Schwä-chen zu prüfen und zu verbessern. Zweitens sind die Möglichkeiten für Kollektivverhandlungen auf europäischer Ebene zu prüfen. Drittens ist der von der EU-Kommission initiierte »Soziale Dialog« zwischen Arbeitgeber-verbänden und Gewerkschaften als eine weitere Möglichkeit, zu Überein-kommen zu gelangen, auszuloten.

4.2.3.1 Innergewerkschaftliche Ebene

Ein Austausch von Informationen über die in Tarifverhandlungen erzielten Ergebnisse hat es unter den europäischen Metallgewerkschaften seit 1968 in institutionalisierter Form gegeben. Daraus ergab sich eine Koordination zentraler Forderungen. Um dieses System des halbjährlichen Informations- und Meinungsaustausches zu intensivieren und technisch effizienter zu ge-

---

2 Heute werden zum Beispiel in der Automobilindustrie Großbritanniens bei längster Arbeitszeit (1830 Jahresstunden) die niedrigsten Löhne gezahlt (19 DM Stundenlohn, im Vergleich dazu Deutsch-land: Jahresarbeitszeit 1483, Stundenlohn 28 DM); Arbeitskosten inklusive Sozialabgaben lagen in Groß-britannien bei 28 DM pro Stunde, in Deutschland bei 47 DM; vgl. Financial Times vom 10. 6. 1993, S. 2

stalten, hat der EMB mit der Tarifpolitischen Grundsatzerklärung vom März 1993 beschlossen[3].

Aus der Unterrichtung im nachhinein, also nach erfolgreichem Abschluß der Verhandlungen, soll ein Informationsaustausch über angestrebte Ziele *vor* Eintritt in die Verhandlungen werden. Zu wichtigen Verhandlungen sollen dann Beobachter aus EMB-Mitgliedsorganisationen eingeladen werden. Vorbereitende bilaterale Seminare können dazu dienen, das Verständnis für nationale Strukturen und Traditionen zu erhöhen und den Sinn und Inhalt bestimmter Forderungen zu erläutern.

Eine »Kleine Arbeitsgruppe« des EMB hat außerdem damit begonnen, die Einrichtung einer Datenbank vorzubereiten, in der Informationen zu volkswirtschaftlichen Größen, der Entwicklung des Metallsektors und seiner einzelnen Branchen und den gültigen Tarifverträgen aus den 22 Ländern gespeichert werden. Die elektronische Verarbeitung dieser Daten und die Vernetzung von Informationssystemen würden einen beträchtlichen Gewinn an Effizienz bedeuten, und die Informationen einem weitaus größeren Kreis Interessierter zugänglich machen.

Was die Koordination von Zielen und ein konzertiertes Vorgehen zu ihrer Durchsetzung betrifft, so wird eine Intensivierung der Zusammenarbeit auf diesem Gebiet von allen Mitgliedsorganisationen unterstützt. Der Druck, der Absichtserklärung auch konkrete Taten folgen zu lassen, wächst angesichts der immer enger werdenden Verflechtung der nationalen europäischen Volkswirtschaften.

4.2.3.2 Kollektivverhandlungen auf europäischer Ebene

Wenn die zunehmende ökonomische Integration Europas die Arbeitnehmer europaweit vor ähnliche Probleme stellt, so ist es nur konsequent, die Lösung dieser Probleme ebenfalls auf europäischer Ebene anzustreben. Verhandlungen zwischen den europäischen Gewerkschaftsvereinigungen und Arbeitgeberverbänden können zu Verträgen führen, die länderübergreifende Fragen regeln.

Für den Europäischen Gewerkschaftsbund (EGB) steht das Ziel, zu grenzüberschreitenden europäischen Verhandlungen mit den Arbeitgebern zu gelangen, gleichberechtigt neben dem Bestreben, die Koordinierung ge-

---

3 Die Tarifpolitische Grundsatzerklärung des EMB »Tarifpolitik im Europa des Wandels« ist auf seiner Tarifpolitischen Konferenz am 11. und 12. März 1993 in Luxemburg diskutiert und verabschiedet worden. Sie ist am 25. März 1993 auch vom EMB-Exekutivausschuß angenommen worden.

werkschaftlicher Positionen in Europa zu erreichen[4]. Die dem zugrundeliegende Einschätzung wird vom Europäischen Metallgewerkschaftsbund nicht geteilt. Für den EMB und seine Mitgliedsgewerkschaften ist die Aushandlung europäischer Tarifverträge kein Nah-, ja nicht einmal ein mittelfristig erreichbares Ziel. Zu zahlreich sind die noch unbeantworteten Fragen auf diesem Gebiet.

Da ist zunächst die Frage des Mandats zu klären. Wer ist berechtigt, auf europäischer Ebene zu verhandeln? Es ist eindeutig, daß die europäischen Gewerkschaftsvereinigungen, sei es auf Branchenebene oder auf Ebene der Bünde, ein Mandat für Verhandlungen von ihren Mitgliedern nur für klar definierte Themen erhalten würden. Es muß also geklärt werden, was Gegenstand von Verhandlungen sein soll. Bisher auch vom EMB benutzte Umschreibungen wie »Regelung qualitativer Fragen, die für die gesamteuropäische Arbeitskultur wichtig sind« (Pressemitteilung vom 10. März 1993), dürften kaum dazu angetan sein, die zögerliche Haltung der nationalen Organisationen bezüglich der Verlagerung von Kompetenzen auf die europäische Ebene zu verändern.

Es darf weiterhin nicht übersehen werden, daß wichtige Rahmenbedingungen, die eine erfolgreiche Aushandlung von Tarifverträgen auf europäischer Ebene erst möglich machen würden, noch geschaffen werden müssen. So sind weder Koalitionsrecht noch Streikrecht auf europäischer Ebene geregelt. Laut Sozialpolitischem Protokoll des Maastrichter Vertrags soll das auch in Zukunft, also mindestens bis zur ersten Revision des Vertrages 1996, so bleiben: Koalitions- und Streikrecht sind ausdrücklich als von der Gemeinschaft nicht regelbare Bereiche aufgelistet. Daß aber Tarifverhandlungen ohne die Möglichkeit, die Forderungen der Arbeitnehmer durch (grenzüberschreitende) Streiks zu unterstützen, mehr mit kollektivem Betteln als mit Verhandeln gemein haben, ist unbestreitbar. EGB und EMB fordern daher gemeinsam die Änderung des Maastrichter Vertrages, wohlwissend, daß sich eine erste Chance dazu erst in drei Jahren bietet. Weiterhin ist die Frage der Gültigkeit auf europäischer Ebene ausgehandelter Tarifverträge zu klären. Eine Rechtsgrundlage, die die bindende Wirkung solcher Verträge garantiert, existiert noch nicht.

Die Zahl der noch zu lösenden Probleme, die fehlende rechtliche Grundlage, die sich gerade auf Sektorenebene stellende Frage nach dem Ver-

---

4 Siehe das Papier »Europäische Tarifverhandlungen – Strategie des EGB«, das vom EGB-Exekutivausschuß am 10. 11. 1992 angenommen worden ist.

handlungspartner, all dies darf nicht darüber hinwegtäuschen, daß innerhalb der Gewerkschaften, und hier besonders in den mächtigen, mitgliederstarken, eine eher skeptische und zögerliche Haltung in bezug auf europäische Tarifverhandlungen vorherrscht. Kompetenzen in diesem Kernbereich gewerkschaftlicher Arbeit an die europäische Ebene abzugeben, ist verständlicherweise kein einfacher Schritt. Konkrete Entscheidungen über Themen und Verfahren für europäische Tarifverhandlungen immer wieder zu verschieben, fällt angesichts der vielen noch ungelösten und von Gewerkschaftsseite nicht zu beeinflussenden Probleme leicht.

Grundsätzlich werden jedoch europäische Tarifverhandlungen als eine Möglichkeit, zu Rahmenvereinbarungen zu gelangen, in denen Mindeststandards festgelegt werden, von allen Mitgliedsgewerkschaften des EMB anerkannt. Diese Mindeststandards wünscht man zunächst für die Bereiche Information, Mitbestimmung und Interessenvertretung der Arbeitnehmer im Betrieb, für das Recht auf Bildung und Weiterbildung sowie soziale Kommunikation in der Arbeit[5].

4.2.3.3 Exkurs: Multinationale Konzerne und Europäische Betriebsräte

Die Schwierigkeiten, auf sektoraler Ebene oder der Ebene der Bünde zu europaweit gültigen Vereinbarungen zwischen den Tarifpartnern zu gelangen, sind deutlich geworden. Es soll in diesem Zusammenhang jedoch erwähnt werden, daß Verträge, die Arbeitgeber und Arbeitnehmer in mehr als einem europäischen Land binden, auf betrieblicher Ebene bereits Wirklichkeit sind. Mitgliedsorganisationen des EMB haben in zwölf Fällen Verträge über die Einrichtung Europäischer Betriebsräte mit den Unternehmensleitungen multinationaler Konzerne abgeschlossen[6]. Diese Gremien dienen bisher ausschließlich dem Informationsaustausch und der Konsultation der Arbeitnehmer durch die Konzernleitung vor den Konzern insgesamt betreffenden Entscheidungen. Denkbar wäre allerdings, daß der Europäische Betriebsrat eines europaweit tätigen Konzerns zu Vereinbarungen mit der Konzernleitung zu klar definierten Einzelthemen, beispielsweise Maschinenlaufzeiten oder Weiterbildungsrechte kommt, die dann in den Unterneh-

---

5 Dazu ausführlich: »Tarifpolitik im Europa des Wandels«, Tarifpolitische Grundsatzerklärung des EMB vom März 1993
6 In folgenden Unternehmen existieren schriftliche Vereinbarungen: Thomson Consumer Electronics, BULL, Volkswagen AG, Europipe, Continental Can Europe, Airbus Industrie, Eurocopter, Kone, Pechiney, Renault, Thomson-CSF und Nokia-NCM. Ein von der Unternehmensleitung finanzierter Europäischer Betriebsrat ohne vertragliche Grundlage arbeitet bei Volvo und Thyssen.

men aller betroffenen Länder gelten. Diese Form der »multinationalen Betriebsvereinbarung« darf kein Ersatz für Flächentarifverträge werden, die der EMB nach wie vor für die geeignetste Form der Tarifvereinbarung hält. Da es sich hierbei aber um eine Möglichkeit handelt zu verhindern, daß Arbeitnehmer in unterschiedlichen europäischen Ländern gegeneinander ausgespielt werden, wenn auch zunächst nur innerhalb eines Konzerns, sollten die sich hier bietenden Gelegenheiten auf jeden Fall genutzt werden.

4.2.3.4 Sozialer Dialog

Bereits 1987 wurde mit der Verabschiedung der Einheitlichen Europäischen Akte der Artikel 118 b in den Römischen Vertrag eingefügt, nach dem der »Dialog zwischen den Sozialpartnern auf der Gemeinschaftsebene zu vertraglichen Beziehungen führen (kann), wenn bestimmte Ziele spezifischer Sozialer Maßnahmen erzielt werden sollen«. Dieser Artikel bildet nun den Artikel 4 des Sozialpolitischen Protokolls des Maastrichter Vertrages, der im weiteren das Verfahren beschreibt, das schließlich zum Abschluß von Vereinbarungen zwischen den Sozialpartnern führen kann.

Der EMB beteiligt sich schon heute am Sozialen Dialog im Rahmen der Verhandlungen zwischen dem EGB, der europäischen Arbeitgebervereinigungen UNICE und der Vereinigung der öffentlichen Arbeitgeber CEEP. Diese Gespräche geben Gelegenheit zum Austausch von Argumenten und zur Verdeutlichung unterschiedlicher Standpunkte. Eine Reihe von gemeinsamen Stellungnahmen wurde bisher verabschiedet. Von Verhandlungen zwischen EGB, UNICE und CEEP mit dem Ziel, Verträge abzuschließen, kann im Moment jedoch nicht die Rede sein.

Auf sektoraler Ebene scheitert die Aufnahme des Sozialen Dialogs im Metallbereich derzeit an der Weigerung der Arbeitgebervereinigung »Western European Metal Trades Employers' Organisation« (WEM), sich mit dem EMB an einen Tisch zu setzen. Der letzte Vorstoß des EMB datiert aus dem April 1993. In einem Brief wird der Generalsekretärin der WEM angeboten, zum »Informations- und Erfahrungsaustausch zu Themen und Problemen von beiderseitigem Interesse, wie u. a. Beschäftigung, Weiterbildung, neue Berufsprofile« zusammenzukommen. Dabei wird ausdrücklich darauf hingewiesen, daß dies nicht eine »Institutionalisierung des sektoriellen Sozialen Dialogs« bedeute. In ihrem Antwortschreiben vom Mai 1993 konstatiert WEM »keinen Bedarf« für einen Meinungsaustausch und verweist auf das Positionspapier aus dem Juni 1992, in dem der Soziale Dialog auf sektorieller Ebene grundsätzlich abgelehnt wird.

Die Weigerung von WEM, mit dem EMB Gespräche zu führen, ist nicht typisch für die Haltung aller Arbeitgebervereinigungen im Metallbereich. So gibt es auf der Ebene einzelner Metall-Sektoren durchaus Gespräche mit den Herstellern, so mit den europäischen Verbänden der Maschinenbau- und Schiffsbauunternehmen und der Automobilhersteller. Diese Verbände verfügen allerdings nicht über ein sozialpolitisches Mandat. Sie sind bereit, über technische Fragen, zum Beispiel der Normierung, zu diskutieren. Zu Fragen der Sozialpolitik soll aber WEM für alle sprechen. Da WEM dies nicht gemeinsam mit dem EMB tun will, fehlt den europäischen Metallgewerkschaften der Gesprächs- bzw. Vereinbarungs-Partner für den Sozialen Dialog auf sektoraler Ebene.

Die derzeitige Verweigerungshaltung der Metall-Arbeitgebervereinigung ändert nichts an der grundsätzlichen Bereitschaft des EMB, den Sozialen Dialog auf sektoraler Ebene und auf Ebene der Dachorganisationen als eine Möglichkeit zu nutzen, um grenzübergreifende Vereinbarungen mit den Arbeitgebern zu erlangen. Allerdings darf eine Gefahr, die dem Sozialen Dialog innewohnt, nicht verkannt werden: Das derzeitige Verfahren kann sich schnell als ein »Richtlinien-Verhinderungsmechanismus« entpuppen. Greifen die Sozialpartner ein Thema in ihren Verhandlungen auf, so ist die Kommission zunächst daran gehindert, selbst tätig zu werden. Durch Scheinverhandlungen, die erst nach Monaten ergebnislos beendet werden, kann die Lösung dringlicher Probleme auf die lange Bank geschoben werden. Der Vorschlag von UNICE, die Einrichtung Europäischer Betriebsräte nicht durch eine Richtlinie, sondern durch im Sozialen Dialog erreichte Vereinbarungen zu regeln, ist ein Beispiel für den Versuch der Arbeitgeber, den in Artikel 4 des Sozialprotokolls des Maastrichter Vertrages beschriebenen Mechanismus als Verzögerungstaktik zu nutzen[7]. Hier gilt es, wachsam zu sein und auf Gewerkschaftsseite klar zu definieren, welche Fragen durch Verordnungen und Richtlinien, welche durch Vereinbarungen mit den Arbeitgebern geregelt werden sollen.

4.2.4 Schlußbemerkungen

Die Notwendigkeit, Tarifpolitik zu europäisieren, wird vor dem Hintergrund der rasch voranschreitenden wirtschaftlichen Integration Europas von allen Mitgliedsorganisationen des EMB anerkannt. Man ist sich einig, daß

---

7 Eine gute Zusammenfassung der UNICE-Position zu Europäischen Betriebsräten findet sich in: European Industrial Relations Review 223, June 1993, S. 3 f.

Koordination und Kooperation bei der Formulierung und Durchsetzung tarifpolitischer Ziele gestärkt werden müssen. Die Konkretisierung dieser grundsätzlichen Forderung, die Umsetzung in einzelne, klare Arbeitsschritte fällt jedoch nicht immer leicht. Dies liegt an den so unterschiedlichen tarifpolitischen Strukturen in den einzelnen Ländern. Flächentarifverträge stehen neben betrieblichen Vereinbarungen, mächtige Bünde mit Verhandlungsmandat stehen neben starken Einzelgewerkschaften, gesetzliche Regelungen stehen neben tarifvertraglichen Vereinbarungen – um nur die wichtigsten Unterschiede zu nennen. Da es sich bei der Tarifpolitik um einen so zentralen Bereich gewerkschaftlicher Arbeit handelt, dessen Ergebnisse das Selbstverständnis und -bewußtsein der Gewerkschaften wesentlich beeinflußt, ist die Überwindung nationaler Denkweisen hier besonders schwer. Vorangetrieben wird die Arbeit daher besonders von den Organisationen, die schon seit geraumer Zeit keine völlig autonome Tarifpolitik mehr betreiben können, da ihre Volkswirtschaften zu eng mit anderen, größeren verbunden sind. Dies gilt vor allem für die Mitgliedsorganisationen in den Benelux-Staaten und ihre Orientierung an den in der Bundesrepublik Deutschland erreichten Abschlüssen. Innerhalb des EMB entwickeln sie gemeinsam mit den skandinavischen Organisationen zur Zeit die wichtigsten Initiativen, die konkrete Verbesserungen in der Koordination tarifpolitischer Ziele zum Ergebnis haben.

Zusammenfassend läßt sich feststellen: Der Abschluß europäischer Tarifverträge bleibt für den EMB ein Fernziel. Vor dem Beginn von Verhandlungen müssen Rahmenbedingungen (europäisches Koalitionsrecht, Streikrecht, Normsetzungsbefugnis) geschaffen werden. In einem gewerkschaftsinternen Diskussionsprozeß muß klar definiert werden, für welche Themen welche Organisation ein Mandat für Verhandlungen erhält.

Der EMB strebt weiterhin das Gespräch mit der europäischen Arbeitgebervereinigung der Metallindustrie WEM an. Da es zweifellos viele Themen von beiderseitigem Interesse gibt, kann die derzeitige Verweigerungshaltung von WEM nur als destruktiv und unverständlich bezeichnet werden. Beispiele aus anderen Sektoren zeigen, daß der Dialog zwischen Gewerkschaften und Arbeitgebervereinigungen auf dieser Ebene gewinnbringend für beide Seiten sein kann, auch wenn Verhandlungen und konkrete Vereinbarungen zur Zeit allgemein noch als Zukunftsmusik betrachtet werden.

4.3 Europäischer Verband der öffentlichen Unternehmen CEEP

Werner Ellerkmann

In den ersten zehn Jahren der EG in Brüssel haben sich Verbände von Arbeitgebern und Gewerkschaften auf europäischer Ebene gebildet, ohne daß sie untereinander ständige Verbindungen unterhalten haben.[1] Sie verfolgten wie die vielen Lobby-Verbände in Brüssel jeder für sich ihre Interessen bei den Institutionen der EG. Seit 1971 gibt es jedoch den Ständigen Beschäftigungsausschuß, der zweimal im Jahr die Arbeits- und Sozialminister sowie die EG-Kommission mit den Gewerkschaften und Arbeitgeberverbänden zusammenbringt. Erst Präsident Delors lud 1985 die UNICE, die CEEP und den EGB im Val Duchesse in Brüssel an einen Tisch. Seitdem besteht der Soziale Dialog mit der EG-Kommission. Die drei teilnehmenden Verbände sind im übrigen schon in den ersten Jahren der EG von der EG-Kommission zu ihren Sozialpartnern ernannt worden.

1989 haben die Regierungschefs, allerdings ohne Großbritannien, die Europäische Sozialcharta unterzeichnet. Seitdem stellt niemand mehr das soziale Europa in Frage. Die Europäische Gemeinschaft muß auf der bestehenden nationalen Vielfalt sozialer Kulturen in den Mitgliedstaaten aufgebaut werden und sich aus ihr weiterentwickeln. Dazu sind neben den Mitgliedsregierungen und den Institutionen der EU insbesondere die Sozialpartner geeignet und verpflichtet. Sie können gemeinsam auf europäischer Ebene viel erreichen, wie Erfahrungen aus Mitgliedstaaten zeigen, wo Regierungen oft den gemeinsamen Vorstellungen der Arbeitgeber und Arbeitnehmer folgen, geben sie doch weitgehend den Willen der Bürger wieder. Es besteht ein Gleichklang der Interessen. Die sich zu einer politischen Union entwickelnde EU benötigt eine weitgehende Identifikation mit möglichst vielen gesellschaftlichen Gruppen auf europäischer Ebene.

---

1 Die folgenden Ausführungen geben lediglich die persönliche Auffassung des Verfassers wieder.

Erstens: Der Soziale Dialog ist zunächst eine wichtige politische Veranstaltung, um Arbeitnehmer und Arbeitgeber auf den gemeinsamen Markt einzustimmen und vorzubereiten. Dabei haben sie Gelegenheit, von einem weiten Gestaltungsrahmen Gebrauch zu machen und in Anwendung des Subsidiaritätsprinzips ein Höchstmaß an Autonomie in eigenen Angelegenheiten zu erlangen. Dies werden sie nur erreichen, wenn sie bei der Suche nach möglichst vielen gemeinsamen Nennern erfolgreich sind, so daß sie in wesentlichen Fragen gemeinsam handeln können. Zu diesem Zweck scheinen grundlegende Verträge zwischen den Sozialpartnern über ihre gemeinsamen Ziele und die Mittel, sie zu verwirklichen, auf Dauer unerläßlich zu sein.

Die Sozialpartner müssen auch in wirtschaftlich schwierigen Zeiten Solidarität üben, was sie bisher auch weitgehend getan haben. Bis zur Währungs- und politischen Union werden weitere Belastungsproben nicht ausbleiben, bei der sie dann möglicherweise auch zusammen unter Beweis stellen müssen, daß sie ihrer Friedenspflicht nachkommen.

Zweitens: In ihren gemeinsamen Stellungnahmen haben die Sozialpartner bisher Themen wie Information und Konsultation der Arbeitnehmer, Berufsbildung und Mobilität behandelt. Die dabei jeweils erarbeiteten gemeinsamen Auffassungen sind beachtlich, wenn man die große Verschiedenheit der jeweiligen nationalen Sozialkulturen in Rechnung stellt. In den Stellungnahmen zu makro-ökonomischen Themen wurde u. a. festgestellt, daß wirtschaftliches Wachstum auch Zurückhaltung in Lohnforderungen bedeuten kann, wenn nämlich der Arbeitgeber dafür Investitionen zur Schaffung von Arbeitsplätzen vornehmen wird. Diese europäische Wachstumsstrategie hat in manchen Ländern der EU erwartete Ergebnisse gebracht, wozu auch die verschiedenen Fonds zur Wirtschaftsförderung in der EU beigetragen haben. Mit dem Verschwinden wirtschaftlicher Grenzen und der Schaffung der Währungsunion begeben sich jedoch die Mitgliedstaaten u. a. des Instruments der Veränderung der Wechselkurse, einem Mittel zur Korrektur wirtschaftlicher Schwächen. Dies bedeutet eine weitere Herausforderung der Solidarität der Mitgliedstaaten und zugleich der Sozialpartner, die dann zeitweise schwachen Regionen und Mitgliedstaaten zusätzlichen Beistand leisten müssen.

Drittens: Neben den rechtlich unverbindlichen gemeinsamen Stellungnahmen sollten die Sozialpartner jedoch künftig auch Verträge verhandeln und schließen, die den Unterzeichnern und auch den betroffenen Arbeitgebern und Arbeitnehmern in der EU weitere Rechte und Pflichten auf dieser Ebene verschaffen. Es besteht unter den Sozialpartnern Einvernehmen darüber, daß die Gemeinschaft möglichst wenig Gesetze auf sozialem Gebiet schaffen soll, da die schon genannte, in den Mitgliedstaaten gewachsene Vielfalt in den Beziehungen zwischen Arbeitgebern und Arbeitnehmern möglichst nicht in Mitleidenschaft gezogen werden sollte. Auch ist das EU-Gesetzgebungsverfahren langwierig und die einheitliche Anwendung des EU-Rechts innerhalb der immer größer werdenden Gemeinschaft nicht gesichert. Wenn die Sozialpartner jedoch ihren Vertrag vom 31. Oktober 1991 anwenden und in ihren zuständigen Bereichen Vereinbarungen schließen, kann der gleiche Zweck mit mehr Aussicht auf gleichartige Anwendung in der gesamten EU erreicht werden, weil die Vertragspartner ein vitales Interesse daran haben, daß ihre Rechte und Pflichten aus den Verträgen von allen Beteiligten streng beachtet werden, will man nicht der Willkür freien Lauf lassen. Es wird sich eine Selbstdisziplin der Vertragspartner bilden.

Die Akteure der Sozialpartner im Sozialen Dialog bekleiden allesamt in den nationalen Arbeitgeber- und Arbeitnehmerverbänden verantwortliche Stellungen. Sie bieten die Gewähr, daß die nationale Vielfalt in den Arbeitgeber-Arbeitnehmer-Beziehungen nicht durch Vereinbarungen auf EU-Ebene unnötig tangiert wird.

Das künftige gemeinsame europäische Arbeitsrecht muß überwiegend von dieser Basis her entwickelt werden und möglichst nur dann, wenn dafür offenkundige Sachzwänge zum Nutzen der Gemeinschaft bestehen. Diese Voraussetzungen sollten den Bürgern hinreichend verständlich gemacht werden, so daß sie jeder auch nachvollziehen kann. Wenn dies nicht möglich ist, sollte man im Zweifel von einer Regelung auf EU-Ebene absehen.

Bisher erheben keine nationalen Tarifpartner den Ruf nach solchen Verhandlungen. Offensichtlich reicht die nationale Ebene noch aus, um mit den Auswirkungen des Gemeinsamen Marktes fertig zu werden. Mit zunehmender wirtschaftlicher Integration wird sich dies jedoch wahrscheinlich ändern, so daß in Einzelfällen europäische Vereinbarungen erforderlich werden. Auf diesen Fall müssen sich jedoch die Sozialpartner auf EU-Ebene rechtzeitig vorbereiten, indem sie möglichst umgehend Erfahrungen mit Verträgen auf EU-Ebene sammeln. Es wäre riskant, damit zu warten bis dieses Verlangen, und dann vielleicht ganz plötzlich, von nationaler Seite gestellt wird. Die Sozialpartner müßten dann rasch handeln können, wozu sie bisher noch keine Beweise geliefert haben. Wenn sie dann nicht mit der gebotenen Eile handeln werden, wird wohl der EU-Gesetzgeber auf den Plan treten und von seinen Rechten Gebrauch machen, europäisches Recht zu schaffen. Um eine solche Entwicklung rechtzeitig beherrschen zu können, sollten die Sozialpartner mit Verhandlungen nicht länger warten und als Sachgebiete solche auswählen, zu denen sie bereits gemeinsame Stellungnahmen erarbeitet haben, wo also zum Inhalt einer Regelung schon weitgehend Übereinstimmung erzielt worden ist.

Da bietet sich zunächst die Mobilität der Arbeitnehmer an. Es sollten rasch noch bestehende Mobilitätshindernisse beseitigt werden, woran beiden Sozialpartnern gleichsam ganz besonders gelegen sein sollte. Die Gemeinschaft wird um so schneller ihre Ziele erreichen, je mehr es gelingt, insbesondere jungen Leuten mit Ideen und Wagemut die Wege zu ebnen, in anderen Ländern der Gemeinschaft Erfahrungen zu sammeln, sich fachlich weiterzubilden und vor allem andere Kulturen kennenzulernen und Sprachen zu lernen. Sprachkenntnisse sind unerläßlich für den Erfolg des Gemeinsamen Marktes. Schon im Mittelalter galt die Maxime: Die beste Sprache des Kaufmanns ist die des Kunden. Ein weiteres Thema einer Vereinbarung könnte die Information und Konsultation der Arbeitnehmer sein. Mindestnormen auf diesem Gebiet wären nützlich, um den Einfallsreichtum und die Mitverantwortung der Arbeitnehmer zu stimulieren und zu nutzen. Nur moderne Unternehmen können im Wettbewerb besser bestehen, die nämlich alle Ressourcen des Betriebes mobilisieren können, und dazu gehören in erster Linie alle Mitarbeiter.

Es ist zu empfehlen, zunächst keine Verhandlungen zu führen, die auch finanzielle Lasten zum Gegenstand haben. Dies würde zusätzliche Probleme schaffen. Im übrigen wird sich dann, wenn eine getroffene Regelung vernünftig und auch nützlich für beide Seiten ist, auch seine finanzielle Seite durch die Eigendynamik von Sachzwängen regeln.

Da Sozialpartner auf EU-Ebene und auch manche ihrer Mitglieder im eigenen Lande nicht über Mandate für Verhandlungen verfügen, die die einzelnen nationalen Mitglieder unmittelbar verpflichten könnten, sind für die nächste Zukunft nur Rahmenverträge möglich, deren Umsetzung in den Mitgliedstaaten noch jeweils einer besonderen Regelung bedarf. Rahmenverträge werden nur dann voll wirksam, wenn die auf nationaler Ebene unmittelbar handelnden Akteure den Inhalt der Rahmenverträge sich zu eigen machen und durchsetzen. Dies mag wohl in Einzelfällen Schwierigkeiten aufwerfen, aber ohne aktive Mitwirkung der Basis wird Europa nur ein Torso bleiben.

Hier wird noch viel Arbeit zu leisten sein, auch was die Anwendung des Sozialprotokolls im Vertrag von Maastricht angeht. Wir betreten hier Neuland, und deshalb sollte man nicht mehr zu lange warten, Erfahrungen mit Vertragsverhandlungen zu sammeln. Nur dabei lernt man, wie die Praxis aussieht und wie man sie darauf ausrichten kann, daß die Sozialpartner in der EU ihre eigenen Angelegenheiten auf EU-Ebene selbst regeln können. Es sollte nicht noch mehr Zeit verloren werden. Zudem kann nicht ausgeschlossen werden, daß das Europäische Parlament auf diesem Gebiet auch aktiver wird und auf sozialem Feld Gesetze verabschiedet, die auch in den Zuständigkeitsbereich der Sozialpartner fallen.

Die Erfahrung lehrt, daß nicht genutzte Zuständigkeiten dadurch obsolet werden können, daß sie nicht ständig in Anspruch genommen werden, so wie Werkzeuge verrosten, wenn sie nicht häufig gebraucht werden.

Viertens: Mit Inkrafttreten des Maastrichtvertrages wird die EU-Kommission weitere wichtige Zuständigkeiten erhalten, wie die zum Aufbau der Währungsunion und der Politischen Union. Es ist sehr wahrscheinlich, daß der Ministerrat ihr dazu zusätzliche Stellen nicht im erforderlichen Umfang bewilligen wird. Die Kommission wird daher, um freie Stellen zu schaffen, bestehende Zuständigkeiten delegieren müssen, insbesondere solche, die keinen hoheitlichen Charakter haben. Dazu gehören Tätigkeiten im sozialen Sektor. Dort bieten sich u. a. die mannigfaltigen Programme an, die z. B. für Berufsbildung und Mobilität geschaffen worden sind. Hier handelt es sich häufig auch nur um eine Anschubfinanzierung, was bedeutet, daß später bei Gelingen der Programme diese von den unmittelbar Begünstigten wie Arbeitnehmer- und Arbeitgeberverbänden selbst zur weiteren Finanzierung übernommen werden müßten. Hier könnten aber schon jetzt Sozialpartner im Auftrage der EU-Kommission die Leitung und Verwaltung der Programme übernehmen, so daß EU-Beamte für andere, neue Aufgaben frei werden, die z. B. anders als die Finanzierung und Durchführung sozialer Projekte hoheitlichen Charakter aufweisen, was auch eher in den Zuständigkeitsbereich der EU-Kommission paßt.

Die Sozialpartner könnten so mit Vollmacht der EU-Kommission einen Selbstverwaltungsbereich schaffen, der zur Kohäsion und Konvergenz in der EU erheblich beitragen würde. Dies wäre auch im übrigen eine Anwendung des Grundsatzes der Subsidiarität. Die erforderlichen Fachkenntnisse sind bei den Sozialpartnern mindestens in gleichem Umfang verfügbar wie bei der EU-Kommission.

Fünftens: Wenn die Sozialpartner durch Übernahme nicht hoheitlicher Aufgaben, die bisher die EU-Kommission wahrnimmt, enger in die Struktur der EU eingebunden würden, erhielte die EU zusätzliches Gewicht. Es sollte nicht übersehen werden, daß diese Organisationen durch ihre Verbandsstrukturen mit ihren nationalen Mitgliedsverbänden bis in die einzelnen Betriebe und Unternehmen hineinwirken, und zwar sowohl auf der Ebene der Betriebsleitung als auch der Arbeitnehmerseite.

Insbesondere in skandinavischen Ländern scheinen Arbeitgeber- und Arbeitnehmerverbände getrennt oder gemeinsam in schwierigen Zeiten eine Rolle zu spielen, die von staatstragender Bedeutung ist. Dies wäre in der EU der Nachahmung wert, zumal im Vertrag von Maastricht den Sozialpartnern wichtige Funktionen zugedacht sind, indem z. B. die EU-Kommission sie konsultieren muß, ehe sie auf sozialem Gebiet tätig werden will. Wenn die Partner diese Rolle voll spielen wollen, sollten sie nicht erst Initiativen der EU-Kommission abwarten, sondern selbst gemeinsam konkrete Handlungsinitiativen ergreifen.

Sechstens: Der Soziale Dialog wurde in den ersten Jahren von der Öffentlichkeit und vielen in Brüssel tätigen Organisationen nicht recht wahrgenommen. Mit wachsender Entwicklung des Binnenmarktes und insbesondere in der augenblicklich schlechten wirtschaftlichen Lage treten die sozialen Probleme stärker in den Vordergrund. Vielfältige, in Brüssel tätige europäische Verbände begehren Einlaß in diesen Dialog und werden u. a. dabei vom Europäischen Parlament unterstützt. Wenn es sich dabei um einen unverbindlichen Dialog auf Dauer handeln würde, sollte der Umfang der Teilnehmer nicht zu eng bemessen werden.

Aber die drei jetzigen Teilnehmer vertreten überwiegend Verbände, die in den Mitgliedstaaten über eine Arbeitgeber- oder Arbeitnehmerqualität verfügen und dort auch jeweils Tarifverhandlungen führen, also Rechte und Pflichten von Arbeitnehmern und Arbeitgebern wahrnehmen. Sie sind an der Entwicklung des Arbeitsrechts eng beteiligt. Von ihnen führt eine direkte Verbindung zur EU-Ebene, auf der dann europäisches Verbandsrecht geschaffen werden kann. Es sollten die national bestehenden Rechte, falls erforderlich, nach dem bottom-up-Grundsatz in europäisches Arbeits- und Verbandsrecht übergehen. Dort sollte nur Recht geschaffen werden, das auf nationaler Ebene seine Wurzeln hat. Das von den EU-Sozialpartnern geschaffene Recht muß sich nahtlos an das nationale anschließen. Die Repräsentativität dieser Verbände mit Verhandlungsvollmachten kann schon deshalb nicht in Frage gestellt werden, wenn man keine künftige Rechtsunsicherheit heraufbeschwören will.

Siebentens: Sonstige Verbände in Brüssel, die auch einen Platz im Sozialen Dialog anstreben, aber über keine Vollmacht zu Verhandlungen verfügen können, weil sie ihnen niemand in den Mitgliedstaaten erteilen kann, sollten auf den Wirtschafts- und Sozialausschuß (WSA) verwiesen werden, der alle sozial relevanten Gruppen erfaßt und wo diese ihre Anliegen vertreten können.

Vielleicht ist der WSA überhaupt geeignet, engere Verbindung zu den Sozialpartnern zu unterhalten, insbesondere dann, wenn nach den Beschlüssen von Maastricht neben ihm der Rat der Regionen tätig werden wird.

Diese Überlegung ist eine persönliche Idee, die sich aufdrängt, wenn man das soziale Europa auf eine möglichst breite Grundlage stellen will, seinen Rechtscharakter aber klar betont. Das soziale Europa kann kein Gebilde von unverbindlichen Stellungnahmen sein, sondern muß eine solide soziale Struktur haben, das seine Wurzeln in den bestehenden nationalen Rechten hat und von dort aus weiterentwickelt wird, möglichst von den auf nationaler Ebene Verantwortlichen, die das Wohl der Gemeinschaft verfolgen. Wenn die Sozialpartner miteinander verhandeln, werden sicher Situationen eintreten, zu deren Lösung eine Schiedsstelle angerufen werden müßte. Dafür böte sich der WSA an. Die EU-Kommission, die in erster Linie zu den Institutionen der EU gehört, die Gesetze vorbereiten und erlassen, wäre dazu weniger geeignet. Eine Verlagerung des Sozialen Dialoges in Richtung WSA hätte auch zur Folge, daß die Sitzungen und Verhandlungen des Sozialen Dialoges nicht mehr unter dem Vorsitz eines Vertreters der Kommission stattfinden würden. Der Vorsitz würde zwischen EGB, UNICE und CEEP wechseln, was schon mit Erfolg geschehen ist, als CEEP und EGB ihren Rahmenvertrag verhandelt haben, der jetzt allmählich von den Vertragspartnern mit Leben erfüllt wird.

Würden künftig die Verhandlungen in den Räumlichkeiten des WSA stattfinden, könnten die Interessen der übrigen dort vertretenen sozialen Gruppen ohne Verhandlungsvollmacht besser berücksichtigt werden, so daß auch das Problem der Repräsentativität an Bedeutung verlieren würde. Es könnten sich dort alle gesellschaftlich relevanten europäischen Verbände im Rahmen des Sozialen Dialogs wiederfinden, und der WSA wie auch der Rat der Regionen würden an Bedeutung gewinnen.

Die EU würde ihre Bürgernähe entscheidend verbessern und den für sie negativen Entwicklungen, die sich im Gefolge der Zustimmung zu den Maastrichtverträgen gezeigt haben, keinen großen Raum mehr geben. Hier würde auch zugunsten der EU das Prinzip der Subsidiarität voll wirksam.

4.4 Union der Industrie- und Arbeitgeberverbände in Europa UNICE

Renate Hornung-Draus

In der wissenschaftlichen und politischen Diskussion wird der Begriff der europäischen Arbeitsbeziehungen allzu häufig auf den Abschluß europäischer Tarif- oder Kollektivverträge reduziert. Aus dem Nicht-Vorhandensein klassischer Tarifverträge auf europäischer Ebene wird dann gefolgert, daß die europäischen Arbeitsbeziehungen noch unterentwickelt seien und die soziale Dimension des Binnenmarktes folglich nur unzureichend realisiert sei.

Im vorliegenden Beitrag wird demgegenüber von einem breiteren Begriff der Arbeitsbeziehungen ausgegangen, der außer »klassischen« Tarifverträgen, in denen die Sozialpartner autonom die materiellen Arbeitsbedingungen regeln, auch andere Arten der Beziehungen zwischen den Sozialpartnern auf verschiedenen Ebenen sowie das Zusammenspiel von Staat und Sozialpartnern bei der Formulierung und Umsetzung des Arbeits- und Sozialrechts umfaßt.

Die Entwicklungsperspektiven der Arbeitsbeziehungen auf europäischer Ebene müssen vor dem Hintergrund der bestehenden nationalen Systeme untersucht werden. Dabei wird deutlich, daß die europäischen Arbeitsbeziehungen auf einer Vielzahl sehr heterogener und unterschiedlich ausgeprägter nationaler Systeme und Traditionen aufgebaut sind, die es unmöglich machen, jene in den Begriffsmustern nationaler Systeme der Arbeitsbeziehungen wahrzunehmen. Die Beurteilung europäischer Arbeitsbeziehungen allein anhand des Kriteriums »europäische Tarifverträge« ist somit verfehlt, weil es die Komplexität und die speziellen Eigenheiten dieser Beziehungen auf europäischer Ebene nicht einzufangen vermag.

4.4.1 Die Heterogenität der Arbeitsbeziehungen in Europa

Europa ist im Hinblick auf Arbeitsbeziehungen keine Tabula rasa. Arbeitsbeziehungen auf europäischer Ebene finden nicht in einem Vakuum statt, das man beliebig ausfüllen könnte, sondern auf der Grundlage höchst unterschiedlicher, in den einzelnen sozialen Traditionen tief verwurzelter nationaler Systeme. Die folgenden Parameter verdeutlichen beispielhaft die Heterogenität der unterschiedlichen Systeme in Europa, die auf europäischer Ebene nicht unberücksichtigt bleiben darf.

4.4.1.1 Tarifverträge

Ist in den meisten kontinentaleuropäischen Ländern der Flächentarifvertrag auf sektoraler und regionaler Ebene die dominante Form zur autonomen Regelung der materiellen Arbeitsbedingungen durch die Sozialpartner, so werden Arbeitsbedingungen in Großbritannien und Irland typischerweise durch Tarifverträge auf einzelbetrieblicher Ebene festgeschrieben. Überbetriebliche Tarifverträge spielen in diesen Ländern nur eine untergeordnete Rolle.

In den Ländern mit Flächentarifverträgen gibt es wiederum wichtige Unterschiede im Hinblick auf die Verhandlungsebenen: Während in Deutschland Tarifverträge sich auf die sektorale und meistens auch regionale Ebene beschränken, werden in Ländern wie Frankreich, Spanien, Portugal und Italien auch branchenübergreifende Verträge auf nationaler Ebene abgeschlossen. Anders als in Deutschland, wo BDA und DGB die tarifpolitischen Positionen ihrer Mitglieder koordinieren, ohne selbst zu verhandeln, haben die Spitzenorganisationen der Arbeitgeber und Gewerkschaften in jenen Ländern das Mandat, bindende Verträge zu vereinbaren.

Die Bindungswirkung von Tarifverträgen ist ebenfalls sehr unterschiedlich geregelt: gelten sie in Deutschland grundsätzlich nur für die Mitglieder der unterzeichnenden Organisationen (eine Ausnahme ist freilich die Allgemeinverbindlichkeitserklärung, von der aber nur in sehr begrenztem Maße Gebrauch gemacht wird) und sind mit einer Friedenspflicht während der Laufzeit des Vertrages verbunden, so wird der Begriff des Tarifvertrages z. B. in Frankreich und Spanien für Verträge gebraucht, die erga omnes Wirkung haben, d. h. automatisch für alle Arbeitgeber und Arbeitnehmer unabhängig von ihrer Mitgliedschaft in einer der unterzeichnenden Organisationen gelten. Gleichzeitig gibt es in Frankreich jedoch keine Friedenspflicht: Das von der Verfassung garantierte individuelle Recht der Arbeitnehmer zu streiken kann durch keinen Tarifvertrag suspendiert werden. Eine völlig andere Situation gibt es in Großbritannien, wo Tarifverträge »binding in honour only« sind und auf dem Rechtswege nicht durchgesetzt werden können.

Die Skizzierung dieser wenigen Beispiele verdeutlicht bereits, daß der Begriff Tarifvertrag in Europa mit sehr unterschiedlichen Inhalten verknüpft ist.

4.4.1.2 Verhältnis zwischen gesetzlicher und tarifvertraglicher Gestaltung der Arbeitsbedingungen

Wichtige Unterschiede bestehen in den verschiedenen europäischen Systemen auch hinsichtlich des Verhältnisses zwischen gesetzlicher und tarifvertraglicher Regelung der Arbeitsbedingungen. So hat in Dänemark die nationale Grundsatzvereinbarung zwischen Arbeitgebern (DA) und Gewerkschaften (LO) aus dem Jahre 1899 dazu geführt, daß es praktisch kein gesetzlich kodifiziertes Arbeitsrecht gibt, weil die Sozialpartner die gesamte Gestaltung des Arbeitsrechts und der Arbeitsbeziehungen autonom und auf vertraglichem Wege regeln.

Diese Eigenart des dänischen Systems hat übrigens zu der Einführung der sogenannten »Christophersen-Klausel« in sozialpolitische EU-Richtlinien geführt, die es den Mitgliedstaaten erlaubt, die Umsetzung der EU-Richtlinien den nationalen Sozialpartnern zu überlassen, sofern dadurch eine flächendeckende Anwendung der Vorschriften sichergestellt ist. Diese bereits vor dem Maastrichter Vertrag angewandte Klausel ist als Artikel 2 Abs. 4 in das dem Protokoll über die Sozialpolitik beigefügte Abkommen der Elf des Maastrichter Vertrages aufgenommen worden.

In anderen Ländern ist es umgekehrt üblich, daß der Inhalt bestimmter sozialpolitischer gesetzlicher Regelungen von den Sozialpartnern ausgehandelt wird. So wird zum Beispiel in Belgien der Inhalt der Arbeitsschutzgesetze von den Sozialpartnern ausgehandelt. Die getroffenen Vereinbarungen werden sodann durch königliches Dekret in Gesetze umgewandelt.

Daß beide genannten Traditionen in deutlichem Kontrast zu der in Deutschland vorhandenen recht klaren Abgrenzung zwischen den Bereichen der gesetzlichen und vertraglichen Regelung der Arbeitsbeziehungen stehen, bedarf nicht mehr der näheren Erläuterung.

4.4.1.3 Tarifautonomie

Dem in Deutschland durch das Grundgesetz geschützten Recht der Sozialpartner, eigenverantwortlich und unabhängig von staatlicher Einflußnahme Arbeitsbedingungen zu regeln, steht in anderen Ländern eine Tradition staatlicher Einflußnahme auf die Beziehungen zwischen den Sozialpartnern gegenüber. So haben z. B. in Belgien und Frankreich nur jene Organisationen, die vom Staat als »repräsentative Organisationen« anerkannt sind, das Recht, Tarifverhandlungen zu führen.

Insbesondere in den romanischen Ländern ist es auch durchaus gängige Praxis, daß die Regierungen die Sozialpartner auffordern, über bestimmte Themen zu verhandeln, und im Falle eines Scheiterns der Verhandlungen gesetzliche Regelungen erlassen. So forderte z. B. in Belgien die Regierung Dehaene die Sozialpartner im Jahre 1993 auf, einen Sozialpakt zur Lohnmäßigung und Verminderung des Haushaltsdefizits auszuhandeln. Als die Verhandlungen scheiterten, verhängte die Regierung auf gesetzlichem Wege einen Lohnstopp und erhebliche Kürzungen der Leistungen aus der Sozialversicherung. Im Einklang mit dieser Tradition forderte die belgische Arbeitsministerin Miet Smet die europäischen Sozialpartner anläßlich des Gipfeltreffens des Sozialen Dialoges vom 28. September 1993 auf, eine europäische Rahmenvereinbarung über das Recht der Arbeitnehmer auf betriebliche Weiterbildung auszuhandeln. Unabhängig von der inhaltlichen Beurteilung des Vorschlags wurde dieser von zahlreichen Delegationen als Verletzung des Grundsatzes der Autonomie der Sozialpartner auf europäischer Ebene gewertet.

Darüber hinaus ist es in mehreren Ländern üblich, daß die branchenübergreifenden Tarifverhandlungen auf nationaler Ebene in einem dreigliedrigen Rahmen unter Teilnahme der Regierungen stattfinden (z. B. Portugal, Italien, Irland).

4.4.1.4 Organisationsstrukturen

Von Bedeutung für die Arbeitsbeziehungen auf europäischer Ebene sind schließlich auch die Unterschiede in den Organisationsstrukturen der Arbeitgeberverbände und Gewerkschaften in den einzelnen Ländern.

Auf Gewerkschaftsseite reicht das Spektrum von den nach dem Prinzip der Industriegewerkschaft organisierten, pragmatisch orientierten und grundsätzlich kooperativen Organisationen, wie etwa in Skandinavien und Deutschland, bis hin zu ideologisch und parteipolitisch orientierten und recht zersplitterten Gewerkschaftsbewegungen, etwa in Frankreich oder Italien. Auf Arbeitgeberseite gibt es ebenfalls deutliche Unterschiede in der Organisationsstruktur: Traditionen, in denen die Arbeitgeberverbände von den Organisationen der wirtschaftspolitischen Interessenvertretung getrennt sind und in denen die Arbeitgeberverbände aller Branchen in einem einheitlichen Spitzenverband zusammengefaßt sind, stehen solchen gegenüber, in denen wirtschafts- und sozialpolitische Interessenvertretung von denselben Organisationen wahrgenommen wird, in denen es aber andererseits keine alle Branchen umfassenden sozialpolitischen Spitzenverbände auf nationaler Ebene gibt.

4.4.2 Die Entstehung von Arbeitsbeziehungen auf europäischer Ebene

An der Herausbildung einer europäischen Ebene der Arbeitsbeziehungen waren zweifelsohne zwei Faktoren ursächlich beteiligt:

Erstens: In der EU wurden seit dem ersten sozialpolitischen Aktionsprogramm der EU-Kommission von 1973 zunehmend auch sozialpolitische Richtlinien verabschiedet. Diese Tendenz verstärkte sich mit der Einführung der Einheitlichen Europäischen Akte von 1987, die es dem Rat ermöglichte, sozialpolitische Richtlinien, die die Errichtung und das Funktionieren des Binnenmarktes zum Gegenstand hatten (Art. 100 a EWGV), sowie Richtlinien im Bereich des Arbeitsschutzes (Art. 118 a) mit qualifizierter Mehrheit und nicht mehr wie bisher einstimmig zu verabschieden. Von dieser Regelung ausgenommen waren lediglich Bestimmungen über die Rechte und Interessen der Arbeitnehmer (Art. 100 a Abs. 2), für die weiterhin die einstimmige Beschlußfassung notwendig war. Diese Ausweitung der sozialpolitischen Kompetenzen der EU und insbesondere der Übergang zur Beschlußfassung mit qualifizierter Mehrheit führte sowohl auf Arbeitgeber- als auch auf Gewerkschaftsseite zu einer Stärkung der europäischen Verbände im sozialpolitischen Bereich und zu der Entwicklung einer europäischen Strategie der Interessenvertretung, da die Beschränkung auf die nationale Interessenvertretung unter den neuen Bedingungen der Beschlußfassung des Rates mit qualifizierter Mehrheit nicht mehr effizient war.

Zweitens: Die ersten Kontakte zwischen den europäischen Spitzenorganisationen der Sozialpartner UNICE/CEEP und EGB wurden durch die Initiative des Kommissionspräsidenten Delors, der die europäischen Sozialpartner 1985 zum ersten Gipfeltreffen des sozialen Dialoges im Val Duchesse in Brüssel einlud, hergestellt. Die Entstehung systematischer Beziehungen zwischen den Sozialpartnern auf europäischer Ebene, wie wir sie heute kennen, war jedoch nur vor dem Hintergrund einer langfristigen faktischen Konvergenz der Entwicklung der Arbeitsbeziehungen in den EG-Mitgliedstaaten, und zwar weg von konfliktuellen und hin zu kooperativen Verhaltensmustern möglich. Die globale Tendenz zur Abnahme der durch Arbeitskämpfe verlorenen Arbeitstage ist hierfür ebenso ein Indiz wie der Umstand, daß z. B. in Italien oder Portugal ehemals auf Klassenkampf ausgerichtete

Gewerkschaften zunehmend die Prinzipien der Marktwirtschaft und der Zusammenarbeit mit Arbeitgebern anerkennen und dies in Tarifverträgen dokumentiert haben.

4.4.3 Der europäische Soziale Dialog

4.4.3.1 Der Soziale Dialog von Val Duchesse

Der mit dem Gipfeltreffen von Val Duchesse 1985 initiierte Soziale Dialog, an dem die überfachlichen europäischen Organisationen der Sozialpartner – UNICE für die privaten, CEEP für die öffentlichen Arbeitgeber sowie EGB für die Arbeitnehmer – beteiligt sind, setzt sich aus zwei Elementen zusammen.

Zum einen bezieht er sich auf die seit Val Duchesse von der Kommission regelmäßig durchgeführten Konsultationen der drei Sozialpartnerorganisationen, die im Vorfeld der Verabschiedung von sozialpolitischen Richtlinienvorschlägen stattfinden. Die Kommission verpflichtete sich 1985 erstmals informell dazu, vor der Verabschiedung eines Richtlinienvorschlages die Sozialpartner zweimal gemeinsam zu konsultieren. Durch diese Konsultationen erhielten die europäischen Sozialpartner die Möglichkeit, den Inhalt eines geplanten europäischen Richtlinienentwurfs vor dessen Verabschiedung mit der Kommission zu debattieren. Da sich die Delegationen der an der Anhörung beteiligten Sozialpartner aus Vertretern der nationalen Mitgliedsverbände zusammensetzten, konnten einerseits die Vorhaben der Kommission unmittelbar auf ihre Vereinbarkeit mit den unterschiedlichen nationalen Systemen hin überprüft werden und andererseits kohärente europäische Positionen, die von den Vertretern aller Mitgliedstaaten getragen wurden, entwickelt werden.

Der Soziale Dialog bezieht sich zum zweiten auf die Gründung von Arbeitsgruppen, in denen die Sozialpartner untereinander bestimmte europapolitisch relevante Themen, die von ihnen festgelegt werden, besprechen und hierzu sogenannte gemeinsame Stellungnahmen erarbeiten, in denen die Bereiche der Übereinstimmung zwischen den Sozialpartnern festgehalten werden. Diese Arbeit findet ohne die inhaltliche Beteiligung der Kommission statt, die in diesem Fall nur technische Unterstützung leistet und außerdem auf Wunsch der Sozialpartner meistens den Vorsitz der gemeinsamen Sitzungen übernimmt.

Die bisher verabschiedeten gemeinsamen Stellungnahmen haben u. a. so diffizile Themen wie die Unterrichtung und Anhörung der Arbeitnehmer bei der Einführung neuer Technologien, die Lohnmäßigung zur Förderung des

Wirtschaftswachstums und der Beschäftigung, die Anpassungsfähigkeit des Arbeitsmarktes und den Zugang zur beruflichen Weiterbildung zum Inhalt gehabt.

Teilweise wird an den gemeinsamen Stellungnahmen kritisiert, daß ihr Inhalt zu allgemein sei und daß sie im Bereich der rechtlich unverbindlichen Erklärungen verbleiben. Dieser Kritik muß entgegengehalten werden, daß der Hauptwert dieser Stellungnahmen in dem Prozeß ihrer Ausarbeitung besteht. Die Arbeit an diesen Stellungnahmen bieten den Vertretern der nationalen Sozialpartner die Gelegenheit, einerseits über den eigenen nationalen Rahmen hinauszublicken und Kenntnis über die Andersartigkeit der übrigen Systeme der Arbeitsbeziehungen zu erlangen und andererseits in einen Gedankenaustausch über mögliche gemeinsame Positionen auf europäischer Ebene, die mit den jeweiligen nationalen Systemen kompatibel sind, zu treten. Nur auf der Grundlage eines solchen Dialoges können europäische Arbeitsbeziehungen entstehen, die von den Bürgern Europas als legitim anerkannt werden, weil sie dem Subsidiaritätsprinzip entsprechen und die Vielfalt der nationalen Traditionen angemessen berücksichtigen.

Insgesamt hat sich der Soziale Dialog in dieser Form als positiver Integrationsfaktor in der EU erwiesen. UNICE tritt deshalb dafür ein, daß dieser »traditionelle« soziale Dialog parallel zu dem »neuen« sozialen Dialog auf der Grundlage des Maastrichter Vertrages fortgeführt wird.

4.4.3.2 Der Soziale Dialog auf der Grundlage des Maastrichter Abkommens zur Sozialpolitik

Das im Maastrichter Abkommen der Elf zur Sozialpolitik enthaltene Verfahren zum neuen Sozialen Dialog stärkt die Rolle der Sozialpartner bei der europäischen Sozialgesetzgebung erheblich. Es wurde von UNICE/CEEP und EGB im Rahmen des sozialen Dialoges erarbeitet und der Regierungskonferenz vorgeschlagen, die es im wesentlichen unverändert übernommen hat. Wegen der von den Regierungen geplanten und im Abkommen beschlossenen Ausweitung der sozialpolitischen Kompetenzen der EU, die auch in Gebiete hineinreichen, die auf nationaler Ebene zum Teil unter die Tarifautonomie der Sozialpartner fallen (so zum Beispiel die Regelung der »Arbeitsbedingungen«, Art. 2 Abs. 2 des Abkommens), war es aus der Sicht von UNICE unerläßlich, den Sozialpartnern eine bessere Möglichkeit der Einflußnahme auf die Gestaltung der europäischen Sozialpolitik zu geben. Das Abkommen beinhaltet drei wesentliche Regelungen:

Erstens: Konsultation: Erstmals erhält die Kommission offiziell die Aufgabe, »die Anhörung der Sozialpartner auf Gemeinschaftsebene zu fördern« (Art. 3 Abs. 1 des Abkommens). War nach dem Val Duchesse-Verfahren die Konsultation der Sozialpartner durch die Kommission, bevor diese sozial-politische Maßnahmen verabschiedete, ein Akt der Großzügigkeit, der mehr oder weniger ernsthaft in die Tat umgesetzt wurde, so haben die Sozialpart-ner nun (aufgrund von Art. 3 Abs. 2, 3) einen Anspruch darauf, von der Kommission vor Unterbreitung von Vorschlägen zur Sozialpolitik zweimal konsultiert zu werden:

- Die erste Konsultation betrifft die Frage, ob und gegebenenfalls wie ein Instrument auf Gemeinschaftsebene gestaltet werden sollte (Art. 3 Abs. 2). Es geht also um die Frage der angemessenen Regelungsebene, und falls dies die europäische Ebene sein sollte, um die Frage der angemessenen Rechtsnatur des Instruments, wobei hier vor allem die Alternativen »Emp-fehlung« (unverbindlich) oder »Richtlinie« (rechtsverbindlich) zur Debatte stehen dürften.

- Die zweite Konsultation bezieht sich auf den »Inhalt des in Aussicht genommenen Vorschlags« (Art. 3 Abs. 3). Für diese Konsultation ist es aus Sicht der UNICE unerläßlich, daß die Sozialpartner einen hinreichend konkret ausgearbeiteten Vorentwurf des Instruments und ausreichend lange Konsultationsfristen erhalten, die es ihnen ermöglichen, ihre eigenen nationalen Mitgliedsverbände umfassend zu konsultieren und eine von der »Basis« voll mitgetragene europäische Position zu erarbei-ten. Dies ist um so wichtiger, als diese Position ausschlaggebend dafür sein wird, ob Verhandlungen aufgenommen werden.

Zweitens: Verhandlung: Im Zuge der zweiten Konsultation haben die Sozial-partner – und dies ist das eigentliche Novum des Maastrichter Abkom-mens – die Möglichkeit, der Kommission die Initiative gleichsam aus der Hand zu nehmen und den Inhalt des geplanten Instruments selbst auszu-handeln. Der Beschluß der Sozialpartner, Verhandlungen (gemäß Art. 3 Abs. 4, i.V.m. Art. 4) aufzunehmen, hat zur Folge, daß die Kommission das Gesetzgebungsverfahren für die Dauer der Verhandlungen, höchstens je-doch für neun Monate (durch gemeinsamen Beschluß von Kommission und Sozialpartnern verlängerbar) aussetzen muß.

Drittens: Umsetzung der Vereinbarung: Gelingt es den Sozialpartnern, eine Vereinbarung zu treffen, so kann diese im Rahmen des Abkommens auf zwei Wegen umgesetzt werden (Art. 4 Abs. 2). Die erste Möglichkeit besteht darin, daß die Vereinbarung über die in den Mitgliedstaaten vorhandenen und sehr unterschiedlichen Strukturen der Sozialpartner umgesetzt wird. Konkret würde das bedeuten, daß die europäischen Sozialpartner ihren nationalen Mitgliedern die Umsetzung der Vereinbarung empfehlen, denn rechtlich erzwingen können sie dies nicht. Der zweite Weg besteht darin, daß die Sozialpartner die Vereinbarung der Kommission übermitteln, die sie wiederum dem Rat als Vorschlag für ein Gemeinschaftsinstrument zuleitet. Die Rolle von Kommission und Rat läßt sich jedoch nicht auf die Funktion des Boten bzw. Notars reduzieren. Die Kommission kann nicht verpflichtet werden, sich eine Vereinbarung der Sozialpartner als Vorschlag anzueignen, vielmehr muß sie die politische Entscheidung treffen, ob die Vereinbarung legitimerweise als Vorschlag für ein Gemeinschaftsinstrument vorgelegt werden kann. Ebenso muß der Rat die politische Verantwortung für die Verabschiedung des Instruments übernehmen. Die Vereinbarung der Sozialpartner ist also lediglich ein Vorschlag für die inhaltliche Ausgestaltung eines Gemeinschaftsinstruments, für dessen Verabschiedung aber die politischen Organe der Gemeinschaft die Verantwortung übernehmen müssen (»législation négociée«). In diesem Zusammenhang kommt der Repräsentativität der an den Verhandlungen beteiligten Sozialpartner entscheidende Bedeutung zu.

Mit dem Maastrichter Abkommen zur Sozialpolitik ist im Hinblick auf die europäischen Arbeitsbeziehungen in vielerlei Hinsicht Neuland betreten worden, das notwendigerweise eine Reihe von Fragen aufwirft. Von zentraler Bedeutung ist es, wie der im Abkommen enthaltene Begriff der »Sozialpartner auf Gemeinschaftsebene« definiert wird. In jedem Fall muß sichergestellt werden, daß Vereinbarungen, die im Rahmen des Abkommens getroffen werden, hinreichend legitimiert sind, um von den jeweiligen nationalen Sozialpartnern flächendeckend umgesetzt oder vom Rat in Gemeinschaftsrecht umgewandelt zu werden. Gleichzeitig muß Offenheit für künftige Entwicklungen im Bereich der Sozialpartnerorganisationen gewahrt werden. Eine amtliche Festschreibung bestimmter Organisationen als anerkannte Sozialpartner, wie dies zum Beispiel in Belgien oder Frankreich der Fall ist, scheidet m. E. auf europäischer Ebene aus. Vielmehr muß sich die Legitimität des Anspruchs, europäischer Sozialpartner zu sein, aus der Mitgliederstruktur der Organisation selbst ergeben. UNICE, CEEP und EGB haben in einer gemeinsamen Stellungnahme hierzu Kriterien entwickelt. Die wichtigsten dürften sein:

– die Repräsentativität der europäischen Organisation in den einzelnen Mitgliedstaaten und die Repräsentativität der Mitglieder innerhalb ihres Landes;

– die Anerkennung der nationalen Mitglieder als Sozialpartner, d. h. ihre unmittelbare oder mittelbare Teilnahme an Tarifverhandlungen.

Für branchenübergreifende Themen werden nur die europäischen Organisationen der branchenübergreifenden nationalen Spitzenverbände als europäische Sozialpartner anzuerkennen sein, für sektorspezifische Fragen werden dies die europäischen Branchenverbände, die über ein sozialpolitisches Mandat verfügen, sein. Auf Arbeitgeberseite, wo die europäischen Branchenverbände aufgrund der historischen Entwicklung nicht Mitglieder des Dachverbandes UNICE sind, obwohl sie weitgehend dieselben nationalen Fachspitzenverbände vertreten, die mittelbar auch in UNICE organisiert sind, wird eine systematische Koordinierung der sozialpolitischen Positionen notwendig sein, um der Gefahr einer Inkohärenz in der Politik der Arbeitgeber vorzubeugen. UNICE hat mit der Gründung des »European Employers' Network« die Voraussetzungen für eine solche Koordination geschaffen und bereits mit Erfolg durchgeführt.

Was die Aufnahme von Verhandlungen im Rahmen des Abkommens betrifft, so gilt entsprechend, daß die Organisationen sich in aller Autonomie gegenseitig als Verhandlungspartner anerkennen müssen. Eine Einflußnahme der politischen Institutionen, sei es Kommission, Rat oder Europäisches Parlament, auf die Zusammensetzung der Verhandlungsgremien ist nicht vereinbar mit dem Prinzip der autonomen Entwicklung der europäischen Arbeitsbeziehungen.

Insgesamt ist das Maastrichter Abkommen geeignet, künftig eine solide Basis für die weitere Entwicklung der europäischen Arbeitsbeziehungen darzustellen. Voraussetzung hierfür ist jedoch, daß die mit der Verabschiedung des Abkommens geschaffene Spaltung der EU in eine Zwölfer- und eine Elfer-Gemeinschaft baldmöglichst beseitigt wird.

4.4.4 Ausblick: Die künftige Entwicklung der europäischen Arbeitsbeziehungen

Die im Maastrichter Abkommen zur Sozialpolitik vorgesehenen »vertraglichen Beziehungen, einschließlich des Abschlusses von Vereinbarungen« (Art. 4 Abs. 1) werden zum Teil als Beginn der Ära europäischer Tarifverträge gewertet. Wie irreführend ein solcher Begriff ist, ergibt sich aus der eingangs geschilderten Problematik, daß er in den verschiedenen nationalen Systemen mit völlig unterschiedlichen Inhalten verbunden wird. Für »klassische« Tarifverträge im Sinne einer autonomen und eigenverantwortlichen Gestaltung der Arbeitsbedingungen durch die Sozialpartner schafft das Abkommen keine Rechtsgrundlage. Die vorgesehenen Verhandlungen haben ihren Ausgangspunkt in der Regel in einer Initiative der Kommission und den damit verbundenen Konsultationen (Art. 3 Abs. 4). Sie beziehen sich auf Themen, für die die Gemeinschaft die Gesetzgebungskompetenz hat, und haben somit gerade nicht die Gestaltung der Arbeitsbedingungen im Rahmen der Tarifautonomie zum Gegenstand. Gleichwohl sollte diese Form der vertraglichen Beziehungen zwischen den europäischen Sozialpartnern nicht vorschnell als unzureichend verworfen werden. Im Gegenteil, wegen der Heterogenität der nationalen Systeme der Arbeitsbeziehungen in Europa könnte sich diese Form der vertraglichen Beziehungen und das Zusammenspiel mit dem europäischen Gesetzgeber als einzige mit allen Systemen kompatible Form und somit als echte Innovation erweisen.

Hingegen dürfte es zur Entstehung »klassischer« tarifvertraglicher Beziehungen auf europäischer Ebene in absehbarer Zeit nicht kommen, setzen diese doch die Existenz eines europaweit geltenden homogenen Tarifvertrags- und Arbeitskampfrechts voraus. Gerade auf diesen beiden Rechtsgebieten haben sich in den Mitgliedstaaten der EU jedoch so unterschiedliche Traditionen herausgebildet, daß eine Harmonisierung auf europäischer Ebene, wie sie insbesondere von Gewerkschaftsseite gefordert wird, schwerlich vorstellbar ist. Meines Erachtens beruhen solche Forderungen oft auf einer unzulässigen Extrapolierung nationaler Verhältnisse auf den Bereich europäischer Arbeitsbeziehungen.

Darüber hinaus stellt sich die Frage, ob durch eine Fixierung auf »klassische« tarifvertragliche Beziehungen auf europäischer Ebene nicht ohnehin die Zeichen der Zeit verkannt werden: Im nationalen Rahmen haben der technologische und soziale Wandel sowie die weltweite – und eben nicht nur europäische – Globalisierung des Wettbewerbs bereits tiefgreifende Reformprozesse in den Arbeitsbeziehungen in Gang gesetzt: Sie führen zu einer Abkehr von zentralistischen Ansätzen, zu zunehmender Komplexität und Differenzierung. Nur so kann unter den gewandelten wirtschaftlichen und gesellschaftlichen Bedingungen einerseits das Überleben und die Wettbewerbsfähigkeit der Unternehmen gesichert und andererseits der zunehmenden Differenzierung der Interessen der Arbeitnehmer, die schon lange keine homogene Gruppe mehr bilden, Rechnung getragen werden.

Das Fortschreiten der europäischen Integration und insbesondere die Europäische Währungsunion werden zweifelsohne zu einer Intensivierung des Sozialen Dialoges auf europäischer Ebene führen. Dabei stellen sowohl die Tradition des Sozialen Dialoges von Val Duchesse als auch die neuen Vorkehrungen des Maastrichter Abkommens zur Sozialpolitik geeignete Grundlagen dar, die beide genutzt werden sollten. Vertragliche Beziehungen auf europäischer Ebene müssen der Prüfung anhand des Subsidiaritätsprinzips standhalten. Dies dürfte der Fall sein, wenn sie sich auf Rahmenvereinbarungen über Mindeststandards zur Lösung grenzüberschreitender Probleme beziehen, die von den Sozialpartnern entsprechend den unterschiedlichen nationalen Traditionen umgesetzt werden können. Darüber hinaus könnten die Sozialpartner auf europäischer Ebene sich künftig aktiver an der Gestaltung und Durchführung der Arbeitsmarkt- und Berufsbildungsprogramme der EG beteiligen. Ansätze hierzu sind bereits durch ihre Teilnahme an den dreigliedrigen beratenden Ausschüssen zum Europäischen Sozialfonds und zur Berufsbildung gegeben.

Der europäische soziale Dialog kann einen wichtigen Beitrag zur europäischen Integration leisten, wenn es gelingt, ihn so auszugestalten, daß er von den Unternehmen und Arbeitnehmern in der Europäischen Union wahrgenommen, ernstgenommen und akzeptiert wird. Dies setzt voraus, daß die europäische Ebene der Arbeitsbeziehungen sich reibungslos in die immer komplexer und differenzierter werdenden Strukturen der Beziehungen in den Mitgliedstaaten einfügt und den gegenwärtig stattfindenden Strukturwandel nicht bremst, sondern durch innovative Konzepte unterstützt.

5. Arbeitsbeziehungen auf Konzern- und Betriebsebene

5.1 Freiwillig vereinbarte Europäische Betriebsräte: Voraussetzungen und Probleme

Paul Marginson

Transnationale Unternehmen gehören zu den entscheidenden Kräften im Prozeß der europäischen Integration. Die Schaffung des einheitlichen europäischen Marktes war ein bedeutsamer Schritt. Diese Fortschritte der ökonomischen Integration sind von einer bemerkenswerten Diskussion und Spekulation begleitet, wie die diesen Prozeß begleitenden Rahmenbedingungen europäischer Arbeitsbeziehungen aussehen müßten:

- Werden diese Rahmenbedingungen durch Wettbewerb um Investitionen und Arbeitsplätze geprägt, wobei die Länder und Regionen mit den niedrigsten Arbeitskosten und geringsten Arbeitsstandards die Sieger sind?

- Oder werden die Rahmenbedingungen europäischer Arbeitsbeziehungen durch die Schaffung neuer Institutionen auf europäischer Ebene charakterisiert, für die die freiwillig vereinbarten Europäischen Betriebsräte (EBR) in etwa 30 transnationalen Euro-Unternehmen Vorboten sind?

Die Beantwortung gerade dieser Fragestellung wird für die Entscheidungen und Handlungen der transnationalen Unternehmen von großer Bedeutung sein.

Dieser Beitrag beschäftigt sich mit einem möglichen Entwicklungsstrang: Der Einrichtung von EBR bei transnationalen Unternehmen, also einer institutionellen Garantie für repräsentative Informations- und Konsultationsrechte der Arbeitnehmer auf europäischer Ebene. Die Bedeutung solcher zur Zeit noch in geringer Zahl existierender Vereinbarungen ist durch den Richtlinienentwurf der Europäischen Kommission zur Einrichtung von EBR hervorgehoben, der erstmals 1990 veröffentlicht wurde. Mit der Umsetzung dieser Richtlinie würden Informations- und Konsultationsrechte auf europäischer Ebene für Arbeitnehmer für alle transnationalen Unternehmen mit erheblichen Aktivitäten in zwei oder mehr Ländern der Europäischen Union (EU) verbindlich werden. Die Anwendung des Vetos der britischen Regierung vom Oktober 1993 gegen den Vorschlag der Kommission macht allerdings eine Umsetzung in allen elf Ländern höchst unwahrscheinlich.

Zum Zeitpunkt der Erstellung dieses Beitrags (Februar 1994) hat die Kommission das Verfahren nach dem Sozialprotokoll zum Vertrag von Maastricht eingeleitet, und es sieht so aus, daß die elf Mitgliedstaaten mit Ausnahme Großbritanniens die Richtlinie zum EBR umsetzen. Bis dahin sind weitere freiwillige Vereinbarungen über Informations- und Konsultationsverfahren der Arbeitnehmer transnationaler Unternehmen auf europäischer Ebene von den Präferenzen und Entscheidungen des Konzernmanagements und der Fähigkeit der Gewerkschaften abhängig, Druck in den Unternehmen zum Abschluß solcher Vereinbarungen zu erzeugen.

Zudem behalten solche Überlegungen ihre Bedeutung für diejenigen transnationalen Unternehmen, auch nach einer verbindlichen Umsetzung der Richtlinie gemäß dem Sozialprotokoll, die entweder ihren Hauptsitz in Großbritannien haben oder dort operieren. Das hat damit zu tun, daß nur eine kleine Zahl von Unternehmen mit Sitz in GB von der rechtlichen Umsetzung in ihren Zweigunternehmen in den anderen elf Mitgliedstaaten erfaßt würde, und möglicherweise weder die eigenen Unternehmen in GB noch die Zweigunternehmen anderer Unternehmen in GB von der Einrichtung von EBR tangiert würden. Ob also britische Unternehmen oder europäische Zweigunternehmen in GB einen EBR einrichten bzw. in einem EBR vertreten sind, hängt weiterhin von den Managementpräferenzen und der Fähigkeit zur Ausübung gewerkschaftlichen Drucks ab.

Demgemäß untersucht dieser Beitrag erstens jene Umstände, die transnationales Management veranlassen könnten, eine freiwillige Informations- und Konsultationsvereinbarung auf europäischer Ebene abzuschließen, und zweitens die Voraussetzungen, die gegeben sein müssen, damit Gewerkschaften am besten in der Lage sind, Druck auszuüben, um solche Vereinbarungen einzufordern. Die Diskussion wird mit einem kurzen Abriß der derzeitigen Rolle, die das transnationale Kapital in der EU spielt, eingeleitet.

5.1.1 Transnationale Unternehmen in Europa

1991 existierten in der EU über 1000 transnationale Unternehmen, die 1000 oder mehr Arbeitnehmer beschäftigten und in zwei oder mehr Mitgliedstaaten über bedeutsame Betriebsstätten verfügten (Sisson u. a. 1992). Diese Unternehmen stehen für ungefähr 880 Unternehmenszentralen in der EU und über 50 woanders auf der Erde (einschließlich EFTA-Ländern). In eini-

243

gen EU-Ländern gibt es deutlich mehr als in anderen. Die größte Zahl von Unternehmenszentralen, nämlich 332, findet sich in Großbritannien, gefolgt von 257 in Deutschland und 117 in Frankreich. 89 Unternehmen haben ihren Hauptsitz in den Niederlanden, während nur 32 in Italien angesiedelt sind. Zusätzlich zu dieser Zahl »großer Arbeitgeber« ist eine wachsende Zahl mittlerer Unternehmen hinzuzurechnen, die, gemessen an ihren Geschäften, zunehmend transnational operieren, sowie die wachsende Zahl solcher Unternehmen, die die Geschäfte anderer Unternehmen durch indirekte Formen des Eigentums kontrollieren, d. h. durch Lizenzverträge, Franchising und Sub-Unternehmensaufträge.

Die Periode, in der der einheitliche europäische Markt geschaffen wurde, sah ein bemerkenswertes Wachstum transnationaler Unternehmen sowohl nach Zahl als auch Umfang in der EU. Dies reflektiert die Beschleunigung grenzübergreifender Fusionen und Übernahmen sowie die Bildung von Joint-ventures und strategischer Allianzen (Buiges u. a. 1990), die die Unternehmen zur Festigung ihrer europaweiten Stellung durchführten, um so die Märkte EU-weit besser mit Produkten und Dienstleistungen versorgen zu können. Beispiele sind die Fusion von ASEA mit Brown-Boveri zu ABB; die Übernahme von Rowntree durch Nestle und von BSN durch Perrier; Siemens und GEC sind über ein Joint-venture verbunden. Die strategische Zusammenarbeit von Renault und Volvo ist allerdings schon wieder in Auflösung begriffen. Das letzte Beispiel illustriert, daß nicht alle Neuordnungsansätze erfolgreich zu Ende geführt werden können.

Der Prozeß der Unternehmens- und Konzernneuordnung ist begleitet von einer weitreichenden Rationalisierung und Restrukturierung der Produktions- und Dienstleistungskapazitäten, um sich von der standardisierten Massenproduktion zu trennen. In einigen Fällen führte das zu andauernden öffentlichen Kontroversen wie im Fall von Hoover, wo eine französische Produktionslinie zugunsten einer Produktionsstätte in Schottland wegrationalisiert wurde, da die dortige Belegschaft zu größeren Konzessionen bereit war (EIRR 1993). Allerdings handelt es sich dabei nicht um eine Einbahnstraße, da fast zum gleichen Zeitpunkt Nestle eine Produktionslinie von Schottland nach Frankreich verlegte.

Aber auch intern in den Unternehmen wurden Managementstrukturen und -organisation restrukturiert. Transnationale Unternehmen haben sich ein einheitliches Management auf europäischer Ebene geschaffen, das den existierenden nationalen Managementstrukturen übergestülpt wurde. Demgemäß hat sich die vorrangige Entscheidungsachse der internen Managementorganisation von nationalen Tochterunternehmen auf internationale

Geschäftsbereiche verlagert, die für bestimmte, die Landesgrenzen überschreitende Produkte oder Dienstleistungen verantwortlich sind. Ford Europa hat diese Umorganisation bereits vor einigen Jahren durchgeführt, um so die Produktion von Kraftfahrzeugen über eine einheitliche Managementstruktur, unabhängig von den nationalen europäischen Grenzen, anzuleiten. In jüngerer Zeit diente die Verlagerung der Entscheidungsstrukturen auf internationale Geschäftsbereiche bei Unilever diesem Ziel, wobei die Rolle der nationalen Töchter abgewertet wurde.

Zeitgleich laufen Prozesse der Dezentralisierung der Managementorganisation transnationaler Unternehmen ab. Zunehmend wurde bei transnationalen Unternehmen die Resultatverantwortlichkeit auf Einzelgeschäftsbereiche übertragen, die jeweils allein gegenüber der Konzernmutter für Gewinne und Verluste verantwortlich sind. Der Umfang dieser organisatorischen Einzelverantwortung geht sogar noch weiter, weil die Zahl der Geschäftsbereiche mit Resultatsverantwortlichkeit stark vergrößert wurde. Im Rahmen einer genau definierten Geschäftsverantwortlichkeit sind diese Einzelgeschäftsbereiche einer strikten Budgetkontrolle durch die Konzernzentrale unterworfen (Marginson u. a. 1993 b). Allgemein formuliert, die Entwicklung der Kommunikation und Informationstechnologie im Zusammenhang mit der Restrukturierung im Managementbereich versetzt die Konzernzentralen transnationaler Unternehmen in die Lage, alle Informationen der einzelverantwortlichen Geschäftsbereiche zu sammeln und zu verarbeiten, um sich so ein genaues Bild ihrer Leistungsfähigkeit machen zu können.

Die Bedeutung dieser Entwicklungen für die Arbeitsbeziehungen ist eine dreifache:

Erstens, die internationale Natur der Unternehmenstätigkeit in Europa verdeutlicht, daß sich kein Land von den sozialpolitischen Entwicklungen irgendwo in der EU abschirmen kann. Insbesondere wird eine Vielzahl von transnationalen Unternehmen, die ihren Stammsitz in GB haben, von den Maßnahmen der anderen elf Mitgliedstaaten betroffen sein, trotz der britischen Politik der Nichtanerkennung bzw. Nichtzuständigkeit (opting out) des Sozialprotokolls zum Maastrichter Vertrag. Schätzungen gehen davon aus, daß bis zu 100 transnationale Unternehmen mit Stammsitz in GB wegen des Umfangs der Geschäftstätigkeit in der EU von der EBR-Richtlinie betroffen sein werden (Marginson u. a. 1993 a).

Zweitens führt die Entwicklung einer einheitlichen europäischen Managementstruktur dazu, daß eine zunehmende Zahl transnationaler Unternehmen über Managementkapazität verfügt, um auch im Bereich der Arbeitsbeziehungen eine gesamteuropäische Einstellung zu entwickeln. Mag sein, daß diese Entwicklung dazu führt, daß die Einstellung zu allgemeinen Politikbereichen über die Grenzen hinweg beeinflußt wird, es bedeutet aber nicht notwendig, daß sich daraus neue europäische Arbeitsbeziehungsstrukturen in den Unternehmen entwickeln. Der Grund dafür liegt darin, daß die Übertragung von finanzieller und operationeller Verantwortung Druck auf die resultatsverantwortlichen Geschäftsbereiche ausübt, und dies schließt auch den Bereich der Arbeitsbeziehungen mit ein. Wettbewerbsdruck wirkt sich gleichermaßen aus und zwingt die Unternehmen, organisationsspezifische Formen von Beschäftigungspolitik zu entwickeln, die den je konkreten Anforderungen des Unternehmensinteresses entsprechen. Die Einführung einer allgemeinen Geschäftspolitik auf der Basis dezentralisierter Unternehmensstrukturen ist eine sehr realistische Möglichkeit. Mehr noch, die zunehmende Fähigkeit der Konzernzentralen zur Informationssammlung und -verarbeitung reicht weiter als nur zur Erfassung finanzieller Indikatoren. Erfaßt und bewertet werden auch die Leistungen im Bereich der Arbeitsbeziehungen.

Drittens werden künftig transnationale Unternehmen zunehmend die Fähigkeit entwickeln, die Leistungsfähigkeit der unterschiedlichen Betriebe über die nationalen Grenzen hinweg im Bereich der Arbeitsbeziehungen zu vergleichen, d. h. zum Beispiel Arbeitskosten, Produktivität, Absentismus und den Grad betrieblicher Kampffähigkeit (ebd.). Es ist offensichtlich, daß sie diese Fähigkeit bei der Entscheidung über Investitionsprogramme für Standorte im Sinne von »Belohnung« oder »Bestrafung« einsetzen (Mueller/ Purcell 1992). Der Druck auf die Automobilarbeiter in Deutschland, Samstags- und Sonntagsarbeit zu akzeptieren, wie bereits in Spanien oder Großbritannien geschehen, wäre ein Beispiel dafür. So können auf der Grundlage der Umsetzung einer europäischen Betrachtungsweise und betrieblicher Dezentralisierung Zugeständnisse von den Belegschaften über die Grenzen der EU-Länder hinweg sichergestellt werden.

5.1.2 Managementvoraussetzungen

Die Unterscheidung, ob sich die strategische Fähigkeit transnationaler Unternehmen, sich allgemeinpolitisch im Hinblick auf europäische Arbeitsbeziehungen verhalten zu können, in der Schaffung neuer europäischer Arbeitsbeziehungsstrukturen oder in Dezentralisierung niederschlägt – möglicherweise zeitgleich –, ist von großer Bedeutung für die Frage, unter welchen Umständen das Management bereit ist, Vereinbarungen über europäische Informations- und Konsultationsrechte abzuschließen. Demgemäß ist es hilfreich, zwischen *Strukturgründen*, die zur Übernahme einer europäischen Einstellung durch das Management eines transnationalen Unternehmens führen, und *zusätzlichen* Motiven – den eigentlichen Gründen für spezifische Managementinitiativen, einen EBR einzuführen – zu unterscheiden.

Die Untersuchung der strukturellen Gründe, die Unternehmen dazu bringen, eine europäische Einstellung einzunehmen, hängt weitgehend vom Typ des transnationalen Unternehmens ab (Marginson 1992):

Erstens: Handelt es sich bei der Verfassung des Unternehmens um ein europäisches Unternehmen der öffentlichen Wirtschaft oder nicht. In Unternehmen, die ihren Markterfolg in unterschiedlichen europäischen Ländern durch Lizenzen oder Franchising erreicht haben, ist das Allgemeininteresse des Managements an Beschäftigungspolitik und Arbeitsbeziehungen sehr viel geringer als bei Unternehmen der öffentlichen Wirtschaft.

Zweitens: Im Falle eines Unternehmens der öffentlichen Wirtschaft ist zu differenzieren, ob diese Unternehmen über eine einheitliche europäische Managementstruktur verfügen. Dort, wo solche Unternehmen vorrangig entlang territorialer Grenzen, nationaler Betriebe und spezifischer nationaler Märkte organisiert sind, unterscheidet sich die Managementeinstellung in jedem der nationalen Zweigunternehmen und schließt mehr oder weniger die Formulierung oder Übernahme einer europäischen Einstellung aus. Es sind die Unternehmen, die vorrangig in internationalen Geschäftsstrukturen organisiert sind, so wie etwa Unilever, oder wo einzelne, international integrierte Unternehmenseinheiten operieren, wie zum Beispiel Ford, die mit europaweiten Märkten konfrontiert sind, bei denen das Management mit größter Wahrscheinlichkeit eine europäische Einstellung entwickelt. Der Ansporn zu einer solchen Einstellung hängt aber auch von der Natur der Unternehmenstätigkeit ab.

Drittens: Unternehmen mit vergleichbarer Geschäftstätigkeit an unterschiedlichen Standorten in verschiedenen Ländern dürften Gemeinsamkeiten im Geschäftsgebaren und konsequenterweise auch in der Art und den Konditionen der Beschäftigung an den unterschiedlichen Standorten aufweisen. Das dürfte der Fall in transnationalen Unternehmen des Einzelhandels, des Finanzsektors und der Nahrungsmittelherstellung sein. Auf der einen Ebene könnten Einsparungen Ergebnis einer einheitlichen Managementpolitik gegenüber den Beschäftigten über die Grenzen hinaus sein. Auf einer anderen Ebene könnte das Management das Verständnis der Arbeitnehmer sowohl für das größere europäische Unternehmen als auch für einen spezifischen Zweigbetrieb und der lokalen Geschäftstätigkeit pflegen wollen. Diese Überlegungen könnten dazu führen, eine europäische Einstellung zu fördern. Alternativ: Dort wo die internationale Geschäftstätigkeit transnationaler Unternehmen über die Grenzen hinweg hochgradig integriert ist, dürfte eine Auseinandersetzung in einem Unternehmensteil kurzfristig auch Auswirkungen an einem anderen Standort haben. Die Fahrzeugindustrie ist dafür ein gutes Beispiel. Unter diesen Umständen dürfte das transnationale Management ein großes Interesse an der Einschränkung des Einflusses des betrieblichen Managements im Bereich der Arbeitsbeziehungen entwickeln, was im Ergebnis zu einer positiven Einstellung gegenüber europäischen Arbeitsbeziehungen führt. Die Gedankengänge des Managements im Hinblick auf die Entwicklung einer europäischen Regelungsebene sind besonders dort unterentwickelt, wo die Aktivitäten der verschiedenen Betriebe im Unternehmen relativ wenig miteinander zu tun haben, also bei hochgradig diversifizierten transnationalen Unternehmen. In der Tat könnte die Einführung einer europäischen Regelungsebene sich dann schädlich auswirken, wenn durch uniforme Vorgaben hochdifferenzierte Arbeitsbeziehungen geregelt werden sollen.

Zusammengefaßt heißt das aus struktureller Sicht,[1] daß diejenigen Unternehmen eine europäische Einstellung entwickeln, die zur öffentlichen Wirtschaft gehören, eine einheitliche europäische Managementstruktur ausgeprägt haben und/oder deren nationale Geschäftstätigkeiten Gemeinsamkeiten aufweisen bzw. transnational integriert sind. Ob diese Unternehmen dann den Schritt zu europäischen Arbeitsbeziehungen machen, wie z. B. Gründung von EBR, hängt von zusätzlichen Geschäftsmotiven und politischen Umständen ab.

Es sind drei unterschiedliche Einflußgrößen, die über die Gründung eines EBR entscheiden: politisches Klima, unternehmerische Geschäftspolitik und Druck der Gewerkschaften (Gold/Hall 1992; Northrup u. a. 1988). Die unübersehbare Präsenz französischer Staatsbetriebe bei den transnationalen Unternehmen mit freiwillig vereinbarten EBR unterstreicht die Einflußgröße »politisches Klima«, das in den achtziger und Anfang der neunziger Jahre zusammen mit der politischen Orientierung des Spitzenmanagements in einigen der genannten französischen Staatsbetrieben durch die regierenden Sozialisten entscheidend geprägt wurde. Eine weitere politische Überlegung, die das Management transnationaler Unternehmen zu eigenständigen Vereinbarungen über Informations- und Beratungsrechte auf europäischer Ebene veranlaßte, war die Absicht, möglichen legislativen Regelungen durch eigene Gestaltung zuvorzukommen. So ist es beispielsweise bemerkenswert, daß nur wenigen EBR sowohl das Recht auf Information als auch auf Beratung zugestanden wurde (Gold/Hall 1992).

Zu den zusätzlichen Geschäftsmotiven, die die Entscheidung des Managements bestimmen, einen EBR einzuführen, gehören die wachsende Bedeutung der Schaffung von Identifikation der Arbeitnehmer mit »ihrem« europäischen Unternehmen und ihre Verpflichtung auf die Unternehmensziele, zum Beispiel im Hinblick auf Qualität, sowie die Absicht, die Akzeptanz für Restrukturierungsmaßnahmen zu erhöhen. Auch der von den europäischen Branchengewerkschaftsausschüssen, zum Beispiel vom Europäischen Metallgewerkschaftsbund, entwickelte gewerkschaftliche Druck hat die Entscheidungen des Managements stark beeinflußt. Ihm sind die folgenden Überlegungen gewidmet.

5.1.3 Voraussetzungen und Probleme für Gewerkschaften

Gewerkschaftlicher Druck auf das Management zur Vereinbarung von Informations- und Beratungsrechten auf europäischer Ebene setzt die Fähigkeit der Gewerkschaften voraus, sich in einem transnationalen Unternehmen über die nationalen Grenzen hinweg zu organisieren. Diese Fähigkeit wird positiv oder negativ im wesentlichen von vier Faktoren bestimmt:

- gewerkschaftliche Organisation und Struktur;
- Unterschiede der nationalen Arbeitsbeziehungssysteme;
- Möglichkeiten und Fähigkeiten zur Organisation der Interessen der Arbeitnehmer über die nationalen Grenzen hinaus und
- Politik des Managements.

Gewerkschaftliche Organisation in einem transnationalen Unternehmen wird durch die Existenz umfassender europäischer Organisationen erleichtert. Hier ist die Bedeutung von einigen europäischen Branchengewerkschaftsausschüssen, insbesondere vom Europäischen Metallgewerkschaftsbund und vom Europäischen Ausschuß der Lebens-, Genußmittel- und Gastgewerbegewerkschaften bei der Schaffung freiwillig vereinbarter EBR herausragend. Die satzungsmäßige Stärkung der Rolle der europäischen Branchengewerkschaftsausschüsse im Europäischen Gewerkschaftsbund wird deren Fähigkeit stärken, zwischen ihren unterschiedlichen nationalen Mitgliedsverbänden in einem transnationalen Unternehmen zu koordinieren.

Auf der Sollseite müssen sich die europäischen Gewerkschaften, um erfolgreich grenzüberschreitend in einem transnationalen Unternehmen zu agieren, mit verschiedenen Problemen auseinandersetzen:

Das erste Problem liegt in der Schwächung der europäischen Gewerkschaftsbewegung durch ihre politische Aufspaltung. Auch wenn sich die Situation seit Gründung des EGB im Jahre 1972 verbessert hat (zum Beispiel sind inzwischen die italienische CGIL und die spanische CCOO beigetreten), so bleibt doch die Tatsache bestehen, daß der wichtigste französische Gewerkschaftsbund, die CGT, außerhalb des EGB steht. Dies muß unvermeidlich zu Problemen in französischen Betrieben führen, in denen die CGT stark vertreten ist.

Ähnlich gelagert ist der zweite Problembereich, wo unterschiedliche Fachgewerkschaften national in Betrieben transnationaler Unternehmen organisieren. So zum Beispiel in Großbritannien, wo es üblich ist, daß in ein und demselben Betrieb eines transnationalen Unternehmens unterschiedliche Gewerkschaften Arbeitnehmergruppen organisieren und repräsentieren. Die Entwicklung einer effektiven gewerkschaftlichen Organisation in einem transnationalen Unternehmen setzt hier bereits auf nationaler Ebene eine zwischengewerkschaftliche Zusammenarbeit voraus, was aber durchaus nicht vorausgesetzt werden darf. In Ländern, in denen es mehrere nationale Gewerkschaftsbünde gibt, muß auch deren Zusammenarbeit eingefordert werden.

Ein drittes Problem ist auf die Unwilligkeit nationaler Gewerkschaftszentralen zurückzuführen, sowohl der Branchengewerkschaften als auch der Bünde, Befugnisse auf die europäische Gewerkschaftsebene zu übertragen, um so die notwendigen Ressourcen für die Arbeit und die Politik der Gewerkschaften in transnationalen Unternehmen zur Verfügung zu stellen. Ein Grund für dieses Problem dürfte in den sehr unterschiedlichen Finanz- und Organisationsressourcen der europäischen Fachgewerkschaftsausschüsse und ihrer jeweiligen nationalen Mitgliedsorganisationen liegen.

Unterschiedliche Arbeitsbeziehungskulturen in den europäischen Ländern dürften ein weiterer Faktor sein, der die Entwicklung der Gewerkschaftsorganisation in transnationalen Unternehmen bestimmt. Dort, wo zunächst einmal eine erfolgreiche gewerkschaftliche Organisation in den Betrieben auf nationaler Ebene erreicht werden muß, dürften die Probleme transnationaler Organisation um so deutlicher hervortreten. In dieser Beziehung ist ein gravierender Unterschied zwischen Unternehmen, die ihren Stammsitz in Großbritannien oder Irland haben, und solchen mit Stammsitz sonstwo in der EU festzustellen. Großbritannien und Irland sind durch die Abwesenheit überbetrieblicher oder branchenbezogener Arbeitsbeziehungsstrukturen gekennzeichnet. Unternehmen mit zentralen Kollektivverhandlungsstrukturen, wie zum Beispiel ICI, sind eher die Ausnahme als die Regel. Die

Abteilungsebene (group level) ist am ehesten die Ebene für Arbeitnehmer-information oder -beteiligung (Marginson u. a. 1993 b). Konsequenterweise ist in diesen Ländern gewerkschaftliche Organisation auf nationaler Ebene nur sehr schwach entwickelt bzw. existiert überhaupt nicht.

Das steht in deutlichem Kontrast zu den rechtlichen Voraussetzungen und der Existenz von Informations- und Beteiligungsrechten der Arbeitnehmer z. B. in Frankreich oder Deutschland. »Comités de groupes« sind in Frankreich weitverbreitet, und die gleiche Annahme kann für »Konzernbetriebsräte« auch in Deutschland gemacht werden. Überdies, auch wenn sie formal auf Arbeitnehmervertretung bezogen sind, setzen sich solche Gremien in der Praxis oft – insbesondere in Frankreich – aus von den Gewerkschaften nominierten Vertretern zusammen. Solche Strukturen nationaler Arbeitnehmervertretung in transnationalen Unternehmen sind ein gutes Sprungbrett, von dem aus die Gewerkschaften eine Vertretung auf europäischer Ebene in den Betrieben entwickeln können. In den meisten Fällen existiert ein solches Sprungbrett in transnationalen Unternehmen, deren Stammhaus in Großbritannien angesiedelt ist, nicht, was eine gewerkschaftliche Organisation auf transnationaler Ebene enorm erschwert.

Die Möglichkeit einer Angleichung gewerkschaftlicher Traditionen, die auf unterschiedlichen Arbeitsbeziehungssystemen beruhen, muß relativiert werden. Die existierenden EBR beruhen vor allem auf der Tradition der dualen Struktur der kontinentalen Arbeitnehmerinteressenvertretung und nicht so sehr auf der monistischen, die für Großbritannien und Irland typisch ist. Die Einbeziehung – oder auch nicht – hauptamtlicher Gewerkschafter als Vertreter der Arbeitnehmer ist nur ein Punkt, auf den die Gewerkschaften sich oft nicht einigen können.

Ein dritter Bestimmungsfaktor liegt in der Möglichkeit grenzüberschreitender Interessenmobilisierung der Arbeitnehmer. Es ist allgemein bekannt, daß Arbeitnehmer tendenziell nur ihre eigenen Probleme sehen, in ihrer Sichtweise sehr eingeschränkt sind und daß es von daher ziemlich schwierig ist, eine gemeinsame Identität und Sichtweise über den Betrieb und insbesondere über die nationale Grenze hinaus zu entwickeln (Haworth/ Ramsay 1984). Aber die Möglichkeiten der Interessenmobilisierung hängen auch von den Voraussetzungen unterschiedlicher Gruppen von Arbeitnehmern ab. Der Hauptunterschied dürfte von der Berufsgruppenzugehörigkeit und Zwecksetzung des Unternehmens, bei dem die Arbeitnehmer beschäftigt sind, bestimmt sein. Von der Berufsgruppenzugehörigkeit her gesehen, dürften die Vorteile der Ausprägung einer gemeinsamen Interessenidentität in der Gruppe am größten sein, die eine hohe internationale

Mobilität oder regelmäßig Kontakte mit ihresgleichen in anderen Ländern hat, wie zum Beispiel unter Technikern.

Auch die Zweckbestimmung der Geschäftstätigkeit eines transnationalen Unternehmens kann die gewerkschaftliche Anstrengung, eine gemeinsame Interessenidentität zu entwickeln, befördern oder behindern. In Wiederholung der bereits diskutierten Thematik: Dort, wo Unternehmen vergleichbare Geschäftstätigkeiten in unterschiedlichen Ländern ausüben und wo die Beschäftigung der Arbeitnehmer unter vergleichbaren Arbeitsbedingungen stattfindet, sind die Voraussetzungen für die Entwicklung von Interessenidentität sehr viel günstiger als dort, wo sich die Geschäftstätigkeiten stark unterscheiden, in unterschiedlichen Betrieben ausgeübt werden und die Tätigkeiten und Arbeitsbedingungen kaum vergleichbar sind. Günstig sind die Umstände auch dort, wo die Geschäftstätigkeit in unterschiedlichen Ländern hochgradig integriert ist und die aufeinander bezogenen Abhängigkeiten für die Arbeitnehmer deutlich nachvollziehbar sind.

Ein vierter Bestimmungsfaktor ist die Politik des Managements. Gewerkschaften sind um so besser in der Lage, europäische Organisationsstrukturen in transnationalen Unternehmen zu entwickeln, wenn das Management Zugriff auf Ressourcen, Arbeitserleichterungen oder eine andere Form der Anerkennung praktiziert. So haben beispielsweise Unternehmen zwar die Einrichtung eines EBR verweigert, unbeschadet dessen aber Möglichkeiten für ein Treffen von Arbeitnehmervertretern auf europäischer Ebene bereitgestellt. Die stärkste Form der Unterstützung durch das Management liegt dann vor, wenn Unternehmen selber die Einrichtung eines EBR fördern und damit zugleich die Entwicklung und Stärkung der europäischen Gewerkschaftsorganisation.

Zusammengefaßt: Die Fähigkeit der Gewerkschaften, Druck auf die transnationalen Unternehmen auszuüben, ist dann am größten, wenn die Gewerkschaften eine hohe Organisationsrate haben, eine konstruktive Zusammenarbeit zwischen den Bünden bzw. Fachgewerkschaften auf nationaler Ebene gegeben ist, die nationalen Gewerkschaften anerkannt und repräsentativ sind, ein gemeinsames Interesse der Arbeitnehmer vorhanden ist, sei es wegen des Geschäftszwecks oder der Art und Weise der Arbeitsbedingungen, und wo die Politik des Managements dem vorgenannten förderlich ist. Es sind die gleichen strukturellen Voraussetzungen, die beim Management zu einer einheitlichen europäischen Arbeitsbeziehungspolitik führen und die die erfolgreiche Schaffung einer grenzüberschreitenden Interessenidentifikation der Arbeitnehmer durch die Gewerkschaften ermöglichen. Zudem gibt es auch – wie gezeigt – spezifische Typen transnationaler Unternehmen, in denen das Management eher bereit ist, dem Druck der Gewerkschaften auf Einrichtung eines EBR nachzugeben.

5.1.4 Bewertung und Aussichten

Bis zu dem Zeitpunkt, an dem eine Richtlinie nach dem Sozialprotokoll von Maastricht zur Einrichtung von EBR führt, wird die weitere Entwicklung davon abhängen, welche Politikentscheidungen transnationale Unternehmen treffen und in welchem Umfang Gewerkschaften Druck erzeugen können. Danach wird die Frage für in Großbritannien operierende Unternehmen sein, ob diese Richtlinie auch für sie Geltung hat, und dies hängt wiederum von der Einschätzung und Politik des Managements und der Fähigkeit der Gewerkschaften, Druck zu machen, ab. Das gilt gleichermaßen für die Geschäftätigkeit in den EFTA-Ländern. Es wurde dargelegt, daß die Politik des Managements und die Fähigkeit der Gewerkschaften zur Ausübung von Druck durch eine Anzahl von Bestimmungsfaktoren geprägt ist: Eigentümer (private oder öffentliche Wirtschaft); interne Unternehmensorganisation und Geschäftsstrategie; zusätzliche Geschäftsbereiche und politische Erwägungen; gewerkschaftliche Organisation auf nationaler und internationaler Ebene; Unterschiede in den Arbeitsbeziehungskulturen und im Interessenbewußtsein von Arbeitnehmern.

Empirisch fundierte Erkenntnisse bestätigen, daß die vorgenannten Überlegungen die wichtigsten Gründe für die existierenden EBR in transnationalen Unternehmen abdecken. Ergebnisse einer Untersuchung der hundert größten europäischen Unternehmen (Streeck/Vitols 1993) belegen, daß die existierenden EBR vorrangig in transnationalen Unternehmen mit internationalem Charakter der Geschäftätigkeit angesiedelt sind. Ihr Stammsitz liegt in Ländern, deren Arbeitsbeziehungskultur auf verrechtlichten, repräsentativen Strukturen der Information und Beteiligung der Arbeitnehmervertretung beruht. Diese Ergebnisse unterstreichen die Bedeutung der Unternehmensverfassung und des nationalen Arbeitsbeziehungssystems. Eindeutig belegt ist auch die Bedeutung der französischen Staatsbetriebe für die freiwillige Einführung von EBR, die die Wichtigkeit zusätzlicher politischer Einflußnahme unterstreichen. Die Ausweitung der Zahl transnationaler Unternehmen in Europa und der wachsende Anteil jener mit internationaler bzw. euroweiter Tätigkeit und ebensolchem Marktabsatz schafft die Voraussetzung bzw. die Notwendigkeit für unternehmensspezifische Regelungen im Bereich grenzüberschreitender Arbeitsbeziehungsstrukturen.

Übersetzung aus dem Englischen: Detlef Perner

Literatur:

Buiges, P./Ilkovitz, F./Lebrun J.-F., 1990: The Impact of the Internal Market by Industrial Secotor: the Challenge for Member States, in: Social Europe, Special Issue

EIRR, 1993: The Hoover Affair and Social Dumping, in: European Industrial Relations Review, March, S. 14–19

Gold, M./Hall, M., 1992: European Level Information and Consultation in Multinational Companies: an Evaluation of Practice, Luxembourg

Haworth, N./Ramsay, H., 1984: Grasping the Nettle: Problems with the Theory of Trade Union Internationalism, in: Waterman, P. (ed.), For a New Labour Internationalism, The Hague

Marginson, P., 1992: European Integration and Transnational Management-Union Relations in the Enterprise, in: British Journal of Industrial Relations, 30, 4, S. 529–545

Marginson, P./Hall, M./Sisson, K., 1993 a: European-Level Employee Information and Consultation Structures in Multinational Enterprises, in: Issues in People Management, No 7

Marginson, P./Armstrong, P./Edwards, P./Purcell, J./Hubbard, N., 1993 b: The Control of Industrial Relations in Large Companies: An Initial Analysis of the 2nd Company Level Industrial Relations Survey, Warwick Papers in Industrial Relations, No 45, Coventry (Industrial Relations Research Unit)

Mueller, F./Purcell, J., 1992: The Europeanisation of Manufacturing and the Decentralisation of Bargaining: Multinational Management Strategies in the European Automobile Industry, in: International Journal of Human Resource Management, 3, S. 15–34

Northrup, H./Campbell, D./Slowinski, B., 1988: Multinational Union-Management Consultation in Europe: Resurgence in the 1980s?, in: International Labour Review, 127, S. 525–543

Sisson, K./Waddington, J./Whitston, C., 1992: The Structure of Capital in the European Community: the Size of Companies and the Implications for Industrial Relations, Warwick Papers in Industrial Relations, No 38, Coventry (Industrial Relations Research Unit)

Streeck, W./Vitols, S., 1993: European Works Councils: Between Statutory Enactment and Voluntary Adoption, WZB Labour Market and Employment Discussion Paper, Berlin (Wissenschaftszentrum Berlin)

5.2 Europäische Betriebsräte – ein empirisch gestützter deutsch-französischer Vergleich

Wolfgang Lecher

5.2.1 Problembeschreibung und Ausgangslage[1]

Die hauptsächliche Schwierigkeit der Einrichtung eines europäischen Betriebsrats (EBR) liegt in den unterschiedlichen nationalen Arbeitsbeziehungssystemen. Ein übernationales EBR-System muß zugleich in seinen Eckpunkten in sich konsistent, also homogen sein und die unterschiedlichen nationalen Arbeitsbeziehungssysteme gebührend berücksichtigen. Der deutsch-französische Vergleich mit historisch unterschiedlich entwikkelten Systemen und Interessenvertretungsstrukturen bietet daher gutes Anschauungsmaterial für die Schwierigkeiten einer solchen Einrichtung[2]. Die nachfolgend vorgestellten und interpretierten Beispiele sind einer vom WSI und dem französischen Forschungsinstitut IRES vorgenommenen empirischen Untersuchung der betrieblichen Interessenvertretungsstrukturen in Frankreich und der Bundesrepublik Deutschland entnommen. In Frankreich wurden unter dem hier behandelten Aspekt der Einrichtung europäischer Betriebsräte drei Metall- und drei Chemie-Betriebe, in Deutschland zwei Metall- und vier Chemie-Betriebe untersucht[3].

---

1 Die hier vorgestellten und interpretierten Beispiele sind einer vom WSI und dem französischen Forschungsinstitut IRES vorgenommenen empirischen Untersuchung der betrieblichen Interessenvertretungsstrukturen in Frankreich und der Bundesrepublik Deutschland entnommen. Bezüglich der Implementierung von Euro-Betriebsräten ist der deutsch-französische Vergleich deswegen besonders interessant, weil zum einen in diesen beiden Ländern die bisher am weitesten entwickelte Praxis in Form von freiwilligen Vereinbarungen besteht. Zum anderen hat man es in beiden Ländern aber – trotz der formalen Ähnlichkeit einer dualen Vertretungsstruktur auf betrieblicher Ebene – mit sehr verschiedenen Ausgangsbedingungen der betrieblichen Interessenvertretungen und Gewerkschaften zu tun. Ein beispielhafter Vergleich der vorliegenden Erfahrungen garantiert damit eine relativ große Spannweite der empirischen, betrieblichen Realität und damit des Erkenntnisgewinns für ein zukünftiges europäisches Arbeitsbeziehungssystem und seiner betrieblichen Verankerung.

2 Rehfeldt, U., Les syndicats européens face à la transnationalisation des entrepris, in: Le Mouvement Syndical, Nr. 162, Paris 1993

3 Das Projekt wurde auf französischer Seite vom Arbeitsministerium, auf deutscher Seite von der Hans-Böckler-Stiftung und für beide Länder von der Generaldirektion V der EG-Kommission gefördert. Die Protokolle der Betriebsbegehungen liegen anonymisiert beim WSI (deutsch) und IRES (französisch) vor.

255

Ein europäischer Betriebsrat hat nicht nur die Funktion, Informationen aus dem gegebenen transnationalen Konzern für die Interessenvertretung der Arbeitnehmer in den jeweiligen nationalen Konzernteilen zu beschaffen. Er dient genauso dem Kennenlernen der verschiedenen Arbeitsbeziehungssysteme und Gewerkschaftsvertretungen in den jeweiligen Ländern und daher der allmählichen europäischen Integration der nationalen Arbeitsbeziehungssysteme. Diese zweite Funktion wird insbesondere bei den Überlegungen zur Festlegung einer europäischen Richtlinie zu den EBR gerne vernachlässigt[4]. Dabei reflektiert sie nur die überwiegend duale Ausformung der Arbeitsbeziehungssysteme in den europäischen Nationen (einschließlich Deutschlands und Frankreichs). In den zur Zeit vorfindlichen EBR-Regelungen sind daher auch unterschiedliche Vertretungsstrukturen der Arbeitnehmer vorgesehen[5]. Die heute existierenden EBR-Gremien bzw. die Vorläufer einer späteren einheitlichen Regelung[6] sind in der Regel nur schwach institutionalisiert. Sie werden auf Initiative des Konzermanagements einberufen, die Tagesordnung wird meist vom Management bestimmt, und auch die gegebenen Informationen können in ihrer quantitativen und qualitativen Dimension von den Arbeitnehmervertretern kaum kontrolliert werden[7]. In unserer empirischen Untersuchung gibt es mit einer Ausnahme auch nur schwach institutionalisierte Gremien. Sie beruhen in der Regel auf Initiative und damit auch auf der Kontrolle des Konzernmanagements. Nur selten gelingt es, eine vom Vertrauen der Arbeitnehmer getragene Beziehung zwischen den nationalen Interessenvertretungen aufzubauen. Nur in einem der von uns erfaßten Fälle gab es ein solches Vertrauensverhältnis schon, bevor auf Konzernebene eine EBR-Regelung installiert wurde. In den meisten Fällen besteht dagegen eher Mißtrauen gegenüber derartigen Veranstaltungen oder allenfalls neutrales Abwarten. In einigen Fällen sind die von uns untersuchten Betriebe nicht in die bestehenden übernationalen Informationsorgane eingebaut und können darüber entweder überhaupt nicht oder allenfalls indirekt berichten.

---

4 Eine wichtige Rolle spielt diese zweite Funktion vor allem bei Überlegungen, die in transnationalen Unternehmen engagierten Gewerkschaften in einen möglichst auf Dauer gestellten Informationskontakt mit zukünftigen EBR zu bringen und damit die Basis für eine Arbeitsbeziehungsstruktur mit einem Kern an Kollektivverhandlungsfähigkeit in diesen Konzernen zu legen. Vgl. Lecher, W., Perspektiven europäischer Kollektivverhandlungen, in: Bispinck, R., Lecher, W. (Hrsg.), Tarifpolitik und Tarifsysteme in Europa, Köln 1993
5 Den besten Überblick dazu bieten Sisson, K. u. a., Information and Consultation in European Multinationals, in: European Industrial Relations Reviews, Nr. 228 + 229, 1993.
6 Die Verabschiedung einer entsprechenden Richtlinie wird für die 2. Jahreshälfte 1994 (deutsche Rats-Präsidentschaft) erwartet.
7 Vgl. die empirischen Beispiele in: Deppe, J., Euro-Betriebsräte, Wiesbaden 1992.

Grad und Effizienz von Beteiligungen der Arbeitnehmer bzw. ihrer Vertreter in europäischen Institutionen können auf zwei Ebenen diskutiert werden. Erstens auf der Ebene der Aufsichtsratsmitbestimmung im Rahmen einer noch zu schaffenden EG-Aktiengesellschaft. Dazu liegt zur Zeit ein Richtlinienentwurf mit drei Optionen vor. Zweitens als Euro-Betriebsratsmodell in transnationalen Unternehmen. Dazu liegen ein Richtlinienentwurf und zur Zeit ca. 30 »Vorläuferregelungen« auf freiwilliger Basis vor. Für den deutschfranzösischen Vergleich besonders wichtig ist, daß für beide Fälle ein sogenanntes »französisches Modell« existiert und in der Diskussion eine Rolle spielt. Im ersten Fall ist es die Wahl eines eigenen Personalvertretungsorgans (also kein Aufsichtsrat etwa im deutschen Sinn), das sich deutlich an den Betriebsausschuß- bzw. Personalvertretungsstrukturen in Frankreich orientiert. Von Vorteil könnte hier allerdings sein, daß der französische Betriebsausschuß bzw. die Personaldelegierten in aller Regel über gewerkschaftliche Listen und somit mit Gewerkschaftsunterstützung gewählt werden. Allerdings ist diese indirekte Gewerkschaftsrepräsentanz nicht unproblematisch, weil sie in anderen Ländern so nicht stattfindet und auch in Frankreich immer mehr durch zunehmende Wahlenthaltungen in Schwierigkeiten kommt[8]. Nach diesem Modell ist also eine direkte Verbindung zwischen Gewerkschaft und Euro-Betriebsrat nicht unbedingt sichergestellt.

Das französische Modell steht aber auch bei der Diskussion um Euro-Betriebsräte häufig Pate, weil die konkretesten Realisierungen bisher von Frankreich ausgehen und damit eine Dominanz des französischen Betriebsausschußmodells (d. h. unmittelbare Beteiligung des Managements bzw. der Personalleitung in den Euro-Betriebsräten) besteht. Im Unterschied zu den Betriebsräten in Deutschland, aber auch etwa den Niederlanden, tagt der französische Betriebsausschuß unter Vorsitz des Managements. Diese Konstruktion wurde auch in einem Fall von französischer Konzernleitungsseite in unserer Untersuchung als unverzichtbar für die betreffende deutsche Tochter betont. Beide Formen sind für die deutsche Mitbestimmung problematisch, weil sie schwache, im wesentlichen nur auf (unkontrollierbare) Information zielende Organe schaffen. Hier besteht also eine

---

8 So gibt die CGT als die nach wie vor national stärkste französische Richtungsgewerkschaft die Wahlenthaltung (mit seit Jahren steigender Tendenz) für die Betriebsausschuß- und Personaldelegiertenwahlen 1992 mit »mindestens 25 %« an. Bei den im Dezember 1992 stattgefundenen Arbeitsschiedsgerichts-Wahlen lag die Wahlenthaltung sogar bei 60 %. Dies sind deutliche Hinweise für die zunehmende Gewerkschaftsverdrossenheit der französischen Beschäftigten, denn die Gewerkschaften haben bei diesen Wahlen ein Erstvorschlagsrecht für die Kandidatenaufstellung. Zu den Daten siehe CGT-IRES, Rapport annuel de la CGT sur la situation économique et sociale de la France, Paris 1992, S. 139.

fatale Übereinstimmung mit den gleichfalls nur schwachen, »prekären« Mitbestimmungsformen etwa bei der Einführung von neuen Techniken und veränderten Arbeitsorganisationen (Gruppenarbeit) in Deutschland, wo sich bei einem gleichfalls zukunftsorientierten Thema erhebliche Defizite des Mitbestimmungsrechts und der faktischen Mitbestimmungspraxis auftun. Konsultationen und insbesondere echte Mitbestimmungsmöglichkeiten mit Vetorechten (z. B. als Moratorium) und darauf gründend auch der Heranziehung externer Experten bleiben bisher zumindest in der Praxis weitgehend ausgespart.

Die Problematik des Unterlaufens deutscher Mitbestimmungsrechte bzw. deren Reduktion auf die Informationsdimension wurde aber in den von uns untersuchten Betrieben von den befragten Interessenvertretern in keinem der sechs deutschen Fälle als ein vorrangiges Problem gesehen. Die praxisbezogene, auf konkrete Umsetzungen zielende Diskussion scheint noch zu wenig entwickelt, um bereits weitergehende Beteiligungsrechte betrieblich ins Visier zu nehmen. Statt dessen erschien in den Betrieben problematisch:

- die Abhängigkeit der institutionellen Regeln vom guten Willen des Managements (kein rechtssicherer Anspruch);

- die ins Belieben des Managements gestellte Informationsquantität und -qualität (gleichfalls keine Rechtsgarantien);

- die Unsicherheit über die eigenen Positionen, d. h. überwiegend über die »nationale Identität« und damit die nationale Kooperation zwischen Management und Interessenvertretung, insbesondere im Verhältnis von Mutter- und Tochterunternehmen einerseits und demgegenüber die Dominanz der internationalen Zusammenarbeit der Euro-Räte jenseits nationaler Interessen andererseits;

- sprachliche Verständigungsschwierigkeiten und große Probleme, ein übernationales Vertrauen zwischen den unterschiedlichen Interessenvertretungen aufzubauen (in unserer Empirie nur in einem einzigen Chemiebetrieb aufgrund autonomer Initiativen gelöst);

- das Kennenlernen jeweils anderer nationaler Vertretungsstrukturen und deren Arbeitsweisen und Mentalitäten (Probleme der deutschen Betriebsräte mit Positionen der britischen Shops-Stewards und der französischen Nicht-Organisierten);

- Einschätzung der Bedeutung von Informationsmaterial, das vom Management gegeben wird und die Schwierigkeiten der Verbreitung gegebener Informationen nach unten bis hin auf die Betriebsebene.

Im jetzigen Stadium der Europäisierung bzw. Internationalisierung der Arbeit von Interessenvertretungen geht es also offenbar insbesondere um die Überwindung von Hemmschwellen beim Aufbau von übernationalen Kontakten, die rechtliche Sicherung neugeschaffener Vertretungsinstanzen, die rechtsverbindliche Definition der gesamten Informationsdimension und ein funktionierendes Zusammenspiel des dualen Systems von Gewählten und Gewerkschaftsvertretern. Angesichts der Heterogenität nationaler Arbeitsbeziehungen und der per se schon enormen Schwierigkeiten, auf übernationaler Ebene vertrauensvoll zu kooperieren, scheint daher ein Ansatz zur Einrichtung von EBR nicht unvernünftig, der schrittweise vorgeht: Zunächst werden rechtsverbindliche Informationsgarantien gegeben, in einem zweiten Schritt auch formalisierte Konsultationsrechte und in einem dritten Schritt dann echte Vetorechte. Ein solches Stufenmodell müßte allerdings mit klarer Chronologie versehen sein, um den berechtigten Befürchtungen von Gewerkschaften und Interessenvertretungen bezüglich einer Abspeisung mit irrelevanten Informationen in den EBR-Gremien entgegenzutreten. Auch muß eine solche Regelung immer offen sein für weitergehende tarifpolitische Vereinbarungen auf Konzernebene. Nicht funktional scheint dagegen nach der vorliegenden Untersuchung und dem Stand bisher konkretisierter Vereinbarungen eine überzogene Subsidiarität[9], nach der jeder Konzern seine eigenen Regelungen finden kann. Das würde ein Mindestmaß von Homogenisierung auf europäischer Ebene und damit letztlich ein europäisches Modell von Arbeitsbeziehungen konterkarieren und disfunktional machen.

5.2.2 Die Betriebsempirie

Im Rahmen unserer Fallanalysen fanden wir zwar ein weites Spektrum von Einschätzungen, Hoffnungen, Befürchtungen, Informationen und Aktivitäten zur Europäisierung vor, doch aus betrieblicher Sicht stellten sich die damit verbundenen Chancen und Risiken doch sehr unterschiedlich dar gegenüber der gängigen Implementierungsdiskussion von Euro-Betriebsräten auf der Ebene transnationaler Konzerne. Während bei der Auseinandersetzung um die betreffende EU-Richtlinie und die konzernbezogene Einführung von EBR institutionelle und verfahrensmäßige Gesichtspunkte die

---

9 Eine differenzierte Auseinandersetzung mit dem »nach Maastricht« sehr strapazierten Subsidiaritätsbegriff aus gewerkschaftlicher Sicht gibt Schmitz, K., Subsidiarität, ein belasteter Begriff feiert Auferstehung, in: WSI-Mitteilungen, 12/1992 (Schwerpunktheft: Arbeitsbeziehungen 2000 – Perspektiven der Gewerkschaften für Europa), S. 833 ff.

entscheidende Rolle spielen (Wer kann Mitglied in den Gremien werden? Welche Rechte haben diese Mitglieder? Wie groß müssen die jeweiligen Mutter- und Tochterunternehmen sein?), überwiegen aus betrieblicher Sicht Fragen des praktischen Nutzens und der funktionalen Verbindung solcher Gremien mit den betrieblichen Instanzen (Gibt es überhaupt einen Verbindungsstrang zwischen der europäischen und der betrieblichen Ebene? Über welche Informationsträger wird eine betriebliche Anbindung an die Euro-Information am besten sichergestellt? Welche Auswirkungen können europäische Informationen für das Betriebsgeschehen »vor Ort« haben?). Tatsächlich zeigen all unsere Beispiele, daß trotz weit fortgeschrittener Europäisierung bzw. auch darüber hinausgehender Internationalisierung der Konzernpolitik der Einbindungsgrad der betrieblichen Interessenvertretungen auch heute noch als ausgesprochen gering veranschlagt werden muß. Dies insbesondere dort, wo die Verbindungen zu den überbetrieblichen Ebenen des Unternehmens/des Konzerns traditionell schwach entwickelt sind.

5.2.2.1 Die französischen Fälle

Aus der Literatur und der Analyse unserer eigenen Fälle geht klar hervor, daß die Defizite bei den überbetrieblichen Verbindungen der Interessenvertretungsstrukturen der Arbeitnehmer in Frankreich eindeutig größer sind als in Deutschland[10]. So waren in einem französischen Metallbetrieb weder bei den gewählten noch bei den gewerkschaftlichen betrieblichen Vertretern irgendwelche Informationen über europäische Kontakte auf Konzernebene vorhanden, obwohl zu unserem Untersuchungszeitpunkt schon ein Treffen im Rahmen des europäischen Metallarbeiterbundes EMB in Brüssel vorbereitet wurde mit dem Ziel, die Einrichtung eines europäischen Betriebsrats zu forcieren. Auch in zwei der drei Chemiebetriebe gab es auf der jeweiligen Konzernzugehörigkeitsebene Aktivitäten zur Einrichtung von Euro-Betriebsräten, die den betrieblichen Vertretern schlicht unbekannt waren. Im dritten Chemiebetrieb gab es zwar eine diffuse und eher zufällige Information über europäische Kontakte auf Konzernebene, ohne daß dies aber zu irgendeiner Konsequenz bzw. eigenständiger Informationsaktivität der betrieblichen Vertretung geführt hätte.

---

10 Damit ist die im Vergleich zur Bundesrepublik Deutschland sehr viel weiter fortgeschrittene Dezentralisierung des französischen Arbeitsbeziehungssystems und der Tarifpolitik angesprochen, die strukturelle und politische Ursachen hat. Vgl. dazu in einer Synopse Dufour, C., France, in: IRES (ed.), Syndicalisme, Paris 1992, insbes. S. 371 ff.

Anders liegen die beiden restlichen französischen Fälle, die von uns ganz bewußt aufgrund der Kenntnis der Existenz europabezogener Diskussion und Praxis nicht nur auf Konzern-, sondern auch auf Betriebsebene ausgewählt wurden, um Vergleichsbeispiele zur deutschen Situation zu sichern. Dabei handelt es sich bei einem der beiden Metallbetriebe um den »Parallelbetrieb« zu einem in Deutschland untersuchten Fall, auf den unter dem hier behandelten europäischen Aspekt später noch eingegangen wird. Dieser Betrieb ist auf dem gleichen Gelände wie die französische Konzernzentrale angesiedelt. Es ergibt sich also schon rein räumlich eine gute Informationschance. Auch besteht bezüglich einer europäischen Informationsperspektive zwischen der Interessenvertretung betrieblich und überbetrieblich prinzipielle Einigkeit. Der von uns befragte französische Konzernpersonalchef fördert aktiv die Schaffung eines europäischen Informationsforums und sieht dies als ein essentielles Element der Unternehmenskultur des international tätigen Konzerns. In einer längerfristigen Perspektive wird auch die weltweite Öffnung für möglich gehalten, doch sollten nach seiner – maßgeblichen – Auffassung die ersten Schritte vorsichtig und pragmatisch sein und daher zunächst eine europäische Plattform der Informationsvermittlung geschaffen werden.

Gleichfalls aus pragmatischen Gründen wird man sich nach seinen Angaben auch auf den Austausch wirtschaftlicher Informationen beschränken, die Schaffung von Konsultations- und Mitbestimmungsrechten steht für die Geschäftsführung des Konzerns zur Zeit nicht zur Debatte.

Über den Aspekt der »Corporate Identity« hinaus äußert der Personalmanager auch ausdrückliches Interesse an einem langfristigen Aufklärungseffekt für die zersplitterte, komplexe, richtungsgewerkschaftlich geteilte französische Interessenvertretung durch das einheitliche deutsche Modell. Nach den ersten Erfahrungen mit den deutschen Arbeitsbeziehungen im Parallelbetrieb ist der Personalchef ausgesprochen angetan von der »Absprachentreue« der deutschen Betriebsräte. Im Unterschied zu Frankreich würden in Deutschland nach seinen Erfahrungen offenbar auch weitreichende Konzepte etwa zur Unternehmensumstrukturierung und zu tiefgreifenden ökonomischen Veränderungen (im deutschen Betrieb mit der französischen Übernahme unmittelbar implementiert) nach ausführlicher und fairer Diskussion mit den Betriebsräten von diesen aktiv und verläßlich mitgetragen. Dies wäre in Frankreich aufgrund der strukturell angelegten permanenten Konfliktsituation (Tarifpolitik direkt auf betrieblicher Ebene, Gewerkschaftskonkurrenz, keine Friedenspflichtklauseln und individuelles Streikrecht) so überhaupt nicht denkbar. Trotz der für Frankreich relativ guten Informationslage der Interessenvertretung zur Europäisierung muß also festgehalten werden, daß in diesem französischen Metallbetrieb die Initiative vom Management ausging sowie Ziel und Kontrolle dieses Prozesses ausschließlich von ihm gesteuert wird. Für die französische Belegschaft und ihre Interessenvertretung besteht offenbar zudem die nicht zu unterschätzende Gefahr, gegenüber ihren als kooperativer eingeschätzten deutschen Kollegen vom französischen Management als destruktiv und kooperationsunfähig abgestempelt und damit möglicherweise in eine latente/manifeste Opposition zu der deutschen Interessenvertretung getrieben zu werden.

Diese äußerst ernstzunehmende Gefahr des Ausspielens unterschiedlicher nationaler Arbeitsbeziehungssysteme nicht nur, aber auch auf betrieblicher Ebene durch ein strategisch denkendes Euro-Management wird explizit von der Interessenvertretung des zweiten Metallbetriebs in Frankreich befürchtet. Dabei handelt es sich gleichfalls um einen Schwesterbetrieb zu einem deutschen Metallbetrieb, wobei die Einschätzung der Europäisierung der Interessenvertretung durch die deutschen Betriebsräte weitaus positiver bzw. unproblematischer ausfällt, wie noch gezeigt wird. Nach den Angaben der französischen Interessenvertreter waren sie über die Vorbereitung zur Bildung des deutsch-französischen Gemeinschaftsunternehmens[11] nicht informiert und zunächst auch nicht in die Diskussion um die Schaffung gemeinsamer Vertretungsgremien eingeschaltet. Zwar wurde der französische Gesamtbetriebsausschuß Comité Central d'Entreprise (CCE) über die Vorgänge informiert, doch aufgrund von »gewissen Defiziten« im Informationsfluß – auf Nachfrage ergab sich, daß ein französischer Gewerkschaftsvertreter diesbezügliche Informationen zu spät weitergab – wurde die Interessenvertretung des französischen Betriebs zum erstenmal offiziell anläßlich einer von der deutschen IG Metall veranstalteten Tagung über die zu erwartenden Folgen der geplanten deutsch-französischen Fusion informiert. Dabei waren und sind diese für die französischen Beschäftigten weitaus gravierender, da sie aufgrund des französischen Rechts aus ihrem bisherigen Unternehmensverband ausgegliedert werden mußten und so – im Unterschied zu den deutschen Beschäftigten im Schwesterbetrieb – faktisch isoliert wurden. Das deutsche Modell einer besonderen Unternehmenskonstruktion, die trotz rechtlicher Eigenständigkeit auch zukünftig die faktische Einbettung in das alte Großunternehmen ermöglicht, schied nach

---

11 Die Vereinbarung ist dokumentiert in: Europäisches Gewerkschaftsinstitut (Hrsg.), Info 33 – Die soziale Dimension des Binnenmarkts, Teil IV, Europäische Betriebsräte, Brüssel 1991

Einschätzung der französischen Interessenvertreter als eine Option schon deswegen aus, weil sich aufgrund der Konkurrenzsituation zwischen den französischen Gewerkschaften auf betrieblicher Ebene dazu keine einheitliche Linie hätte herstellen lassen. Da mit Gewißheit vom Veto mindestens einer französischen Gewerkschaft auszugehen war, konnte kein Druck zu einer dem deutschen Modell vergleichbaren (rechtlich aber sicher anders konstruierten) arbeitnehmerfreundlichen Lösung entfaltet werden.

Die deutsch-französische Kooperation stand also für die französische Interessenvertretung von Beginn an unter schwierigen Vorzeichen. Die bisherigen Erfahrungen mit transnationaler Kooperation (gemeinsame Sitzungen und Tagungen) haben die französische Interessenvertretung nach ihrer eigenen Aussage zunächst in ihren Befürchtungen bestätigt, irritiert und »traumatisiert«. Ausschlaggebend dafür war, daß die Erfahrungen mit gemeinsamen Seminaren der Interessenvertreter aus den von der Fusion betroffenen deutschen und französischen Betrieben (noch weitere als die beiden von uns untersuchten Betriebe sind an der Fusion beteiligt) eine dominierende deutsche Kompetenz ergaben, die oft zu einem für die französische Seite ausgesprochen unersprießlichen, asymmetrischen Gesprächsverlauf führte. Auch wird die ökonomische Situation der französischen Betriebe als weitaus kritischer eingeschätzt als die Lage der deutschen Betriebe, und dort insbesondere des von uns gleichfalls untersuchten deutschen Schwesterbetriebs, was sowohl den Handlungsdruck als auch die Unsicherheit im Kontakt mit dem deutschen Kollegen verstärkte. Diese vermeintliche oder tatsächliche, doch im Bewußtsein der französischen Kollegen offenbar verfestigte und damit für die reale Problemkonstellation bedeutsame Einschätzung führte dazu, daß der gesamte Fusionsprozeß in französischen Augen als Angelegenheit einer gemeinsamen Interessenkonstellation von deutschen Betriebsräten, deutscher Gewerkschaften und deutschem Management erschien.

Diese ausgesprochen schwierige Ausgangslage für einen vertrauensvollen Kontakt zwischen den beiden betrieblichen Interessenvertretungen der von uns untersuchten Betriebe in Deutschland und Frankreich und damit für die Herstellung einer gemeinsamen Politik dieser Vertretungen begann sich erst zu entspannen, als im Zuge der Unternehmensverhandlungen über die Einrichtung eines europäischen Betriebsrats hochrangige französische Gewerkschaftsvertreter hinzugezogen wurden und dadurch eine inhaltliche und vor allem auch argumentative Parität der deutschen und französischen Interessenvertreter hergestellt werden konnte. Es bleibt allerdings abzuwar-

263

ten, ob die kontinuierliche Arbeit in den neuen deutsch-französischen Gremien (Euro-Betriebsrat und Euro-Aufsichtsrat) die bisher aufgehäuften Differenzen tatsächlich abbauen hilft.

Zusammenfassend läßt sich die aus der Interpretation unserer französischen Fallbeispiele gewonnene Haltung der betrieblichen Interessenvertretung bezüglich der EBR-Diskussion und ihrer beginnenden Praxis als tendenziell uninformiert, daher häufig desinteressiert und bei konkreter Konfrontation mit abweichenden ausländischen Arbeitsbeziehungsmustern zunächst eher als abwehrend reagierend kennzeichnen.

5.2.2.2 Die deutschen Fälle

Von den sechs deutschen Betrieben handelt es sich in drei Fällen um die »Gegenstücke« zu den französischen Betrieben, wobei die Unterschiede in der Position der Interessenvertretungen zur Europäisierung besonders aussagestark sind. Wenn wir beim zuletzt geschilderten französischen Fall anknüpfen, so weist das deutsche Pendant beinahe konträre Merkmale auf. Die besondere rechtliche Gesellschaftskonstruktion sichert faktisch den Fortbestand der Montanmitbestimmung mit ihren gegenüber der französischen Situation weit ausgebauten formalen und insbesondere informellen Beteiligungsmöglichkeiten der Betriebsräte. Zusätzlich wird durch den Verbleib des Betriebs im alten Konzernverband die direkte Möglichkeit erhalten, in Zeiten eines konjunkturell/strukturell bedingten Produktionsrückgangs zunächst auf konzerninterne anderweitige Beschäftigungsmöglichkeiten zurückgreifen zu können. Auf der Grundlage dieser Sicherheiten – Wahrnehmung einer ausgebauten Mitbestimmungskultur und relative Beschäftigungsgarantie – waren Interessenvertretungen und Beschäftigte des deutschen Metallbetriebs in einer objektiv weitaus günstigeren Ausgangslage bezüglich der Internationalisierung als ihre französischen Kollegen. Da auch die zuständige Gewerkschaft bei einem betrieblichen Organisationsgrad von über 90 % von vornherein voll in den Umstrukturierungsprozeß einbezogen war und ihn engagiert mittrug, wurde die Europäisierung (bzw. in diesem Fall Bi-Nationalisierung) von den deutschen Beschäftigten weit eher als zukunftsorientierte Chance denn als existenzbedrohender Auslandsverkauf wahrgenommen.

Der zweite deutsche Fall – gleichfalls ein Metallbetrieb – erfährt die Internationalisierung aus einer anderen Perspektive. Der Betrieb ist seit kurzem Tochter eines französischen transnationalen Konzerns. Interessenvertretung und Beschäftigte mußten sich in Jahresfrist auf diese neue Situation

(Besetzung des deutschen Topmanagements durch Franzosen) umorientieren, auf eine international arbeitsteilige Spartenorganisation, die Konfrontation unterschiedlicher nationaler Beteiligungsmuster und das Interesse des französischen Personalmanagements an einer europäisierten Unternehmenskultur einstellen und dazu eigene Positionen entwickeln. Nötig waren also für die deutschen Betriebsräte die Rückkoppelung an die Gewerkschaft auf nationaler und europäischer Ebene, die Kontaktaufnahme mit den französischen Belegschaftsvertretern und die Vermittlung der neuen Europäisierungsperspektive in die Belegschaft. In zeitlich dichtem Abstand fanden zum einen Treffen im Rahmen des Europäischen Metallgewerkschaftsbundes statt, wo die betrieblichen und hauptamtlichen Gewerkschaftsvertreter des Konzerns zu einem Informationsaustausch und zu einer politisch-strategischen Diskussion der Eurobetriebsrats-Richtlinie der Kommission zusammenkamen. Ein weiteres Treffen war ein bilateraler Austausch zwischen dem »Wirtschaftsausschuß« des französischen Gesamtbetriebsausschusses, dem auch Vertreter des von uns untersuchten Metallbetriebs angehörten, und den geschäftsführenden Betriebsratsmitgliedern des hier vorgestellten deutschen Betriebs. Hier ging es um die Möglichkeit persönlicher Kontaktaufnahme zwischen den Interessenvertretern, die Definition der Position des Personalmanagements der französischen Konzernmutter und die Herstellung konzernbezogener, international »vertrauensvoller« Beziehungen. Diese sollten nach der Philosophie der »Corporate Identity« des französischen Mutterkonzerns nicht nur zwischen den jeweiligen Belegschaftsvertretungen, sondern auch zwischen Management und Interessenvertretung aufgebaut werden. Dabei verspricht sich das Personalmanagement von den deutschen betrieblichen Arbeitsbeziehungen (Kooperationsorientierung und vertrauensvolle Zusammenarbeit) einen »heilsamen Einfluß« auf das eher konfliktorientierte französische Handlungsmuster. Diesem Zweck dient auch die Ausschaltung der traditionell konfliktorientierten und europakritischen französischen Richtungsgewerkschaft CGT – die zwar in dem von uns untersuchten französischen Betrieb, nicht aber im französischen Konzern Mehrheitsgewerkschaft ist –, die mit dem Einverständnis der übrigen französischen im Konzern vertretenen Gewerkschaften nicht an den geplanten Eurotreffen beteiligt war und wird. Den deutschen Betriebsräten bot sich schließlich noch die Möglichkeit, gleich zu Beginn in einem abteilungsbezogenen Konflikt in Deutschland dem neuen französischen Management die durchaus auch konfliktorientierten Handlungsmöglichkeiten deutscher Betriebsräte aufzuzeigen. Der Erfolg der Betriebsräte bei dieser Aktion festigte nicht nur ihre Position gegenüber dem neuen französischen Management, sondern nahm auch der Belegschaft etwas die Angst vor den befürchteten Konsequenzen der französischen Übernahme und ließ sie die Europäisierung des Betriebs etwas positiver einschätzen.

Allerdings bleibt festzuhalten, daß der gesamte Prozeß der Europäisierung der Interessenvertretung klar und offen vom französischen Personalmanagement auf Konzernebene gesteuert wird. Dies entspricht durchaus der französischen Rechtslage, nach der das Management auch am Gesamtbetriebsausschuß beteiligt ist und so stets die letztlich steuernde und kontrollierende Instanz nicht nur in Frankreich, sondern auch für die ausländischen Interessenvertretungen der entsprechenden Tochterunternehmen ist. Zum Zeitpunkt unseres Betriebsbesuchs begann sich der Betriebsrat im deutschen Werk gerade mit diesem für ihn fremden Problem auseinanderzusetzen, ohne daß schon absehbar war, wie diese Erkenntnis auf seine Position zwischen der Konzernstrategie einer »offensiven Umarmung« und der »gegnerfreien Konstruktion« der EBR-Richtlinie, die nach wie vor vom europäischen Metallgewerkschaftsbund und auch von der IG Metall bevorzugt wird, einwirkt.

Auch in der Chemiebranche haben wir Schwesterbetriebe in Deutschland und Frankreich untersucht. Der Betriebsratsvorsitzende des deutschen Chemiebetriebs versuchte kurz vor unserer Begehung einen direkten Kontakt mit dem französischen Schwesterunternehmen aufzunehmen, um ein Treffen der Interessenvertreter der beiden europäischen Töchter des transnationalen Konzerns in die Wege zu leiten. Dies scheiterte daran, daß im französischen Werk gewerkschaftlich nicht organisierte Interessenvertreter die Mehrheit der Betriebsausschußmitglieder stellen[12] und die Kontaktaufnahme mit ihnen – notwendigerweise also an den wenigen Gewerkschaftern vorbei – von den französischen Gewerkschaften sehr kritisch aufgenommen wurde. Es kam trotz des von der Konzernspitze inzwischen angeordneten Kostenvergleichs zwischen den verschiedenen nationalen Standorten, der eine Absprache der Interessenvertretungen besonders nahegelegt hätte, bisher zu keiner Kooperation. Auch der Besuch des deutschen Gesamtbetriebsratsvorsitzenden – dem Gesamtbetriebsrat gehört auch ein Vertreter des von uns untersuchten Chemiewerkes an – bei den Shop-Stewards der Konzern-Europazentrale in Großbritannien provozierte

---

12 Dieser Fall ist trotz des Erstvorschlagsrechts der Gewerkschaften aufgrund abnehmender Wahlbeteiligung im ersten Wahlgang (bei einer Wahlbeteiligung von unter 50 % müssen für den dann erforderlichen zweiten Wahlgang offene Listen vorgelegt werden) in Frankreich immer häufiger zu beobachten. Bei den letzten Wahlen 1992 waren bereits rund 30 % der Betriebsausschußmitglieder Nicht-Organisierte. Sie stellten damit die größte Gruppe noch vor der stärksten Gewerkschaftsfraktion (CGT mit rund 26 %).

266

ein analoges »Mißverständnis« wie in dem geschilderten französischen Fall. Da der Gesamtbetriebsratsvorsitzende zusammen mit einem deutschen Manager im gleichen Wagen anreiste, wurde das klassische Vorurteil der traditionell konfliktorientierten und auf eine klare Trennung von Gewerkschaft und Management großen Wert legenden britischen Interessenvertreter gegenüber deutscher Kooperationswilligkeit voll bestätigt. Sie verhielten sich gegenüber »den Deutschen« dementsprechend reserviert bis ablehnend.

Trotz dieser negativen, wenn auch möglicherweise für das zukünftige Verhalten heilsamen Erfahrung geht der Betriebsratsvorsitzende des von uns untersuchten Chemiebetriebs weiter davon aus, daß national übergreifende Informationssysteme und Interessenvertretungsstrukturen zukünftig eine absolut notwendige Bedingung für kompetent handelnde Interessenvertretungen auch auf betrieblicher Ebene sind. Als Beispiel gibt er an, daß die Konzernspitze einem Produktionsbetrieb in Deutschland gegenüber argumentierte, in den britischen Werken des Konzerns würden alle Frauen auch in Nachtschicht arbeiten. Dies stellte sich – der klassische Fall – aufgrund eigener Erkundigungen des Betriebsratsvorsitzenden als schlichte Unwahrheit heraus. Die Haupthindernisse, eine funktionierende internationale Informations- und Kommunikationsstruktur herzustellen, sieht der Betriebsratsvorsitzende des deutschen Chemiewerks zum einen im Desinteresse der nationalen Belegschaften, für die »Europa immer noch kein Thema« ist, und dann vor allem im Problem, ob im konkreten Fall nationale Standortkonkurrenz mit internationaler Solidarität überhaupt zu vereinbaren ist.

Die übrigen drei deutschen Betriebe, bei denen Strukturen für die europäische Erweiterung des Betriebsratshandelns vorlagen, sind in unserer europäischen Untersuchung ohne französisches Gegenstück. Gleichwohl sind sie für die Einschätzung der dabei zu bewältigenden Schwierigkeiten für die Analyse interessant und wichtig. Alle drei Betriebe gehören der Chemiebranche an, zwei sind Großbetriebe mit deutscher Konzernmutter, ein Betrieb Tochter eines großen französischen transnationalen Konzerns.

Der deutsche transnationale Konzern, dem das erste Chemiewerk angehört, hat eine der ersten deutschen schriftlichen Vereinbarungen zur Einrichtung eines übernationalen Informationsgremiums abgeschlossen. Dabei handelt es sich um ein gemischtes Gremium von nationalen Delegierten der Arbeitgeber und der Arbeitnehmer mit der Teilnahmemöglichkeit von Vertretern der europäischen Branchenkonföderation der Chemiegewerkschaften, nationaler Gewerkschaftsvertreter und Vertretern des Europäischen Gewerkschaftsbundes als Gästen. Dem Gremium werden ausschließlich Informationsrechte, also keine Mitwirkungsrechte oder auch nur Konsultationsrechte zugestanden, da nach den Ausführungen des Personalchefs auf europäischer Ebene die dazugehörigen Konfliktlösungsmechanismen fehlten. Die von uns befragten Werksbetriebsräte kannten dieses Modell und schätzten es als einen akzeptablen und nützlichen Schritt in die richtige Richtung ein.

Auch im zweiten Chemiewerk gibt es seit kurzem eine Grundstruktur für die übernationale europäische Zusammenarbeit der Interessenvertretungen, die sich allerdings nur auf die Produktionsbetriebe mit mindestens 1000 Arbeitnehmern bezieht. Nach dieser Übereinkunft tagt mindestens einmal jährlich eine Informationsversammlung der Interessenvertreter auf europäischer Ebene, über deren jeweilige konkrete Zusammensezung, Tagungsprogramm und mögliche weitere Treffen sich der deutsche Konzernvorstand und Konzernbetriebsrat einigen. Ein gewerkschaftlicher Vertreter des europäischen Chemie-Branchenausschusses und der deutschen Chemiegewerkschaft sind teilnahmeberechtigt. Die von uns befragten Manager und Betriebsräte begrüßten dieses nur sehr lockere und offen formulierte Abkommen gleichfalls als ersten Schritt zu einem grenzüberschreitenden »Sozialen Dialog« im Konzern.

Der letzte deutsche Fall liegt in einer Grenzregion. Er ist insbesondere deswegen interessant, weil der Betriebsratsvorsitzende schon in den siebziger Jahren eigene Aktivitäten zum Aufbau eines ständigen Kontakts und des Austauschs von Information insbesondere mit einem französischen Schwesterbetrieb unternahm. Diese Aktivitäten erschöpften sich nicht in der Formalisierung von Informationstreffen analog den anderen hier zitierten Beispielen, sondern führten zu einem lebendigen, originellen, organisch gewachsenen und dadurch besonders stabilen Kontakt zwischen deutschen und französischen Interessenvertretern auf betrieblicher Ebene. Hier wurde also tatsächlich der erste vor dem zweiten Schritt getan: zunächst Aufbau informell funktionierender und vertrauensvoller Kontakte und daran anschließend die Institutionalisierung auf Konzernebene. Diese Institutionalisierung wurde vom französischen Mutterkonzern schon in den achtziger Jahren vorangetrieben und mündete 1988 in seither jährlich organisierte Informationstreffen von Management und Interessenvertretern (eine Kombination von Gewählten und/oder Gewerkschaftern). Über den Institutionalisierungs- und Verfahrensprozeß der offiziellen Treffen hinaus gibt das deutsch-französische »Betriebspartnerschaftsmodell« interessante Aufschlüsse über die wichtige informelle Unterfütterung der Kontakte, die – falls die Euro-Betriebsratsrichtlinie verabschiedet wird – die Voraussetzung für ein zufriedenstellendes Funktionieren des Modells wird. Beziehungen zwischen den beiden Betrieben bestehen seit rund zwei Jahrzehnten, sie wurden vom deutschen Betriebsratsvorsitzenden während einer Branchenrezession in den siebziger Jahren geknüpft, als Informationen aus dem Land des Sitzes der Konzernspitze für die deutsche Interessenvertretung besonders wichtig waren. In dieser Zeit war die CFDT Mehrheitsgewerkschaft im französischen Betrieb und stellte auch den Betriebsausschuß-Sekretär. Obwohl zwischenzeitlich die Gewerkschaftsmehrheit zwischen CFDT und CGT immer wieder wechselte, läuft der Kontakt bis heute fast ausschließlich nur über die CFDT. Anfangs waren die Treffen mit den für die Deutschen befremdlichen richtungsgewerkschaftlichen Differenzen und der traditionellen französischen Resolutionspolitik belastet, doch konnten solche Sach- und Mentalitätsunterschiede inzwischen durch Informationen und Erklärungen weitgehend überwunden werden. Für die im Projekt befragten deutschen Interessenvertreter (Betriebsratsvorsitzender, sein Stellvertreter und der Vertrauensleuteobmann) hat dieser informelle deutsch-französische Betriebskontrakt trotz der inzwischen offiziellen Europatreffen auf Konzernebene nach wie vor die klar größere Bedeutung. Dieser Kontakt umfaßt inzwischen einen regelmäßigen betrieblichen Jugendaustausch, deutsch-französische Sportgemeinschaften (insbesondere Radfahren und Skiwandern) sowie die Einbeziehung der Betriebstreffen in die lokale/regionale Politik (Empfang bei den jeweiligen Bürgermeistern, Unterbringung bei Gastfamilien). Diese Aktivitäten werden in Frankreich aus dem Sozialbudget des Betriebsausschusses bezahlt, in Deutschland wurde der finanzielle Aspekt durch eine Betriebsvereinbarung geregelt. Auch diese Lösung der Finanzierungsfrage könnte für die zukünftige EBR-Arbeit wegweisend sein.

Die Erfahrung der deutschen Betriebsräte mit den Ansätzen einer europäischen Konzeption sind also insgesamt gesehen weit gefächert und in allen Fällen von einer positiven Grundhaltung geprägt. Diese gegenüber der französischen Interessenvertretung günstigere Ausgangsposition hängt im wesentlichen von drei Faktoren ab, die für die jeweiligen Betriebe unterschiedlich gewichtet werden müssen:

– der in unserer Untersuchung überwiegend gegebenen deutschen ökonomischen Dominanz;

– der langjährig stabilisierend wirkenden Erfahrung der deutschen Interessenvertretung mit einem betriebsverfassungsrechtlich gesicherten Handlungsspielraum;

269

– der Existenz einer ausgereiften Mitbestimmungskultur und weitentwickelter Informationsschienen auf Unternehmens- und Konzernebene, die eine europäische Erweiterung als quasi natürlich erscheinen lassen.

Im zuletzt besprochenen Fall kommt noch die langjährige informelle Kontaktpflege zwischen dem deutschen und französischen Betrieb als tragfähiger Unterbau zur Europäisierung hinzu. Dieser Betrieb stellt – zusammen mit dem vom französischen Konzern initiierten und inzwischen institutionalisierten Euro-Informationsgremium – über den empirischen Rahmen des Projekts hinaus so etwas wie den Idealtyp eines zukünftigen europäischen Arbeitsbeziehungsmodells dar, wobei die Informationsrechte allerdings um Konsultations- und perspektivisch auch Mitbestimmungsfunktionen anzureichern wären. Erst die horizontal-internationale Ergänzung der vertikalen Konzern-Informationsschiene um stabile betriebliche/unternehmensbezogene Kontakte wird eine hinreichende Bedingung für internationale Solidarität und damit die Handlungsmöglichkeiten der Gewerkschaften setzen.

5.2.3 Zusammenfassung und mögliche Konsequenzen

Die Analyse der hier vorgelegten Beispiele zeigt:

- Es gibt durchaus ein Interesse von transnationalen Konzernen insbesondere bei weicher Managementtechnik und moderner Unternehmenskultur, mit Gewerkschaft und Arbeitnehmervertretern Informationen auf der überbetrieblichen Ebene auszutauschen. Dies geht allerdings bisher nur selten über ein von den Konzernspitzen erstelltes und kontrolliertes Informationsangebot hinaus. Damit besteht die Gefahr rein informationsbezogener bzw. sozialtechnischer Manipulation von Daten und ein Ausnutzen grundsätzlicher gewerkschaftlicher bzw. arbeitnehmerseitiger Kooperationsbereitschaft ohne nennenswerte Gegenleistung.

- Es gibt unterschiedliche Stufen der Einbeziehung von bereits existierenden europäischen und traditionell nationalen Gewerkschaftsstrukturen in diese Informationsangebote und damit die Gefahr eines Auseinanderdriftens von Gewerkschafts- und Belegschaftsvertretungen im Konzern.

- Es gibt unterschiedliche Gewichtungen zwischen nationaler und übernationaler Repräsentanz der Gewerkschaften bzw. der Konzernteile, was sowohl im überproportionalen Einfluß der Gewerkschaften im Land der jeweiligen Mutter als auch in der auf die Interessen des Gesamtkonzerns zugeschnittenen Informationspolitik zum Ausdruck kommen kann. Es besteht also die Gefahr einer Zersplitterung der Gewerkschaften zwischen national beschränkten Eigeninteressen und verbindlicher übernationaler Gesamtsicht.

Da aber in Deutschland und Frankreich die Betriebsräte bzw. Betriebsausschuß-Mitglieder oft in Personalunion auch wichtige Gewerkschaftsvertreter im Betrieb sind[13], ist diese Differenz im praktischen Betriebsleben nicht ganz so wichtig, wie sie formal erscheinen mag. Ein weiterer Aspekt ergibt sich aus der doppelten Entwicklung moderner Produktionslogik zu gleichzeitig mehr Dezentralisierung (Verbetrieblichung, direkte Beteiligung, partizipatives Management) und mehr Globalisierung (Internationalisierung bzw. Europäisierung, grenzüberschreitende Unternehmenskultur in den großen transnationalen Konzernen, Entwicklung europäischer Identität) unter dem Druck zunehmender »Hemisphärenkonkurrenz« zwischen Japan, USA und Europa[14]. In einem funktionierenden Eurobetriebsrats-Modell sollte daher zumindest der Versuch gemacht werden, diese Ambivalenzen wenigstens ansatzweise zusammenzuführen. Dies vor allem nach den Kriterien »Struktur der zu schaffenden Einrichtung«, »Wahlmodus der Vertretung« und angestrebter »guter Informationsfluß« zwischen den verschiedenen Ebenen Betrieb, Unternehmen, nationaler Unterkonzern, transnationaler Konzern. Dazu wäre aufgrund der bisher vorliegenden Erfahrungen unter besonderer Berücksichtigung des hier vorgenommenen deutsch-französischen Vergleich des – nicht nur betrieblichen – Arbeitsbeziehungssystems der Vorschlag zu prüfen, ob nicht ein Vertretungs-Mix von betrieblichen Europa-Vertrauensleuten, ehrenamtlich gewählten Interessenvertretern und hauptamtlichen Funktionären der im transnationalen Konzern jeweils wichtigsten Gewerkschaften in einem zukünftigen Euro-Betriebsrat drittelparitätisch die Interessenvertretung der Beschäftigten wahrnehmen könnte. Damit wären Elemente der direkten Arbeitnehmervertretung, der repräsentativ-traditionellen Betriebsvertretung und der Gewerkschaftspräsenz verkoppelt. Dies käme dem Informationsfluß, der gestiegenen Bedeutung direkt-partizipativer Betriebsdemokratie, einer besseren Ressourcenausschöpfung der

---

13 Zu dem komplexen Zusammenspiel von »Gewählten« (Betriebsausschuß- und Personalvertreter in Frankreich) mit den »Delegierten« (der Gewerkschaften) in Frankreich vgl. Lecher, W., Das französische Arbeitsbeziehungssystem – und was uns das angeht, in. WSI-Mitteilungen, 7/1993, S. 423 ff.

14 Die Position eines europäischen Arbeitsbeziehungsmodells gegenüber dem japanischen und US-amerikanischen Modell beschreibt und analysiert Lecher, W., Elemente eines europäischen Arbeitsbeziehungsmodells gegenüber Japan und den USA, in: WSI-Mitteilungen, 12/1992. Dabei ist der Aufbau einer originär europäischen Arbeitsbeziehungsstruktur mit einem Kern an zukünftiger Kollektivverhandlungsfähigkeit aus einer institutionellen Vernetzung von Euro-Betriebsräten und nationalen/europäischen sektoralen Gewerkschaftsausschüssen der heute wohl erfolgversprechendste Ansatzpunkt.

Belegschaftsqualifikation und nicht zuletzt einem auch an der Arbeitsbasis tatsächlich gelebten Europagedanken entgegen. Vor allem aber würde eine solche Struktur und daran gekoppelte demokratische Wahlverfahren den Vorwurf, europäische Einrichtungen wären vor allem bürokratische Veranstaltungen, entkräften helfen. Die Bedeutung zukünftiger Euro-Betriebsräte hängt nicht nur von ihrer Effizienz, sondern auch von ihrer Legitimation ab.

5.3 Die Europäischen Betriebsräte – Bilanz der französischen Initiativen

Udo Rehfeldt

Am 7. 10. 1985 wurde im französischen Unternehmen Thomson Grand Public der erste »europäische Konzernrat«[1] eingerichtet. Weitere solcher Ausschüsse folgten in anderen Konzernen. Bis zur formellen Gründung eines »europäischen Konzernbetriebsrats« bei Volkswagen am 7. 2. 1992 handelte es sich in allen Fällen um Initiativen französischer Unternehmen[2].

Alle diese Initiativen stehen im Zusammenhang mit den Bemühungen der EU-Kommission, eine einheitliche Vertretungsstruktur der Beschäftigten in den grenzüberschreitenden Unternehmen der EU zu schaffen. Diese Bemühungen sind zum Teil ein Eingehen auf seit langem vorgebrachte gewerkschaftliche Forderungen und zum Teil die Verarbeitung des Scheiterns autonomer gewerkschaftlicher Initiativen auf der Ebene multinationaler Konzerne durch die Gründung sog. »Weltkonzernräte«. Entsprechende gewerkschaftliche Forderungen und Initiativen gehen auf das Ende der 60er Jahre zurück, als sich in Europa der Internationalisierungsprozeß sichtbar über die Ausweitung der Direktinvestitionen beschleunigte. Als Antwort auf die »Herausforderung« der Multinationalen wurde auf der Ebene der internationalen Berufssekretariate eine gewerkschaftliche Gegenstrategie entwickelt, die eine gewerkschaftliche »Gegenmacht« gegenüber den multinationalen

---

1 Im Französischen spricht man meist von einem »europäischen Konzernausschuß« (comité de groupe européen), aber dieser Ausdruck ist keineswegs stabilisiert. Wir lehnen uns hier zum Teil an die Terminologie der Europäischen Kommission an, die in ihrem Richtlinienentwurf vom Dezember 1990 von europäischen »Betriebsräten« spricht. Es sei jedoch darauf hingewiesen, daß in der französischen Version des Entwurfes das entsprechende Objekt als europäischer »Unternehmensausschuß« (comité d'entreprise) bezeichnet wird. Tatsächlich bestehen erhebliche Unterschiede zwischen dem deutschen Modell des Betriebsrats und dem französischen des »comité d'entreprise«. Einige sind eher formeller Natur (z. B. die Teilnahme des Betriebs- bzw. Unternehmensleiters am französischen comité d'entreprise als dessen Vorsitzender), andere inhaltlicher Natur (z. B. die Beschränkung auf Informations- und Konsultationsrechte für das französische comité d'entreprise). Die gängige Bezeichnung »comité de groupe européen« verweist auf die seit 1982 in Frankreich auf gesetzlicher Grundlage eingerichteten »comités de groupe«.

2 Zumindest auf der Ebene der EG-Länder. Während des gleichen Zeitraums kam es zu weniger beachteten Initiativen im skandinavischen Raum.

273

Konzernen aufbauen wollte. Rückblickend läßt sich heute sagen, daß diese Strategie im wesentlichen gescheitert ist, nicht zuletzt aufgrund eines zu anspruchsvollen Ansatzes, wie er vor allem von Charles Levinson vertreten und propagiert wurde[3].

Zur logistischen Unterstützung des gewerkschaftlichen Informationsaustauschs und der gewerkschaftlichen Koordinierungsarbeit hatten die Internationalen Berufssekretariate die Einrichtung von »Weltkonzernräten« unterstützt. 1966 kam es bei Ford, General Motors, Chrysler, Volkwagen und Daimler-Benz zur Gründung der ersten Weltkonzernräte, der bald über 50 in anderen Konzernen folgten.

Die rasche Zunahme der Weltkonzernräte schien die Richtigkeit der Analyse und des strategischen Ansatzes von Levinson zu bestätigen. Tatsächlich handelte es sich jedoch bei den meisten dieser Konzernräte um ephemere und fiktive Gebilde. Entgegen der Vorstellung, die ihre Namensgebung suggeriert, bestanden diese in den wenigsten Fällen aus gewählten Vertretern der jeweiligen Tochtergesellschaften. In keinem Falle haben sie die ihnen von Levinson vorgegebene Aufgabe, eine koordinierte multinationale Tarifverhandlung durchzusetzen, eingelöst[4]. Sie blieben mangels der Anerkennung durch die Konzernleitungen rein gewerkschaftliche Instanzen und führten ein rein formelles Dasein mit zeitlich weit gespannten Sitzungen (meistens alle drei Jahre anläßlich eines internationalen gewerkschaftlichen Branchenkongresses).

5.3.1 Die Entwicklung seit 1985

Während sich so die Dynamik der Weltkonzernräte zu erschöpfen begann, übernahm die europäische Gewerkschaftsbewegung, nunmehr auf regionaler Ebene und in pragmatischer Form, den Gedanken des Aufbaus multinationaler Arbeitsbeziehungen auf Konzernebene. Der Europäische

---

3 Die Gewerkschaften sollten danach umgehend Gegenstrategien auf internationaler Ebene entwickeln, die die auf nationaler Ebene obsolet gewordenen Strategien, Strukturen und Praktiken ersetzten. Zu diesem Zwecke hatte Levinson ein Programm entwickelt, wonach die multinationale gewerkschaftliche Aktion in drei Etappen organisiert werden sollte: In der ersten Phase galt es, die internationale Unterstützung für eine Gewerkschaft zu organisieren, die lokal einen Konflikt in der Tochter eines multinationalen Konzerns ausgelöst hat; in der zweiten Phase sollten gleichzeitige Tarifverhandlungen in Tochtergesellschaften mehrerer Länder koordiniert werden; in der dritten und letzten Phase schließlich sollte es zu integrierten Tarifverhandlungen mit der Leitung des multinationalen Konzerns selbst kommen.

4 Die Gründe dieses Scheiterns sind vielfältig. Formell war eine internationale Koordinierung von Tarifverhandlungen über die internationalen Berufssekretariate und ihre Weltkonzernräte schon deshalb schwierig herzustellen, weil nicht alle wichtigen nationalen Gewerkschaftsverbände in ihnen vertreten waren (kommunistische und christliche »Richtungsgewerkschaften« waren ausgeschlossen).

Metallgewerkschaftsverband EMB, zunächst als Regionalorganisation des IMB gegründet, hatte vom internationalen Dachverband die Koordinierungsfunktion der gewerkschaftlichen Aktivitäten in den multinationalen Konzernen auf europäischer Ebene übernommen und zu diesem Zwecke »Arbeitsgruppen« für einige dieser Firmen gegründet, in denen regelmäßig gewerkschaftliche Vertreter aus den europäischen Tochtergesellschaften dieser Firmen zusammentrafen.

Eine dieser Arbeitsgruppen, die für Thomson Grand Public[5], versuchte in ein Gespräch mit der Geschäftsleitung dieses Konzerns zu treten, um mit ihr die Beschäftigungsprobleme zu diskutieren, die sich aus der internationalen Konzentration und Umstrukturierung dieses Sektors ergeben hatten. Der Augenblick für ein solches Zusammentreffen erschien in doppelter Hinsicht günstig. Zum einen hatte sich die Geschäftsleitung nach der Verstaatlichung des Konzerns 1982 personell verändert und war einem sozialen Dialog aufgeschlossener als ihre Vorgängerin. Zum anderen war sie in Deutschland bei der Schließung einer ihrer Betriebe auf unerwartet starke gewerkschaftliche Opposition gestoßen und wollte daher nunmehr ihr angeschlagenes soziales Image international aufbessern. Nach einem ersten Zusammentreffen der Geschäftsleitung mit dem EMB im Jahre 1985 kam es daraufhin sehr rasch zum Aufbau einer formalisierten europäischen Vertretungsstruktur auf Konzernebene. Aufgrund zweier am 7. 10. 1985 von der Geschäftsleitung von Thomson Grand Public, dem EMB und den im Konzern vertretenen Gewerkschaften aus Frankreich und vier anderen Ländern unterzeichneten Vereinbarungen wurde eine doppelte Informations- und Konsultationsstruktur ins Leben gerufen: der Europäische Verbindungsausschuß Thomson Grand Public-EMB und die Europäische Branchenkommission Thomson Grand Public. Die zweite Struktur wurde geschaffen, um die Teilnahme auch derjenigen Gewerkschaften zu ermöglichen, die (noch) nicht Mitglied des EMB oder des EGB waren[6]. Nach mehreren Modifizierungen, die vor allem durch die Umwandlung von Thomson Grand Public in Thomson Consumer Electronics[7] notwendig wurden, sind die beiden Instanzen 1992 zu einem einzigen »Europäischen Komitee« verschmolzen worden[8]. Er besteht nunmehr aus 20 Belegschaftsvertretern, die sich pro-

---

5 Heute Thomson Consumer Electronics. Es handelt sich um die Unterhaltungsbranche des französischen Elektronikkonzerns Thomson.
6 Auf französischer Ebene handelte es sich hierbei vor allem um die CGT. Das Abkommen zur Schaffung der Europäischen Branchenkommission ist eines der wenigen dieser Art, das auch von der CGT unterzeichnet wurde.
7 nach der Ausgliederung der sog. »weißen« Produkte (Haushaltsgeräte)
8 Anders als die vorherigen Abkommen ist dieses nicht von der CGT unterzeichnet worden.

portional der Beschäftigtenzahl auf fünf Länder verteilen (mit einer Mindestzahl von einem Vertreter pro Land). Zur Zeit sind es sieben Vertreter aus Frankreich, sechs aus Deutschland, vier aus Italien, zwei aus Spanien und einer aus Großbritannien. In jedem Land werden sie aus der Menge der gewählten nationalen Belegschaftsvertreter auf der Grundlage der Wahlergebnisse von den jeweiligen Gewerkschaftsorganisationen designiert, in Deutschland hingegen direkt von den Betriebsräten entsandt. Hinzu kommen drei ständige Vertreter des EMB, die als »Berater« einen ständigen Sitz im Komitee haben. Das Komitee trifft einmal im Jahr zu einer Plenarsitzung mit der Geschäftsleitung zusammen, die es im übrigen vor »wichtigen strukturellen Veränderungen« der wirtschaftlichen Organisation des Konzerns informieren muß. Es hat dann die Gelegenheit zu einer Stellungnahme und kann eventuell, in Abstimmung mit der Konzernleitung, einen Ad-hoc-Ausschuß zur Untersuchung bestimmter Sachprobleme einsetzen. Zur Vorbereitung der jährlichen Sitzung wird ein »Vorbereitungsausschuß« eingerichtet, der aus sieben Personen besteht, und zwar aus je einem Belegschaftsvertreter pro Land sowie aus zweien der EMB-»Berater«, die gleichzeitig mit der Geschäftsführung dieses Ausschusses betraut sind.

Während EGB und Thomson über das erste Abkommen verhandelten, kam es zu einer ähnlichen transnationalen Konzertierung zwischen dem französischen Konzern BSN[9] und dem Genfer Berufssekretariat IUL. Auf Einladung des Generalsekretärs der IUL war BSN-Generaldirektor Riboud im April 1986 in Genf mit einer Gruppe von Gewerkschaftern zusammengetroffen, um ihnen die wirtschaftliche und soziale Strategie von BSN zu erläutern. Es wurde daraufhin eine regelmäßige Fortführung solcher Gespräche vereinbart, zu denen auch der europäische Regionalausschuß der IUL, der EAL-IUL[10], hinzugezogen wurde[11].

---

9 Bei BSN handelt es sich nicht um einen verstaatlichten Konzern. Der Generaldirektor von BSN, Antoine Riboud, ist jedoch für seine Sympathien mit der Sozialistischen Partei und für seine aufgeschlossene Haltung gegenüber den Gewerkschaften (insbesondere der CFDT) bekannt.

10 Der EAL-IUL ist gleichzeitig ein anerkannter Europäischer Gewerkschaftsausschuß des EGB.

11 Was den Grad der Formalisierung dieses Dialogs betrifft, gehen die Interpretationen auseinander. Nach Angaben von EAL-IUL hat die BSN-Geschäftsleitung am 29. 10. 1986 in Brüssel eine Vereinbarung zur Einrichtung eines »Europäischen Konsultationsausschusses BSN« unterzeichnet. In der Version der Geschäftsleitung sind die regelmäßigen Zusammenkünfte allein durch einen Briefwechsel zwischen dem BSN-Direktor für Humanressourcen und dem Generalsekretär der IUL offizialisiert worden. Wie dem auch immer sei, die Beziehungen zwischen IUL und BSN sind heute längst über ein informelles Stadium hinausgekommen. Am 23. 8. 1986 kam es in Genf erstmals zur Unterzeichnung einer »Gemeinsamen Stellungnahme« von BSN und IUL, der eine Reihe weiterer Vereinbarungen, zum Teil auf dezentralisierter Ebene, folgten. Wahrscheinlich läßt sich die ursprüngliche Zurückhaltung der BSN-Geschäftsleitung

In der chronologischen Reihenfolge an dritter Stelle bei der Gründung europäischer Konzernausschüsse steht der Europäische Informationsausschuß des verstaatlichten Datenverarbeitungskonzerns BULL[12], der am 22. 3. 1988 durch eine von der CFDT, der Mehrheitsgewerkschaft der französischen Konzernmutter, ausgehandelte Vereinbarung ins Leben gerufen wurde. Dieses Abkommen ist zunächst nur von der CFDT und FO, später dann aber von allen in der Konzernmutter vertretenen Gewerkschaften (mit Ausnahme der CGT) unterzeichnet worden[13]. Zur Zeit umfaßt der »Europäische Ausschuß BULL« 29 Belegschaftsvertreter aus 15 Ländern, darunter zehn aus Frankreich, drei aus Italien, je zwei aus Deutschland und Großbritannien, je einem Vertreter der restlichen Länder sowie einem Vertreter von Zenith Data System Europe (diese Aufschlüsselung trägt der jeweiligen Belegschaftsstärke Rechnung). Die Form der Designierung der Ländervertreter wird Land für Land vertraglich geregelt, meist mit den dortigen Gewerkschaftsvertretern, alternativ, so im deutschen Fall, mit den jeweiligen Betriebsräten[14]. Das Komitee tritt zweimal pro Jahr zu zweitägigen Sitzungen zusammen, am ersten Tag jeweils nur die Belegschaftsvertreter, am zweiten Tag die Belegschaftsvertreter mit Vertretern der Geschäftsleitung. Es gibt ein ständiges Sekretariat, bestehend aus einem Sekretär, seinem Stellvertreter und den Vertretern mehrerer Länder, das die Sitzungen vorbereitet. Zum Verständnis der Funktionsweise des europäischen Konzernausschusses bei BULL ist wichtig, daß vertraglich mit seiner Gründung die Abschaffung des bis dahin bestehenden Konzernausschusses BULL auf nationaler französischer

---

gegenüber einer vorschnellen Formalisierung und Institutionalisierung ihres »europäischen Dialoges« damit erklären, daß sie nicht ein weiteres Mal in Konflikt mit den offiziellen Positionen des französischen Unternehmerverbandes geraten wollte, in dessen Augen sie als zu gewerkschaftsfreundlich abgestempelt ist. Eine andere Erklärung für diese Zurückhaltung könnte die Sorge sein, nicht die CGT unzufrieden zu machen, deren Branchenverband nicht Mitglied der IUL ist, die aber im französischen Konzern die Mehrheit der gewählten Belegschaftsvertreter repräsentiert. Um den Ausschluß der CGT vom europäischen Dialog BSN–IUL zu kompensieren, hat die BSN-Leitung der von der CGT geforderten Gründung eines »Europäischen Wirtschaftsausschusses« für den Glassektor innerhalb des BSN-Konzerns zugestimmt, in dem auch die nicht der IUL angehörenden Gewerkschaften vertreten sind.

12 Seit einer Neufassung des Abkommens im Jahre 1992 nur noch einfach »Europäischer Ausschuß« genannt.

13 Der EMB, der die CFDT bei ihren Verhandlungen unterstützt hat, ist selbst nicht Unterzeichner und hat auch keinen Sitz im Ausschuß.

14 Das Abkommen für Frankreich bestimmt, daß die fünf bei BULL vertretenen Gewerkschaften CFDT, FO, CGC, CGT und CFTC jeweils einen Vertreter entsenden und daß die restlichen fünf Sitze entsprechend den Ergebnissen der Betriebsausschußwahlen aufgeteilt werden (was zur Zeit drei zusätzliche Sitze für die CFDT und je einen für CGC und FO einbringt). Die CGT hatte diese Sitzaufteilung zunächst verworfen, konnte sich aber gerichtlich nicht durchsetzen und nimmt seither den Platz ein, der ihr eingeräumt worden ist.

Ebene verbunden war. Die Kompetenzen dieses letzteren sind auf den Gesamtbetriebsausschuß von BULL übertragen worden[15].

Seit 1989 nehmen die Initiativen, die zur (formellen oder informellen) Einrichtung von europäischen Informationsgremien in französischen Konzernen führen, sprunghaft zu, allerdings mehrheitlich immer noch aufgrund von Initiativen aus Unternehmen des öffentlichen Sektors. Die sozialistische Regierung hat diese Initiativen ganz deutlich ermuntert. So hat Premierminister Rocard am 28. 7. 1989 in einem Schreiben an die Präsidenten der öffentlichen Unternehmen diese aufgefordert, auf dem Gebiete des sozialen Dialogs »exemplarisch« zu handeln und insbesondere überall europäische Konzernausschüsse einzurichten.

Seit 1989 lädt die Geschäftsleitung von Saint-Gobain Gewerkschaftsvertreter ihrer europäischen Tochtergesellschaften zu jährlichen Sitzungen am Stammsitz ein. Diese Sitzungen knüpfen an zwei Treffen mit europäischen Gewerkschaftsvertretern des Glasbereichs in den Jahren 1983 und 1985 an, die aber damals nur auf Mitgliedsgewerkschaften der internationalen Chemiegewerkschaft ICEF beschränkt waren. Am 12. 5. 1992 sind die jährlichen Treffen durch ein zwischen den Gewerkschaften[16] und der französischen Konzernleitung unterzeichnetes Abkommen als »Konvent für den europäischen Sozialen Dialog« institutionalisiert worden.

Im Konzern Pechiney wurde, gleichfalls auf Einladung der französischen Generaldirektion, im Juni 1990 ein »Europäischer Informationsausschuß« einberufen, der seither jährlich zusammentrifft. Im Dezember 1992 sind die Formalien dieser Treffen in einem Abkommen festgeschrieben worden. Von seinen 32 Belegschaftsvertretern kommen 14 aus Frankreich und 18 aus den übrigen europäischen Tochtergesellschaften. Der Sekretär des französischen Konzernausschusses nimmt ex officio an den Sitzungen teil.

Aufgrund einer ähnlichen Initiative hat am 22. 11. 1990 die Generaldirektion von Rhône-Poulenc ein Zusammentreffen mit Gewerkschaftsvertretern der

---

15 Da die Struktur des BULL-Konzerns auf französischem Boden relativ einfach ist und er über keine komplexe Verflechtung von Tochtergesellschaften verfügt, waren die Zuständigkeiten von Konzernausschuß und Gesamtbetriebsausschuß deckungsgleich, wodurch den Belegschaftsvertretern durch diesen Kompetenztransfer keine besonderen rechtlichen Ansprüche entgehen.

16 Auf französischer Seite ist das Abkommen von sämtlichen fünf im Unternehmen vertretenen Gewerkschaften unterzeichnet worden, also einschließlich der CGT, die aufgrund der Wahlen der Belegschaftsvertreter über eine relative Mehrheit im Unternehmen verfügt. Die CFDT hat, zusammen mit anderen europäischen Chemiegewerkschaften, den europäischen Gewerkschaftsausschuß EFCG für die Unterzeichnung des Abkommens mandatiert. Die EFCG ist jedoch selbst nicht als Institution im Dialogausschuß des Konzerns vertreten.

europäischen Unternehmen des Konzerns einberufen, das die Generaldirektion unter der Bezeichnung »Europäische Dialoginstanz« jährlich fortzusetzen gedenkt. Das ursprünglich für den 28. 11. 1991 angesetzte zweite Treffen mußte jedoch um ein Jahr vertagt werden, weil die europäische Chemiegewerkschaft EFCG mit einem Boykott der Sitzung durch ihre Mitgliedsgewerkschaften gedroht hatte[17].

Bei Elf-Aquitaine wurde nach einer langen Periode von Verhandlungen im Juli 1989 ein Abkommen über die Einrichtung einer »europäischen Informations- und Konzertationsinstanz« unterzeichnet[18]. Dieser Ausschuß ist bisher der größte seiner Art: Er besteht auf gewerkschaftlicher Seite aus 80 Vertretern, und zwar aus fünf französischen Gewerkschaftskoordinatoren (je einem für jede in Elf-Aquitaine vertretene Gewerkschaft) sowie jeweils 25 Vertretern für jeden der drei großen Produktionsbereiche (mit jeweils zehn französischen und 15 ausländischen Vertretern). Die Hälfte der zehn französischen Sitze sind jeweils für einen Vertreter der fünf Gewerkschaften reserviert, die restlichen fünf werden nach Schlüssel des Ergebnisses der letzten Wahlen der Belegschaftsvertreter im Verwaltungsrat von Elf-Aquitaine verteilt. Alle müssen Beschäftigte des Unternehmens sein, sie können sich jedoch von auswärtigen Experten assistieren lassen, was die Möglichkeit eröffnet, daß z. B. auch ein Vertreter der EFCG an den Sitzungen teilnimmt[19].

---

17 Die EFCG ist selbst nicht in der »Dialoginstanz« vertreten, war jedoch von der Direktion in die Vorbereitung der Sitzung einbezogen worden. Die Boykottdrohung hatte ihren Ursprung in der Klage eines britischen Gewerkschaftsverbandes, nicht bei der Auswahl der Vertreter der britischen Tochtergesellschaften berücksichtigt worden zu sein. Dieses Problem war dadurch entstanden, daß die Konzernleitung, um eine Gesamtzahl von 36 Gewerkschaftsvertretern nicht zu überschreiten, die Anzahl der Vertreter aus Frankreich auf 15 und die der fünf anderen Länder auf jeweils vier begrenzt hatte. In Großbritannien war jedoch die Anzahl der in Rhône-Poulenc-Werken vertretenen Gewerkschaftsverbände erheblich höher als die ihnen zugestandene Anzahl der Vertreter. Da die französische Konzernleitung selber über keine verläßlichen Angaben zur jeweiligen »Repräsentativität« der Gewerkschaftsverbände in den betreffenden Unternehmen verfügte, hatte sie die Auswahl der mit der Entsendung betrauten Gewerkschaften den lokalen Unternehmensleitungen überlassen, allerdings mit der Auflage, daß es sich um unangefochten »legitime« Gewerkschaftsvertreter handeln müsse. Um der Beschuldigung der Willkür und der Parteinahme in innergewerkschaftliche Auseinandersetzungen zu entgehen, hat die französische Konzernleitung nunmehr ihre Auswahlkriterien schriftlich fixiert und allen Gewerkschaften zukommen lassen. Sie akzeptiert jetzt auch ein Vorbereitungstreffen der Gewerkschaftsvertreter, lehnt jedoch eine förmliche Vereinbarung nach wie vor ab. Diese Zugeständnisse reichten aus, um die Vorbehalte der EFCG-Gewerkschaften vorläufig auszuräumen, so daß Ende 1992 das zweite Treffen der Europäischen Dialoginstanz organisiert werden konnte.
18 Unterzeichner waren einerseits die EFCG sowie die ihr zugehörigen nationalen Gewerkschaftsorganisationen, andererseits eine Reihe von Gewerkschaften, die zwar nicht der EFCG, aber dem EGB angehören (wie z. B. die CFTC oder die spanische Commissiones Obreras), sowie einige Gewerkschaften, die weder der EFCG noch dem EBG angeschlossen sind, darunter die CGC (jedoch nicht die CGT).
19 Allerdings dies nur für die Vorbereitungssitzungen umstandslos. Bei der Hauptsitzung mit der Geschäftsleitung bedarf es für die Teilnahme externer Experten ihres vorherigen Einverständnisses.

Ende 1991 wurde im Versicherungskonzern AGF zunächst für eine Zeit von zwei Jahren ein europäischer Konzernausschuß eingerichtet, in dem 19 Belegschaftsvertreter aus Frankreich und sieben europäischen Ländern (Großbritannien, Irland, Deutschland, Belgien, Spanien, Griechenland und Portugal) jährlich mit der Geschäftsleitung zusammenkommen.

Bei Airbus Industries wurde im Januar 1992 die Einrichtung eines europäischen »Airbus Industries Staff Council« (AISC) vereinbart[20]. Airbus Industries ist eine wirtschaftliche Interessengemeinschaft (»Groupement d'Intérêt Économique«, GIE) mit Sitz in Toulouse, die von vier europäischen Flugzeugwerken (Aérospatiale, Deutsche Airbus, British Aerospace und Casa) gegründet wurde. Ihre Aufgabe ist die Kommerzialisierung und Wartung der gemeinsam gebauten Airbus-Flugzeuge. Entsprechend dieser juristischen Konstruktion sind etwa die Hälfte ihrer 1559 Beschäftigten leitende Angestellte (cadres), 150 sind Techniker, Produktionsarbeiter sind überhaupt nicht vertreten. Etwa 1000 Beschäftigte wurden mit einem französischen Arbeitsvertrag direkt eingestellt, der Rest wurde von den vier beteiligten Flugzeugwerken abgestellt, und zwar 250 von der Deutschen Airbus, 150 von der französischen Aérospatiale, 100 von British Aerospace und elf von der spanischen Casa. Von Anfang an warf die Frage, ob das abgestellte Personal an den Betriebsausschußwahlen beteiligt werden konnte, juristische Probleme auf. Ein erstes Gerichtsurteil, das diese Frage bejahte, war aufgrund einer Klage von FO am 11. 7. 1989 vom französischen Kassationshof aufgehoben worden. Um den Betroffenen dennoch eine entsprechende Vertretung zu ermöglichen, wurde nunmehr auf vertraglicher Grundlage der »Airbus Industries Staff Council« eingerichtet. Er nimmt für die direkt Eingestellten die gesetzliche Funktion eines französischen Betriebsausschusses wahr. Gleichzeitig haben die Vertreter des von den europäischen Flugzeugwerken abgestellten Personals die Möglichkeit, dessen wirtschaftliche und soziale Interessen im Rahmen eines Konsultationsverfahrens wahrzunehmen. Abstimmungen des AISC über wirtschaftliche Fragen erfordern eine qualifizierte Mehrheit, wodurch dem ausländischen Personal ein gewisser Minderheitenschutz gewährleistet wird. Die Wahlen aller Belegschaftsvertreter finden am gleichen Tag statt, die der direkt Eingestellten nach dem normalen französischen Wahlverfahren mit Vorschlagsprivileg für die im Betrieb vertretenen Gewerkschaften. Für das von ausländischen Unterneh-

---

20 Dieses Abkommen ist von drei Gewerkschaften, FO, CGC und CFTC, unterzeichnet worden. Die CGT ist in Airbus Industries nicht vertreten. Die CFDT hat ihre Unterschrift verweigert und gerichtliche Schritte gegen einen Passus des Abkommens eingeleitet.

men abgestellte Personal erfolgt die Kandidatenaufstellung wahlweise durch eine französische Gewerkschaft im Auftrage einer »anerkannten und repräsentativen Gewerkschaft« des abstellenden Unternehmens oder aufgrund einer Unterschriftensammlung von mindestens 10 % des betroffenen Personals[21].

Im April 1993 wurde bei Renault die Errichtung eines »Europäischen Konzernausschusses« vereinbart, das Abkommen von der Konzernleitung sowie von acht Gewerkschaften unterzeichnet: einer »Verhandlungskommission« des EGB, die die CFDT, FO, die CFTC, die beiden belgischen Gewerkschaften CSC und FGTB sowie die spanischen Commissiones Obreras und die UGT umfaßte. Die CGC unterzeichnete im Namen der FIEM (des europäischen Verbandes der leitenden Angestellten der Metallindustrie)[22]. In seinen Formulierungen nimmt das Abkommen expliziten Bezug auf den Richtlinienentwurf für einen europäischen Betriebsrat. Der europäische Konzernausschuß besteht aus 30 Belegschaftsvertretern aus neun Ländern, darunter 16 aus Frankreich[23], vier aus Spanien und jeweils zwei aus Belgien, Portugal und Großbritannien. Zwei Sitze wurden in Erwartung einer Fusion mit Volvo für Vertreter des schwedischen Unternehmens mit dem Status von »Beobachtern« reserviert. Ein ständiges siebenköpfiges Sekretariat besteht zur Zeit aus vier französischen und drei ausländischen Delegierten.

Im Sommer 1993 wurde bei Thomson-CSF, dem Teil des Thomson-Konzerns, der (militärische) Ausrüstungsgüter herstellt, ebenfalls ein »Europäisches Komitee« eingerichtet, das jedoch – anders als das Komitee von Thomson Consumer Electronics – keine besonderen Beziehungen zum EMB unterhält. Es besteht aus je einem Vertreter der im Mutterkonzern vertretenen französischen Gewerkschaften sowie 30 Belegschaftsvertretern, darunter 20 französische und zehn der Tochtergesellschaften in sechs europäischen Ländern. Ein ständiges »Verbindungskomitee« erhält die Verbindungen zu den ausländischen Kollegen zwischen den jährlichen Plenarsitzungen auf-

---

21 Dieser Passus war der Grund der Weigerung der CFDT, die hier die Interessen der IG Metall vertrat, die Vereinbarung zu unterzeichnen. Bei den ersten Wahlen zum AISC im Oktober 1992 wurden die ausländischen Vertreter auf der Grundlage der Zehn-Prozent-Regelung gewählt.

22 Die CGT, die noch bis zum Vorjahr die absolute Mehrheit der Vertreter des französischen Gesamtbetriebsausschusses stellte, hat das Abkommen nicht unterzeichnet.

23 Nach der Vereinbarung kann jede der im Mutterkonzern vertretenen Gewerkschaften einen Delegierten für Frankreich entsenden. Die Anzahl der übrigen Delegierten ergibt sich aus den Ergebnissen der Betriebsausschußwahlen. Zur Zeit verteilen sich die französischen Delegierten wie folgt: CGT sechs, CFDT vier, FO drei, CGC zwei, CFTC einer. Um die Delegierung der Vertreter der außerfranzösischen Belegschaftsvertreter zu regeln, ernennt die Geschäftsleitung des Mutterkonzerns in jedem Land die Geschäftsleitung jeweils eines Tochterunternehmens zum »Koordinator« dieser Frage.

recht. Es besteht aus dem vom Komitee gewählten Sekretär, fünf französischen Gewerkschaftsvertretern sowie je einem Vertreter aus den anderen sechs Ländern.

Am 21. 9. 1993 wurde im Konzern Générale des Eaux eine »Europäische Dialoginstanz« eingerichtet, das entsprechende Abkommen auf Gewerkschaftsseite vom EGB und vom europäischen Bund der Leitenden Angestellten unterzeichnet[24]. Die Originalität dieser Struktur besteht darin, daß es sich um eine Erweiterung des französischen Konzernausschusses handelt. Die »Dialoginstanz« besteht zur Zeit aus 24 gewählten Belegschaftsvertretern, davon neun CGT-Gewerkschafter, fünf der FO, vier der CFDT, sowie drei Vertretern ohne Gewerkschaftszugehörigkeit. Hinzu kommen maximal 15 Vertreter der außerfranzösischen europäischen Tochtergesellschaften (maximal drei je Land). Zur Zeit sind es 13 aus sieben Ländern (Großbritannien, Deutschland, Spanien, Belgien, Niederlande, Portugal, Italien). Außerdem entsenden der EGB und der europäische Bund der Leitenden Angestellten je einen Vertreter. Auch hier sind die Zusammenkünfte jährlich, mit jeweils einem Vorbereitungstreffen am Vortage. Als ständige Einrichtung wird ein Sekretär gewählt.

Eine ähnliche Konstruktion ist im Oktober 1993 bei der Gründung des europäischen Konzernausschusses im Elektrokonzern Schneider gewählt worden[25]. Dieser besteht aus den 30 Belegschaftsvertretern des französischen Konzernausschusses sowie zehn »Gästen« als Vertreter der übrigen europäischen Tochtergesellschaften.

Von den sonstigen Ansätzen zur Bildung europäischer Konzernausschüsse seien hier noch Europipe und Eurocopter erwähnt, die beide deutsch-französische Gemeinschaftsunternehmen sind. Im ersten Fall besteht ein deutsch-französischer Aufsichtsrat mit Belegschaftsvertretern beider Länder (die Initiative hierzu war allerdings eine deutsche). Im zweiten Fall ist aufgrund einer Vereinbarung der französischen Geschäftsleitung mit den Gewerkschaften FO, CFDT, CFTC und CGC ein »europäisches Informations- und Beratungsgremium« eingerichtet worden.

Erwähnt werden müssen auch noch die zahlreichen Ansätze, bei denen es (noch) nicht zu einer förmlichen Anerkennung durch die Unterneh-

---

24 Ein erstes Abkommen auf experimenteller Basis (für zwei Jahre) war im Oktober 1992 unterzeichnet worden, damals aber nur von der französischen Gewerkschaft der leitenden Angestellten CGC.

25 Das entsprechende Abkommen ist von FO, der CFTC, der CGC sowie einer »autonomen« Gewerkschaft unterzeichnet worden. Die CFDT bedauert, daß dadurch kein echter europäischer Konzernausschuß begründet wurde, und hat nur denjenigen Teil des Abkommens unterzeichnet, der den Umfang des Konzerns definiert.

mensleitung gekommen ist. In einem Teil dieser Fälle fand die Gründung europäischer Koordinationsausschüsse sogar trotz erheblicher Opposition der Konzernleitung statt, so z. B. bei Michelin, bei Peugeot, beim Pressekonzern Hersant sowie beim amerikanischen Rasierklingenhersteller Gillette. Der letztere Fall ist besonders erwähnenswert, weil es sich hier um eine spontane Gründung durch Belegschaftsvertreter an der Basis gehandelt hat, die sich erst schrittweise die Anerkennung und Unterstützung durch nationale und europäische Gewerkschaftsorganisationen erkämpfen mußten[26].

5.3.2 Gemeinsame Charakteristika und Probleme

Im Unterschied zu den früheren Weltkonzernräten haben die europäischen Konzernräte nicht den unmittelbaren Zweck, zu multinationalen Tarifverhandlungen auf Konzernebene zu führen. Sie beschränken sich vielmehr auf die Festschreibung einer Reihe von Informations- und Konsultationsrechten. Paradoxerweise stehen hier multinationale Verhandlungen nicht am Ende, sondern am Anfang der Gründung dieser Konzernräte. In der folgenden vergleichenden Übersicht wollen wir zunächst die Phasen der Einrichtung der Ausschüsse behandeln, bevor wir ihre Funktionsweisen analysieren.

Trotz gegenteiliger Bekundungen der Gewerkschaften handelt es sich bei den meisten bisher eingerichteten europäischen Konzernausschüssen um Initiativen der französischen Geschäftsleitungen. In vielen Fällen haben diese immer noch einen experimentellen und informellen Charakter, wenn sie auch meistens nach einer »Probezeit« vertraglich festgeschrieben werden. In der Pionierphase sind die Geschäftsleitungen dabei mit Gewerkschaftsvertretern auf hoher Ebene, mitunter von Anfang an auf der Ebene europäischer Gewerkschaftsausschüsse, in Verhandlungen getreten. In letzter Zeit kann man hingegen eine gewisse Dezentralisierung der Verhandlungsebenen feststellen. Zum Teil finden die Aktualisierungsverhandlungen direkt mit den von der Geschäftsleitung anerkannten Vertretern des jeweiligen europäischen Konzernausschusses statt.

---

26 Die Gründe dieser Schwierigkeiten lagen vor allem in der pluralistischen Zusammensetzung des von den Belegschaftsvertretern gegründeten europäischen Koordinationsausschusses »GISEL«, die von anarchosyndikalistischen und pro-kommunistischen Gewerkschaftsvertretern aus Spanien bis hin zu Vertretern der französischen Gewerkschaft der leitenden Angestellten CGC reichten, die sämtlich zum Zeitpunkt der GISEL-Gründung nicht Mitglied des EGB waren.

5.3.2.1 Die Funktionsweise

Ähnlich vielfältig wie die Verhandlungsformen zur Gründung eines europäischen Konzernausschusses sind die Funktionsweisen dieser Ausschüsse. Ins Auge fällt zunächst die Vielfalt der Bezeichnungen: »Europäischer Konzernausschuß«, »Europäischer Informationsausschuß«, »Europäischer Ausschuß«, »Europäische Dialoginstanz« etc. Hinter dieser Vielfalt verbirgt sich meist der Wunsch der Konzernleitungen, den experimentellen und informellen Charakter dieser Instanzen zu unterstreichen. Trotz dieser Vielfalt wird jedoch die Analogie der europäischen zu den französischen Konzernausschüssen (»comités de groupe«) recht deutlich.

Das Muster der »comités de groupe«: Diese sind aufgrund der sog. Auroux-Gesetze von 1982 für die großen Konzerne eingerichtet worden. Wie die französischen Betriebsausschüsse (comités d'entreprise bzw. comités d'établissement) bestehen sie sowohl aus Belegschaftsvertretern als auch aus Vertretern der Geschäftsleitung; der Leiter des Mutterkonzerns führt auch den Vorsitz des Ausschusses (die Belegschaftsvertreter wählen ihrerseits einen Sekretär). Die Zusammensetzung der Belegschaftsvertreter wird durch Verhandlungen zwischen Gewerkschaften und Geschäftsleitung bestimmt, ihre Zahl darf allerdings 30 nicht überschreiten[27]. Juristisch gesehen ist im übrigen der Konzernausschuß keine Emanation der Betriebsausschüsse, sondern gehört zu den sog. Gewerkschaftsrechten. Es sind die Gewerkschaften, die die Vertreter aus den einzelnen Betriebsausschüssen proportional zu den Ergebnissen der Betriebsausschußwahlen für zwei Jahre in den Konzernausschuß entsenden[28]. Dieser tritt mindestens einmal im Jahr zur Beratung der von der Geschäftsleitung vorgelegten Informationen über die wirtschaftliche und soziale Entwicklung im Konzern zusammen. Seit 1989 ist die Vorlage der konsolidierten Bilanzdaten obligatorisch; der Konzernausschuß hat zu ihrer Begutachtung das Anrecht auf Unterstützung durch auswärtige Experten.

---

27 Nach den Statistiken des Arbeitsministeriums waren bis 1989 aufgrund solcher Verhandlungen ungefähr 100 Konzernausschüsse eingerichtet worden, was einem Drittel der Anzahl der Großkonzerne mit über 2000 Beschäftigten entspricht, in denen dies gesetzlich möglich gewesen wäre. Nach anderen Quellen bestehen insgesamt 170 Konzernausschüsse; diese Zahl schließt auch diejenigen ein, die ohne ein formelles Abkommen mit der Geschäftsleitung eingerichtet wurden.

28 Nicht gewerkschaftlich organisierte Mitglieder der Betriebsausschüsse sind deshalb in den Konzernausschüssen nicht vertreten. Stellen die sog. repräsentativen Gewerkschaften die Mehrheit bei den Betriebsausschußwahlen (was bei den meisten großen Konzernen der Fall ist), so können auch etwa bestehende autonome Gewerkschaften keine Vertreter in den Konzernausschuß entsenden.

Schwache Institutionalisierung: Da die bisher von französischen Muttergesellschaften eingerichteten europäischen Konzernausschüsse auf Initiativen der Geschäftsleitungen zurückgehen, waren sie in der Anfangsphase noch wenig formalisiert und institutionalisiert. In letzter Zeit nimmt allerdings der Grad der Institutionalisierung zu. Dabei hat, wie man erwarten kann, die juristische Konstruktion der französischen »comités de groupe« stark auf die Form der neuen europäischen Konzernausschüsse abgefärbt. Wie die ersteren treten sie in der Regel einmal jährlich auf Einberufung und unter dem Vorsitz der Geschäftsleitung des Mutterkonzerns zusammen. Letztere legt auch die Tagesordnung fest, allerdings de facto meist in Abstimmung mit den Belegschaftsvertretern. Die Einrichtung eines ständigen Sekretariats, das die Interessen der verschiedenen Belegschaftsvertreter zwischen den Sitzungen abstimmt und vertritt, wird immer häufiger. Wo ein solches besteht, ist es zusammen mit Vertretern der Geschäftsleitung an den Vorbereitungen der Sitzungen beteiligt.

Vielfalt der Zusammensetzung: Grundsätzlich lassen sich zwei Herangehensweisen der Geschäftsleitungen unterscheiden. Die einen ziehen periodische Treffen mit hohen Gewerkschaftsfunktionären auf europäischer Ebene vor, die anderen wollen den sozialen Dialog auf unternehmensinterne Belegschaftsvertreter beschränken. In letzter Zeit geht allerdings der Trend deutlich in Richtung auf das zweite Modell, das sich stark an das Muster des französischen »comité de groupe« anlehnt[29]. Eine lange bestehende Mischform zwischen beiden, wie im Falle der Doppelstruktur der Vertretungsinstanzen bei Thomson Consumer Electronics, ist inzwischen einer einzigen Instanz des letzteren Typs gewichen. Allerdings bestehen auch bei diesem Typus erhebliche Unterschiede bezüglich der Form der Repräsentation der Belegschaften der einzelnen Länder. Gemeinsam ist die dem Modell des französischen Betriebsausschusses entsprechende gemischte Zusammensetzung aus Belegschafts- und Geschäftsleitungsvertretern. Was den französischen Teil der Belegschaftsvertreter betrifft, so wird im allgemeinen Wert darauf gelegt, daß alle im Konzern vertretenen Gewerkschaften einen Sitz im Ausschuß erhalten«[30]. Die Form der Entsendung der

---

29 In einigen Fällen besteht sogar ein formeller Bezug zum Konzernausschuß auf nationaler Ebene, sei es, daß der europäische Ausschuß eine Erweiterung des französischen darstellt, sei es, daß er ihn sogar vollständig ersetzt. Letzteres (bei BULL) ist allerdings unter den Gewerkschaften umstritten. Auch nach dem Empfehlungen des EMB soll der europäische Konzernausschuß nationale Rechte der Belegschaftsvertreter nicht ersetzen, sondern ergänzen.

30 Trotz möglicher Divergenzen zwischen einzelnen Gewerkschaften hinsichtlich der Form und Funktion des Konzernausschusses nehmen in der Regel alle Gewerkschaften die ihnen zugewiesenen Plätze in ihm ein, unabhängig davon, ob sie ein bestehendes Abkommen mit der Geschäftsleitung unterzeichnet haben oder nicht.

Belegschaftsvertreter aus den ausländischen Tochtergesellschaften spiegelt meist die Vielfalt der in jedem Land gesetzlich oder gebräuchlich festgeschriebenen Formen der Belegschaftsvertretung wider. Meist wird die jeweilige Entsendungsform durch Unterverhandlungen mit Gewerkschaftsvertretern auf nationaler Ebene festgelegt. Für die deutschen Tochtergesellschaften werden dabei nicht die Gewerkschaftsvertreter, sondern die Betriebsräte als Verhandlungspartner und Entsender herangezogen. Selbst im Falle einer einseitigen Festlegung durch die Geschäftsleitungen des Konzerns bzw. der Auslandstochter versuchen diese, allgemeinen Kriterien wie Proportionalität zum Umfang der Belegschaft sowie der Repräsentativität der Belegschaftsvertreter Rechnung zu tragen.

In allen Fällen, ob einseitig oder durch Verhandlung, wird nur die Anzahl und der Typ der jeweiligen Belegschaftsvertreter festgelegt. Die Auswahl der jeweiligen Person bleibt Sache der betreffenden Gewerkschaft bzw. des betreffenden Betriebsrats. Es gibt allerdings Fälle, bei denen das Kriterium der Proportionalität (bezüglich der Belegschaftsstärke) mit dem der Repräsentativität kollidiert. Dies vor allem in Ländern, in denen der Konzern im Verhältnis zur Gesamtbelegschaft nicht sehr stark vertreten ist bzw. die sich durch eine starke Vielfalt der vertretenen Gewerkschaften auszeichnen. Das trifft vor allem für die Tochtergesellschaften in Großbritannien zu. Im Interesse der Effektivität der Vertretungsinstanz ist nun die Anzahl aller europäischen Belegschaftsvertreter in den meisten Fällen auf etwa 30 begrenzt[31]. Infolge dieser Restriktion ist die den Belegschaftsvertretern aus Großbritannien zugestandene Anzahl der Sitze meist erheblich kleiner als die Anzahl der in den Betrieben vertretenen Gewerkschaften (selbst wenn diese formell Mitglied des TUC sind). Dadurch kommt es immer wieder zu Konflikten zwischen einzelnen Gewerkschaften, die dann eine Atmosphäre des Mißtrauens aufkeimen lassen, die leicht auch auf die anderen europäischen Gewerkschaftsvertreter überspringen kann[32]. Nicht immer kann oder will der entsprechende europäische Gewerkschaftsausschuß hier die Funk-

---

31 Eine Ausnahme bildet die Informationsinstanz bei Elf-Aquitaine mit 80 Belegschaftsmitgliedern. Allerdings hat hier die Unternehmensleitung Wert darauf gelegt, daß drei große Produktionsbereiche gleichermaßen vertreten sind.

32 Auch Italien zeichnet sich bekanntlich durch einen starken Gewerkschaftspluralismus aus, verstärkt durch die Existenz dreier Richtungsgewerkschaften. Trotz des Zusammenbruchs des formalen gemeinsamen Daches ist allerdings die Praxis der Gewerkschaftseinheit so prägnant, daß es durchaus als normal empfunden wird, wenn der Vertreter der jeweils im Unternehmen stärksten Gewerkschaft auf europäischer Ebene die Kollegen der beiden anderen Dachverbände mit vertritt. (Gegebenenfalls können auch Modalitäten der turnusmäßigen Rotation festgelegt werden.)

tion des innergewerkschaftlichen Interessenausgleichs bzw. der Konfliktschlichtung übernehmen.

Die Prozedur – Beschränkung auf Informationsrechte: Trotz der oft vorgefundenen Bezeichnung »Information und Konsultation« sind die bisher in französischen Konzernen eingerichteten europäischen Ausschüsse auf reine Informationsrechte beschränkt. Darüber hinausgehende Beratungsrechte würden verlangen, daß entsprechende Prozeduren bestünden, die von der Geschäftsleitung respektiert werden müßten – bis hin zu möglichen Prozeduren der Konfliktlösung. In den bisher vertraglich festgeschriebenen Instanzen fehlen solche Mechanismen. Weder Umfang noch Zeitpunkt der Information sind bindend festgelegt, es gibt dementsprechend auch keinerlei Fristeinräumung für die Stellungnahme des Ausschusses und schon gar nicht ein suspensives Vetorecht gegenüber Maßnahmen der Konzernleitung. Die Themen der Information durch die Geschäftsleitung sind im allgemeinen recht vage definiert. Es handelt sich meist um Informationen zur Geschäftslage, zu den Geschäftsaussichten des Konzerns und zur Konzernstrategie auf europäischer Ebene. Oft werden ausdrücklich die möglichen Auswirkungen strategischer Entscheidungen und internationaler Restrukturierungen auf die Beschäftigung als Gegenstand »vorheriger« Information und Konsultation gewählt, aber auch hier ohne bindende Vorschriften hinsichtlich Zeitpunkt und Umfang der Information.

Es wäre jedoch überzogen, die Informationsrechte des europäischen Konzernausschusses an den bestehenden nationalen Rechten messen zu wollen. Solange es kein europaweites Informationsrecht gibt, besteht nämlich eine absolute Priorität des nationalen Rechtes, das als einziges justitiabel ist. Von daher hat ein französischer Konzern die Verpflichtung, zuallererst die kompetenten nationalen Gremien von bevorstehenden Umstrukturierungen mit Auswirkungen für die Beschäftigung zu informieren, will er sich nicht der Gefahr gerichtlicher Sanktionen aussetzen. (Die französischen Gewerkschaften bestehen auf der strikten Einhaltung dieser Formalien.)

Was bleibt, ist immerhin die Möglichkeit einer »Debatte« im europäischen Ausschuß über die von der Geschäftsleitung vorgelegten Informationen. Oft schließt sich diese Möglichkeit zur Stellungnahme jedoch unmittelbar an die mündliche Darstellung durch die Geschäftsleitung an, was eine Abstimmung zwischen den Belegschaftsvertretern sehr schwierig macht. Die meisten Geschäftsleitungen haben jedoch inzwischen Verständnis für die Notwendigkeit einer vorherigen Abstimmung zwischen den Belegschaftsvertretern und deshalb sowohl eine rechtzeitige Vorlage schriftlicher Dokumente sowie ein Vorbereitungstreffen der Belegschaftsvertreter unter sich, meist am Vortage, akzeptiert. Zusammen mit der Institution eines ständigen Sekretariats gibt dies die Möglichkeit einer effektiven vorherigen Verständigung und Abstimmung zwischen den Positionen der Vertreter der einzelnen Länder, die sonst kaum Gelegenheit zu einer transnationalen Diskussion auf dieser Ebene haben.

Zwei zusätzliche Elemente können die Festlegung gemeinsamer Standpunkte der Belegschaftsvertreter erleichtern: die Hinzuziehung externer Berater sowie die Beteiligung externer Gewerkschaftsfunktionäre. Hier sind allerdings die meisten Konzernleitungen sehr zurückhaltend. Bei Elf-Aquitaine hat die europäische Konsultationsinstanz das Recht zur Hinzuziehung von Experten zugestanden. Bei Thomson Consumer Electronics spielen Vertreter des EMB die Rolle von »Beratern«, die darüber hinaus Koordinierungsfunktionen (zwischen den Belegschaftsvertretern und in Beziehung zur Geschäftsleitung) wahrnehmen.

5.3.2.2 Gewerkschaftliche Motivationen

Die Motivation der französischen Gewerkschaften im Hinblick auf die Einrichtung europäischer Konzernausschüsse ist relativ leicht verständlich. Angesichts des unternehmerischen Widerstands gegen eine europäische Gesetzgebung zur Festlegung grenzüberschreitender Informationsrechte erschien es sinnvoll, zu Vereinbarungen auf Verhandlungsgrundlage mit »Dissidenten« im Unternehmerlager zu gelangen und den Beweis anzutreten, daß Informationsrechte keineswegs zu verheerenden Auswirkungen für die Unternehmen führen, wie es ihre Widersacher behaupten. Daneben erleichtert die Schaffung dieser Ausschüsse auch die Realisierung rein gewerkschaftlicher Zielsetzungen, so die direkte Kontaktaufnahme zwischen Gewerkschaftern verschiedener Länder, die Förderung einer Bewußtwerdung der europäischen Dimension der Arbeitsprobleme, die Schaffung einer zusätzlichen europäischen gewerkschaftlichen Diskussionsebene »an der Basis« und schließlich die Herausbildung einer gemeinsamen europäischen Gewerkschaftsidentität.

Soweit zumindest die Motivationen der Gewerkschaften, die Mitglied im EGB sind. Ihrem Enthusiasmus für die europäischen Konzernräte entspricht eine vorsichtige Zurückhaltung derjenigen Gewerkschaften, denen bisher der Beitritt zum EGB versagt worden ist, vor allem der CGT. Die CGT will in erster Linie die bestehenden nationalen Rechte der Gewerkschaften und Belegschaftsvertreter sichern. Die CGT-Gewerkschafter befürchten zudem, daß die Schaffung europäischer Konzernausschüsse mit der Absicht verbunden ist, die CGT zu marginalisieren, indem ihre auf nationaler Ebene immer noch recht starke Repräsentativität in einem europäischen Ensemble verwässert wird, wo dann die CGT praktisch isoliert einer Masse von EGB-Mitgliedsgewerkschaften gegenüberstehen würde. Die Furcht einer Isolierung äußert sich nicht nur gegenüber Initiativen, die die CGT ganz bewußt ausschließen, wie in den Fällen, wo die Teilnahme an Konsultationen für diejenigen Gewerkschaften reserviert ist, die Mitglied des EGB oder eines ihm angeschlossenen Gewerkschaftsausschusses sind. Sie ist auch in denjenigen Fällen spürbar, die eine vollständige Repräsentativität anstreben. Denn in der Praxis sind die Unterschiede zwischen diesen beiden Modellen gering, zumindest was die Vertretung der Belegschaften in den anderen europäischen Ländern betrifft, die in der großen Mehrheit EGB-Mitgliedsgewerkschaften angehören. Trotzdem respektiert die CGT im allgemeinen die von den anderen aufgestellten Spielregeln für die europäischen Ausschüsse und praktiziert nicht eine Politik der »leeren Stühle«.

Das Hauptmotiv für eine Teilnahme der CGT an den europäischen Konsultationsstrukturen ist ganz ähnlich dem der anderen Gewerkschaften. Die Möglichkeit direkter Kontaktaufnahme mit ausländischen Kollegen wird auf jeden Fall als positiv eingeschätzt. Was den offiziellen Zweck dieser Ausschüsse betrifft, nämlich die Informationsgewinnung und die Diskussion über die Konzernstrategien auf europäischer Ebene, so ist die CGT hingegen gänzlich illusionslos hinsichtlich ihrer Einflußmöglichkeiten auf die Entscheidungen der Konzernleitung. Die CGT-Gewerkschafter wollen allerdings die Gelegenheit nutzen, ihren Standpunkt sowohl gegenüber der Konzernleitung als auch gegenüber ihren ausländischen Kollegen zu verdeutlichen.

Selbst die am meisten pro-europäischen Gewerkschaften bedauern einige Beschränkungen der europäischen Konzernausschüsse. Alle wünschen sich häufigere Plenarsitzungen, eine stärkere Institutionalisierung, vor allem permanente Strukturen zwischen den Sitzungen, eine stärkere Einflußmöglichkeit auf die Themen der Tagesordnung, die Möglichkeit schriftlicher Stellungnahmen, eventuell unter Hinzuziehung externer Experten sowie stärker formalisierte Konsultationsprozeduren.

5.3.2.3 Unternehmerische Motivationen

Die Spezifika der Motivationen der französischen Unternehmen hinsichtlich der Errichtung europäischer Konsultationsstrukturen sind bereits mehrfach angesprochen worden. Sie hängen zusammen mit der erst kürzlichen

Nationalisierung der betreffenden Unternehmen. Die Nationalisierung ist jedoch nicht der einzige Faktor, der erklärt, warum die Bewegung zur freiwilligen Schaffung europäischer Ausschüsse gerade in Frankreich ihren Ausgang genommen hat und französische Konzerne im Hinblick auf die Anzahl dieser Ausschüsse auch heute noch dominieren.

In der Tat sind auch einige private Konzerne unter denjenigen, die mit der freiwilligen Einrichtung europäischer Vertretungsstrukturen begonnen haben. Auch scheinen die bestehenden Strukturen nicht durch die augenblicklichen Reprivatisierungsmaßnahmen grundsätzlich in Frage gestellt zu sein. Ob verstaatlicht oder nicht, handelt es sich bei den hier aktiven Konzernen um Geschäftsleitungen, die sich um langfristige Ansätze im wirtschaftlichen wie im sozialen Bereich bemühen. Bei der Schaffung europäischer Informationsstrukturen geht es diesen Konzernleitungen nicht einfach darum, den Gewerkschaften »ein Geschenk zu machen«. Vielmehr sind diese Bemühungen Teil eines breiteren Ansatzes gegenüber dem technisch-industriellen Wandel, der diesen Wandel antizipieren und die notwendigen sozialen Anpassungen langfristig vorbereiten möchte. In diesem Zusammenhang will er auch die Gewerkschaften in die unternehmerischen Entscheidungen einbeziehen, indem er sie über die wirtschaftlichen Rahmenbedingungen informiert und mit ihnen die strategischen Absichten der Geschäftsleitung erörtert. Der transnationalen und spezifisch europäischen Dimension kommt dabei eine zentrale Bedeutung zu. Erklärte Absicht der Geschäftsleitungen ist es hier, vermittels europäischer Vereinbarungen und Dialogstrukturen, eine gemeinsame Bewußtwerdung der Probleme und eine europäische »Unternehmensidentität« unter den Beschäftigten und ihren gewerkschaftlichen Vertretern zu fördern. Indirekt sollen die europäischen Konsultationsausschüsse auch dazu beitragen, die Managementpraktiken im Unternehmen zu vereinheitlichen und insbesondere einen gemeinsamen »Stil« der Sozialbeziehungen herauszubilden, der einen Rahmen vorgibt für die immer noch stark ausgeprägten Unterschiede des Personalmanagements in den einzelnen europäischen Tochtergesellschaften.

Die Verantwortlichen der Personalleitungen der Konzerne stellen sich jedoch zur Zeit auch die Frage, ob die europäische Ebene tatsächlich die angemessene Ebene für die Behandlung dieser Fragen ist. Zweifellos sind die wirtschaftlichen Strategien der multinationalen Konzerne heute weltweit angelegt und nicht nur auf Europa beschränkt. Bedeutet dies jedoch, daß auch die sozialen Konsultationsstrukturen zugleich auf dieser Ebene entwickelt werden müssen? Die meisten Personalleitungen bezweifeln dies.

Die nationalen Kulturen und die lokalen Praktiken sind weltweit noch zu unterschiedlich. Gegenüber dieser Vielfalt scheint das »europäische Modell« der sozialen Beziehungen geradezu homogen. Aus diesem Grunde befürworten die meisten eine Fortführung der in Gang gesetzten Experimente auf europäischer Ebene, nur einige wenige fassen eine Erweiterung auf die »atlantische Sphäre«, also die Einbeziehung auch der Tochtergesellschaften in Nordamerika, ins Auge.

5.3.3 Ausblick

Die Schaffung europäischer Konzernausschüsse durch multinationale Konzerne französischen Ursprungs ist noch keineswegs an ihre Grenzen gestoßen. Sowohl ihre Zahl als auch der Grad ihrer Formalisierung und Institutionalisierung wird weiter zunehmen, selbst wenn es nicht allzu bald zu einer rechtlich verbindlichen Kodifizierung durch eine Gemeinschaftsrichtlinie kommen sollte. Ihre Kompetenzen werden jedoch mehrheitlich auf reine Informationsrechte beschränkt bleiben. Die Geschäftsleitungen, insbesondere die Personalabteilungen der betreffenden Konzerne, verbinden mit ihnen die Hoffnung der Herausbildung einer europäischen Unternehmensidentität und eine gewisse Vereinheitlichung des Personalmanagements und der Arbeitsbeziehungen in den einzelnen Tochtergesellschaften. Damit soll eine vorausschauende Personalplanung auf europäischer Ebene und eine soziale Bewältigung strategisch notwendiger Umstrukturierungen erleichtert werden.

Die Schaffung europäischer Informationsinstanzen auf Konzernebene schafft jedoch für sich noch kein einheitliches System der Arbeitsbeziehungen in Europa. Hierzu fehlt die wichtige Dimension der Tarifverhandlungen, die immer noch wesentlich national verankert sind. Verhandlungen zwischen Arbeitgebern und Gewerkschaften sind eher ein Nebenprodukt als ein Ziel der Herausbildung europäischer Konzernräte. Diese haben jedoch eine große Bedeutung darin, daß sie die verschiedenen nationalen Räume der Arbeitsbeziehungen miteinander in Kommunikation treten lassen. Neben ihrer offiziellen Funktion für den Informationsaustausch zwischen Management und Belegschaftsvertretern haben sie den wichtigen und möglicherweise viel entscheidenderen Nebeneffekt, ein Forum für den Informationsaustausch und die Diskussion zwischen den Belegschaftsvertretern darzustellen, durch das sie die gewerkschaftlichen Strategien und Praktiken der anderen europäischen Länder besser kennen und verstehen lernen.

Teil 3

Arbeitsbeziehungen im regionalen und internationalen Umfeld der EU: Skandinavien, Osteuropa, USA und Japan

1. Europäisierung oder Re-Nationalisierung? Zur Zukunft skandinavischer Gewerkschaftsstrategien

Jon Erik Dølvik

1.1 Einleitung[1]

Die nordischen Staaten werden oft als herausragende Beispiele für hochentwickelte Sozialstaaten mit einer starken einheitlichen Gewerkschaftsbewegung genannt, die eine entscheidende Rolle in dem zentralisierten, auf Kooperation aufbauenden Arbeitsbeziehungssystem spielen. Seit Anfang der neunziger Jahre sind die nordischen Gewerkschaften mit neuen Herausforderungen durch die ökonomische Internationalisierung und europäische Integration konfrontiert. Viele nordische Gewerkschafter fürchten, daß dieser Prozeß die gewerkschaftliche Stärke beeinträchtigt und zur Erosion des spezifisch nordischen Systems der Arbeitsbeziehungen führt. Diese Befürchtungen werden durch die ernste ökonomische Krise und die politischen Veränderungen in Finnland und Schweden genährt, die eine fundamentale Herausforderung für das traditionelle nordische Modell darstellen.

Innerhalb der Gewerkschaften wurde die Beteiligung der nordischen Länder am gemeinsamen (west-)europäischen Markt qua EFTA vorrangig als ökonomische Notwendigkeit wahrgenommen. Außer in Dänemark war die Mehrheit der Gewerkschaftsmitglieder gegen eine Mitgliedschaft in der EU. Die Frage nach der Mitgliedschaft in der EU verstärkte die Konflikte innerhalb der nordischen Gewerkschaften über regionale, sektorale und politische Entwicklungen auf der ganzen Linie. Notwendigerweise wurden damit die Gewerkschaftszentralen mit ihrer eher positiven Einstellung zur EU zu einer behutsamen Entscheidungsstrategie im Hinblick auf die Frage

---

1 Dieser Beitrag wurde während eines Gastaufenthalts am Europäischen Gewerkschaftsinstitut (EGI) in Brüssel im Rahmen eines Forschungsprojekts, das vom Norwegischen Forschungsrat für Sozial- und Geisteswissenschaften finanziell gefördert wurde, erstellt. Für konstruktive Anmerkungen danke ich Grete Brochmann und Lars Mjøset.

der EU-Mitgliedschaft gezwungen. Das Ergebnis der nordischen Gewerkschaftsdebatte wird somit eine wichtige Rolle bei den beabsichtigten Referenden 1994/95 und damit für den Prozeß der Erweiterung der EU spielen. Ziel dieses Beitrags ist, die Optionen und strategischen Bedenken der nordischen Gewerkschaften im Zusammenhang mit der transnationalen Gewerkschafts- und Arbeits(beziehungs)politik auf EU-Ebene vorzustellen. Wie antizipieren die Gewerkschaften die möglichen Auswirkungen der EU-Integration auf das nordische Arbeitsbeziehungssystem, und wie könnten sie auf die Gestaltung der europäischen Arbeitsbeziehungen Einfluß nehmen? Da diese Fragestellung höchst komplex ist, kann der Beitrag keine wirklich umfassende Analyse sein, sondern nur die entscheidenden Determinanten identifizieren und Problembereiche nordischer Gewerkschaftspolitik in diesem Feld darstellen.

1.2 Kontinuitäten und Veränderungen im Modell der nordischen Arbeitsbeziehungen

Während die Arbeitsbeziehungen in Westeuropa deutlich voneinander unterschieden sind, werden die nordischen Arbeitsbeziehungen als ziemlich gleichartig angesehen. Vergliche man einerseits etwa die britischen Arbeitsbeziehungen, die durch autonome, nicht rechtsverbindliche, dezentrale Kollektivvereinbarungen und der relativen Abwesenheit staatlicher Intervention charakterisiert sind, mit den nordischen Arbeitsbeziehungen, so sind diese durch einen höheren Grad von Zentralisierung, Institutionalisierung und politischer Einbettung gekennzeichnet. Andererseits unterscheiden sich z. B. die nordischen deutlich von den deutschen Arbeitsbeziehungen durch ihren geringeren Verrechtlichungsgrad, eine starke Verpflichtung der Sozialpartner auf autonome Selbstregulierung (Tarifautonomie) und einflußreiche Gewerkschaften auf der Ebene des Arbeitsplatzes. Auch wenn die nordischen Arbeitsbeziehungen durch ein starkes Arbeitsrecht abgesichert sind, die grundsätzlichen Regelungen für Tarifverhandlungen und -auseinandersetzungen beruhen auf autonom zwischen den Spitzenorganisationen der Sozialpartner vereinbarten Grundsatzvereinbarungen.

Die Wurzeln dieser strukturellen Ähnlichkeiten der skandinavischen Länder liegen in den teilweise parallelen Entwicklungen industrieller Auseinandersetzungen und Klassenkämpfe, die zu den »Historischen Klassenkompromissen« und Schlichtungen der »Friedensverpflichtungen« in Grundsatzvereinbarungen führten. Der dänische sogenannte September-Kompromiß aus dem Jahre 1899 war die erste Grundsatzvereinbarung dieser Art in der Welt. In Norwegen und Schweden wurden vergleichbare Grundsatzvereinbarungen 1936 bzw. 1938 abgeschlossen, während dies für Finnland erst in den sechziger Jahren der Fall war (Kjellberg 1992). Ein wichtiger Teil dieser Historischen (Klassen-)Kompromisse war die Anerkennung des Direktionsrechts (der Arbeitgeber) und der kapitalistischen Form der Produktion, allerdings begleitet von der Selbstverpflichtung der siegreichen sozialdemokratischen Regierungen auf Wirtschaftswachstum und Vollbeschäftigung.

Unbeschadet der Nachkriegstradition kooperativer Selbstregulierung (Tarifautonomie) spielte der Staat eine wichtige Rolle in den Arbeitsbeziehungen, sowohl durch Beteiligung an den zentralen Gehalts- und Lohnrunden (Einkommenspolitik) als auch bei der Reform der gesetzlichen Regelungen im Bereich der Wohlfahrts- und Beschäftigungspolitik. Besonders in Dänemark und Norwegen kam staatlichen Schlichtern eine zentrale Rolle in Tarifverhandlungsrunden zu, tariflich vereinbarte Regelungen wurden sehr oft vom Gesetzgeber übernommen. In Norwegen wird Zwangsschlichtung regelmäßig zur »Korrektur« von solchen Gewerkschaftsaktionen eingesetzt, die sich nicht im Rahmen der LO bewegen (Stokke 1993).

Die autonome Kooperation von Kapital und Arbeit wird ergänzt und ermöglicht durch starke staatliche Beteiligung an den Arbeitsbeziehungen, speziell durch die Schaffung eines Rahmens großzügiger sozialpolitischer Regelungen (Wohlfahrt) und eine Politik der Vollbeschäftigung. In dieser Hinsicht drängt sich ein Vergleich mit dem niederländischen und belgischen System der Arbeitsbeziehungen auf, allerdings mit dem wichtigen Unterschied, daß die Wohlfahrtspolitik universal alle Bürger und nicht nur die abhängig Beschäftigten erreicht. Durch die Finanzierung der Wohlfahrtspolitik über ein System allgemeiner Steuern wurde im Unterschied zu den meisten kontinentalen Ländern die indirekte Belastung der Arbeitskosten für Kapital und Arbeit gering gehalten. Das mag ein Grund dafür gewesen sein, daß die Frage der Verteilungsgerechtigkeit und sozialer Gleichheit zwischen den Sozialpartnern kaum Zündstoff barg. Mehr noch, die enge Kooperation zwischen Gewerkschaften und Politik bedeutete eine erhebliche Flexibilität für gewerkschaftliche Politik, da sie für die Durchsetzung sozialpolitischer Ziele Wahlmöglichkeiten zwischen Tarifpolitik und politischer Strategie schuf, die sich an dem jeweiligen politischen Kräfteverhältnis orientierte.

Wie in Belgien ist das enge Zusammenspiel zwischen Tarifverhandlungen und Gesetzgebung unübersehbar prägender Bestandteil der nordischen Arbeitsbeziehungen. Die Sozialpartner sind über ein enges Gewebe gesellschaftlicher Beteiligungsrechte und -gremien zu fast jedem Aspekt der Arbeitsmarktpolitik miteinander verbunden. Eine entscheidende Voraussetzung für das erfolgreiche Funktionieren des Systems aus der Sicht der Gewerkschaften war die langandauernde politische Vorherrschaft der Sozialdemokratie, insbesondere gilt das für Schweden, Norwegen und Dänemark. Angesichts des Kräfteverlusts der Arbeiterparteien und eines wachsenden Drucks, die öffentlichen Haushaltsausgaben zurückzufahren, kann das früher erfolgreiche Vertrauen in politische Strategien sich nun aber als Bumerang für die Gewerkschaften erweisen. Eine wesentliche Frage ist, inwieweit die nordischen Gewerkschaften in der Lage sind, sich an Bedingungen anzupassen, die »nur« auf ihrer Kollektivverhandlungsstärke und ihrer politischen Kreditwürdigkeit beruhen.

Folgende Punkte runden das Bild der nordischen Arbeitsbeziehungen ab:

- Die Regelung von Rechten, Pflichten und Konflikten beruht vorrangig auf kollektiven und nicht sosehr auf individuellen Akteuren (im Unterschied zu vielen europäischen Ländern).

- Rechtliche Mindestbedingungsregelungen spielen nur eine geringe Rolle in Schweden, Norwegen und Dänemark. Die Ausweitung kollektiver Vereinbarungen durch »Allgemeinverbindlichkeitserklärung« sind die Ausnahme.

- Die den Dachverbänden zukommende wichtige Rolle im dreistufigen Verhandlungssystem war eine wichtige Voraussetzung für die Durchsetzung der solidarischen Lohnpolitik und ihrer Beteiligung im System verbindlicher Absprachen mit dem Staat.

- Die Stärke der Dachverbände wurde ausbalanciert durch ergänzende branchen- und arbeitsplatzbezogene Verhandlungen sowie Urabstimmungen über zentral vereinbarte Abschlüsse. Deshalb werden nordische Arbeitsbeziehungen sowohl durch stärkere Zentralisierung als auch Dezentralisierung gegenüber den meisten Arbeitsbeziehungssystemen in Europa charakterisiert (Kjellberg 1992).

- Die Rolle der Gewerkschaften auf der Betriebsebene ist durch gesetzliche Regelungen gestärkt, die ein einheitliches System der Gewerkschaftsvertretung auf der Ebene des Vorstands (Mitbestimmung), in paritätischen Ausschüssen und in Ausschüssen der Arbeitssicherheit vorsehen.

• Die Ausweitung des öffentlichen Sektors führte zu einem hohen Grad an Beschäftigung und damit auch zur Beteiligung von Frauen am Arbeitsleben.

Eine wesentliche Voraussetzung für das Funktionieren des nordischen Systems der Arbeitsbeziehungen und zugleich auch sein Ergebnis liegt in dem hohen Integrations- und Organisationsgrad beider Sozialpartner. Inklusive der früheren Ausnahme Finnland handelt es sich um politisch einheitliche Gewerkschaften mit einer engen Bindung (ja sogar kollektiver Mitgliedschaft) an sozialdemokratische Parteien. Der gewerkschaftliche Organisationsgrad in den nordischen Ländern ist deutlich höher und stabiler als in den meisten europäischen Ländern: 85 % in Schweden, 73 % in Dänemark, 72 % in Finnland und 57 % in Norwegen (Visser 1993). Ein Hauptgrund für diese hohen Organisationsgrade dürfte darin zu finden sein, daß die Arbeitslosenunterstützungskasse durch die Gewerkschaften verwaltet wird, mit Ausnahme Norwegens, wo die Gewerkschaft einen entsprechend geringeren Organisationsgrad hat.

Trotzdem unterscheidet sich die Organisationsstruktur der Gewerkschaften in den nordischen Ländern von Land zu Land. Ein höherer Anteil berufsständischer Gewerkschaften in Dänemark und stark fragmentierte Angestelltengewerkschaften außerhalb des LO-Rahmens in Norwegen bieten ein Bild zerklüfteter Tarifverhandlungsergebnisse und haben zu intensiver Staatsintervention in diesen Ländern beigetragen. Mehr noch, die Kartellbildung der wachsenden berufsständischen Gewerkschaften und der Gewerkschaften der Staatsbediensteten tendiert dazu, die bisher vorherrschenden Verhandlungspotentiale der privatwirtschaftlichen Arbeitergewerkschaften mit ihren Zentralorganisationen herauszufordern. Daraus resultieren zunehmend Rivalitäten und Spannungen entlang der Branchenlinien. Tendenzen zu sprunghaften und fragmentierten Tarifverhandlungen in den achtziger Jahren führten zu Ansätzen einer organisatorischen Reform in allen nordischen Ländern. Die allgemeine Absicht dieser Reformen war, Aufgaben zusammenzufassen durch Zusammenschlüsse von Gewerkschaften oder ihre engere Zusammenarbeit. Praktisch haben die bisher erzielten Ergebnissen die Erwartungen in keiner Weise erfüllt[2].

Trotz der zuvor beschriebenen idealtypischen Gemeinsamkeiten wird das Konzept eines spezifischen Nordischen Modells sowohl von theoretischer

---

2 Sowohl in Norwegen als auch in Dänemark sind vor kurzem vereinheitlichende Organisationsreformen an dem Widerstand von Einzelgewerkschaften gescheitert, die um ihre Autonomie fürchteten.

als auch empirischer Seite in Frage gestellt (Mjøset 1992; Kjellberg 1992). Nicht nur die ökonomisch-politische Struktur[3], sondern auch der Grad der gesetzlichen Regelungen, die Gewerkschaftsintegration sowie der Staatsinterventionismus variieren in den nordischen Ländern von Land zu Land. Viele der »korporatistischen« Strukturen, die oft mit dem nordischen Modell in Verbindung gebracht werden, lassen sich auch in anderen europäischen Ländern finden, so in Österreich, Deutschland und den Benelux-Ländern. Und insbesondere in Norwegen und Dänemark korrespondiert die Hervorhebung der autonomen Selbstregulierung (Tarifautonomie) in gewisser Weise mit der Tradition des britischen Voluntarismus, wenn er auch oftmals durch interventionistische Praktiken durchbrochen wird.

Wichtiger ist aber, daß die gegenwärtigen Veränderungen in den nordischen Ländern dazu tendieren, die Spannung zwischen Ideal und Realität aufzuheben. Der Veränderungsdruck weist in Richtung zunehmender Unterschiede statt mehr Einheitlichkeit nordischer Arbeitsbeziehungen. Trotzdem hat das Bewußtsein, Teil einer gemeinsamen nordischen Gewerkschaftsbewegung zu sein, als gemeinsames Identifikationsmuster in Reaktion auf die europäische Herausforderung noch größere Bedeutung erlangt.

Das Ende der goldenen Wirtschaftswunderjahre des Wachstums nach dem Kriege Anfang der siebziger Jahre forderte die Vorherrschaft der nordischen Arbeiterbewegung heraus. Akzentuiert durch internationale Krisen und Restrukturierungen wurden zentrale Elemente des nordischen Regulierungsmodells während der siebziger und achtziger Jahre hinweggeweht. Diese Veränderungen bewegten sich auf der Linie internationaler Trends von Deregulierung, Aufgabe keynesianischer Stabilitätspolitik, Einführung fester Wechselkursregime usw. Die Vollbeschäftigungspolitik, Vorzeigepolitik und

---

3 Während Schweden ein hochgradig industrialisiertes und exportorientiertes Land mit einer Anzahl starker multinationaler Konzerne ist, so ist Norwegen in starkem Maße vom Rohstoffen (Öl, Fischereiwesen, Wasserkraft) abhängig; Island lebt vom Fischfang; Dänemark ist durch intensive Landwirtschaftsindustrie geprägt, und die Finnen kämpfen um das Überleben angesichts des Zusammenbruchs der Exportmärkte in der früheren Sowjetunion. Immerhin gehen 70 bis 80 % der nordischen Exporte in die EG/EU, und die nordischen Staaten konkurrieren untereinander um die europäischen Märkte in einer Anzahl von Branchen, insbesondere betrifft das Bereiche wie Chemie, Schiffsbau, Fischfang, Holzindustrie und Papierherstellung. Daher werden die nordischen Länder unbeschadet eines unübersehbaren Intra-nordischen Güteraustauschs oft als parallele nationale Exportwirtschaften, »Exportenklaven«, bezeichnet und nicht als Teil einer integrierten nordischen Wirtschaftszone verstanden. Diese Strukturdifferenzen mögen dazu beitragen zu verstehen, warum es so schwer ist, die nordische als Alternative zur europäischen Integration zu befördern. Die Erschütterungen der Währungen im Jahre 1992 sind dafür ein Indikator. Sie führten zu einer drastischen Abwertung der schwedischen und finnischen Währung, insbesondere zum Schaden der norwegischen Exporteure.

Fundament des nordischen Arbeitsbeziehungsmodell, geriet zunehmend unter Druck.

Während Dänemark, einziges Mitglied der EU, seit den siebziger Jahren Erfahrung mit Massenarbeitslosigkeit machen mußte, war dies bei den anderen nordischen Ländern erst ab den späten achtziger Jahren der Fall. Mit der Öffnung des »Eisernen Vorhangs«, der internationalen Rezession und der Währungskrise im Jahre 1992 explodierte die Arbeitslosigkeit insbesondere in Schweden und in Finnland, in Finnland erreichte sie die bisher unbekannte Größenordnung von 20 %. In weniger als zwei Jahren stiegen die Arbeitslosenzahlen von unter 100 000 auf mehr als eine halbe Million Menschen.

Während Dänemark und Norwegen (dank der großen Erdölreserven) auf makroökonomische Stabilität und einen einigermaßen ausgeglichenen öffentlichen Haushalt verweisen konnten, erlebten Schweden und Finnland eine dramatische ökonomische Krise. Währungen wurden abgewertet und drakonische Sparmaßnahmen ergriffen, in Schweden begleitet von Angriffen auf die Fundamente der Wohlfahrtspolitik und das System der Arbeitsbeziehungen. Die Umverteilung der Steuern von den Unternehmern hin zu den Konsumenten, tiefe Einschnitte in das Rentensystem und die Sozialversicherung, Vorschläge zur »Entkollektivierung« sowohl der Arbeitslosenversicherung als auch die Übertragung der Krankenversicherung(skosten) auf die Sozialpartner mögen als Hinweise auf das Ende des einstmals bewunderten schwedischen Modells genügen.

Gleichzeitig haben grundsätzliche strukturelle Wandlungen der Arbeitsmärkte, der Unternehmensorganisation und der Politik die Optionsmöglichkeiten für gewerkschaftliche Politik verändert:

- Die Änderungen der Arbeitsstrukturen veränderten auch die Grundlagen für die Gewinnung und die Zusammensetzung der Gewerkschaftsmitgliedschaft und führten zu wachsender Interessenausdifferenzierung und Gewerkschaftskonkurrenz.

- Der Zerfall sozialdemokratischer Vorherrschaft fordert zum Überdenken bisheriger Wege politischer Einflußnahme der Gewerkschaften heraus, die Ablösung der sozialdemokratischen durch eine neo-liberale Regierung in Schweden ist das bisher deutlichste Beispiel.

- Die Restrukturierung der Unternehmen über nationale Grenzen hinaus und die Modernisierung der Arbeitsorganisation verdeutlichen den Mangel einer traditionellen, vorrangig national orientierten Arbeitnehmermitwirkung und Gewerkschaftsarbeit.

• Wachsende Arbeitslosigkeit, Staatshaushaltsdefizite und der Druck, international wettbewerbsfähig zu sein, haben die Bewegungsmöglichkeiten für Kollektivvereinbarungen (Tarifverhandlungen und -verträge) eingeschränkt und die Herrschaftsbalance zugunsten der Arbeitgeber verschoben.

Diese Entwicklungen haben zu ernsthaften Spannungen geführt, die das System zentraler Tarifverhandlungen und Konzertationen teilweise außer Kraft setzte. Während der achtziger Jahre versuchten die Arbeitgeber, dezentrale Verhandlungen hoffähig zu machen, wurden jedoch regelmäßig durch staatsinterventionistische Maßnahmen daran gehindert. In Schweden und Norwegen wurden sogar gesetzliche Einkommensstopps verordnet (Dølvik/Stockland 1992; Kjellberg 1992). Solche Schwankungen der Kollektivverhandlungspolitiken beleuchten die Ambivalenz der Aufgabenstellung für die Sozialpartner unter dem Druck von internationaler Wettbewerbsfähigkeit und den Erfordernissen regionaler Einkommens- und Produktivitätsflexibilität.

Die Art und Weise des Verhaltens unterschied sich in den nordischen Staaten. Die Schwedischen Arbeitgeber starteten eine Offensive zur Zerschlagung des zentralen (Tarif-)Verhandlungssystems, angesichts der gegenwärtigen ökonomischen Notsituation waren sie dabei aber nicht durchweg erfolgreich. In Norwegen tendieren die zentralen Organisationen weiterhin zur zentralen Verhandlungsebene, allerdings wurde vorsichtshalber mehr Platz für zwar zentral angeleitete, aber dezentral verhandelte Tarifverträge eingeräumt. Kürzlich haben sich die norwegischen Sozialpartner auf ein für eine Laufzeit von fünf Jahren vereinbartes »Solidaritätsprogramm« verpflichtet, das auf Zurückhaltung bei den Einkommen, Einschnitten bei öffentlichen Transferzahlungen, Ausweitung der öffentlichen Beschäftigungsprogramme und Sicherung der öffentlichen Wohlfahrt aufbaut mit der Zielsetzung der Stärkung der Wettbewerbsfähigkeit und des Arbeitsmarktwachstums (NOU 1992). Wiederholte »Nullsummenspiele« und Sparmaßnahmen unterminierten das finnische System der Arbeitsbeziehungen und führten zu wachsenden Konflikten. Das dänische System der Arbeitsbeziehungen ist bemerkenswert stabil geblieben, trotz zentral kontrollierter Dezentralisierung, die die Rolle der zentralen Organisationen bei den Tarifverhandlungen reduzierte (Scheuer 1992).

Mit anderen Worten, beide Versuche, sowohl die Kontinuität des korporatistischen Erbes als auch sein Ende, sind zu beobachten. Die Zeit stabilen Wachstums und friedlichen, kooperativen Fortschritts in Skandinavien scheint unumkehrbar zu Ende zu sein, an seine Stelle tritt ein Sozialklima, das in den kommenden Jahren durch Konflikt, Ungewißheit und Turbulenzen geprägt sein dürfte.

Der Druck auf die nationalen Arbeitsbeziehungssysteme, wie er sich in der Währungskrise 1992 erstmals abzeichnete, spiegelt nur wider, daß die nordischen Gesellschaften zunehmend der internationalen Ökonomie und Politik ausgesetzt sind. Verbunden mit internen Spannungen und dem Druck zur Erneuerung stellt sich die Frage nach Umfang und Richtung der nordischen Arbeitsbeziehungen. Auch wenn es für ein abschließendes Urteil noch zu früh ist, sind die unterschiedlichen Reaktionen auf die sich verändernden Umstände schon verblüffend. Die sich annähernden äußeren Bedingungen, insbesondere im Hinblick auf den zunehmenden Wettbewerb im Gemeinsamen Markt, scheinen die Bedeutung nationaler Unterschiede der ökonomischen und strukturellen Bedingungen wie auch der Varianten strategischen Handelns zu verstärken. Das mag in Richtung wachsender Unterschiede der nationalen Arbeitsbeziehungssysteme in den nordischen Ländern deuten, zugleich aber zeigen sich Entwicklungen einer groben Annäherung mit kontinentalen Ländern, speziell im schwedischen Fall. Der sich schnell ausbreitende, teilweise spektakuläre Veränderungsdruck sollte aber nicht verdecken, daß es starke Kräfte der Kontinuität gibt, die auf der Stärke und Stabilität kollektiver Akteure und Institutionen beruhen. Im Unterschied zu den meisten europäischen Ländern wächst die Gewerkschaftsmitgliedschaft in den nordischen Ländern. Eine Hauptfrage ist daher, ob die Gewerkschaften in der Lage sind, sich zu erneuern, und welche Rolle sie in einer Situation spielen werden, die durch Umverteilung der Lasten und nicht durch zunehmenden Wohlstand gekennzeichnet ist. Eine weitere Frage ist, ob es den Gewerkschaften gelingt, ihre Tradition einer nationalen solidarischen Politik, die bisher streng auf den eigenen nationalen Rahmen ausgerichtet war, auch in den grenzüberschreitenden europäischen Wirtschaftsraum zu transzendieren.

1.3 Die Herausforderung der europäischen Integration für die nordischen Gewerkschaften

Bisher scheinen die Argumente für eine Wiederherstellung des konventionellen nordischen Modells der goldenen sechziger und siebziger Jahre für die Gewerkschaftsmitgliedschaften attraktiver zu sein als eine Vision europäischer Integration im Rahmen der EU. Unter den nordischen Gewerkschaftern ist die Furcht weit verbreitet, daß der wachsende Wettbewerb des Gemeinsamen Marktes zu ernsthaften Störungen der heimischen Wirtschaft und des Arbeitsmarktes führen wird. Dies könnte schädliche Auswirkungen auf die zentral organisierten nationalen Gewerkschaften haben und die heimische Wohlfahrt sowie Regionalpolitiken unterminieren. Die Absicht der EU, eine deflationäre Geldpolitik zu entwickeln, nährte die Angst, die Hauptinstrumente einer nationalen Wirtschaftspolitik zu verlieren, besonders im Hinblick auf eine Einschränkung der Möglichkeiten des Einsatzes der öffentlichen Haushalte zur Bekämpfung der Arbeitslosigkeit. Auf der anderen Seite argumentieren die Vertreter der nationalen Gewerkschaftszentralen, daß eine Nichtbeteiligung an der EU die Möglichkeiten für nationale Investitionen, Wachstum und Beschäftigung einschränkten, und somit für den Wohlfahrtsstaat ebenfalls negative Auswirkungen habe. Die internationale Rezession, die Probleme der transnationalen Restrukturierung der Unternehmen und der internationale Wettbewerbsdruck auf nationale Arbeits- und Sicherheitsstandards sowie auf die Kollektivverhandlungssysteme tragen zu einer Vision einer koordinierten Politik zugunsten des Faktors Arbeit auf europäischer Ebene bei. Skeptische Gewerkschafter vertreten die Auffassung, daß die Schaffung einer europäischen »Sozialdimension« das nordische System der Kollektivverhandlungen unterminiere und daß an seine Stelle eine größere Bedeutung der Individualrechte der Arbeitnehmer und der Allgemeinverbindlichkeitsregelungen anderer europäischer Staaten treten würde.

Es stehen sich zwei Gruppen gegenüber, die, die Gewerkschaftsstrategien der Sicherung der erreichten sozialen Rechte und Einkommen sowie der Arbeit auf nationaler Ebene präferieren, und jene, die bereit sind, eine gewisse nationale Autonomie gegen Einflußnahme auf EU-Zukunftsentscheidungen einzutauschen. Diese Spaltung ist Ausdruck der tiefen Meinungsverschiedenheit zum einen in der Langzeiteinschätzung, ob die traditionellen nationalen nordischen Modelle im Rahmen der internationalen Veränderungen erhalten werden können, und zum anderen, wie erfolgreich eine Einflußnahme im Rahmen der EU sein würde. Während die Vertreter der Gewerkschaftszentralen die Auffassung vertreten, daß die nordischen Länder gemeinsam einen wichtigen progressiven Einfluß auf die Gemeinschaft ausüben könnten, tendieren die Gewerkschaftsmehrheiten dazu, solche »Sozialdemokratischen Visionen« als Wunschdenken abzutun. Die Opposition argumentiert zugunsten einer engeren nordischen Kooperation im Rahmen einer großeuropäischen Perspektive als Alternative zur »Festung EU-Europa«, dagegen argumentieren die Gewerkschaftszentralen, daß die nordische Integration am besten im Rahmen eines europäischen Integrationsprozesses wie der Erweiterung der EU selber zu erreichen sei.

Unbeschadet dieser Differenzen haben die nordischen Gewerkschaften das Abkommen über den europäischen Wirtschaftsraum (EWR), mit dem die EFTA-Staaten in den gemeinsamen Markt mit den Ausnahmen Fischerei und Landwirtschaft integriert wurden, unterstützt. Seitdem gelten für die EFTA-Staaten und ihre Gewerkschaften die Regelungen der EU zu Arbeitsbeziehungen und Sozialpolitik, während für sie der Zugang zu der Ebene der EU-Entscheidungsprozesse weiterhin sehr begrenzt bleibt. Seit diesem Zeitpunkt ist für die Gewerkschaften der nordischen EFTA-Länder die Frage nach den strategischen Möglichkeiten und Chancen einer Mitgliedschaft in der EU aufgeworfen und damit zugleich die nach den Bedingungen, unter denen eine Mitgliedschaft akzeptiert werden könnte. Diese Thematik beinhaltet komplizierte Erwägungen:

Erstens: Angesichts der Unsicherheit der zukünftigen EU-Integration ist es schwierig, die Risiken und Chancen einer EU-Mitgliedschaft im Vergleich mit einer EFTA-Vereinbarung abzuschätzen. Wird eine EU-Mitgliedschaft vorrangig die weitere Marktliberalisierung sowie eine intensivere politische und monetäre Integration bedeuten, oder wären auch der »dänischen Option« vergleichbare Ziele erreichbar?

Zweitens: Die Risikoeinschätzung von EU-Mitgliedschaft versus EFTA-Assoziation durch die nationalen Gewerkschaftsbünde hängt wesentlich davon ab, welche Wahlmöglichkeiten ihnen die anderen nordischen Länder bieten.

Drittens: Jede Abschätzung dieser unklaren Alternativwege muß auch vor dem Hintergrund der organisatorischen Auswirkungen gewichtet werden (u. a. interner Organisationszusammenhalt, Vertrauen der Mitgliedschaft und politische Kreditwürdigkeit).

Die Auswirkungen der vorhandenen Alternativen auf die jeweiligen nationalen Arbeitsbeziehungen und Gewerkschaftspositionen sind zwar unsicher, aber die Gewerkschaften sind selbst strategische Akteure, die die Ergebnisse der Prozesse beeinflussen. Von daher will ich weniger den Versuch einer umfassenden Analyse der Auswirkungen machen als vielmehr meinen Beitrag auf die Identifizierung der Hauptprobleme des Vorhabens konzentrieren. Noch ist es unmöglich anzugeben, welcher Druck im Rahmen der europäischen Integration auf die Arbeitsbeziehungen ausgeübt wird:

• Von unten – über die Marktintegration: Zunehmender Wettbewerb führt zu erhöhtem Kostendruck, schränkt den Raum für Kollektivverhandlungen ein und erzeugt Druck auf nationale Arbeits- und Sicherheitsstandards, gesetzliche Schutzregelungen und die Steuern.

• Intern – über die nationalen Politiken und Kollektivverhandlungssysteme: Marktdruck beeinflußt sowohl die Machtbalance als auch die Handlungsspielräume, die bisher von den nationalen Akteuren bei der Lösung sozialer und politischer Spannungen genutzt wurden.

• Von oben – über die politische Integration: Die Wettbewerbsregeln der EU-EFTA begrenzen nationalen Staatsinterventionismus und damit die Möglichkeiten, mit nationalen Politikinstrumenten auf nationale wirtschaftliche und soziale Probleme zu reagieren; die politische Integration dürfte den Raum für supranationale Kooperation erweitern mit dem denkbaren Ergebnis sowohl einer Einschränkung als auch Erweiterung der Möglichkeiten politischer Einflußnahme durch die nationalen Gewerkschaftsbünde.

Diese Veränderungen des Verhältnisses sowohl zwischen Politik und Märkten als auch zwischen den nationalen und internationalen Handlungsebenen schlagen sich bereits wechselweise in dem Veränderungsdruck auf die bisherigen Arbeitsbeziehungsstrukturen auch des nordischen Modells nieder. Dies könnte dazu führen, daß die strategische Bedeutung des Nationalstaats für die Gewerkschaften abnimmt sowie die Bedeutung regionaler und transnationaler Kollektivverhandlungsstrukturen an Bedeutung gewinnt und damit auch Strategien zur Einflußnahme auf EU-EFTA-Entscheidungen zur Sozialdimension des Gemeinsamen Marktes. Andererseits könnte man sich auch vorstellen, daß die zunehmende europäische Integration von einer Wiederbelebung neo-korporatistischer Nationalpraktiken in einigen Ländern begleitet würde (Dølvik 1993; Crouch 1993). Eine Frage, die für die nordischen Gewerkschaften zentral bleibt, ist die, in welcher Weise eine EU-Mitgliedschaft (verglichen mit der EFTA-Assoziierungsvereinbarung) die Voraussetzungen für eine nordische Gewerkschaftskooperation verbessert und inwieweit sich dadurch ihr Einfluß auf der europäischen Ebene erweitert.

Die Aussichten für eine zunehmende politische und monetäre Integration im Rahmen des Vertrages von Maastricht haben bei den nordischen Gewerkschaften zu tiefgreifenden Auffassungsunterschieden geführt, die sich mit dem dänischen Debakel und dem daran anschließenden teilweisen Aussetzen des Maastrichter Vertrages gut belegen lassen[4]. Die nordischen Gewerkschaften haben den Europäischen Gewerkschaftsbund bei seinen Forderungen für eine stärkere Demokratisierung und durchsichtigere Entscheidungen der EU unterstützt und auch dessen Forderung nach erweiterten, qualifizierten Mehrheitsentscheidungen in den Bereichen Sozialpolitik, Arbeitnehmerrechte, Umweltpolitik mitgetragen. Gegenüber den tragenden monetären Prinzipien des Maastrichter Vertrages sind die nordischen Gewerkschaften aber zutiefst skeptisch. Grundsätzlich sehen sie eine engere europäische politikökonomische Kooperation als mögliches Instrument für eine Revitalisierung und Ausweitung des früheren heimischen Keynesianismus auf europäischer Ebene. Demgemäß wird die Unterstützung der EU-Mitgliedschaft durch die Gewerkschaften sicherlich davon abhängen, ob der dänische Weg eines Aussetzens der Vereinbarungen zur europäischen Währungsunion gangbar ist. Diese Haltung wurde durch den Zusammenbruch der eng an den ECU angebundenen Währungsregime in Finnland, Schweden und Norwegen im Jahre 1992 gefördert. Vorbehalte gegen eine föderalistische Vision einer »immer enger zusammenwachsenden Europäischen Union« – eine Vorstellung, die stark vom Europäischen Gewerkschaftsbund favorisiert wird – drückt sich bei den nordischen Gewerkschaften in der Unterstützung einer differenzierten EU-Integration mit unterschiedlichen Geschwindigkeiten und der Stärkung der Regionen aus.

Wie auch immer, es scheint so, daß die nordischen Gewerkschaften in einem Dilemma stecken: Sie müssen sich entscheiden zwischen einer Marktorientierung mit nur begrenztem politischen Einfluß (EFTA-Assoziierung) oder einer politisch orientierten Einstellung, die auf der Mitgliedschaft in der EU unter den einschränkenden Bedingungen des Maastrichter Vertrages beruht. Trotz der Kritik an dem »liberalistischen Konstruktionsfehler« der EU und ihrem fehlenden Sozialprofil scheinen die nordischen Gewerk-

---

4 Unbeschadet der Unterstützung der LO für den Maastrichter Vertrag verblieb eine Anzahl von Einzelgewerkschaften kritisch, und eine deutliche Mehrheit innerhalb der Gewerkschaftsmitgliedschaft sprach sich in dem dänischen Referendum von 1992 gegen den Vertrag aus. Der im Anschluß daran gefundene »nationale Kompromiß«, der die Position Dänemarks in der EU redefinierte, wurde mit großer Mehrheit von den Gewerkschaften unterstützt. Aber einige LO-Mitgliedschaftsgewerkschaften empfahlen auch in dem zweiten Referendum vom 18. Mai 1993 eine Ablehnung, trotz der Einigung von Edinburgh, die Dänemark ein Ausscheren u. a. aus der dritten Stufe der europäischen Währungsunion, der gemeinsamen Sicherheitspolitik und der europäischen »Staatsbürgerschaft« ermöglichte. Obwohl eine deutliche Mehrheit der Bevölkerung sich für die EU-Mitgliedschaft aussprach, stimmte eine unübersehbar große Minderheit von Gewerkschaftsmitgliedern dagegen.

schaften noch nicht soweit zu sein, eine Ausweitung transnationaler Macht als Voraussetzung zur Veränderung zu akzeptieren.

1.4 Die nordischen Gewerkschaften und die soziale Dimension des Gemeinsamen Marktes

Die nordische Diskussion über die Entwicklung der Arbeitspolitik auf der Ebene der EU wurde durch die Verhandlungen über das EFTA-Assoziierungsabkommen im Anschluß an das EU-Programm zum einheitlichen gemeinsamen Markt hervorgerufen. Während der freie Austausch von Kapital, Arbeit, Gütern und Dienstleistungen im europäischen Wirtschaftsraum erlaubt ist, bleiben Arbeitnehmerrechte und ihre Verteidigung an nationale Grenzen gebunden. Damit, so fürchteten die nordischen Gewerkschaften, werde Druck in Richtung Abbau nationaler Arbeitsstandards ausgeübt, und damit würden die Arbeitnehmer von Grenze zu Grenze dem »Teile-und-herrsche-Prinzip« der Arbeitgeber unterworfen. Die Drohung einer Verlagerung von Produktion und Investitionen nach dort, wo weichere Schutzregelungen und schwächere Gewerkschaften existieren, wäre eine Gefahr für besonders starke Gewerkschaften in den entwickelten Wirtschaftsgebieten. Ob nun die nordischen Gewerkschaften, unabhängig von einer Mitgliedschaft in der EU-EFTA-Assoziation, solchem Druck ausgesetzt wären oder auch nicht, sie sind bisher davon ausgegangen, daß die Schaffung der Sozialen Dimension im Gemeinsamen Markt Mindestarbeitsstandards sowie Informations- und Beteiligungsrechte der Arbeitnehmer in transnationalen Unternehmen umfassen und als selbstverständliche Voraussetzung für eine nordische Beteiligung gelten.

Die Einführung europäischer Arbeitsbeziehungsstrukturen dürfte Auswirkungen auf die Wettbewerbsbedingungen zwischen den Mitgliedern haben. Während eine Anpassung der Mindestarbeitsstandards nach unten zweischneidige Auswirkungen auf Beschäftigung und Wettbewerbsfähigkeit in den weniger entwickelten Wirtschaftsgebieten haben würde, sollte die Wettbewerbsfähigkeit der Firmen und Arbeitsplätze in den entwickelten Hochkostenländern des Nordens durch Senkung der Arbeitskostenunterschiede verbessert und Sozialdumping über die Grenzen hinweg verboten werden. Auch wenn sich dies langfristig als richtig erweisen würde, sind doch viele nordische Gewerkschafter darüber beunruhigt, daß kurzfristig heimische

Arbeitgeber und staatliche Akteure eher eine Angleichung an europäische Minimalregelungen erzwingen dürften.

Auf der Grundlage neuerer Forschungen tendieren die nordischen Gewerkschaftszentralen zu der Argumentation, daß strengere Regulierungen der Arbeits- und Umweltstandards langfristig zu Aufwertung und Modernisierung der europäischen Wirtschaften führten (Porter 1990; EIRR 1990; Albert 1991). Aber wenn man eine wachsende Spaltung zwischen Norden und Süden vermeiden will, müssen Mindestarbeitsstandards graduell und flexibel eingeführt werden, die zugleich von Maßnahmen zur Stimulierung der wirtschaftlichen Entwicklung und Restrukturierung, der Anhebung des Qualifikationsniveaus und der Infrastruktur in den südlichen Ländern begleitet sein müssen (Rhodes 1992). Solche europäische Umverteilung beinhaltet natürlich, daß die nordischen Gewerkschaften Opfer bringen müssen. Einerseits durch Unterstützung der Verstärkung regionaler Transfers in die europäischen Peripherien, andererseits durch Hilfestellung für die Entwicklung der Gewerkschaften in diesen Ländern. Eine wesentliche Frage in diesem Zusammenhang ist natürlich die, ob die nordischen Gewerkschaften dazu überhaupt bereit sind und welche Interessendivergenzen sich entlang der Nord-Süd-Achse entwickeln. Mehr noch, die unmittelbare Herausforderung durch Sozialdumping und Einwanderung aus dem nahegelegenen Osteuropa verschärft für die nordischen Gewerkschaften den Zwang, sich primär für die Unterstützung der Kollegen im Osten oder im Süden zu entscheiden.

Wie bereits angedeutet, der Kampf um die Sozialdimension ist sehr viel mehr als nur eine einfache Übertragung oder Ausweitung der bisherigen nationalen Klassenbeziehungen. Er ist Ausdruck der Komplexität sowohl der Abhängigkeiten und des Wettbewerbs als auch der Kooperation und des Konflikts innerhalb und zwischen den Organisationen der Arbeitnehmer und Arbeitgeber auf nationaler und auf europäischer Ebene. Auch wenn die nordischen Gewerkschaften bereits außerordentliche Beiträge im internationalen Bereich geleistet haben, z. B. beim Aufbau von Gewerkschaften in den früheren Diktaturen des Mittelmeerraums, so handelte es sich dabei eher um altruistische Hilfestellung als um eine Politik, die in die gewerkschaftliche Tagespolitik integriert ist. Die Strategien zur Verteidigung der Interessen der Mitgliedschaft sind tief in den jeweiligen nationalen Wohlfahrtsstaatskalkülen verwurzelt, bei denen heimische Klassenkooperation eine sehr viel größere Rolle als internationaler Klassenkampf spielt. Aufgrund der Tatsache, daß heute das Konzept von »Solidarität« eher mit »weltweit« und »humanitärem Engagement für die Dritte Welt« assoziiert wird als mit dem Kampf für die Verteidigung allgemeiner Arbeitnehmerinteressen auf internationaler Ebene, dürfte man sich mit der Entwicklung einer europäischen Solidarität schwer tun. Auf der anderen Seite mag die nationale Tradition der Klassenkooperation für die europäische Entwicklung insoweit hilfreich sein, als die nordischen Gewerkschaften in der Lage sein müßten, ihre nationalen Arbeitgeber davon zu überzeugen, daß das, was an nationaler Kooperation sinnvoll war, auch auf europäischer Ebene Sinn machen würde.

1.5 Zur skandinavischen Haltung bei den europäischen Verhandlungen

Auch wenn die nordischen Gewerkschaften die Forderung nach einer Sozialdimension unterstützen, verhielten sie sich bis vor kurzem kritisch gegenüber EU-Vorstellungen, die Arbeitsbeziehungen in detaillierten Gesetzen festzulegen. Sie fürchteten, daß EU-Richtlinien in die heimischen Kollektivreglungen hineinregieren könnten. Von daher war es für einige kontinentale Gewerkschafter überraschend, als es so schien, als ob auf der Konferenz des EGB über Europäische Kollektivverhandlungen in Luxemburg im Jahre 1992 die nordischen Gewerkschaften die Idee von Euro-Tarifverträgen zugunsten legislativer Regelungen auf EU-Ebene ablehnten. Diese paradoxe Haltung läßt sich teilweise durch ihren Skeptizismus gegenüber dem Konzept europäischer Tarifverhandlungen an sich erklären, an dessen Entwicklungsprozeß sie nicht beteiligt waren. Mehr noch, nach dem Einspruch des Generalsekretärs der europäischen Arbeitgeberverbände UNICE auf der Konferenz gelangten sie zu der Überzeugung, daß eine politische Mehrheitsentscheidung im Rat bessere Erfolgsaussichten habe als Verhandlungen mit UNICE. Europäische Tarifverhandlungen würden erst dann zu sinnvollen Ergebnissen führen, wenn zuerst einmal entsprechende gesetzliche Voraussetzungen für Verhandlungen geschaffen seien wie Regelungen zur Konfliktaustragung und Kampfparität. Und die nordischen Gewerkschaften haben ihre Zweifel daran, ob es gelingen könnte, eine demokratische Fundierung für europäische Kollektivverhandlungen zu schaffen. Zudem befürchten sie, daß vereinbarte Regelungen in den südlichen Ländern mit ihrem geringen gewerkschaftlichen Organisationsgrad nur unzureichend durchgesetzt würden (Rønngren 1992); und noch grundsätzlicher: daß europäische in nationale Kollektivverträge eingreifen könnten. Die Verteidigung der nationalen Kollektivvertragsautonomie scheint somit Vorrang zu haben. Die skandinavischen Gewerkschaften haben aber die Möglichkeit eingeräumt, daß die Umsetzung europäischer Kollektivregelungen über nationale Kollektivverhandlungen ein Schritt vorwärts wäre.

Die ursprünglich stark kritische Haltung der nordischen Gewerkschaften hat sich seit ihrer Beteiligung an den internen Diskussionen im Europäischen Gewerkschaftsbund verändert. Im Rückblick gibt es gute Gründe dafür, warum die erste Reaktion ablehnend war. Sie befürchteten einen übereilten Sprung in Euro-Kollektivverhandlungen, übereifrige Befürworter im EGB-Sekretariat wollten aus ihrer Sicht erste unmittelbare Experimente mit Euro-Kollektivverhandlungen erzwingen. Was die nordischen Gewerkschaften als fehlende Transparenz, vernünftige organisatorische Verankerung und genaue Beobachtung der gegenwärtigen Prozesse wahrnahmen, rief Unsicherheit und Blockadeverhalten hervor.

Damit sind wir bei einem generellen Hindernis für die Schaffung europäischer Kollektivverhandlungen – die kulturellen Unterschiede und das Vertrauensdefizit zwischen den Akteuren unterschiedlicher Arbeitsbeziehungstraditionen –, die durch erhebliche Sprachbarrieren noch verstärkt werden. Mit ihrer praktischen und konkreten Sichtweise fühlen sich die nordischen Gewerkschafter oft fremd in den abstrakten Diskussionen und dem Zentralismus der Kollegen aus dem Süden. Im Unterschied zu Positionen der Arbeiterbewegung im südlichen Europa wurde der Fortschritt, den die nordischen Gewerkschaften erreicht haben, über eine pragmatische Schritt-für-Schritt-Politik verwirklicht und nicht durch die Verwirklichung einer »großen Vision«. Da sie nicht mit den EU-dominierten Tagesordnungen vertraut sind und ihre Handlungsspielräume begrenzt werden durch ihre jeweiligen kritischen Entsendegewerkschaften, sind die Vertreter der nordischen Gewerkschaften sehr darauf bedacht, nicht in europäische Entscheidungen eingebunden zu werden, die nicht vorher in ihren Ländern ausdiskutiert wurden. Das unterstreicht, daß sorgfältige Vorbereitung und sensible interne Diskussion – was, so nordische Gewerkschafter, nicht immer der Fall ist – unverzichtbar für den Aufbau von Vertrauen untereinander und für Konsensorientierung sind. Voraussetzung dafür aber ist, daß sich die Organisationen des Europäischen Gewerkschaftsbundes als realpolitische und gemeinsam handelnde soziale Akteure konstituieren.

Im internen Diskussionsprozeß des EGB stellte sich heraus, daß die nordischen Gewerkschaften mit ihren Bedenken nicht alleine standen und daß auch andere zentrale Akteure gegen einen vorschnellen Abschluß waren. Daher hatten die nordischen Gewerkschaften auch keine Schwierigkeiten, der allgemeinen Position des EGB zuzustimmen, auch wenn Begeisterung dafür ausblieb. Aber beträchtlichte Vorbehalte blieben. Grundsätzlich begreifen die nordischen Gewerkschaften nationale und regionale Stärke als fundamentale Voraussetzung für gewerkschaftliche Kraft. Von daher halten sie die starke Betonung europäischer Strategien durch national schwache Gewerkschaften für im höchsten Grade unrealistisch. Sie sorgen sich über die starke wirtschaftliche und politische Abhängigkeit des EGB, die auf einer zerbrechlichen Allianz mit der Kommission beruht, und sind befremdet von der euro-korporatistischen Kultur des Gebens und Nehmens in Brüssel. Wie schon oft von nordischen Gewerkschaftsführern verlautbart, muß sich europäische Gewerkschaftskraft Schritt für Schritt von unten herausbilden und nicht einfach qua diplomatischer Schachzüge von oben. Angesichts der Tatsache, daß die Dachverbandsorganisation EGB, selbst dort, wo sie wichtigen Einfluß ausübt, faktisch über keine Kollektivverhandlungsautorität verfügt, bestreiten Führer strategisch wichtiger nordischer Branchengewerkschaften, daß der EGB sich selbst jemals wirklich zu einer realen transnationalen Gewerkschaftskraft entwickeln könne. Dementsprechend halten sie es für einfacher, eine engere Kooperation zwischen den nationalen Gewerkschaften der im Rahmen der dem EGB assoziierten europäischen Gewerkschaftsausschüsse anzustreben, wo auch schon früher nordische Gewerkschaften einflußreich wirkten. Reflektiert man jedoch die nationalen Traditionen von zentraler Kontrolle und wachsender Spannung zwischen Einzelgewerkschaften und Dachverbänden, so sind einige Vertreter nordischer Dachverbände doch etwas beunruhigt von der Aussicht, daß eine Vielzahl von Branchengewerkschaften sich als europäische Kollektivvertragsakteure gründen wollen.

Mehr noch, nordische Dachverbandsgewerkschaftsführer befürchten, daß das Ergebnis solcher Kollektivverhandlungsstrukturen auf der Ebene transnationaler Unternehmen, vielleicht sogar unterstützt und abgesichert in einem europäischen Branchenrahmentarifvertrag, gut in das Konzept nationaler Arbeitgeber paßt, die das zentralisierte nordische System der Kollektivverhandlungen gerne zu Fall bringen möchten. Obwohl die nordischen Gewerkschaften starke Unterstützung für die Einführung Europäischer Betriebsräte gegeben haben, heißt es von mehreren nationalen Gewerkschaften, daß sie eher zögerlich bei Initiativen zur Schaffung Europäischer Betriebsräte in nordischen Multis sind. Vor dem Hintergrund der Erfahrung, daß vor allem Multis die Haupttriebkräfte bei dem Angriff auf die heimischen zentralen Kollektivverhandlungen waren, namentlich in Schweden, warnen Gewerkschaften davor, daß die Multis die Europäisierung der Arbeitsbeziehungen als Druck zur Aufweichung nationaler Standards mißbrauchen könnten. Führende nordische Industrielle haben sich für die Mitgliedschaft in der EU speziell mit dem Hinweis ausgesprochen, daß dies vorteilhaft sei für eine Reduzierung übertriebener Gewerkschaftsmacht und für die Abschaffung der zu starren nordischen Arbeitsbeziehungen. Zusätzlich wird der Verdacht auch noch dadurch genährt, daß sich z. B. der Schwedische Arbeitgeberverband (SAF) stark für europäische Kollektivverhandlungen engagiert, gleichzeitig aber aus den heimischen Kollektivverhandlungen zurückgezogen hat. Der schwedische Ministerpräsident Carl Bildt forderte regelmäßig die Gewerkschaften mit Erklärungen heraus wie den, daß der Abbau des Sozialstaats notwendig sei, um zukünftig den Anforderungen der EU-Standards zu genügen.

Zusammenfassend: Die Reaktion der nordischen Gewerkschaften auf den Vorschlag europäischer Kollektivverhandlungen ist durch Abwarten und Unsicherheit gekennzeichnet. Die nordische Zögerlichkeit, die nur langsame Annäherung an die Idee der Euro-Kollektivverhandlungen bis zu ihrer Akzeptanz als eher längerfristige Perspektive sind weniger Ausdruck der Ablehnung des Konzepts transnationaler Kollektivverhandlungen an sich als vielmehr der Zweifel über die gegenwärtige Machtbalance und die unzureichenden rechtlichen Rahmenbedingungen – und ob die Gewerkschaften selbst hinreichend darauf vorbereitet sind, den Anforderungen transnationaler Arbeitsauseinandersetzungen zu genügen. Selbst in den eng benachbarten nordischen Ländern ist es den Gewerkschaften nicht gelungen, Verhandlungsfelder abzustimmen und Strategien zu koordinieren. Aus der Erfahrung, daß nationaler gewerkschaftlicher Fortschritt in einem Prozeß errungen wurde, in dem die Stärkeren anführten und die Schwächeren zwangsweise folgten, befürchten nationale Tarifverhandlungspraktiker, daß europäische Kollektivverhandlungen unbeabsichtigte Auswirkungen auf die nationalen Kollektivverhandlungen haben könnten. Noch deutlicher: In welchem Ausmaß könnte die Europäisierung der Kollektivverhandlungen zu einer Abwärtsanpassung nationaler Verhandlungsfelder und Standards auf dem Rücken der Gewerkschaften in den wirtschaftlich stärkeren Ländern führen? Und inwieweit würden solche möglicherweise nur kurzfristigen Auswirkungen als zukünftiger Nutzen für nordische Arbeitnehmer zu rechtfertigen sein?

Unbeschadet des pragmatischen Realismus im Verhalten der nordischen Gewerkschaften sollte man sich fragen, ob ihre Position langzeitperspektivisch nicht zu defensiv und statisch ist. Das abwartende Verhalten gegenüber europäischen Kollektivverhandlungen und die Sichtweise, daß europäische Regelungen vorrangig als Schutz vor »Sozialdumping« dienen sollen, mag dazu führen, daß die nordischen Gewerkschaften die (eigen-) dynamischen Potentiale von Kollektivverhandlungen auf europäischer Ebene übersehen und damit möglicherweise auf einen Nebenschauplatz gesellschaftlichen Fortschritts abgedrängt werden. Trotz aller Beschränkung können solche Verhandlungen zu Erfahrung und Kompetenz führen und damit die europäischen Gremien der Sozialpartner stärken und den Weg zu europäischen Arbeitsbeziehungen ebnen, und zwar als nützliche Ergänzung (nicht Ersatz) nationaler Handlungsinstrumente. Die nordischen Gewerkschaften würden voraussichtlich durch aktive Beteiligung größeren Einfluß auf die Gestaltung des Prozesses nehmen als durch ihre bisherige defensive Politik. Der Versuch, die Mitgliedschaft für eine solche Politik zu gewinnen, könnte aber dazu führen, daß die sich aktiv für europäische Kollektivverhandlungen einsetzenden Gewerkschafter in eine Rationalitätsfalle geraten: Der in Langzeitperspektive mögliche kollektive Nutzen einer »Investition« zur Durchsetzung europäischer Kollektivverhandlungen könnte dadurch aufgehoben werden, daß kurzfristig starke Einzelgewerkschaften Opfer bringen müßten. Zugleich könnte man aber leichter von der politischen EU-Gesetzgebungsmaschinerie profitieren[5]. Zudem behindern spezifische Interessen und Legitimationen der nationalen Gewerkschaftsvorstände, die von den jeweiligen aktuellen Kollektivverhandlungsergebnissen und Wiederwahlen abhängen, strukturell langzeitstrategisches Denken in der Gewerkschaftsbewegung. Solange das Konzept europäischer Tarifverhandlungen nicht klarer und mit einer überzeugenderen Strategie verknüpft wird, bleiben die nationalen Gewerkschaften zur Skepsis verurteilt.

1.6 Spezifische Fragen nach der Übertragung europäischer Vereinbarungen auf das System der nordischen Arbeitsbeziehungen

Durch hohe Grade gewerkschaftlicher Organisation, Integration und kollektivvertraglicher Erfassung sind die nordischen Länder für die Umsetzung europäischer Regelungen besser gerüstet als die Mehrzahl der europäischen Länder (Hepple 1992). Die Bedenken, stark diskutiert im Nordischen

---

5 Die Organisationskosten zur Durchsetzung von EG-Richtlinien dürften gegenüber dem Aufbau einer gewerkschaftlichen Infrastruktur für Kollektivverhandlungen und Interessenausgleich auf europäischer Ebene deutlich geringer ausfallen.

Gewerkschaftsrat (NSF), artikulieren sich in der Zentralfrage nach Allgemeinverbindlichkeitserklärungen (›erga omnes‹), die wahrscheinlich in europäischen Regelungen Niederschlag finden würden und nationale Auswirkungen qua Übernahme von EU-Richtlinien haben dürften. Viele nordische Gewerkschafter und Arbeitgeber, speziell in Dänemark und Schweden, haben argumentiert, daß die Einführung solcher Praktiken zur Zerstörung der rechtlichen Grundlagen des nordischen Arbeitsbeziehungssystems und zur Erosion verbandlicher Mitgliedschaften führten. Für den Fall einer europäischen Vereinbarung würden die nordischen Gewerkschaften dazu neigen, sie über nationale Kollektivverhandlungen umzusetzen und nicht sosehr qua Ratsentscheidung. Sie bezweifeln allerdings, daß die Sozialpartner in den südlichen Ländern über das Potential zur Umsetzung verfügen.

Verfahren zur Allgemeinverbindlichkeit von Kollektivvereinbarungen (z. B. für alle Arbeitnehmer in einer Branche) sind allerdings den nordischen Ländern nicht völlig unbekannt. Sowohl in Finnland als auch in Island haben solche Regelungen existiert, offenbar ohne negative Auswirkung auf den gewerkschaftlichen Organisationsgrad. In den anderen nordischen Ländern haben normalerweise die Arbeitgeber Ergebnisse von Kollektivverhandlungen auf alle Arbeitnehmer angewandt (Bruun u. a. 1992), und in Dänemark und Norwegen wurde staatliche Schlichtung nicht selten gesetzlich verallgemeinert. Außerdem haben die norwegischen Gewerkschaften die Regierung aktuell gezwungen, ein Gesetz zu erlassen, das die Allgemeinverbindlichkeit von Kollektivvereinbarungen als Maßnahme gegen Sozialdumping zuläßt.

Beobachtern aus Ländern, die mit Allgemeinverbindlichkeitserklärungen vertrauter sind, dürften die Bedenken der nordischen Länder ziemlich übertrieben scheinen. Die nordischen Länder wollen aber nicht zur Kopie von Modellen europäischer Regelungen gezwungen, noch auf generelle Übernahme von Allgemeinverbindlichkeitserklärungen verpflichtet werden. Solche Maßnahmen sind auf die Anwendung von EU-Regelungen begrenzt[6]. Zukünftige EU-Regelungen oder -vereinbarungen werden wahrscheinlich

---

6 Gemäß den Anti-Diskriminierungsregeln der EG, argumentieren kritische Arbeitsrechtler und Gewerkschafter, würde es dänischen Gewerkschaften nicht erlaubt sein, obwohl dazu ein Abkommen mit den Arbeitgebern abgeschlossen wurde, gezielt gegen ausländische Firmen, die sich nicht einem Tarifvertrag unterwerfen wollen, mit Arbeitskampfmaßnahmen vorzugehen, außer sie würden auch alle jene dänischen Firmen mit einbeziehen, die sich nicht allen Bedingungen eines Tarifvertrags unterwerfen (Harlang 1993). Die Konsequenz wäre die Aufhebung eines anerkannten Rechts auf selektive Arbeitskampfmaßnahmen und würde damit, so die Kritiker, die dänischen Gewerkschaften an einer effektiven Bekämpfung des Sozialdumpings hindern. Auch wenn diese Schlußfolgerung von Repräsentanten der Regierung, Gewerkschaften und der Arbeitgeber zurückgewiesen wurde, illustriert dieser Vorgang doch sehr deutlich den Widerstand der dänischen Sozialpartner gegen jede Form von Allgemeinverbindlichkeitsregelung.

unterhalb nordischer Arbeitsstandards liegen und Öffnungsklauseln für Verbesserungen durch nationale Kollektivregelungen beinhalten. Ein Effekt solcher Regelungen für die nordischen Gewerkschaften wäre, daß der Druck auf Absenkung heimischer Standards reduziert und zugleich die Erosion heimischer Verhandlungsstärke aufgehalten würde. Aber viele Gewerkschafter fürchten, daß Arbeitgeber und Staat europäische Regelungen zur Absenkung nationaler Standards auf europäische Minimalbedingungen ausbeuten wollen. Das ist offensichtlich ein Risiko, dem nur durch die Stärke der nordischen Gewerkschaften selbst begegnet werden kann. Und es ist nicht schwer, sich vorzustellen, daß solche Vergleiche mit Minimalbedingungen natürlich auch die nationalen Kollektivverhandlungen beeinflussen werden, übrigens auch dann, wenn die nordischen Staaten nicht an den Kollektivregelungen auf EU- bzw. EFTA-Ebene beteiligt wären.

Das Problem des »Sozialdumpings« wird dort konkret, wo ausländische Arbeitnehmer für Subunternehmen grenzüberschreitend tätig sind. Gemäß dem Entwurf der Entsenderichtlinie der EU sollen die jeweiligen nationalen Arbeitsbedingungen für befristete Tätigkeiten, die länger als drei Monate (oder einen Monat) dauern, dann gelten, wenn dafür eine nationale Rechtsgrundlage besteht. Die nordischen Gewerkschaften haben dagegen mit dem Argument protestiert, daß damit für kürzere Beschäftigungszeiten ein niedrigeres Entgelt möglich würde.

Das norwegische Parlament hat diese Kritik aufgegriffen und eine Gesetzgebung verabschiedet, die es den Gewerkschaften erlaubt, die Anwendung der landesweit vereinbarten nationalen Arbeitsbedingungen und Entgelte in den Fällen einzufordern, in denen ausländische Unternehmen diese unterschreiten. Solche Bedingungen können für alle Arbeitnehmer, die eine spezifische Tätigkeit ausüben, unabhängig von Nationalität und Dauer verbindlich gemacht werden oder auch für spezielle Teile einer Branche, einem Bezirk usw. Die Entscheidung, einen solchen Antrag zur verbindlichen Regelung von Mindestbedingungen zu stellen, liegt bei einer Kommission, die sich aus drei Neutralen und jeweils zwei Vertretern der Sozialpartner zusammensetzt. Das Recht der Gewerkschaften auf Ausübung von Maßnahmen gegen Firmen, die solche Regelungen nicht einhalten, werden erweitert (Kommunaldepartmentet 1992). Wenn diese Regelung von EU und EFTA akzeptiert wird, gibt das Gesetz den Gewerkschaften bessere Instrumente in die Hand, um unfairen Wettbewerb durch gewerkschaftlich nicht organisierte Arbeitnehmer zu bekämpfen. Fraglos wird dies zu einem wichtigen Testfall dafür, ob die norwegischen Gewerkschaften und die Regierung fähig sind, die Interessen der norwegischen Arbeitnehmer auch innerhalb von EU und EFTA zu schützen. Unter dem Druck der Gewerkschaften hat die norwegische Regierung versprochen, daß sie gegen jede Entscheidung der Gremien der Europäischen Freihandelszone ein Veto einlegen werde, die den Schutz der nationalen Arbeitsbedingungen in Frage stellen würde.

Die schwedischen und die dänischen Gewerkschaften verfolgen eine andere Strategie. Gegen ausländische Unternehmen, die sich nicht den nationalen Kollektivvereinbarungen unterwerfen, wird mit Boykott und direkten Aktionen vorgegangen. In Schweden sind Boykottmaßnahmen national üblich, und eine neuere Vereinbarung mit der Dänischen Arbeitgebervereinigung gestattet den dänischen Gewerkschaften, sich an solchen Sympathiemaßnahmen und -streiks zu beteiligen, die gegen ausländische Unternehmen gerichtet sind, ohne Einmischung der organisierten Arbeitgeber, die gegen dänische Standards verstoßen (Information 4. 12. 92). In diesem Zusammenhang wurde die Frage aufgeworfen, ob dies nach Verabschiedung der Entsendedirektive der EU noch zulässig wäre.

Der Nordische Gewerkschaftsrat (NFS) hat vor kurzem diese Problematik diskutiert, um eine einheitliche Position vertreten zu können. Im EGB und im EU-Kontext haben die nordischen Gewerkschaften deutlich gemacht, daß die Entsenderichtlinie nicht den Ansprüchen der nordischen Länder entspricht und ihre Umsetzung zur Ablehnung der EU-Mitgliedschaft durch die Gewerkschaften führe.

Diese Warnung führte im Vorfeld des zweiten dänischen Referendums zu Maastricht dazu, daß im Rahmen der dänischen EU-Präsidentschaft ein von den nordischen Gewerkschaften akzeptierbarer Kompromiß angesteuert wurde. Dieser gestattet den nationalen Sozialpartnern auch in dem Ein-Monats-Zeitraum, in dem die nationalen Standards noch nicht Anwendung finden, zu verhandeln. Ein verwandtes Streitobjekt liegt in der Frage, ob die Anwendung nationaler, durch Kollektivvertrag festgelegter Normen einer Allgemeinverbindlichkeitserklärung bedürfen, um auch für ausländische Firmen bindend zu sein. Da Allgemeinverbindlichkeitserklärungen sowohl von den dänischen Gewerkschaften als auch von den Arbeitgebern absolut abgelehnt werden, wurde diese Frage zur Schlüsselfrage in den gegenwärtigen dänischen Debatten[7]. Dies hängt mit der mehr generellen Ausein-

---

7 Mehr noch, in den kürzlich erfolgten Diskussionen zwischen den dänischen Sozialpartnern und der Kommission stellte diese in Aussicht, daß sie Kollektivvereinbarungen als eine Form der Umsetzung von EG-Politik akzeptieren könnte, vorausgesetzt, sie erhielte dazu die notwendige Unterstützung. Dies hat die Bedenken der dänischen Gewerkschaften und Arbeitgeber etwas beruhigt (Berlingske Tidende 13. 1. 1993).

andersetzung in Dänemark zusammen, ob es nicht überhaupt ausreiche, EU-Richtlinien über Kollektivvereinbarungen mit hohem Erfassungsgrad umzusetzen. Unabhängig von der hilfreichen Interpretation des Kommissars Flynn, der auf das Subsidiaritätsprinzip verwies und darauf, daß die Kommission nicht beabsichtige, eine solche dänische Praxis rechtlich herauszufordern, bleibt doch zu fragen, ob es sich dabei um eine »Überlebensstrategie« auch für die anderen nordischen Länder handelt.

Die unterschiedlichen Strategien der nordischen Gewerkschaften in diesem Problembereich sind schon bemerkenswert: Während die Dänen und die Schweden die Allgemeinverbindlichkeit in ein Totem zum Überleben ihres Systems verwandelten, haben die Finnen, die Isländer und jetzt sogar die Opposition in den norwegischen Gewerkschaften Allgemeinverbindlichkeitserklärungen mehr pragmatisch als brauchbare Erneuerung gewerkschaftlicher Handlungsinstrumente anerkannt. Die nationalen Auswirkungen der Einführung und Umsetzung einer europäischen Arbeitspolitik sollten aber dennoch nicht als rein technisch-juristische Problematik verstanden werden. Am Ende wird das Ergebnis von der politischen und strategischen Stärke der nationalen Gewerkschaftsbewegungen abhängen.

1.7 Schluß

Außer den dänischen ist immer noch eine Mehrheit der nordischen Gewerkschaften gegen eine Mitgliedschaft in der EU. Angesichts leidenschaftlicher Gegnerschaft tendieren die Gewerkschaftszentralen zu pragmatischen Lösungen und konkurrieren nicht mit den Ansichten des Mitgliedschaftsprotests, wie z. B. noch vor 20 Jahren in Norwegen. In einer Situation heimischer Krisen ist die Vermeidung organisatorischer Zerreißproben und der Erhalt von Machtpositionen wichtiger als eine EU-Mitgliedschaft. Für die nordischen EFTA-Länder mag sich deshalb das Abkommen über die Europäische Freihandelszone zu jenem »nationalen Kompromiß« entwickeln, der von der Mehrzahl der Gewerkschaften und ihrer Mitglieder akzeptiert werden dürfte. Während viele Gewerkschafter das für eine Dauerlösung halten, tendieren zentrale Akteure dazu, dies als ersten Schritt wahrzunehmen, der zu der notwendigen Erfahrung, zum erforderlichen Wissen und möglicherweise zu zukünftiger Unterstützung für eine EU-Mitgliedschaft führt. Eine fundamentale Voraussetzung für einen solchen Wandel der Einstellung der Opposition wäre, daß die Kommission in der Lage ist, ernsthaft zu beweisen, daß ihr an effizienten Aktionen zum Kampf gegen die Arbeitslosigkeit gelegen ist. Falls das nicht der Fall ist, wird sie niemals kreditwürdig und attraktiv für die nordischen Arbeitnehmer und ihre Gewerkschaften. Europäische Integration wird somit weiterhin ihre hohe Bedeutung für die Tagesordnung der nordischen Gewerkschaften in den neunziger Jahren behalten.

Übersetzung aus dem Englischen: Detlef Perner

Literatur:

Albert, M., 1991: Capitalism contre capitalism, Paris

Berlingske Tidende (13. 1. 93), EF-gennombrud for danske overenskomster

Blainpan, R., 1992: Labour Law and Industrial Relations of the European Union, Deventer

Brulin, G./Nilsson, T., 1991: Mot en ny svensk modell. Arbete och forhandlingssystem i forvandling, Raben och Sjøgren.

Bruun, N. et. al., 1992: Labour Law and Trade Unions in the Nordic Countries – Today and Tomorrow, Darthmouth

Busch, K., 1990: Umbruch in Europa. Die ökonomischen, ökologischen und sozialen Perspektiven des einheitlichen Binnenmarktes, Köln

Crouch, C., 1993: From the neo-liberal decade to beyond Maastricht. The future of industrial relations in Europe, in: Tijdschrift voor arbeidsvragstukken, Nr. 1, S. 17–27

Dølvik, J. E., 1992: Lov eller avtale? Fagbevegelsen, den sosiale dimensjon og kollektive forhandlinger i Europa etter Maastricht, FAFO, Oslo

Dølvik, J. E./Stokland, D., 1992: The Norwegian Model in Transition, in: Industrial Relations in the New Europe, London

EIRR, 1990: EEC-News, EIRR, 195, april

ETUI, 1991: European Economic and Monetary Union – Trade Union Views, Info 31, Brüssel

ETUI, 1992: The European Dimension of Collective Bargaining after Maastricht, Brüssel

Financial Times, 28. 1. 1993: Flynn opts for flexible approach

Goetschy, J., 1992: Social Europe in Transition. Choices and uncertainties of the Maastricht Social Agreement. Paper to First European Conference of Sociology, Wien

Gold, M./Hall, M., 1992: European Level Information and Consultation in Multinationals: An Evaluation of Practice (European Foundation for the Improvement of Living and Working Conditions), Dublin

Harlang, C., 1993: Konfliktret avvikles i. EF-Unionen', 18-maj – Unionmotstandernes avis, 15. 5. 93

Hepple, B., 1992: The interaction between collective bargaining at European and national levels, ETUC, Athen Conference, 9–11. Nov.

Information, 4. 12. 1992: Aftale mod udenlandsk lønspress

Jacoby, O., 1991: Pionierrolle aber keine Vormachtstellung für die deutschen Gewerkschaften, in: Gewerkschaftliche Monatshefte, 11, S. 681–689

Kommunaldepartementet, 1992: Om lov om allmengjøring av tariffavtaler m.v. Ot. prp. nr, 26

Kjellberg, A., 1992: The Transformation of Swedish Industrial Relations, in: Industrial Relations in the New Europe, London

Kreimer-de Fries, J., 1992: Europäisierung der Tarifpolitik und Vereinbarungen der EG-Sozialpartner (DGB), Düsseldorf

Kvinge, T./Langeland, O./Stockland, D., 1992: Kampen om kapitalen Investeringer og kapitalbevegelser i internasjonale markeder, FAFO-rapp 138

Lecher, W., 1991: Arbeitsbeziehungen und Tarifpolitik in Europa, in: Gewerkschaftliche Monatshefte, 11

Lee, D., 1992: Europe: Laws and Framework Agreements: An Opportunity for Trade Unionism, Paper Presented at ETUC-Conference, Athen 9–11. Nov.

Marginson, P., 1992: European Integration and Transnational Management-Union Relations in the Enterprise, in: British Journal of Industrial Relations, 30. Dez.

Marsden, D., 1992: Incomes Policy for Europe? or Will Pay Bargaining Destroy the Single European Market?, in: British Journal of Industrial relations, 30. Nov.

Marsden, D. et al., 1993: The Transition to the Single Market and the pressures on European industrial relations systems. Study group on Pay and EMU, EC Commission (DGV), Brüssel

Mjøset, L., 1992: The Nordic Model Never Existed, but does it have a future?, in: Scandinavian Studies, Vol. 64, No 4

Nordens Facliga Samorganisasjon (NSF), 1992: En Nordisk Platform på Arbetsrätten, Stockholm

Norges offentlige utredninger, 1992:6: En nasjonal strategi for økt sysselsetting i 1990-drene, Oslo

Porter, M., 1990: The Competitive Advantage of Nations, in: Harward Business Review, March/April

Platzer, H.-W., 1991: Gewerkschaftspolitik ohne Grenzen? Die transnationale Zusammenarbeit der Gewerkschaften im Europa der 90er Jahre, Bonn

Platzer, H.-W., 1991: Eine neue Rolle für den Europäischen Gewerkschaftsbund, in: Gewerkschaftliche Monatshefte, 11, S. 690–699

Rhodes, M., 1992: The Future of the ›Social Dimension‹: Labour Market Regulation in Post-1992 Europe, in: Journal of Common Market Studies, No 1, March

Rønngren, B., 1992: Förhandlingar och avtal i et EG-Perspektiv, Diskussionsunderlag (LO), Stockholm

Scheuer, S., 1992: Denmark: Return to Decentralisation, in: Industrial Relations in the New Europe, London

Streeck, W., 1991: Industrial Relations in a Changing Western Europe, Paper Presented to the Third European Regional Congress of IIRA, Bari

Stokke, T. A., 1993: Collective bargaining in Denmark and Norway: A study of mechanisms for solving interest disputes, FAFO-paper, Presented at The Fourth National Conference in Sociology, Röros

Visser, J., 1991: Trends in trade union membership, in: OECD Employment Outlook, Genf

2. Gewerkschaftliche Entwicklungen und soziale Beziehungen in Ost- und Mitteleuropa

Peter Seideneck

Die Demokratisierung der Gesellschaft in den Staaten Ost- und Mitteleuropas verläuft gleichzeitig mit einem komplizierten und widersprüchlichen Prozeß der wirtschaftlichen Transformation. Die unvermeidlichen negativen Effekte, die diesen Prozeß begleiten und von denen viele Menschen vor allem in sozialer Hinsicht betroffen sind, gefährden die ohnehin fragilen neuen demokratischen Strukturen.

Der Kern der liberalen Demokratie liegt in der Möglichkeit einer sowohl freien wie auch geregelten Entfaltung vielfältiger Interessen, die widersprüchlich, aber auch aufeinander bezogen sind. An die Stelle einer starren Ideologisierung muß Interessenbezogenheit treten. Deshalb ist der Aufbau konfliktueller und konsensueller sozialer Beziehungen für die Stabilisierung der jungen Demokratien von entscheidender Bedeutung.

Der Umbruch der wirtschaftlichen Verhältnisse in Ost- und Mitteleuropa ist das Ergebnis eines Zusammenbruchs. Die Versuche reformbereiter kommunistischer Regime, die Staatswirtschaft mit marktwirtschaftlichen Elementen zu verbinden, scheiterten. An die Stelle des Systemwechsels trat ein Systemverfall.

Die Begrifflichkeit, mit der sich der Systemwechsel verbindet (Übergang, Transition, Umgestaltung), vermittelt einen Eindruck von Gestaltbarkeit, der mit der Realität nicht übereinstimmt. Auf historische Vorbilder kann nicht zurückgegriffen werden, und »einfache« Systemübertragungen verbieten sich. »Trial and error« ist vor diesem Hintergrund durchaus eine akzeptable Politikmethode, verbunden allerdings mit gewissen Risiken.

Die zur Zeit der kommunistischen Regime vermittelten Mentalitäten und Indoktrinationen werden noch auf längere Zeit nachwirken, zumal wenn man in Rechnung stellt, daß der Kollaps des Systems keineswegs überall das Ergebnis einer »revolutionären Massenbewegung« war, die neue Identitäten hätte stiften können, sondern das eines umfassenden, vor allem wirtschaftlichen, aber auch moralischen Bankrotts. Eine neue »Landschaft der politischen Kräfte« hat sich noch nicht hinreichend formiert. Um so wichtiger ist es, den Aufbau interessenbezogener Strukturen zu fördern, um eine Lage abzulösen, in der Politik vor allem von »Gesinnungen und Stimmungen« getragen wird.

Auch vor diesem Hintergrund muß der derzeit erreichte Stand der Arbeitsbeziehungen und die Verfassung ihrer Akteure beurteilt werden.

2.1 Zur Lage der Gewerkschaften in den mitteleuropäischen Ländern[1]

Eine Pauschalisierung der gewerkschaftlichen Entwicklungen verbietet sich, denn zwar ähneln sich die Rahmenbedingungen für gewerkschaftliche Politik, nicht aber die historischen Entwicklungen und die organisationspolitischen Verhältnisse.

Polen bleibt der große Sonderfall in ganz Ost- und Mitteleuropa. Die unabhängige Gewerkschaft »Solidarnosc« entstand als soziale Protestbewegung in den Betrieben und entwickelte sich schließlich über ein Bündnis zwischen großen Teilen der Arbeiterschaft, der Intelligenz und der katholischen Kirche zu einer pluralistischen, massenhaften Oppositionsbewegung. Führende Vertreter der Solidarnosc »wechselten« in das Lager der Politik. Deshalb und aus einer Reihe anderer Gründe ist der Weg der Organisation hin zu einer Gewerkschaftsbewegung »reinsten Wassers« noch längst nicht abgeschlossen. Solidarnosc ist mit einer eigenen Fraktion von immerhin 17 Abgeordneten im Sejm vertreten. Die internen Brüche definieren sich zumeist entlang der Frage, mit welcher Haltung der Politik der jeweiligen Regierung begegnet werden soll. Das erklärte Ziel der Streiks im öffentlichen Dienst (Mai 1993) war der Sturz der Regierung Suchocka. Die in Opposition zum nationalen Vorstand mit Sitz in Gdansk stehende Warschauer Region (Mazowsze) ging noch einen Schritt weiter: Sie wollte ein Kabinett von weitgehend parteiunabhängigen Technokraten »herbeistreiken«. Beide Tendenzen erreichten vorerst ihr Ziel nicht: Die Regierung Suchocka bleibt bis zu Neuwahlen im Herbst 1993 im Amt. Die Neuwahlen

---

1 Der Beitrag bezieht sich auf die aktuelle Situation Mitte 1993, die Exegese und die langfristig angelegten Schlußfolgerungen bleiben davon unberührt.

schließlich eröffnen die Chance auf eine politische Stabilisierung, denn sie werden unter den Bedingungen eines im Mai 1993 verabschiedeten neuen Wahlgesetzes durchgeführt, das unter anderem die Einführung der Fünf-Prozent-Klausel vorsieht.

Diese Vorgänge weisen jedoch noch auf einen anderen, durchaus über Polen hinaus gültigen Aspekt hin: Die Regierungen sind nach wie vor der größte Arbeitgeber und damit auch der bedeutendste Sozialpartner der Gewerkschaften, ein Zustand, der sich erst mit fortschreitender Privatisierung ändern wird. Der Maikonflikt in Polen hatte nicht eingelöste Besoldungszusagen der Regierung (vor allem im Gesundheitswesen und in der schulischen Bildung) zum Gegenstand – ein Konflikt zwischen sozial berechtigten Ansprüchen und leeren Staatskassen. Wie nah für die Gewerkschaften in Ost- und Mitteleuropa soziale und »politische« Fragen beieinander liegen, belegt ein weiteres Element im Hintergrund dieses Konfliktes. Nicht nur die »harte Hand des IWF«, sondern auch das noch gänzlich unzulängliche polnische Steuersystem sind Ursachen der schlechten Kassenlage des Staates. Die noch in Staatsbesitz befindlichen Unternehmen haben uneintreibbare Forderungen in ihren Büchern, die neu entstandenen Kleinunternehmen und privaten Dienstleistungsunternehmen entziehen sich ihren steuerlichen Verpflichtungen nach Kräften. Die Steuer lastet also vor allem auf den regulär Beschäftigten, die ohnehin nur über ein niedriges Einkommen verfügen. Der Aufbau einer leistungsfähigen Steuerverwaltung ist hingegen außerordentlich schwierig und zeitraubend. Alle Gewerkschaften in Mitteleuropa fordern deshalb als Voraussetzung für Steuergerechtigkeit den schnellen Aufbau einer effizienten Steuerverwaltung.

Doch selbst wenn dies in absehbarer Zeit gelingen sollte, müssen sich die Gesellschaften Ost- und Mitteleuropas auf vorerst marode soziale Strukturen einstellen. Gerade im privaten Kleinsektor entwickeln sich gewissermaßen konsensuelle »soziale Beziehungen« auf individueller Grundlage, die so ohne weiteres nicht zu durchbrechen sein werden: Private Arbeitgeber zahlen einen verhältnismäßig guten Lohn »schwarz«, die Arbeitnehmer verzichten vor allem aus Angst vor Verlust des Arbeitsplatzes auf die ihnen legal zustehende soziale Sicherung. Die Rolle dieser Kleinunternehmen für den wirtschaftlichen Aufbau darf nicht unterschätzt werden – die Gefahr eines gesellschaftlichen Kompromisses, illegale Praktiken um der rein wirtschaftlichen Vorteile wegen in Kauf zu nehmen, besteht durchaus. Eine solche Entwicklung schwächt von vornherein jeden Versuch, ein finanzierbares System der sozialen »Sicherheit« aufzubauen, und stellt die Gewerkschaften vor eine große Herausforderung.

2.1.1 Ungarn

Noch präsentieren sich die Gewerkschaften in fast allen Staaten Mitteleuropas als stabilisierende Elemente beim demokratischen Neuaufbau. Daß ihre Akzeptanz weit höher sein könnte, als die Regierungen unterstellen, belegen die Ergebnisse der Sozialwahlen in Ungarn, die im Mai 1993 abgehalten wurden. Obwohl die Regierung Antall alles unterließ, um diese ersten Wahlen zur Selbstverwaltung im Bereich der neuen ungarischen Sozialversicherungssysteme zu einem Erfolg werden zu lassen. Vor allem sollte ein 25prozentiges Quorum nach dem Willen des Gesetzgebers den Start in die Selbstverwaltung erschweren. Unverständlich an der Politik der Antall-Regierung ist vor allem, daß sie unter den Bedingungen äußerst knapper öffentlicher Kassen den Sozialpartnern keine Verantwortung übertragen wollte, denn natürlich wird die neue Selbstverwaltung vor allem unter diesem Problem zu leiden haben.

Mit einer 40prozentigen Wahlbeteiligung übertrafen die Wahlen alle Prognosen und Erwartungen. Die Wahlbeteiligung lag deutlich über den letzten politischen Wahlen, Nachwahlen zum ungarischen Parlament, an denen sich nur knapp 20 % der Wahlberechtigten beteiligten. Die Wahlergebnisse lassen einige Rückschlüsse auf die Kräfteverhältnisse innerhalb der ungarischen Gewerkschaftsbewegung zu:

- Die Nachfolgeorganisation des alten Gewerkschaftsbundes SZOT, der MSZOSZ, ist die mit Abstand repräsentativste Organisation des Landes. Sie erreichte in den beiden Kollegien (Kranken- und Rentenversicherung) jeweils etwa die Hälfte der Mandate.

- Die beiden wichtigsten neuen Bünde, die LIGA und die Arbeiterräte, sind etwa gleich stark und binden zusammen ein Viertel der Stimmen.

- Die beiden Gewerkschaften des öffentlichen Dienstes (SZEF und die Intellektuellengewerkschaft) sind eine sektoral sehr solide Komponente (mit etwa einem Fünftel der Stimmen).

- Der Versuch, um die aus dem MSZOSZ ausgeschiedene Chemiegewerkschaft ein neues Zentrum zu bilden (über den Weg einer Koordinierung autonomer Einzelgewerkschaften), ist gescheitert. Diese Liste erhielt nur etwa mehr als 4 %.

- Der Versuch der ungarischen Regierungspartei MDF (Ungarisches Demokratisches Forum), mit einem Christlichen Gewerkschaftsbund eine zusätzliche politische Komponente einzubringen, war erfolgreich, denn diese Organisation, die keine gewerkschaftlichen Rechte hat, sondern für die Wahlen »aus der Taufe gehoben« wurde, erreichte auf Anhieb mehr als 10 %.

Nimmt man die ersten Ergebnisse der gleichzeitig durchgeführten Betriebs-rätewahlen hinzu, so verstärkt sich der Befund, denn MSZOSZ erzielte einen überragenden Erfolg, während die alternativen Gewerkschaften offensicht-lich noch nicht über eine hinreichende Verankerung in den Betrieben verfü-gen. Die autonomen Gewerkschaften und die beiden Organisationen des öffentlichen Dienstes konnten sich hingegen sektoral sehr gut behaupten.

Zu berücksichtigen sind natürlich die Rahmenbedingungen. Die Nachfol-georganisation MSZOSZ kann sich in den noch vorherrschenden staats-eigenen Unternehmen auf die Struktur des alten Apparates stützen, der nach wie vor über ein Verteilungsmonopol bei den betriebsnahen Sozialleistun-gen verfügt. Mit der Auflösung der staatlichen Unternehmensstrukturen wird sich auch das Potential von MSZOSZ erheblich verkleinern. Eine völlig offe-ne Frage allerdings ist, ob es den neuen Gewerkschaften gelingt, gleichzei-tig mit der Privatisierung Zugang zu den Arbeitnehmern zu finden, oder ob der Prozeß der Privatisierung im Zusammenhang mit den immer enger wer-denden Verteilungsspielräumen, der Drittelung der Gesellschaft und wach-sender Armut und Arbeitslosigkeit die Gewerkschaften insgesamt zu den Verlierern des wirtschaftlichen und politischen Umbaus werden. Eine zügige Modernisierung, eine Reduzierung der Zersplitterung und eine effiziente Zusammenarbeit zwischen den gewerkschaftlichen Organisationen sind die unerläßliche Voraussetzung dafür, eine handlungsfähige und von den Arbeitnehmern akzeptierte neue Gewerkschaftsbewegung aufzubauen.

Wie eng die Verknüpfungen zwischen Gewerkschaften und politischen Par-teien sind, zeigt vor allem die Entwicklung bei MSZOSZ. Sein Vorsitzender Nagy Sandor hat seine Absicht erkennen lassen, auf der Liste der Sozialis-tischen Partei (Nachfolgeorganisation des Reformflügels der Ungarischen Vereinigten Arbeiterpartei) zu den 1994 anstehenden Wahlen zu kandidieren. Gleichzeitig hat MSZOSZ eine – bislang nur mäßig frequentierte – christlich-soziale Plattform eingerichtet und sich somit auf den österreichischen Weg der gewerkschaftlichen Fraktionsbildung begeben. Die Sozialistische Partei, mittlerweile auch Mitglied in der Sozialistischen Internationale, hat gute Aus-sichten, bei den Parlamentswahlen 1994 stärkste Partei des Landes zu wer-den, wobei auch der Eintritt in eine Koalitionsregierung denkbar ist.

Viel hängt davon ab, ob sich LIGA und Arbeiterräte auf eine Fusion verstän-digen können. Die Arbeiterräte verbuchen die Wahlen als großen Erfolg, denn sie haben der LIGA die Führungsrolle im Spektrum der neuen Ge-werkschaften streitig machen können. Doch der bevorstehende Beitritt der Arbeiterräte in den christlich-sozialen Weltverband der Arbeit (WVA) sowie die wahrscheinliche Aufnahme von LIGA (und MSZOSZ) in den IBFG wird die Fusion vorerst blockieren, so daß auf absehbare Zeit MSZOSZ deutlich mehr als die Hälfte der ungarischen Arbeitnehmer vertreten wird, die sektoralen Organisationen – vor allem die des öffentlichen Dienstes – werden sich behaupten, während die tatsächlich neuen Gewerkschaften relativ schwach bleiben werden.

2.1.2 Polen

Die Entwicklung in Polen ist nach wie vor von heftigen Kontroversen zwischen der polnischen Regierung und Solidarnosc sowie von internen Auseinandersetzungen bei Solidarnosc gekennzeichnet. Noch immer hat Solidarnosc große Probleme, seine Rolle in der polnischen Gesellschaft als Gewerkschaft zu definieren. Nach wie vor lebt die Organisation von ihrem eigenen Mythos, der sie daran hindert, sich als von der Politik unabhängige Gewerkschaft zu konstituieren. Gleichzeitig versuchen verschiedene politische Gruppierungen, Teile von Solidarnosc für eigene (partei)politische Zwecke zu instrumentalisieren.

Der Satzungs- und Programmkongreß, der Ende Juni 1993 in Zielona Gora stattfand, gibt Aufschluß über die interne Situation. Nicht Programm- und Satzungsfragen bestimmten den Kongreß, sondern politische Auseinandersetzungen, die kurz dargestellt werden sollen, weil sie am besten Auskunft über die Verfassung der Organisation geben.

Im Mittelpunkt stand die Frage, ob Solidarnosc – nachdem für den Herbst 1993 Neuwahlen angesetzt wurden – wieder mit einer eigenen Liste – einer Quasi-Gewerkschaftspartei – an den Wahlen teilnehmen soll. Bis Herbst 1993 war der Bund im Sejm mit 27 Abgeordneten vertreten, die von der Landeskommission (Vorstand) von Solidarnosc als »parlamentarischer Arm« der Organisation, mit imperativem Mandat versehen, betrachtet wurde. Abweichendes Stimmverhalten in der vergangenen Legislaturperiode führte auf dem Kongreß zu erheblichen Konflikten, die mit dem Auszug einer Reihe von Abgeordneten endeten, die sich einem solchen imperativen Mandat nicht unterwerfen wollten und die mit Ausschluß aus der Organisation bedroht wurden (darunter auch »historische Führer« wie Alina Pienkcwska und Jan Rulewski). Lech Walesa, der erst für den letzten Kongreßtag eingeladen wurde, damit er die Entscheidungen der Delegierten nicht beeinflussen konnte, dieser Einladung aber nicht folgte, arbeitet vor allem mit den Solidarnosc-Gliederungen in den Großbetrieben zusammen, die sich zu einem Netz (Siec) zusammengeschlossen haben, das der Satzung von Solidarnosc entgegensteht. Über dieses »Netz« versucht er,

327

Teile von Solidarnosc für die Unterstützung der von ihm gegründeten Gruppierung »Parteiloser Block zur Unterstützung der Reformen« zu gewinnen. Mit großer Mehrheit beschloß der Kongreß, wieder mit einer eigenen Liste in die Wahlen vom Herbst 1993 zu gehen. Eine Reihe prominenter Solidarnosc-Parlamentarier stellte sich für diese Liste nicht mehr zur Verfügung und kandidierte auf der Walesa-Liste oder der Liste der Demokratischen Union (Mazowiecki). Diese Mitglieder müssen mit ihrem Ausschluß rechnen.

Die bevorstehenden Wahlen werden zu einer großen Zerreißprobe für Solidarnosc, denn es ist keineswegs sicher, daß die Wahlliste die neu aufgebaute Fünf-Prozent-Hürde wird nehmen können. Das aber wäre eine Niederlage für die jetzige Solidarnosc-Führung, die sie politisch nicht überleben würde. Möglicherweise wird eine solche Entwicklung die längst überfällige Differenzierung zugunsten einer rein gewerkschaftlichen Organisation beschleunigen, wobei allerdings Spaltungen nicht ausgeschlossen werden können.

Auch der Streik im öffentlichen Dienst, den Solidarnosc im Mai 1993 zur Anhebung der in der Tat extrem niedrigen Einkommen vor allem im Gesundheits- und Schulwesen führte, beleuchtet den derzeitigen Zustand der Organisation. Nach ergebnislosen Verhandlungen mit der Regierung beschloß der Danziger Zentralvorstand einen allgemeinen Streik, dem die in Opposition zur Zentrale stehende Warschauer Region zeitlich zuvorkam. Ziel dieses Streiks war vor allem der Sturz der Regierung Suchocka und die Einsetzung eines »Kabinetts parteiloser Fachleute« unter der direkten Verantwortung des Staatspräsidenten. Auch dieses Streikziel wurde nicht erreicht. Walesa durchkreuzte die Absichten der Solidarnosc durch die Auflösung des Parlaments und die Ansetzung von Neuwahlen. Frau Suchocka kann im Amt bleiben und bis zu den Wahlen ohne parlamentarische Kontrolle weiterregieren. Die Solidarnosc-Politik ist derzeit von einer populistischen Strömung bestimmt, die antiparlamentarische Züge aufweist und den gesellschaftlichen Erneuerungsprozeß eher behindert als fördert. Ihre Rolle als von der Politik unabhängige und wirkungsvolle Interessenvertretung hat sie noch nicht finden können.

Der OPZZ, Nachfolgeorganisation des alten Zentralrates der polnischen Gewerkschaften, verfügt nach wie vor über das gesamte gewerkschaftliche Altvermögen einschließlich der Barmittel, die durch die polnische Regierung während des Kriegszustandes von den Solidarnosc-Konten abgezogen wurden. Dies und vor allem die Tatsache, daß OPZZ ein Produkt des polnischen KP-Regimes war, sind noch unüberwindliche Hindernisse für eine Zusammenarbeit zwischen den beiden Organisationen. OPZZ reklamiert 4,5 Millionen Mitglieder, eine weit überhöhte Zahl. (Intern geben OPZZ-Funktionäre zu erkennen, daß die Zahl der Mitglieder nur unwesentlich höher ist als die von Solidarnosc, die ihre eigene Mitgliederzahl mit 1,8 Million angibt.) Die Mobilisierungsfähigkeit von OPZZ ist außerordentlich gering und liegt weitaus unter der von Solidarnosc. OPZZ unterhält enge Verbindungen zur Nachfolgeorganisation der polnischen KP und ist mit 17 Abgeordneten im sogenannten »linken Block« im Sejm vertreten. Angesichts des zu erwartenden Wahlerfolgs dieses Blocks ist mit einer weiteren Festigung dieser politisch-gewerkschaftlichen Allianz zu rechnen. Strategisch orientiert sich OPZZ auf zwei Ziele:

– auf die »nationale Rehabilitierung« durch internationale Anerkennung (der OPZZ hat den Weltgewerkschaftsbund WGB verlassen und bemüht sich intensiv um den Anschluß an die westeuropäische Gewerkschaftsbewegung);

– auf die Stärkung ihrer Position in Polen durch eine moderate, auf Konsens und Verhandlungen ausgerichtete Wirtschafts- und Sozialpolitik und kooperative Beziehungen zur Regierung.

Wenn auch nach wie vor OPZZ vom alten Apparat beherrscht wird und eine tatsächliche demokratische Reform auf sich warten läßt, so hat er sowohl international wie auch national seine Position durchaus verbessern können, und zwar in dem Maße, in dem Schwächen, Widersprüche und Unklarheiten die Politik von Solidarnosc bestimmen. Die polnische Regierung nutzt – trotz ihrer historischen Nähe zu Solidarnosc – mehr und mehr die Handlungsspielräume, die sich aus den unterschiedlichen Ansätzen von Solidarnosc und OPZZ ergeben (so beteiligte sich OPZZ formal nicht am Streik im öffentlichen Dienst, wenn auch einige OPZZ-Organisationen dem Streik folgten).

Die Zukunft der polnischen Gewerkschaftsbewegung hängt wesentlich davon ab, ob Solidarnosc der »Syndikalisierungsprozeß« gelingt, die Organisation sich von »parteipolitischen Versuchungen« emanzipiert und ob OPZZ tatsächlich den Weg der internen Demokratisierung beschreitet und die Abkoppelung von den (nach wie vor funktionierenden) Strukturen des alten Regimes betreibt.

2.1.3 Tschechische und slowakische Republik

Die gewerkschaftliche Entwicklung in den Nachfolgerepubliken der CSFR ist vor allem von den Folgen der staatlichen Trennung bestimmt.

Zum Verständnis der aktuellen Lage ist ein kurzer historischer Rückblick unerläßlich: Nach einer kurzen Periode der Demokratisierung im Jahre 1968 wurden die tschechoslowakischen Gewerkschaften durch die Gewerkschaftsgruppe der KP nach und nach gesäubert. Dieser Säuberungsprozeß zog sich bis in das Jahr 1970 hinein, was auf eine ziemlich resistente demokratische Opposition hinweist. Erst im Jahre 1972 konnte der gewerkschaftliche ROH-Kongreß stattfinden, auf dem die demokratisch gefaßten Beschlüsse aus den Jahren 1968/69 aufgehoben wurden.

Wenn heute auch – vor allem in der Tschechischen Republik – alles getan wird, um die historische Bedeutung des »Prager Frühlings« als »kommunistische Variante des Dritten Wegs« herunterzuspielen, so blieb diese Epoche der tschechoslowakischen Geschichte doch im kollektiven Gedächtnis der Menschen erhalten und hat zweifellos auch Einfluß auf den gewerkschaftlichen Neuanfang genommen.

In Erscheinung traten die organisierten Arbeitnehmer erst im November 1989, als sie durch ihren zweistündigen Generalstreik die herrschende KP endgültig zur Aufgabe ihres Machtmonopols zwangen. In Industriebetrieben und öffentlichen Institutionen wurden zum Schutz der demokratischen Massenbewegung Streikausschüsse gegründet, an denen sich oft auch gewerkschaftliche Grundorganisationen der ROH beteiligten. Die Vertreter der Streikausschüsse bildeten ein allgewerkschaftliches Koordinierungszentrum KOC, das praktisch bis Ende 1990 die neue Gewerkschaftszentrale darstellte. Im März 1991 schließlich wurde (unter Beteiligung des alten Vorstandes) die alte Zentrale aufgelöst und die CS-KOS (Tschechoslowakische Konföderation der Gewerkschaftsverbände) gegründet. Dieser Bund steht nun infolge der Auflösung der CSFR und der Bildung der Nachfolgerepubliken vor dem Ende seiner kurzen Geschichte. Bis Ende 1993 wird der Bund noch bestehen. An seine Stelle treten dann zwei nationale Nachfolgebünde in der Slowakischen und der Tschechischen Republik, die keine institutionelle Verbindung mehr aufweisen, sehr wohl aber eine enge Zusammenarbeit suchen werden, denn die vielfältigen wirtschaftlichen, sozialen und menschlichen Verbindungen zwischen den beiden Nachfolgestaaten verlangen eine Qualität gewerkschaftlicher Zusammenarbeit, die über das »übliche Maß« hinausgehen muß.

Die Besonderheit der Entwicklung in der CSFR liegt vor allem darin, daß hier keine Nachfolgeorganisation und neue alternative Gewerkschaften die gewerkschaftliche Landschaft bestimmen, sondern eine relativ geräuschlose Transformation stattfand und eine einheitliche »neue« Organisation an Stelle der alten entstand. Das Gewerkschaftsvermögen wurde in eine Union überführt, an der die einzelnen Gewerkschaften (mehr als sechzig) beteiligt sind.

Das Hauptproblem der Gewerkschaften liegt derzeit in der Formierung einer Dachverbandsstruktur, die aus zwei Gründen auf Schwierigkeiten stößt:

- Zahlreiche und einflußreiche Einzelgewerkschaften plädieren für einen »schlanken« Dachverband, der über keine eigenen regionalen Strukturen verfügt und nicht aus Mitgliedsbeiträgen, sondern aus Erträgen des Gewerkschaftsvermögens finanziert wird. Er soll »professionelle« Dienstleistungen vor allem im Bereich der Makro-Politik erbringen.

- Wie in allen anderen ost- und mitteleuropäischen Ländern verbleibt bislang das Gros der Mitgliedsbeiträge in den betrieblichen Gewerkschaftsorganisationen (70 % und mehr). Damit wird die Finanzkraft der Branchengewerkschaften so eingeschränkt, daß sie einen interprofessionellen Dachverband kaum alimentieren können.

Eine Reform wird wohl erst dann möglich sein, wenn im Zusammenhang mit der Auflösung der alten Wirtschaftsstrukturen, dem Rückzug des Staates aus der Wirtschaft und zunehmender Privatisierung sowie den neu entstehenden regionalen und strukturpolitischen Problemen eine branchenübergreifende Gewerkschaftspolitik verlangt wird. Die Systemreformen werden gleichzeitig zu einem Abbau betriebsnaher Sozialleistungen und der damit verbundenen gewerkschaftlichen Dienstleistungen führen. Auch dies wird zu einer Verlagerung gewerkschaftlicher Arbeit von der Betriebsebene auf regionale und überregionale Strukturen führen. Schließlich – und das ist ein Umstand, der ebenfalls auf alle osteuropäischen Länder zutrifft – wird auf absehbare Zeit Tarifpolitik durch Rahmenvereinbarungen auf staatlicher Ebene (in zunehmend sozialpaktähnlichen dreigliedrigen Strukturen) bestimmt werden, wobei als zweite Tendenz sich allerdings auch eine betriebsnahe Tarifpolitik herausbilden wird, die vor allem in Joint-ventures nicht in erster Linie von der Branchengewerkschaft ausgehandelt wird, sondern zwischen Arbeitgeber (der häufig keinem der zahlreichen, aber kaum bindungsfähigen Arbeitgeberverbände angehört) und der betrieblichen Interessenvertretung.

2.2 Schlußfolgerungen

- Die gewerkschaftliche Landschaft in Ost- und Mitteleuropa ist nach wie vor in Bewegung. Die Nachfolgeorganisationen der alten Gewerkschaften bemühen sich um Reform und Anpassung an neue Bedingungen. Gelingen wird es ihnen nur, wenn neue und alternative Strömungen stark genug sind, für den notwendigen Reformdruck zu sorgen. Das schließt internen und externen Pluralismus als Vorbedingung ein.

- Klassische Lohntarifpolitik kann angesichts der extrem schwierigen ökonomischen Lage nur in Ausnahmefällen erfolgreich betrieben werden. Die sozialen Beziehungen werden von punktuellen Konflikten einerseits und Mindestregelungen auf der Makroebene andererseits bestimmt werden. An die Stelle autonomer Tarifpolitik tritt für eine gewisse Übergangszeit der institutionalisierte »soziale Konsens« (dreigliedrige Abstimmungsgremien und Sozialpaktvereinbarungen).

- Die Gewerkschaften werden sich vor allem um Einfluß auf politische Entscheidungen bemühen und entweder mit politischen Parteien Bündnisse schließen oder eigene politische Formationen bilden. Dieser Prozeß wird zusätzlich dadurch beeinflußt, daß die Gewerkschaften nach wie vor über eine erhebliche soziale Basis verfügen und so attraktive Partner für die zumeist mitgliederschwachen politischen Parteien darstellen.

- Die gewerkschaftliche Entwicklung wird auch von dem Wiedererstarken der Nachfolgeorganisationen der Kommunistischen Parteien bestimmt, die Nutzen aus dem mit erheblichen sozialen Problemen verbundenen Reformprozeß ziehen und versuchen werden, sich mit dem gewerkschaftlichen Protestpotential zu verbünden.

- »Normale« soziale Beziehungen werden sich erst mittelfristig im Zusammenhang mit dem wirtschaftlichen Neuordnungsprozeß entwickeln können. Derzeit spielt der Staat als größter Unternehmer einerseits und »neutraler Vermittler« andererseits eine Doppelrolle. Das private Kapital ist kaum oder gar nicht organisiert, ausländische Investoren versuchen, sich »normalen sozialen Beziehungen« durch eine rein betriebliche Tarifpolitik zu entziehen. Bislang spielen sie keine erkennbare Rolle beim Aufbau vertragsfähiger Verbandsstrukturen.

3. US-amerikanische Arbeitsbeziehungen und das Projekt einer nordamerikanischen Freihandelszone NAFTA

Christoph Scherrer

Die Regierungen des nordamerikanischen Kontinents strebten seit Ende der achtziger Jahre die Schaffung einer gemeinsamen Freihandelszone an. Der erste Schritt erfolgte 1989, als das Free Trade Agreement (FTA) zwischen den USA und Kanada in Kraft trat. Der zweite Schritt, der Einbezug Mexikos durch das North American Free Trade Agreement (NAFTA), wurde im November 1993 vollzogen. NAFTA kann nur bedingt mit dem europäischen Einigungsprozeß verglichen werden, da es ein reines Wirtschaftsabkommen darstellt. NAFTA sieht den Abbau fast aller Zölle, die Abschaffung nationaler Präferenzen bei staatlicher Auftragsvergabe und eine Liberalisierung des Kapitalverkehrs zwischen den beteiligten Staaten vor[1].

Während europäische Gewerkschaften im Grundsatz den wirtschaftlichen Integrationsprozeß in Europa befürworten, liefen die US-amerikanischen Gewerkschaften gegen dieses Abkommen Sturm. Sie befürchteten, daß der Trend zur Produktionsauslagerung aufgrund der niedrigen Löhne und der weniger strikten Umweltschutzgesetzgebung in Mexiko durch NAFTA noch beschleunigt wird. Ich möchte hier vor allem aufzeigen, wie die spezifische politische Tradition der US-Gewerkschaften sowie die Besonderheiten der amerikanischen Arbeitsbeziehungen diese Opposition zu NAFTA bedingen. Zudem möchte ich durch eine Beschreibung der Aktivitäten der US-Gewerkschaften gegen NAFTA die deutsche Diskussion zur europäischen Deregulierungspolitik anregen. Ich werde deshalb zunächst schlaglichtartig die Besonderheiten der amerikanischen Arbeitsbeziehungen herausstellen, dann die spezifischen Umstände der Krise der US-Gewerkschaften darlegen und schließlich die gewerkschaftlichen Reaktionen auf die Schaffung eines nordamerikanischen Freihandelsblocks schildern.

---

1 Congressional Digest, U.S.-Mexico Free Trade Agreement, 71(2), 1992; Dussel-Peters, E., Bye Bye Weltmarkt? Freihandel oder Regionalisierung des Weltmarktes: Das Freihandelsabkommen zwischen Kanada, Mexiko und den USA, in: Prokla 23(1), 1993, S. 129–158

3.1 Die US-amerikanischen Arbeitsbeziehungen

Die US-amerikanische Gewerkschaftsbewegung und auch das sie prägende Arbeitsrecht nahmen in vielerlei Hinsicht eine andere Entwicklung als in Westeuropa. Die wichtigsten Unterschiede sind hier kurz zusammengefaßt[2]:

- In den USA haben sich keine weltanschaulichen Richtungsgewerkschaften durchgesetzt, sondern es gilt das Prinzip der exclusive jurisdiction, d. h. zumindest in der Theorie ist jeweils eine Gewerkschaft für eine Berufsgruppe oder Branche zuständig. Eine Arbeiterpartei hat sich nicht gebildet.

- Die Gewerkschaftsbewegung wurde bis in die dreißiger Jahre von Facharbeitergewerkschaften dominiert, die auch später noch einen großen Einfluß behielten.

- Die rassische, ethnische und religiöse Segmentierung der Bevölkerung war auch in der Arbeiterbewegung wirksam. Häufig wurden Minderheiten innerhalb der Gewerkschaften ausgegrenzt.

- Das geringe Niveau staatlicher Sozialleistungen wird durch tarifvertragliche Regelungen kompensiert.

- Die Stellung der betrieblichen Gewerkschaftsuntergliederungen (locals) ist vergleichsweise stark. Sie partizipieren oft bei den Tarifverhandlungen, die sich in der Regel jeweils nur auf ein Unternehmen beziehen, und sind mit der Überwachung der Tarifvereinbarungen betraut.

- Die Tarifverträge spezifizieren im Detail die Arbeitsbedingungen und haben zumindest bis in die achtziger Jahre die personalpolitische Weisungsmacht der Unternehmensführung durch formale Regelungen eingeschränkt.

- Die Gewerkschaften mußten und müssen sich häufig gegen den erbitterten Widerstand der Unternehmen als Tarifpartei durchsetzen. Arbeitskämpfe wurden oft und oft militant ausgetragen.

---

2 Eine ausführliche Darstellung der amerikanischen Arbeitsbeziehungen findet sich bei Scherrer, C., Gewerkschaftsbewegung und Arbeitsbeziehungen, in: Holtfrerich, C.-L. (Hrsg.), Wirtschaft USA. Strukturen, Institutionen und Prozesse, München 1991, S. 234–254. Für nähere Einzelheiten siehe Taylor, B., Witney, F., U.S. Labor Relations Law. Historical Development, Englewood Cliffs 1992.

3.2 Gewerkschaften als Opfer der fordistischen Krise

Im Zeitalter des Fordismus, dem prägenden Gesellschaftsmodell der Nachkriegszeit, fügten sich die zentralen Forderungen der Gewerkschaftsbewegung in die Akkumulationsbedürfnisse des Kapitals relativ konfliktfrei ein. Unter Fordismus verstehe ich eine spezifische Phase kapitalistischer Entwicklung, in der Massenproduktion mit Massenkonsum einherging.

Zu den gesellschaftlichen Institutionen, die zur Entfaltung der Massenkonsumtion erforderlich waren, gehörten vor allem die Koppelung der Reallohnsteigerungen an das Produktivitätswachstum durch kollektive Arbeitsverträge, aber auch Sozialversicherungen, die Oligoplisierung oder direkte Regulierung wichtiger Märkte, eine nationale Geldordnung und eine antizyklische Konjunkturpolitik. In ihrem Zusammenspiel haben diese fordistischen Strukturen eine immense sozialintegrative Kraft entfaltet, und zwar erstens durch die Beteiligung breiter Bevölkerungsschichten am Produktivitätswachstum, zweitens durch die Entschärfung und Kanalisierung ehemals krasser Klassenspaltungen zwischen Arbeit und Kapital mittels des Ausbaus des individuellen und des kollektiven Arbeitsrechts und drittens durch die staatliche Absicherung von Beschäftigungsrisiken[3].

Gegen Ende der siebziger Jahre geriet das fordistische Projekt weltweit in eine Krise. Eine zentrale Ursache war die fortschreitende Unterwerfung nationaler Wirtschaftsräume unter die Wettbewerbsverhältnisse des Weltmarkts. Die zunehmende internationale Konkurrenz zerstörte nämlich den materiellen Kern des fordistischen Sozialpaktes: die Koppelung der Steigerungsrate des Reallohns an die der Produktivität. Höhere Löhne und steigende Sozialausgaben wurden unter verschärften Weltmarktbedingungen aus einzelbetrieblicher Sicht weniger als Chancen für vermehrten Absatz angesehen, sondern vielmehr als Kostenfaktoren, die die Wettbewerbskraft mindern.

Ein weiterer Krisenfaktor des Fordismus war die Erschöpfung der Produktivitätsreserven auf der Grundlage des tayloristisch-fordistischen Produktionsmodells: Weitere Produktivitätssteigerungen erforderten immer höhere Kapitalinvestitionen, die die Profitabilität der Unternehmen senkten. Beide Krisentendenzen verschärften weltweit den Druck auf die Gewerkschaften; doch die US-Gewerkschaften wurden von der Krise des Fordismus doppelt hart getroffen. Zum einen, weil die meisten gewerkschaftlich-organisierten

---

3 Diese Einsichten entstammen der französischen Regulationsschule: Aglietta, M., A Theory of Capitalist Regulation. The US Experience, New York 1979. Für eine deutsche Einführung siehe Hübner, K., Theorie der Regulation. Eine kritische Rekonstruktion eines neuen Ansatzes der Politischen Ökonomie, Berlin 1989.

Branchen in den USA zu den Verlierern auf dem Weltmarkt gehörten (z. B. eroberten ausländische Hersteller über 30 % des US-Automarktes). Zum anderen, weil das System der industriellen Beziehungen in den USA den Strukturen der fordistischen Produktionsweise stark verhaftet war.

3.2.1 Die defensive Einschränkung unternehmerischer Entscheidungsmacht

Die den meisten Tarifverträgen vorangestellte sogenannte management rights provision, die explizit die Entscheidungen, Entlassungen und Investitionen ausschließlich dem Management vorbehielt, schloß die Gewerkschaften und die Belegschaften effektiv von einer Mitgestaltung der Unternehmenspolitik und der Arbeitsorganisation aus. Statt dessen waren die Beschäftigten durch den sogenannten job control unionism[4] defensiv gegen willkürliche Unternehmensentscheidungen beim Arbeitseinsatz geschützt. Die gewerkschaftlichen Schutzbestimmungen bestanden aus drei Elementen: Erstens legten sie die jeweiligen Arbeitsaufgaben eines Arbeitsplatztyps tarifvertraglich fest, zweitens führten sie das Senioritätssystem ein, und drittens formalisierten sie die Verfahren der Konfliktbeilegung. Durch das Zusammenspiel dieser Elemente wurden Leistungs-, Qualifikations- und Verhaltenskriterien als Auswahlprinzipien bei betrieblichen Personalbewegungen weitgehend ausgeschlossen. Somit fehlten dem US-Management wichtige Belohnungs- und Sanktionsmöglichkeiten, um ihre betriebliche Herrschaft auszuüben[5]. Aber gleichzeitig schrieb der job control

---

4 Dieser Ausdruck sollte nicht verwechselt werden mit den Begriffen *craft control*, d. h. mit der in früheren Phasen der Industrialisierung oft anzutreffenden »Kontrolle« des Arbeitsprozesses durch handwerkliche Facharbeitergruppen, und *workers' control*, d. h. einer »Arbeiterkontrolle« im rätedemokratischen Sinne. Was als *job control* bezeichnet wird, entstand nämlich erst mit der industriegewerkschaftlichen Organisierung in den dreißiger Jahren und hat sich hauptsächlich in solchen Industrien durchgesetzt, in denen die Facharbeiter längst nicht mehr den Arbeitsprozeß bestimmten.

5 Die auf den ersten Blick recht weitreichenden Beschränkungen der Weisungsrechte des Managments mögen aus deutscher Sicht vielleicht überraschen. Die festgeschriebene Arbeitsteilung zwischen Management und Gewerkschaften bedeutete allerdings keinen allzu großen Machtverlust der Kapitalseite, weil sie durchaus mit dem vorherrschenden tayloristisch-fordistischen Rationalisierungsmodell vereinbar war. Die Anerkennung der senioritätsbezogenen Schutzrechte der Belegschaften erschien vielen Managern als das »kleinere Übel« gegenüber der Gefahr ständiger Kleinkriege mit den Beschäftigten oder umfassender Mitbestimmungsforderungen. In vielen Betrieben hatten sich nämlich die Belegschaften während der dreißiger und vierziger Jahre ein hohes Maß an Kontrolle über Leistungsstandards und andere Fragen der Betriebsorganisation erkämpft und sahen es als legitim an, Anordnungen zur Leistungssteigerung mit spontanen Arbeitsniederlegungen oder gar mit Sabotageakten zu beantworten. Die tarifvertragliche Einschränkung der unternehmerischen Weisungsmacht war somit ein Kompromiß, der auch dem Interesse des Managements an stabilen Produktionsbedingungen im Betrieb Rechnung trug, um dessen konkrete Ausgestaltung aber ständig gerungen wurde. Siehe Scherrer, C., Im Bann des Fordismus. Der Konkurrenzkampf der Auto- und Stahlindustrie in den USA, Berlin 1992, S. 95–99.

unionism die wesentlichen Merkmale der tayloristisch-fordistischen Produktionsorganisation fest, nämlich einerseits die Trennung planender und kontrollierender Tätigkeiten von den ausführenden Tätigkeiten und andererseits die feingliedrige Zerlegung der Arbeitsausführung.

Seitens der Gewerkschaften bedeutete diese Festschreibung, daß die Einführung neuer, über die tayloristisch-fordistische Arbeitsorganisation hinausreichender Produktionsmethoden die bisherigen Rechte der Gewerkschaft und ihrer Mitglieder in einem hohen Maße in Frage stellte. Umgekehrt empfand das Management die Gewerkschaft und die bisherigen Schutzrechte der Beschäftigten beim Versuch, sich den neuen Wettbewerbsbedingungen anzupassen, als besonders störend. Die Folge war, daß die Unternehmen in den USA um so vehementer versuchten, den fordistischen Sozialpakt aufzukündigen[6].

Die Gegenwehr wurde durch den sozialintegrativen Erfolg des Fordismus erschwert. Hohe Reallohnzuwächse, sozialstaatliche Risikoabsicherung und Öffnung des Bildungswesens erlaubten breiten Schichten von Lohnabhängigen, Eigentum zu bilden, und ermöglichten individualistische Existenzweisen in einem bisher unbekannten Ausmaße. In der Folge haben sich die spezifischen Milieus, aus denen die Arbeiterbewegung Kraft geschöpft hatte, aufgelöst. Der stärkere Zug in die Vorstädte und die im US-Bürgertum tiefer verankerte Ideologie des Liberalismus mögen den in allen fordistischen Ländern bestehenden Trend zur Individualisierung der Lohnabhängigen in den USA vergleichsweise weiter vorangetrieben haben. Daß auf die Unternehmeroffensive kaum kollektiv reagiert wurde, haben jedoch die Gewerkschaften mitverschuldet, indem sie sich selbst oftmals gegen die selten genug stattfindenden Abwehrkämpfe ihrer Basis gestellt haben. Sie hofften, durch die Vermeidung von »Provokationen« den bereits einseitig gekündigten Sozialpakt mit den Unternehmen noch retten zu können[7].

Als Resultat der Kapitaloffensive fiel der gewerkschaftliche Organisationsgrad in der privaten Wirtschaft von 24 % im Jahre 1979 auf 11,9 % im Jahre 1991. Gleichzeitig sank die Zahl der größeren Streiks von durchschnittlich 200 bis 400 pro Jahr im Zeitraum bis 1979 auf unter 50 in den Jahren von

---

6 Zu den Auseinandersetzungen um den Sozialpakt siehe Lüthje, B., Scherrer, C. (Hrsg.), Jenseits des Sozialpakts. Neue Unternehmensstrategien, Gewerkschaften und Arbeitskämpfe in den USA, Münster 1993.

7 Für das besonders drastische Beispiel des Kampfes der Belegschaft des Fleischverarbeiters Hormel in Austin, Minnesota, siehe Kwik, P., Moody, K., Dare to Struggle: Lessons from P-9, in: Davis, H., Sprinker, S. (eds.), Re-Shaping the US-Left. Popular Struggles in the 1980s, London 1988, S. 133–148, sowie den Film American Dream von Barbara Kopple.

1987 bis 1991[8]. Diese Schwäche wirkte sich direkt auf die jährlichen Tariferhöhungen aus. Trotz einer guten Beschäftigungslage von 1983 bis 1988 stiegen die Tariflöhne im Jahresdurchschnitt nur um 2,2 % an, wobei sie sowohl der Inflation als auch den Lohnerhöhungen in den tarifungebundenen Unternehmen hinterherhinkten[9].

3.2.2 Die fehlende Arbeiterpartei

Die Niederlage der US-Gewerkschaften in den achtziger Jahren nahm ein solches Ausmaß auch gerade deshalb an, weil einerseits die Lohnabhängigen über eine geringe politische Kohärenz und Organisationsfähigkeit verfügten und andererseits ihre Vertretungsorgane nur mangelhaft institutionell in den politischen Herrschaftsapparaten verankert waren. Die Reagan-Administration konnte rasch die VertreterInnen der Gewerkschaftsbewegung aus dem Staatsapparat entfernen und der Kapitaloffensive politisch freien Raum verschaffen.

Die relative Staatsferne der US-Gewerkschaften hat eine lange Tradition. Selbst in ihrer Blütezeit vermochte es die US-Gewerkschaftsbewegung (und wollte zum Teil) nicht, eine Arbeiter- bzw. sozialdemokratische Partei ins Leben zu rufen[10]. Statt dessen geriet die demokratische Partei zur politischen Heimat der Arbeiterbewegung, vor allem seit dem New Deal Präsident Roosevelts. Die Democratic Party dürfte allerdings zu den merkwürdigsten Parteien der Welt zählen, faßte sie doch im Gefolge des New Deal unter ihrem Dach so heterogene Gruppen wie die quasi feudalen Eliten der im Bürgerkrieg unterlegenen Südstaaten (die dort eine Einparteienherrschaft errichtet hatten), die Außenseiter der Geschäftswelt in den Nordstaaten (vor allem Iren und Juden), die sogenannten Democratic machines der Industriemetropolen, wo die meist katholische Arbeiterschaft mit den Grundstücksspekulanten und der Bauindustrie ein autoritär strukturiertes politisches Patronagebündnis eingegangen war, sowie die Schwarzen, die zuvor die Partei Lincolns, die Republikaner unterstützt hatten (soweit sie im Norden lebten). Zusammengehalten wurde diese klassen- und rassenübergrei-

---

8 Ruben, G., Collective Bargaining and Labor-Management Relations 1988, in: Monthly Labor Review, Januar 1989; Wall Street Journal Europe 8./9. 5. 1992

9 Davis, W. M., Major Collective Bargaining Settlements in Private Industry in 1988, in: Monthly Labor Review, May 1989, S. 34–43

10 Für eine neue Antwort auf Sombarts klassische Frage »Warum gibt es keinen Sozialismus in den Vereinigten Staaten von Amerika« siehe Davis, M., Prisoners of the American Dream: Politics and Economy in the History of the U.S. Working Class, London 1986.

fende Koalition durch das Mehrheitswahlrecht, welches die Durchsetzung einer dritten Partei erheblich erschwerte[11].

Der Einfluß der Gewerkschaften innerhalb der demokratischen Partei reichte in der Nachkriegszeit nicht aus, die ständige Erosion ihrer rechtlichen Position aufzuhalten, geschweige denn ihre Möglichkeiten institutioneller Einflußnahme auszubauen. Sie scheiterten sogar während der Amtszeit von Präsident Carter mit einer Arbeitsgesetzreform, obwohl die demokratische Partei über die Mehrheit der Sitze in beiden Häusern des Kongresses verfügte und Carter ihr Reformvorhaben unterstützte[12].

3.2.3 Das »exklusive« Gewerkschaftstum

Die politische Fortüne der Gewerkschaftsbewegung ist allerdings nicht nur strukturell durch die Dynamik des Fordismus und die Restriktionen des politischen Systems bestimmt, sondern auch durch ihre eigene politische Tradition und strategischen Entscheidungen. Die politische Ausrichtung der Gewerkschaften war bis zum New Deal durch einen sogenannten Voluntarismus geprägt und kann heute mit dem Begriff business unionism erfaßt werden. In den USA hat sich nämlich ein Gewerkschaftstyp durchgesetzt, der programmatisch seinen Vertretungsauftrag auf seine Mitglieder beschränkte und einen pragmatischen, gegenüber sozialistischen Strömungen abgegrenzten Kurs verfolgte. Die American Federation of Labor (AFL) stützte sich ausschließlich auf die größere Marktmacht der Facharbeiter, deren Position sie durch die Kontrolle der Arbeitsmärkte, d. h. durch die Begrenzung des Zuganges, stärkte. Zugleich beharrte die AFL auf dem Recht, freiwillig (voluntaristisch), d. h. ohne staatlichen Eingriff, Tarifverträge abschließen zu können. Sie ging deshalb auf Distanz zum Staat und vermied eine enge Bindung an eine politische Partei[13].

Erst eine Abspaltung von der AFL, der Congress of Industrial Organisations (CIO), brach mit der Tradition des Voluntarismus, indem er den New Deal unterstützte. Obwohl der CIO breite Schichten der Industriearbeiterschaft organisierte, brach er nicht völlig mit dem »exklusiven« Gewerkschaftstum. Erstens zwang die Arbeitsgesetzgebung, der National Labor Relations Act von 1935, die Gewerkschaften, sich betrieblich und nicht örtlich zu organi-

---

11 Domhoff, W., Power Elite and the State. How Policy is Made in America, New York 1990, S. 235–245
12 Ehrenhalt, A., The Labor Coalition and the Democrats: A Tenuous Romance, in: Rehmus, C. et al. (eds.), Labor and American Politics, Ann Arbor 1978, S. 215–225.
13 Davis, M., Prisoners of the American Dream, a.a.O.

sieren, denn das Recht zu Tarifverhandlungen konnte nur dadurch erworben werden, daß eine betriebliche Mehrheit in sogenannten Anerkennungswahlen der Gewerkschaft das Vertretungsrecht verlieh[14]. Zweitens gaben die CIO-Gewerkschaften ihren Anspruch, alle IndustriearbeiterInnen zu organisieren, Anfang der fünfzige Jahre auf. Mit der »Operation Dixie« sollten auch die Lohnabhängigen in den Südstaaten gewerkschaftlich organisiert werden, doch diese Initiative scheiterte bald an der internen, konfliktreichen Trennung von kommunistischen Funktionären und an der rassistischen Einstellung vieler Gewerkschaftsfunktionäre. Auch die Gewerkschaftslinken schreckten davor zurück, die Gleichstellung der Schwarzen kompromißlos voranzutreiben, beinhaltete dies doch die direkte Konfrontation mit einer der tragenden Säulen der New Deal-Koalition, den Southern Dixiecrats, die rassistischen Eliten des Südens. Der unterbliebene Angriff auf die Bastionen der Dixiecrats zeitigte bittere Folgen. Als Bollwerk der Restauration beschnitten letztere den politischen Einfluß der Gewerkschaften innerhalb der demokratischen Partei dauerhaft. Nach Abbruch der Operation Dixie gelang es den Gewerkschaften nicht mehr, eine neue Gruppe von Lohnabhängigen zu organisieren, ausgenommen die Beschäftigten des Öffentlichen Dienstes. Die Schwäche der Gewerkschaften im Süden machte es für viele Unternehmen attraktiv, ihre Produktion dorthin auszulagern[15]. Die heutigen Verlagerungen nach Mexiko setzen diese Southern Strategy fort.

3.2.4 Gewerkschaftliche Reaktionen

Auf die politischen Herausforderungen der sog. »Reagan-Revolution« der frühen achtziger Jahre reagierten die Gewerkschaften mehr oder weniger hilflos. Sie vermieden zumeist die direkte Auseinandersetzung. Der Protest blieb auf einige Großveranstaltungen und den Versuch der Wählermobilisierung für die demokratische Partei beschränkt. Doch selbst ihre Mitglieder folgten dem Wahlaufruf nur zögerlich: beachtliche 46 % aller WählerInnen aus Gewerkschaftshaushalten stimmten 1984 für Ronald Reagan[16].

Die mangelnde Einbindung der US-Gewerkschaften in das politische System sowie ihre innere Aufspaltung in viele kleine autonome Machtzentren

---

14 Im Unterschied zur deutschen Praxis wird über die gewerkschaftliche Vertretung in geheimer Wahl (certification election) bestimmt, wobei die Gewerkschaft, die von einer Mehrheit gewählt wird, das Vertretungsrecht für alle in dieser Tarifeinheit (bargaining unit) Beschäftigten erhält.

15 Davis, M., Prisoners of the American Dream, a.a.O., S. 92

16 Ebd., S. 284

hatte den einzelnen Belegschaften unter den günstigen Wirtschaftsbedingungen der Vergangenheit erlaubt, ihre Verhandlungsmacht auszuspielen, ohne auf ein wie immer verstandenes gesellschaftliches »Gemeinwohl« Rücksicht nehmen zu müssen. In der ökonomischen Krise jedoch wurde diese Stärke zur empfindlichen Schwäche. Im Bemühen, ihre bisherigen Errungenschaften zu bewahren, konnten die gewerkschaftlich organisierten Lohnabhängigen nur bedingt mit der Solidarität anderer gesellschaftlicher Gruppen rechnen. Dabei wirkte sich nicht zuletzt die besonders in den ehemaligen AFL-Gewerkschaften verbreitete Abgrenzung gegen die Bürgerrechtsbewegung der schwarzen Bevölkerung und andere soziale Bewegungen aus[17].

Vor allem aber erwiesen sich die Gewerkschaften in der Regel als unfähig, der zunehmenden Spaltung unter den gewerkschaftlich organisierten Lohnabhängigen entgegenzuwirken. Durch das Senioritätsprinzip traf der krisenbedingte Beschäftigungsabbau oftmals vor allem Frauen und nichtweiße Arbeitskräfte, die über eine geringere Betriebszugehörigkeit verfügten. Die Auswirkungen der Krise machten so in vielen Industriegewerkschaften die in den siebziger Jahren mühselig errungene Öffnung für neue Beschäftigtengruppen faktisch wieder rückgängig. Als von weißen Männern dominierte Organisationen, zeigten sich US-Gewerkschaften selbst in ihrer Krise noch häufig unsensibel gegenüber weniger privilegierten Gruppen, was sich gerade bei Versuchen, Belegschaften im Dienstleistungsbereich bzw. in neuen Industrien zu organisieren, katastrophal auswirkte[18].

Aber selbst auf die Solidarität der Gewerkschaften untereinander konnte kaum gebaut werden. Ein Beispiel dafür ist die Zerschlagung der Gewerkschaft der Fluglotsen (PATCO) durch die Reagan-Administration im Jahre 1981. Die Gewerkschaftsbewegung beschränkte sich weitgehend auf solidarische Grußadressen. Zudem erwies sich die Beschränkung der gewerkschaftlichen Aktivitäten auf Erhöhung der Löhne und Verbesserung der Arbeitsbedingungen – so erfolgreich diese Strategie auch unter Prosperitätsbedingungen war – angesichts massenhafter Betriebsschließungen als problematisch: den Auseinandersetzungen um den »gerechten« Anteil am Mehrwert wird die objektive Basis entzogen, wenn kein Mehrwert mehr produziert wird.

---

17 Moody, K., An Injury to All. The Decline of American Unionism, London 1988
18 Eisenscher, M., Gewerkschaftliche Organisierung in der Computerindustrie: Die Erfahrungen der UE Electronics Organizing Committee im »Silicon Valley«, in: Lüthje, B., Scherrer, C. (Hrsg.), Jenseits der Sozialpakts, a.a.O., S. 180–202

Eine Abkehr vom business unionism wurde allerdings bisher nur von wenigen GewerkschaftsaktivistInnen eingeklagt. Eher herrschte Enttäuschung gegenüber den Gewerkschaften, Entpolitisierung und eine individuelle Verarbeitung der Betroffenheit vor. Das weitverbreitete Selbstverständnis US-amerikanischer Arbeiter als Angehörige der »Mittelschicht« – Produkt der sozialintegrativen Kraft des Fordismus – führte auch zu einer Identifikation mit mittelständischen Werten, die in den USA traditionell stark individualistisch ausgeprägt sind. Die fehlende Diskussionskultur in den Gewerkschaften – Charaktermerkmal des business unionism – trug zudem dazu bei, daß die Mitglieder relativ direkt der konservativen Propaganda ausgesetzt waren, was sich nicht zuletzt auch in der Popularität Reagans unter männlichen Gewerkschaftsmitgliedern ausdrückte.

Auf sich selbst gestellt verfolgten die meisten Gewerkschaften eine defensive, risikoscheue Strategie der Organisationssicherung. Dabei zeigten sich die Tarifkommissionen häufig bereit, notleidenden Konzernen entgegenzukommen und im Falle einer branchenweiten Krise allgemeine tarifpolitische Konzessionen zu gewähren. Vor allem griffen sie die Kooperationsangebote der Unternehmensseite auf, soweit es solche gab. Sie stimmten in den Chor von Regierung, Kapital und Wissenschaft ein, daß das traditionell antagonistische System der Arbeitsbeziehungen kooperativer zu gestalten sei. Es entstanden einige gemeinsame Initiativen, die von Experimenten mit der Humanisierung der Arbeitswelt (Quality of Worklife) über die Schaffung betrieblicher Foren der paritätischen Mitbestimmung bis hin zur gemeinsamen Lobby für Handelsbeschränkungen reichten.

Selbst dort, wo die Unternehmensleitung sich bereit erklärte, die Gewerkschaften bei der Einführung »japanischer« Produktionsmethoden zu konsultieren, zeigte es sich, daß die Flexibilisierungsgebote des »Toyotismus« der amerikanischen Tradition der job controls zu sehr entgegenstehen. Deshalb konnten die neuen Arbeitskonzepte oft nur unter Androhung einer Betriebsschließung durchgesetzt werden, und auch dort, wo die Belegschaften den Experimenten aufgeschlossener gegenüberstanden, erlahmte das Interesse in der Regel nach einiger Zeit[19]. Eine Ausnahme stellt das neue Werk von General Motors dar: Saturn. Hier erhielten die Beschäftigten jedoch Partizipationsrechte, die weit über anderen Reformansätzen lagen und deshalb bisher keine weitere Verbreitung fanden[20]. Selbst in den ameri-

---

19 Parker, M., Slaughter, J., Choosing Sides: Unions and the Team Concept, Boston 1988
20 Parker, M., Slaughter, J., Management-by-Stress: Die dunkle Seite des Teamkonzeptes, in: Lüthje, B., Scherrer, C. (Hrsg.), Jenseits des Sozialpakts, a.a.O., S. 50–64

kanischen Werken japanischer Automobilunternehmen mißlang der Aufbau kooperativer, konfliktfreier Arbeitsbeziehungen. Während in diesen neuen Werken erstaunliche Produktivitätserfolge erzielt werden konnten, verschlechterte sich das Verhältnis von Management und Belegschaften bald dramatisch. Auch gelang es den reformorientierten betrieblichen Gewerkschaftsführungen nicht, die Gestaltungschancen einer nach-fordistischen Arbeitsorganisation offensiv auszuloten. Statt aktiv das betriebliche Produktionsregime mitzugestalten, fielen die Reformkräfte auf die traditionelle Praxis der nordamerikanischen Gewerkschaften zurück, nämlich defensiv gewerkschaftliche Rechte bis in das kleinste Detail festzuschreiben. Das vorläufige Scheitern der »Partizipations-Vorstellungen«[21] ist im Konzept der »schlanken Produktion«, in den derzeitigen Kräfteverhältnissen, in der Konzeptionslosigkeit der Gewerkschaftszentralen und in den rechtlichen Rahmenbedingungen angelegt. Vor allem ohne eine dem deutschen Mitbestimmungsgesetz ähnliche gesetzliche Absicherung bleiben die US-Gewerkschaften bei der Abkehr von ihren traditionellen Praktiken einerseits vom guten Willen der Unternehmen und andererseits von ihrer Mobilisierungsfähigkeit abhängig[22].

Es besteht deshalb unter amerikanischen GewerkschafterInnen ein reges Interesse an der deutschen Mitbestimmung[23]. Arbeitsminister Robert Reich hat im Mai 1993 eine Kommission einberufen, die Vorschläge erarbeiten soll, wie die Arbeitsproduktivität durch eine verbesserte Kooperation zwischen Kapital und Arbeit sowie durch Mitbestimmungsmöglichkeiten am Arbeitsplatz erhöht werden könnte. Es wird allerdings nicht mit einem Vorschlag gerechnet, der Mitbestimmungsmöglichkeiten nach deutschem Vorbild gesetzlich verankern will, sondern eher mit der Legalisierung von betrieblichen Vertretungsorganen, die von den Unternehmen selbst geschaffen werden. Bisher waren solche »Betriebsgewerkschaften« verboten[24].

---

21 Dieser Ausdruck stammt von Turner, L., Die Politik der neuen Arbeitsorganisation: Kooperation, Opposition oder Partizipation, in: Lüthje, B., Scherrer, C. (Hrsg.), Jenseits des Sozialpakts, a.a.O., S. 38–49. Turner stellte ihn den beiden vorherrschenden Positionen, nämlich dem unkritischen Kooperations- und dem völlig ablehnenden Oppositionsstandpunkt, entgegen.
22 Scherrer, C., Greven, T., Für zu schlank befunden – Gewerkschaftliche Erfahrungen mit japanischen Produktionsmethoden in Nordamerika, in: WSI-Mitteilungen, 46(2), 1993, S. 87–97
23 Turner, L., Die Politik der neuen Arbeitsorganisation, a.a.O.
24 Suzanne, G., Direct Action, Not Clinton Commission, Is Best Hope For Labor Law Reform, in: Labor Notes, Juli 1993, S. 12–13

3.3 Die Herausforderungen durch den Freihandel

Die gewaltigen Handelsbilanzdefizite, die seit Anfang der achtziger Jahre jährlich anfallen, zeugen vom Druck, unter dem die Produktionsstätten in den USA seitens der ausländischen Konkurrenz stehen. Auf diesen Druck haben die Gewerkschaften vor allem mit handelsprotektionistischen Forderungen geantwortet. In einzelnen Industriezweigen, wie z. B. in der Stahlindustrie, konnten auch zeitweise wirksame Handelsbarrieren durchgesetzt werden. In der Mehrzahl der Fälle fiel aber der Schutz nur partiell aus oder blieb ganz aus. Demokratische wie republikanische Administrationen hielten am Prinzip des Freihandels fest. Auch gewerkschaftliche Forderungen nach industriepolitischen Maßnahmen, die zumindest nicht direkt im Widerspruch zum Freihandelsbekenntnis stehen, hatten in der neo-liberalen Reagan-Bush-Ära keine Chance auf Umsetzung. Die im Umfeld des Clinton-Wahlkampfes gehandelten industriepolitischen Konzepte sehen keine explizite Beteiligung der Gewerkschaften vor. Vielmehr zielen die Vorstellungen der Clinton-BeraterInnen auf eine enge Partnerschaft zwischen Wirtschaft und Staat. Eine Re-Industrialisierung, d. h. der Erhalt bestehender Industriestrukturen, wird strikt abgelehnt. Auch soll der Staat keine sogenannten Zukunftsindustrien auswählen und bevorzugt fördern. Vielmehr soll der Staat die Wettbewerbsfähigkeit des Industriestandorts USA durch Infrastrukturmaßnahmen und eine allgemeine Förderung der zivilen Forschungs- und Entwicklungstätigkeiten sowie der Qualifikation der Arbeitskräfte stärken. Angesichts der Krise der amerikanischen Staatsfinanzen scheint Clinton sich aber nicht besonders intensiv um die Umsetzung der im Wahlkampf gehandelten industriepolitischen Vorstellungen zu bemühen[25].

Einige Gewerkschaften versuchten mittels tarifvertraglicher Regelungen, der Importflut zu begegnen. Mehr als ein Drittel der amerikanischen Importe stammt nämlich aus Werken, die von Konzernen mit Hauptsitz in den USA geleitet werden[26]. Per Tarifvertrag sollte deshalb eine weitere Produktionsauslagerung unterbunden oder zumindest verteuert werden. Diese Option stand aber nur starken Gewerkschaften offen, weil im tarifpolitischen Klima der achtziger Jahre selten dem Management neue Einschränkungen seiner Weisungsmacht auferlegt werden konnten. Wie das Beispiel der Automobil-

---

25 Scherrer, C., Das Ende des »ökonomischen Altruismus« in den USA?, in: links, 25(2), 1993, S. 28–30
26 Z. B. 41 % im Jahre 1987; siehe Whichard, O., U.S. Multinational Companies: Operations in 1987, in: Survey of Current Business, June 1989, 27–40, S. 29.

arbeitergewerkschaft UAW zeigt, verminderten solche Regelungen bestenfalls nur die Geschwindigkeit des Auslagerungstrends[27].

War es mithin schon ohne Freihandelsabkommen für die Gewerkschaften
schwierig, sich gegen Importe und Produktionsverlagerungen zu weh-
ren, so steht zu befürchten, daß durch die Schaffung einer Freihandelszone
mit den geographisch nächsten Nachbarn die US-Belegschaften noch
stärker als bisher der »rationalen Tyrannei der Kapitalmobilität«[28] ausgesetzt
werden.

3.3.1 Der erste Schritt: Das Freihandelsabkommen mit Kanada

Im Gegensatz zu NAFTA löste das von Ronald Reagan mit der konservativen
Regierung Mulroneys in Kanada ausgehandelte Free Trade Agreement
(FTA) bei den amerikanischen Gewerkschaften kaum Proteste aus. Besonders die treibende Kraft gegen NAFTA, die Automobilarbeitergewerkschaft
UAW, hielt sich weitgehend aus den Diskussionen um das FTA heraus,
da im Automobilsektor bereits seit 1965 ein Freihandelsabkommen bestand[29].

Gute Marktchancen für US-Unternehmen, vergleichbares Lohnniveau, ähnliches Tarifvertragssystem und eine gemeinsame institutionelle Geschichte
beider Arbeiterbewegungen ließen das FTA nicht als Bedrohung erscheinen. So ist das Arbeitsrecht in Kanada in seinen Grundzügen fast identisch
mit dem der USA, da Kanada 1944 den amerikanischen National Labor
Relations Act (NLRA) in seinen Grundzügen übernahm. Im Unterschied zu
den USA reicht allerdings bei der Anerkennung als Tarifvertretung der
Nachweis aus, daß über 50 % der Belegschaft Gewerkschaftsmitglieder
geworden sind (eine bitter umkämpfte, geheime Wahl entfällt). Auch wurde
die rechtliche Stellung der Gewerkschaften nicht durch Richterspruch aus-
gehöhlt. Zudem stärkten umfangreiche sozialstaatliche Maßnahmen die
Gewerkschaften. Diese Unterschiede sowie die enge Zusammenarbeit mit
der sozialdemokratischen New Democratic Party (NDP) werden allgemein
als Ursachen dafür genannt, daß die kanadische Arbeiterbewegung parallel zum Niedergang der US-Gewerkschaften an Stärke gewann: Während
1957 der gewerkschaftliche Organisationsgrad in beiden Ländern fast iden-

---

27 Scherrer, C., Umbrüche im Beschaffungswesen der US-Automobilindustrie, in. Altmann, N., Sauer, D.
(Hrsg.), Systematische Rationalisierung und Zulieferindustrie, Frankfurt 1989, S. 232–237
28 Burawoy, M., The Politics of Production, London 1985
29 Beigie, C., The Canada-U.S. Automotive Agreement, Quebec 1978

tisch war (bei 32,4 bzw. 32,8 %), lag der Organisationsgrad 1990 in Kanada doppelt so hoch wie in den USA (36,2 zu 18,4 %)[30].

Die institutionelle Verknüpfung beider Gewerkschaftsbewegungen reicht bis ins letzte Jahrhundert zurück. Zu einer regelrechten »Zweigstelle« des amerikanischen Dachverbandes AFL geriet der kanadische Gewerkschaftsverband Labor Congress of Canada (LCC) durch den 1902 gefaßten Beschluß, alle Gewerkschaften auszuschließen, die nicht mit einer der AFL-Gewerkschaften affiliiert waren. Seit jener Zeit tragen die meisten US-Gewerkschaften das Wort »International« in ihrem Namenszug (z. B. International Brotherhood of Teamsters), und die Gewerkschaftszentralen werden von den Mitgliedern kurz »internationals« genannt. Durch diesen Beschluß gewannen zwar die kanadischen Gewerkschaftsmitglieder Zugang zu den Streikgeldern der wesentlich größeren US-Gewerkschaften, aber sie importierten auch den fachgewerkschaftlichen business unionism: Kanadische Besonderheiten, vor allem in französisch sprechenden Quebec und später der ausgebautere Wohlfahrtsstaat, blieben unbeachtet, und das Fachgewerkschaftsprinzip wurde stur gegenüber industriegewerkschaftlichen Ansätzen und einem sozialistischen Gewerkschaftsverständnis durchgesetzt[31]. In den dreißiger Jahren, der Geburtsstunde der Industriegewerkschaften in Nordamerika, vergrößerte sich der gewerkschaftspolitische Spielraum der Kanadier. Dieser ging jedoch im Zuge der Annäherung der CIO-Gewerkschaften an die AFL und der dann 1955 vollzogenen Wiedervereinigung der beiden Dachverbände wieder verloren.

Der Anteil US-affilierter Gewerkschaften an der Gesamtmitgliedschaft in Kanada verminderte sich zwar in der Nachkriegszeit (von 72,8 % 1921 auf 55,3 % 1973[32] und weiter auf 44,2 % 1982[33]), doch erfolgte dies im wesentlichen aufgrund des starken Aufschwungs der Gewerkschaften des öffentlichen Dienstes und der Gewerkschaften in Quebec. Im verarbeitenden Gewerbe minderte sich erst 1984 der Einfluß der US-Gewerkschaftszentralen, als sich nämlich der kanadische Zweig der UAW unter der Führung von Robert White als Canadian Autoworkers (CAW) selbständig machte. Anlaß waren Differenzen in der Tarifpolitik gegenüber den drei großen US-Autokonzernen, die auch in Kanada in mehreren Werken produ-

---

30 Statistical Abstract of the United States, Canada Yearbook
31 Babcock, R., Gompers in Canada: A Study in American Continentalism Before the First World War, Toronto 1974
32 Scott, J., Canadian Workers, American Unions, Vancouver 1978, S. 9
33 Meltz, N., Labor Movements in Canada and the United States, in: Kochan, T. (ed.), Challenges and Choices Facing American Labor, Cambridge 1985, S. 315–334, hier S. 316

zierten. Die damals bessere Beschäftigungslage in der kanadischen Auto-industrie ließ Robert White eine härtere Haltung gegenüber diesen Konzer-nen einnehmen, die von der UAW-Zentrale in Detroit nicht mitgetragen wurde. Zu den tieferliegenden Gründen der Abspaltung gehörte, wie bereits erwähnt, das Auseinanderdriften der politischen Kultur in beiden Ländern[34].

Diese Spaltung verdeutlicht, daß ein Freihandelsabkommen nicht automa-tisch zu einer engeren Zusammenarbeit der betroffenen Gewerkschaften führt. Die Gründung der CAW blieb nicht die einzige kanadische Abspaltung von einer International[35]. Allerdings sind die Kanadier in den neunziger Jahren ebenfalls mit massiven Deindustrialisierungstendenzen und Dere-gulierungsmaßnahmen konfrontiert. Inwieweit diese Tendenzen allerdings wieder zu einer institutionellen Verzahnung beider Gewerkschaftsbewegun-gen und zu einer Angleichung des Tarifvertragswesens führen, bleibt un-gewiß.

3.3.2 NAFTA: Zielscheibe gewerkschaftlicher Agitation

Kanadische und US-amerikanische Gewerkschaften sind jedoch in ihrer Opposition zum North American Free Trade Agreement vereint. Beide be-fürchten eine Abwanderung von Arbeitsplätzen nach Mexiko, einen damit einhergehenden Druck aufs Lohnniveau und den möglichen »Import« von Streikbrechern aus Mexiko[36]. Zur Begründung ihrer Ablehnung weisen sie häufig auf die europäischen Erfahrungen. Der EU-Integrationsprozeß hätte viel länger gedauert, weise weiterhin viele Probleme auf, die noch nicht zur Zufriedenheit aller Beteiligten gelöst worden seien, und ginge mit sozialen Ausgleichsmaßnahmen einher. Außerdem sei das Wohlfahrtsgefälle inner-halb der EU nicht so groß wie zwischen Mexiko und den USA[37]. An die Stelle von NAFTA sollten unter anderem folgende Maßnahmen treten:

– Schuldenerlaß für Mexiko;

– ein großzügig ausgestatteter Fonds zur Finanzierung der Beseitigung der Umweltschäden an der amerikanisch-mexikanischen Grenze;

---

34 Rose, J., Chaison, G., The State of Unions: United States and Canada, in: Journal of Labor Research, 6 (Winter), 1985
35 Moody, K., McGinn, M., Unions and Free Trade: Solidarity vs. Competition, Detroit 1992, S. 54
36 Siehe die Analyse der zu erwartenden Arbeitsplatzverluste des gewerkschaftsnahen Economic Policy Institutes: Faux, J., Spriggs, W., U.S. Jobs and the Mexico Trade Proposal, Washington 1991.
37 UAW, Fast Track to Decline?, Detroit 1993, S. 15

- die Verpflichtung von US-Unternehmen, sich einem Kodex von Verhaltensregeln für ihre Werke in Mexiko zu unterwerfen;
- die Anhebung der Mindestlöhne in Mexiko[38].

Die mit NAFTA verbundenen Befürchtungen basieren auf den bereits gemachten Erfahrungen mit dem Maquiladora-Programm, das den zollfreien Export von Vorprodukten nach Mexiko und den nur mit einer Mehrwertsteuer belegten Re-Import der weiterverarbeiteten Produkte erlaubt. Unter diesem Programm stieg die Zahl von maquila-Werken an der nördlichen Grenze Mexikos von ungefähr 300 im Jahre 1982 auf 1900 im Jahre 1991, die Zahl der Beschäftigten auf ca. 460 000. Die Löhne betragen nur einen Bruchteil der US-amerikanischen (ca. 6–10 %) und liegen auch deutlich unter den Gewerkschaftstarifen in Zentralmexiko, da die meisten maquila-Betriebe keinem Tarifvertrag unterliegen. Fast 90 % der Betriebe sind in US-amerikanischem Besitz. In vielen Fällen haben die Konzernzentralen bei der Aufnahme der Produktion in Mexiko die bisherige Produktionsstätte in den USA geschlossen oder versucht, unter Hinweis auf die niedrigeren mexikanischen Produktionskosten Lohnkürzungen und die Beseitigung gewerkschaftlicher Schutzrechte durchzusetzen[39].

Vor diesem Erfahrungshintergrund mobilisierten die kanadischen und amerikanischen Gewerkschaften gegen NAFTA. Sie erhielten dabei allerdings keine Unterstützung durch die mexikanischen Gewerkschaften, die in ihrer Mehrheit NAFTA befürworten. Obgleich die mexikanischen Lohnabhängigen über umfangreiche und in der Verfassung verankerte Rechte verfügen, werden die Gewerkschaften von der Regierungspartei autoritär und bürokratisch beherrscht. Entsprechend folgen die Gewerkschaftsführungen der Regierung in der Befürwortung von NAFTA. Allerdings bestehen auch einige kleine unabhängige Gewerkschaften, die NAFTA ablehnen. Doch werden autonome gewerkschaftliche Bestrebungen seit der neo-liberalen Wende in der mexikanischen Politik (ab Mitte der achtziger Jahre) mit besonderer Härte staatlicherseits unterdrückt[40]. Amerikanische GewerkschaftsaktivistInnen versuchen dennoch immer wieder, sich mit lokalen gewerkschaftlichen Initiativen zu solidarisieren. Ein Beispiel hierfür liefert die MEXUSCAN Solidarity Task Force der UAW Local 879, die unter anderem

---

38 Ebd., S. 14–15
39 McGaughey, W., A US-Mexico-Canada Free-Trade Agreement. Do we just say No? Minneapolis 1992, S. 59–61; Williams, E., Attitudes and Strategies Inhibiting the Unionization of the Maquiladora Industry, in: Journal of Borderlands Studies, 6(2), 1991, S. 51–72
40 McGaughey, W., A US-Mexico-Canada Free-Trade Agreement, a.a.O., S. 56–59

den Vorstandsvorsitzenden von Ford wegen des Todes eines mexikanischen Gewerkschafters zur Rede stellte[41]. Die in den USA ansässige Coalition for Justice in the Maquiladoras hat einen Verhaltenskodex für Betreiber von maquilas entwickelt und versucht diesen durch eine koordinierte Kampagne vor Ort und am US-Sitz der Betreiberfirma durchzusetzen[42]. Die in Amsterdam ansässige Transnationals Information Exchange (TIE) organisierte 1991 in Oaxtepec, Mexiko, eine Konferenz mit GewerkschafterInnen aus Automobilwerken aller drei Länder. Daraus entstand das North American Auto Workers Network, zu dessen praktischen Aktivitäten beispielsweise die Verbreitung von Informationen über Chemikalien gehören, die in US-Werken nicht mehr verwendet werden dürfen[43].

Die Gewerkschaftszentralen konzentrierten sich auf die Verhinderung der Ratifizierung von NAFTA im Kongreß. Zur Überraschung der NAFTA-Befürworter gelang es ihnen zusammen mit den Umweltschutzverbänden, den neu-gewählten Präsidenten Bill Clinton zu zusätzlichen Verhandlungen mit Mexiko über Fragen des Umweltschutzes und der Einhaltung von Mindeststandards in den Arbeitsbedingungen zu verpflichten. Die dann von Clinton ausgehandelten Zusatzvereinbarungen zum Umweltschutz veranlaßten einige der großen Umweltschutzverbände, NAFTA zu befürworten[44]. Die Gewerkschaften zeigten sich dagegen vom Ergebnis der Nachverhandlungen enttäuscht. Sie kritisierten vor allem, daß folgende Forderungen keine Berücksichtigung fanden:

- Schutzmechanismen gegen die Gefahr, daß das Importvolumen einzelner Produktgruppen innerhalb einer kurzen Zeit rasch zunimmt[45].

- Festschreibung von Mindeststandards für individuelles und kollektives Arbeitsrecht, für Löhne und für Arbeitsbedingungen in allen beteiligten Ländern. Diese von der europäischen Sozialcharta inspirierte Forderung wurde von dem Kongreßabgeordneten Don Pease aufgegriffen, fand aber aufgrund des starken Widerstands der Geschäftswelt und Mexikos im Kongreß keine Mehrheit[46]. NAFTA sieht nur eine Anerkennung der jeweiligen nationalen Arbeitsgesetzgebung vor.

---

41 Moody, K., McGinn, M., Unions and Free Trade, a.a.O., S. 44
42 Brecher, J., Costello, T., Global Village vs. Global Pillage: A One-World Strategy for Labor, in: Cavanagh, J. et al (eds.), Trading Freedom. How Free Trade Affects Our Lives, Work, and Environment, San Francisco 1992, S. 122
43 Moody, K., McGinn, M., Unions and Free Trade, a.a.O., S. 51
44 Stokes, B., Mexican Roulette, in: National Journal, 15. Mai 1993, S. 1160–1164, hier S. 1163
45 Siehe den Brief des Vorsitzenden der UAW, Owen Bieber, an Mickey Kantor, dem Handelsbeauftragten der Clinton-Administration, vom 15. 6. 1993.
46 Brecher, J., Costello, T., Global Village vs. Global Pillage, a.a.O., S. 123

- Wirksame Kontroll- und Strafmechanismen zur Aufdeckung und Verhinderung von Verstößen gegen die Umwelt- und Arbeitsgesetzgebung. Laut dem Vertragstext ist aber nur dann ein Handlungsbedarf gegeben, wenn wiederholt und ungerechtfertigt die Einhaltung der Gesetze nicht gewährleistet wird. Die Gewerkschaften forderten statt dessen ähnlich umfangreiche und wirksame Überwachungsmechanismen, wie es der NAFTA-Vertrag für den Schutz von Patentrechten vorsieht[47].

Die Clinton-Administration lehnte jedoch weitere Verhandlungen ab und warf ihrerseits den Gewerkschaften vor, mit »roher Gewalt« und »rüden Methoden« Abgeordnete der Demokratischen Partei unter Druck zu setzen[48]. In der Tat gelang es der AFL-CIO, die Mehrheit der demokratischen Abgeordneten zur Ablehnung von NAFTA zu gewinnen, aber dank der Stimmen der republikanischen Opposition wurde NAFTA dennoch vom Kongreß ratifiziert.

Wenn auf politischem Wege die zu erwartenden negativen Folgen von NAFTA nicht begrenzt werden können, dann stehen den Gewerkschaften nur mehr die Mittel tarifvertraglicher Regelungen bzw. des Arbeitskampfes zur Verfügung. Ob ihnen allerdings eine länderübergreifende Tarifpolitik gelingen wird, ist zweifelhaft. Denn die amerikanischen Gewerkschaften vermochten es in den letzten Jahren nicht einmal mehr, ihre Tradition des pattern bargaining, d. h. die Übertragung eines mit einem führenden Unternehmen einer Branche ausgehandelten Musterabschlusses auf die anderen Unternehmen der Branche, aufrechtzuerhalten. Bevor die amerikanischen Gewerkschaften gemeinsam mit den Bewegungen der Nachbarländer eine Gegenwehr aufbauen können, müssen sie zunächst den derzeitigen eigenen Mangel an gewerkschaftlicher Solidarität überwinden. Solange beispielsweise die UAW zwar heftig gegen die Produktionsverlagerung nach Mexiko polemisiert, aber gleichzeitig den Autokonzernen erlaubt, Überstunden in einem fast schon frühkapitalistischen Ausmaße anzuordnen, fehlt die Basis für eine transnationale Solidarität, die über »Sonntagsreden« hinausgeht. Wenn also die US-Gewerkschaften nicht die Borniertheit des business unionism überwinden, könnte NAFTA »zum letzten Nagel im Sarg« der amerikanischen Gewerkschaftsbewegung werden.

---

47 AFL-CIO News, 28. Juni 1993, S. 1
48 Wall Street Journal Europe, 8. Nov. 1993, S. 2

4. Arbeitsbeziehungen und Tarifpolitik in Japan – Eine Herausforderung für Europa?

Wolfgang Lecher[1]

4.1 Problemstellung

Bis zum Ende der achtziger Jahre war die Diskussion über die »japanische Herausforderung« bzw. das »japanische Modell« in Deutschland und Europa generell von den harten ökonomischen Tatsachen der japanischen Exportoffensive, dem technologischen Innovationspotential Japans, dessen hohen Produktivitäts- und Wachstumsraten und den insbesondere bei Randarbeitnehmern immer noch vergleichsweise geringen Lohnkosten geprägt. Mit der weltweiten Diskussion um »Lean-Production« und hier insbesondere mit dem Erscheinen des MIT-Buchs von Womack u. a.[2] zur Situation in der Autoindustrie im Jahre 1991 gerät nun das japanische Arbeitsbeziehungssystem mehr und mehr ins Zentrum der Diskussion. Dabei geht es insbesondere um Gruppen- bzw. Teamarbeit, um den Autonomiegrad des einzelnen am Arbeitsplatz, um Aufgabenanreicherung und Aufgabenwechsel und nicht zuletzt um die soziale Produktivität der Arbeitnehmer. Allerdings wird in der westlichen Rezeption von Lean-Production made in Japan meist unterschlagen, daß eine der wesentlichen japanischen Säulen dieses Systems die scharfe Trennung von Stamm- und Randbelegschaften ist. Nur die numerische Flexibilität von Randbelegschaften, insbesondere in einem tief gestaffelten Zuliefersystem, schafft die Voraussetzungen für die gewünschte Aufgabenflexibilisierung bei der Endmontage, die in den Stammwerken vorgenommen wird. Damit sind die drei wichtigsten Komponenten des japanischen Arbeitsbeziehungssystems beschrieben, die von europäischen Verhältnissen – allerdings von Land zu Land differenziert – abweichen:

---

1 Für kritische Durchsicht und hilfreiche Anmerkungen bedanke ich mich bei Dr. Helmut Demes, Deutsches Institut für Japanforschung, Tokyo.
2 Womack, J. P., Jones, D. T., Roos, D., Die zweite Revolution in der Autoindustrie, Frankfurt/New York 1991

– gruppenorientiertes Arbeiten,

– starke Segmentierung von Stamm- und Randbelegschaft,

– Betriebsgewerkschaften und Schwerpunkt auf betrieblicher Tarifpolitik.

Bedenkt man, daß die japanischen Direktinvestitionen in der Bundesrepublik mit 7,4 % aller hier vorgenommenen ausländischen Direktinvestitionen an fünfter Stelle stehen (noch vor Frankreich, Schweden und Italien)[3], so läßt sich leicht absehen, daß die zweifellos effizienten japanischen Arbeitsbeziehungen nicht nur in der abstrakten Diskussion um die Modelloptimierung eine Rolle spielen, sondern daß sie ganz handfest in japanischen Unternehmen und Betrieben in der Bundesrepublik bzw. in Europa schon heute eine nicht zu unterschätzende praktische Rolle spielen. Dabei geht es insbesondere um flexiblen Arbeitskräfteeinsatz, eine Verdichtung der Arbeitstätigkeit nicht nur physisch, sondern auch im psychischen Bereich, die Kontrolle des Managements über den einzelnen Arbeitnehmer bzw. die Arbeitsgruppe, Lohndifferenzen aufgrund unterschiedlicher Ergebnisse der Personalbewertung sowie Zusammenarbeit von Arbeitnehmervertretern (in Deutschland Betriebsräte und gewerkschaftliche Vertrauensleute) und Management[4]. In all diesen zentralen Punkten betrieblicher Arbeitsbeziehungen stoßen japanische und europäische (bzw. national deutsche, italienische, französische usw.) Vorstellungen der Arbeitnehmervertretung und des Managements aufeinander und können zu Frustration sowie Motivationsverlust führen. Es lohnt sich also, den Wurzeln und aktuellen Ausprägungen des japanischen Arbeitssystems Aufmerksamkeit entgegenzubringen.

4.2 Das Grundmuster der Arbeitsbeziehungen

Arbeitsbeziehungen und Kollektivvertragspolitik sind in Japan vor allem betrieblich geprägt[5]. Auf betrieblicher Ebene gibt es drei zentrale Elemente

---

3 Zahlen zur wirtschaftlichen Entwicklung der BRD, IW, Köln 1993, S. 46
4 Weiterführende Überlegungen auf der Grundlage der empirischen Ergebnisse einer Untersuchung der Entwicklung der Arbeitsbeziehungen in einem japanischen Automobil-Transplant in den USA bei Seifert, W., Arbeiten für die Japaner – womit wir in Deutschland rechnen müssen, in: Fucini, J. J., Fucini, S. (Hrsg.), Arbeiten für die Japaner – ein Blick hinter die Kulissen der Mazda US-Autofabrik, Landsberg, L. 1993 (Einführungskapitel).
5 Zum folgenden ausführlich Lecher, W., Ohne Illusionen: Stand und Perspektive der Arbeitsbeziehungen in Japan, in: Menzel, U. L. (Hrsg.), Im Schatten des Siegers – Japan, Band 3, Frankfurt/New York 1989, insbes. S. 193 ff.

der Verhaltenssteuerung sowohl von Arbeitnehmern und deren Vertretungen als auch des betrieblichen Managements.

Dabei handelt es sich zum *ersten* um die Dominanz von Gruppenorientierung gegenüber der individuellen oder (historisch) Klassenorientierung in westlichen Arbeitsbeziehungssystemen. Zwar zählt auch in Japan die individuelle Leistung, diese wird aber nach gruppenbezogenen Kriterien und dem Gesamterfolg der Belegschaft bewertet. Die Willensbildung erfolgt (formal) durch einvernehmliche Entscheidungen aller vom jeweiligen Problem Betroffenen, und dementsprechend besteht die Funktion von Vorgesetzten in Japan im Unterschied zum Westen weit eher im Sammeln und Ausgleichen einer breit gestreuten Entscheidungsfindung als im Durchsetzen von Befehls- und Delegationssystemen. Allerdings wird in Japan auch immer mehr zugegeben, daß die Entscheidungsfindung in der Regel keineswegs »egalitär« bzw. »demokratisch« ist, da die Zielorientierung dieses Prozesses meist vom Top-Management vorgegeben ist. Doch immerhin gilt, daß die Identifikationsbereitschaft der Arbeitnehmer mit der Arbeitsorganisation und dem Betriebsziel zumindest bei den Stammbelegschaften deutlich größer ist als im Westen. Zugleich aber wird es dadurch für die Betriebsgewerkschaften äußerst schwierig, vom prioritär festgelegten Unternehmens- bzw. Betriebsinteresse auch nur kurzfristig abweichende Auffassungen mehrheitsfähig zu machen. Für die Betriebsgewerkschaften bleibt nur die extreme Alternative der sehr weitgehenden bzw. totalen Zustimmung zum vorgegebenen Ziel einer optimalen Kapitalverwertung bei nur marginalen Versuchen der sozialen Steuerung dieses Prozesses oder aber die äußerst schwierige Aufgabe einer Umpolung der Gruppenidentifikation zugunsten einer eigenständigen Arbeitnehmer- und Gewerkschaftsperspektive unter massiver Verletzung kapitalbezogener Unternehmensziele. Die seit Mitte der fünfziger Jahre gegebenen privilegierten Arbeitsbedingungen für die Stammbelegschaften[6], auf deren Grundlage Rationalisierungsinvestitionen auch heute noch nicht in erster Linie in Form von Entlassungen durchschlagen, sondern durch betriebsinterne Umsetzungen und Abwälzungen dieser Folgen auf die Randbelegschaften aufgefangen werden, ermöglichen den Betriebsgewerkschaften in den Großbetrieben die weitgehend vorbehaltlose Zustimmung zur ersten Alternative.

---

6 Den im Westen leider immer noch weitgehend nicht rezipierten Bruch des japanischen Arbeitsbeziehungssystems in den fünfziger Jahren schildert und analysiert eindrucksvoll Kawanishi, H., Japan im Umbruch – Gewerkschafter berichten über Arbeitskämpfe der Nachkriegsära, WSI-Studien Nr. 64, Köln 1986.

Der *zweite* entscheidende Unterschied ist der zentrale Stellenwert des Unternehmens in der individuellen Lebensgestaltung, Lebensplanung und Lebensauffassung des japanischen Arbeitnehmers. Dieser erreicht seine soziale Position in der Gesellschaft durch die Zugehörigkeit zu einem bestimmten Unternehmen und in dessen Rahmen zu einem bestimmten Betrieb und einer bestimmten Arbeitsgruppe, der alle anderen privaten, persönlichen Beziehungen ein- und untergeordnet werden. Dies gilt für Familie, Freizeitbekanntschaften, Freundschaftsbeziehungen, wobei die beiden letzteren häufig aus Gruppenkontakten am Arbeitsplatz entstehen. Diese soziale Ausrichtung auf das Unternehmen bedeutet aber auch, daß die Gesamtsozialisation des Individuums von der frühkindlichen Erziehung bis zur Beendigung des Ausbildungsganges idealtypisch auf die Eingliederung in ein möglichst renommiertes Großunternehmen angelegt ist. Während im Innenverhältnis der im Betrieb/Unternehmen Beschäftigten eine vergleichsweise große Egalität herrscht – die allerdings auch nicht überschätzt werden sollte, da durchaus persönliche Leistungsbeurteilungen bestehen und weiter ausgebaut werden –, existiert gegenüber Unternehmen und Betrieben der gleichen oder auch benachbarter Branchen insbesondere in der exportorientierten »Weltmarktproduktion« ein enormes Konkurrenzverhältnis. Dies führt zu großen Schwierigkeiten bei Vereinheitlichungsansätzen der Gewerkschaften auf Branchenebene. Die Tatsachen, daß heute rund 70 000 Betriebsgewerkschaften mit faktischer Autonomie auf betrieblicher Ebene bestehen und Abkommen zwischen Arbeitgebern und Gewerkschaften ganz überwiegend auf dieser Ebene zustande kommen, weisen auf die enorme Bedeutung guter Kontakte und eines funktionierenden Konsensprinzips auf Betriebsebene hin, während der Ausbau überbetrieblicher – gewerkschaftspolitischer oder auch arbeitgeberpolitischer – Strategien aufgrund der geschilderten Bedingungen im Unterschied zu vielen westlichen Systemen nur eine untergeordnete Rolle spielt.

Die *dritte* Besonderheit schließlich liegt im japanischen Verhältnis von persönlicher Abhängigkeit und Autorität. Sie gründet in der konfuzianischen Lebensphilosophie, nach der die Einzigartigkeit und Unwiederbringlichkeit der zwischenmenschlichen Beziehungen und damit ihr Wert für die interagierenden Personen in weit höherem Maße vom gefühlsmäßigen Verständnis als von objektiv-rationalen Gründen abhängt. Das japanische Kommunikationsideal ist daher, eine möglichst vertrauensvolle, harmonische Beziehungsstruktur in allen und natürlich insbesondere den so wichtigen Kontakten am Arbeitsplatz aufzubauen. Erst in zweiter Linie werden solche Kontakte dann als Informationsträger oder ähnliches funktionalisiert.

Im Unterschied zum westlichen Vorgesetzten-Untergebenen-Verhältnis, das von dem Verhältnis zwischen Käufer und Verkäufer der Ware Arbeitskraft geprägt und immer rationalitäts- bzw. herrschaftsbezogen ist, sind die entsprechenden japanischen Beziehungen durch Pflichtgefühl und persönliche Loyalität»von unten« sowie durch Verantwortung, gegenseitiges Vertrauen und dem Streben nach reibungsloser Harmonie bei Minimierung von Herrschaftsbewußtsein und Herrschaftsattitüden»von oben« bestimmt. Natürlich verschleiert diese starke Betonung emotionaler Beziehungen und das Zurückdrängen von im kapitalistischen Betrieb sachrationalen Autoritätsentscheidungen das tatsächlich gegebene Abhängigkeits- und Ausbeutungsverhältnis vor allem außerhalb der privilegierten Teile der Stammbelegschaften. Dies erschwert es den Gewerkschaften außerordentlich, die objektiv unterschiedlichen Interessenlagen von Arbeitgebern bzw. Management und abhängigen Arbeitnehmern insbesondere der Randbelegschaften herauszuarbeiten oder zunächst einmal auch nur im eigenen Bewußtsein zu vollziehen.

4.3 Schlanke Produktion – dichte Arbeit

Wie eingangs schon angedeutet, werden die japanischen Arbeitsbeziehungen heute mit den Stichworten »Lean-Production« (schlanke Produktion) globalisiert. Doch wie alles hat auch dieses neue Paradigma industriegesellschaftlicher Produktion und Arbeit seine zwei Seiten. Es bedarf durchaus einer nüchternen Analyse und begründeten Abwägung ihrer jeweiligen Vor- und Nachteile für die davon zukünftig erfaßten Belegschaften und ihrer Interessenvertretungen[7]. Welche Implikationen können nun die Schlüsselprinzipien von Lean-Production auf »Arbeit« haben, und welche Erfahrungen lassen sich dem bereits entwickelten japanischen Beispiel entnehmen, bzw. wo sind die entscheidenden »Einfallstore« japanischer Arbeitsbeziehungen auf westliche Modelle?

Aufgabenintegration und ganzheitlicher Arbeitszuschnitt sind die neuen Qualifikationsziele des wertschöpfenden Produktions- bzw. Montagearbeiters; diese erfordern einen radikalen Bruch mit der bisherigen Arbeitsorganisation und Berufsausbildung. Spezialisierte Tätigkeit in den jeweils vor-

---

7 Eingehender dazu Lecher, W., Schlanke Produktion – Dichte Arbeit, in: Die Neue Gesellschaft – Frankfurter Hefte, 8/1992, S. 699 ff.

und nachgelagerten Bereichen werden zugunsten breiter Qualifikation des Produktionsarbeiters zurückgeschnitten, die betriebliche Arbeitsorganisation findet ihr Zentrum wieder in der Fertigung. Dazu kann direkt auf japanische Erfahrungen mit on-the-job-Training, häufiger Arbeitsplatzrotation und demzufolge mit dem Kennenlernen aller wichtigen Arbeitstätigkeiten in der Fertigung zurückgegriffen werden. Das dual orientierte Berufsbildungssystem beispielsweise in der Bundesrepublik könnte eine deutliche Schwerpunktverlagerung hin zum betrieblichen Ausbildungsteil erhalten. Die Ausbildung würde betriebsspezifischer werden, der Betrieb investierte viel in Aus- und Weiterbildung seiner Breitbandqualifizierten, Kenntnisse und Fertigkeiten dieser so Qualifizierten könnten optimal nur nach den jeweiligen betriebsspezifischen Verhältnissen ein- und praktisch umgesetzt werden. Aufgrund breit angelegter, anspruchsvollerer und herausfordernderer Arbeit (beispielsweise durch das Übernehmen von Personalverantwortung in der Gruppenführung) könnte die Arbeitszufriedenheit durchaus höher als beim klassischen Bandarbeiter sein. Die Bereitschaft zu Arbeitsintensivierung und Flexibilisierung steigt allerdings auch. Die Beziehungen zwischen betrieblichem Management (in Japan meist selbst aus der Produktion hervorgegangen) und den Fertigungsbeschäftigten (mit dem – wenn auch selten tatsächlich realisierten – Karriereziel »Manager«) sind eng. Betriebsübergreifende Solidarität schwächt sich dagegen ab.

Das zweite in unserem thematischen Zusammenhang wichtige Element von Lean-Production ist das Verhältnis Zulieferer–Endhersteller. Dieses muß in eine möglichst enge und dauerhafte Verbindung gebracht werden. Dazu tragen vor allem drei Organisationsformen bei:

– die pyramidenförmige Struktur der Zulieferer, wonach in mehreren Stufen Einzelelemente, größere Bauteile und ganze Systemkomponenten hergestellt, vormontiert und zum Teil nach dem Baukastenprinzip schon auf der obersten Zulieferstufe endmontiert werden;

– die Beteiligungsverschachtelung zu einer integrierten Unternehmensgruppe von Endmontage, den wichtigsten Zulieferern besonders der ersten beiden Ebenen der Pyramide und einer Hausbank (Keiretsu);

– ein reger Austausch zwischen qualifizierten Arbeitnehmern (Ingenieure, Konstrukteure, Informatiker, gut qualifizierte Arbeitnehmer) der Endmontage und den oberen Zulieferebenen, um vor Ort und aufeinander abgestimmt Mängelbeseitigung zu erreichen und qualifizierte Schulung an neuen Maschinen und Werkzeugen sicherzustellen. Dies ist eine der wichtigsten Voraussetzungen für ein funktionierendes Kanban-System (Toyota) bzw. just-in-time-Produktion.

Innerhalb des gesamten Unternehmensverbandes, das heißt einschließlich der wichtigsten Zulieferer, wird die Arbeit nach der Produktlinie organisiert. Die japanischen Gewerkschaften sind im Unterschied zum Westen Unternehmensgewerkschaften mit hoher Autonomie gegenüber der sektoralen, regionalen und Dachverbandsebene. Ihre Mitglieder rekrutieren sich aus den fest angestellten Stammarbeitnehmern des Endmontagewerks und der oberen Ebenen der Zulieferpyramide sowie allenfalls dem qualifizierten Kern der unteren Zulieferer. Ausgeschlossen bleiben Nicht-Unternehmensangehörige der Zulieferbetriebe und alle Arbeitnehmer mit atypischen Arbeitsverträgen, insbesondere Leiharbeit, Zeitarbeit, Teilzeitarbeit. Die scharfen Trennlinien zwischen Stamm- und Randarbeitnehmern innerhalb des Unternehmens und zwischen verschiedenen Unternehmen und Unternehmensgruppen werden also auf der Ebene der Arbeitsbeziehungen widergespiegelt. Der Arbeitnehmer in Lean-Prduction ist damit, und dies gilt nicht nur für Japan, sondern ist organisationsstrukturell bedingt, stark auf unternehmensbezogene Gemeinschaft geprägt.

Das dritte zentrale Element von Lean-Production ist die Herstellung einer Unternehmenskultur (Corporate Identity), einer gemeinsamen Verantwortung und Verpflichtung aller im Arbeitsprozeß Engagierten. Die volle Ausschöpfung der subjektiven Produktionsreserven ist das arbeitsbezogene Ziel von Lean-Production. Diesem Ziel dienen letztlich die polyvalente Qualifikation, die den Arbeitsgruppen zugestandene relative Arbeitsautonomie, die Transparenz des Gesamtprozesses und die über vielerlei soziale Maßnahmen erzeugte enge Verbindung der Stammarbeitnehmer mit dem Unternehmen. Die starke Einbeziehung aller am Produktionsprozeß Beteiligten bei der gemeinsamen Problemlösung und Prozeßoptimierung erzeugt im System von Lean-Production ein aus der spezifischen Arbeitsorganisation erwachsendes und nicht etwa künstlich oktroyiertes starkes Gefühl der gegenseitigen Verpflichtung und Verantwortung. Überspitzt gesprochen stellt der Stammarbeitnehmer in Lean-Production seine ganze Person affektiv und kognitiv in den Dienst des Unternehmens und erhält dafür maximale Protektion und Garantie vor allem bezüglich Arbeitsplatzsicherheit, Laufbahnmuster, Qualifikationsangebot und Entlohnung. Es wäre ein profundes Mißverständnis zu glauben, daß Unternehmenskultur und die damit angestrebte Identifikation der Beschäftigten nur durch schlichte Sozialtechniken »von oben« eingepflanzt werden könnten, auch wenn diese Methoden in Japan durchaus anzutreffen sind. Dies ist nun möglicherweise die ernsthafteste Herausforderung für die traditionelle Interessenvertretung der Arbeitnehmer in Europa und deren Konzeption einer gesellschaftlich-übergreifenden und eben nicht nur unternehmensgemeinschaftlich begrenzten Entwicklungsperspektive von Arbeit.

Für die Betriebsräte und die Gewerkschaften im Westen werden folgende Fragestellungen mit der Einführung und schrittweisen Optimierung des Systems von Lean-Production gelöst werden müssen:

- Konzentrieren sie sich auf die Stammarbeitnehmer, oder versuchen sie die gemeinschaftsexternen Randarbeitnehmer mitzuvertreten?

- Schalten sie sich aktiv in die Organisation von Themenbestimmungen der Gruppenarbeit zum Beispiel als Moderatoren ein, oder verharren sie in ihrer gegenüber Teamarbeit extern-repräsentativen Rolle?

- Akzeptieren oder bekämpfen sie die Verdichtung von Arbeit nicht nur in ihrer traditionellen Ausprägung als Extensivierung (lange Arbeitszeiten und Überstunden), sondern auch in ihren neuen und schwer kontrollierbaren Formen der Intensivierung (multifunktionale Tätigkeiten, Streß durch Überforderung, Selbstausbeutung)?

- Können die Gewerkschaften die nunmehr gut ausgebildeten, selbstbewußten und kooperationswilligen Arbeitnehmer in Lean-Production, das heißt also die neue technisch-arbeitsorganisatorische Intelligenz im Betrieb, über die unternehmensgemeinschaftlich vordefinierten Aufgaben hinaus zu gesellschaftlichem Engagement animieren? Themen hierzu wären etwa die ökologische Problematik von extremem just-in-time aufgrund der Tatsache, daß hier praktisch Lagerhaltung auf der Straße betrieben wird, die soziale Ungerechtigkeit der Aufspaltung von Stamm- und Randarbeitnehmern sowie Geschlechts- und Ausländerdiskriminierung.

4.4 Die Verlierer des japanischen Arbeitsbeziehungssystems – Randbelegschaften

In der westlichen Rezeption von Lean-Production und den dafür günstigen Weichenstellungen des japanischen Arbeitsbeziehungssystems wird meist unterschlagen, daß eine der wesentlichen Säulen dieses neuen Systems die scharfe Trennung von Stamm- und Randbelegschaften ist[8]. Nur die numerische Flexibilität von Randbelegschaften, insbesondere in einem tief

---

8 Dieser Abschnitt ist entnommen aus: Lecher, W., Lean-Production und Randbelegschaften in Japan, in: Die Mitbestimmung 6/1993.

gestaffelten Zuliefersystem, schafft die Voraussetzung für die gewünschte Aufgabenflexibilität in den Stammwerken bzw. bei der Stammbelegschaft. Die in aller Regel männlichen Stammarbeitnehmer befinden sich in einem fast hermetisch geschlossenen internen Arbeitsmarkt, während die überwiegend weiblichen Randbelegschaften den Fluktuationsbedingungen des externen Arbeitsmarkts unterliegen. Diese scharfe Segmentierung von Arbeitnehmern bzw. Arbeitsmärkten findet sich im übrigen – wie bereits mehrfach angedeutet – auch in den Gewerkschaften wieder. Zwar färbt die japanische Gemeinschaftsideologie durchaus auch auf Randbelegschaften ab. Trotzdem sind die Arbeitsbedingungen hier quantitativ und qualitativ sehr verschieden von der Stammbelegschaft. Zeitverträge, Fremdfirmenarbeit, Leiharbeit, Heimarbeit, Saisonarbeit, Tagelöhnertätigkeiten und die Beschäftigung Älterer nach ihrem Ausscheiden aus dem Normalerwerbsleben spielen in der japanischen Arbeitsgesellschaft eine vergleichsweise wichtigere Rolle als im Westen. Nach dem ersten Krisenschub Mitte der siebziger Jahre und der mit Lean-Production ermöglichten Flexibilisierung fordistischer Massenfabrikation hat sich dieser Trend besonders in den Bereichen weiblicher Teilzeitarbeit und der schnellen Ausdifferenzierung von Leiharbeit beschleunigt. 1986 wurden zur Kanalisierung und Standardisierung dieser neuen Formen flexibilisierter Randgruppenarbeit bzw. instabiler Beschäftigungsverhältnisse Gesetze geschaffen, die aber auch nach japanischer Einschätzung keine Einschränkung, sondern in vielen Fällen eher eine Legalisierung dieser Tätigkeiten zur Folge hatten.

Im Unterschied zu den sehr detaillierten und in offiziellen Dokumenten gut ausgewiesenen Angaben zu den Arbeitsbedingungen der Stammarbeitnehmer ist es für den gesamten Randarbeitnehmerbereich bis heute sehr schwierig, aussagefähiges Datenmaterial zu erhalten. Dies liegt zum einen an den Schwierigkeiten der offiziellen, staatlichen Statistiken (insbesondere des Arbeitsministeriums), die Vielfältigkeit der Randarbeitnehmerverhältnisse adäquat zu erfassen, aber auch an der Stammarbeiterzentrierung der meisten gewerkschaftseigenen Erhebungen. Beide sind daher vor allem mit der Lage und den Problemen der Stammbelegschaften befaßt und weisen nur in wenigen Ausnahmefällen Daten über Kleinstunternehmen und die kaum gewerkschaftlich erfaßte Randbelegschaft aus. Dabei befinden sich rund 70 % aller Arbeitnehmer in Firmen und Belegschaften unter 100 Personen, und im Bereich von unter zehn Personen wächst immer noch die große Randgruppe der quasi Selbständigen in Monopolabhängigkeit von den ihre Produkte abnehmenden Großunternehmen. Zum anderen besteht ein erhebliches Defizit an klaren Definitionen der jeweiligen Randbeschäftigten.

Beispielsweise existiert keine exakte Abgrenzung der Zeitarbeitnehmer. Sie werden vielmehr entweder nach der Länge ihrer Arbeitszeit oder nach der Länge ihrer Einstellungsdauer oder aber auch nach der Art ihrer Bezahlung statistisch abgegrenzt. Zwar versucht auch hier ein neues Gesetz, Kriterien zu setzen, doch ändert dies nichts daran, daß nach wie vor in der Praxis ganz einfach diejenigen als Zeitarbeitnehmer zu gelten haben, die im Unternehmen »part-timer« genannt werden. Drittens schließlich existieren heute unterschiedliche Abgrenzungskriterien der beiden großen Arbeitsmarktsegmente Stamm- und Randbelegschaften untereinander. Wenn man nach der klassischen Formel der Stammbelegschaft trennt, dann sind lebenslange Beschäftigungssicherheit in einem Unternehmen, Senioritätslohnprinzip und Betriebsgewerkschaftszugehörigkeit die entscheidenden Erkennungsmerkmale dieses Typs. Damit wird vorausgesetzt, daß Stammarbeitnehmer nur in Großunternehmen vorkommen, da nur diese die beschriebenen Arbeitsbedingungen anbieten. Entsprechend wären Randbelegschaften durch die vollkommene oder zumindest überwiegende Abwesenheit dieser Bedingungen zu definieren. Doch eine klare Trennungslinie der beiden Bereiche ist allenfalls idealtypisch möglich, verwischt sich empirisch aber immer mehr. Die lebenslange Beschäftigungssicherheit wird durch ein früheres Ausscheiden Älterer in strukturschwachen Branchen und Warteschleifen von Jugendlichen bei verminderter Einstellung in Großbetrieben immer weiter durchbrochen. Das Senioritätslohnprinzip wird durch zunehmende Leistungslohnbestandteile bzw. Bonuszahlungen entkräftet, und die Gewerkschaftsquote nimmt kontinuierlich aufgrund rückläufiger Stammbelegschaften insbesondere im Industriesektor (nicht zuletzt aufgrund der Rationalisierungseffekte durch Lean-Production) und der Sektorenverschiebung hin zum organisationsschwachen privaten Dienstleistungsbereich weiter ab. Trotzdem gilt nach wie vor, daß Randbelegschaften durch ein erheblich größeres Entlassungsrisiko, geringerwertige Qualifikation, weitaus höheren Anteil weiblicher Arbeitnehmer und ihre Beschäftigung in Klein- und Mittelbetrieben gekennzeichnet sind. Sie erfüllen auftragsbedingte Pufferfunktionen, können als Manövriermasse bei konjunkturellen und/oder strukturellen Krisen genutzt werden und unterliegen häufig zeitlichen Befristungen ihrer Tätigkeit.

Einige Daten zum Umfang der jeweiligen Randarbeitnehmergruppen lassen Dimension und Entwicklungstendenz des Problems erkennen. Seit 1974 stagniert die Zahl von Stammarbeitnehmern in allen Industriezweigen und wurde im verarbeitenden Gewerbe sogar um mehr als ein Zehntel reduziert. Nach einer Erhebung des Arbeitsministeriums ergab sich, daß

1980 77,4 % der Pensionierten, das heißt der aus dem Normalarbeitsverhältnis ausgeschiedenen Stammarbeitnehmer, sofort eine neue Beschäftigung entweder mit einem schlechteren Arbeitsvertrag bei der alten Firma oder bei kleineren und billigeren Firmen aufnahmen und damit in den Status der Randbelegschaften wechselten. Schließlich müssen auch die quasi-selbständigen Subkontrakter, die Kleinteilefertigung für die alte Firma betreiben und ihre Minibetriebe mit den recht hohen Abfindungssummen aus der Stammarbeitstätigkeit aufbauen, zu der im Randbereich arbeitenden Erwerbsbevölkerung gerechnet werden. Dabei liegt der Anteil der Subkontrakter an der gesamten Wertschöpfung beispielsweise der japanischen Automobil- und Elektroindustrie um rund die Hälfte höher als in den USA. In vielen Fällen übernehmen die Älteren Arbeiten, die in den westlichen Industriestaaten von Gastarbeitern bzw. von der jeweils jüngsten Einwanderungswelle geleistet werden.

Instabile Beschäftigung kennzeichnet auch die Saisonarbeiter, Tagelöhner und Heimarbeiter, wobei letztere mit geschätzten 1,3 bis 1,5 Millionen den Hauptanteil stellen und im Schnitt nur die Hälfte des Lohns der Beschäftigten in Kleinunternehmen (1–29 Beschäftigte) erhalten. Die Einkommen der in diesen Kleinunternehmen Tätigen zählen wiederum zu den niedrigsten Durchschnittslöhnen Japans (weniger als 70 % der Löhne und Gehälter von Mittel- und Großunternehmen). Auch heute noch weisen die amtlichen Erhebungen des Arbeitsministeriums keine Absolutzahlen der Leiharbeitnehmer aus. Bekannt ist aber, daß sich diese gleichfalls äußerst unsicheren Beschäftigungsverhältnisse seit Beginn der achtziger Jahre rapide ausweiten und Schätzungen verschiedener einschlägig damit befaßter japanischer Institutionen davon ausgehen, daß heute bis zu einer Million Arbeitnehmer solche Arbeit leisten. Am besten erfaßt ist der wohl größte Randarbeitnehmerbereich »Teilzeitarbeit«, der im wesentlichen von weiblichen Beschäftigten verrichtet wird und gleichfalls stark expandiert. Dabei ist wichtig, daß die offizielle Definition der Teilzeitarbeit Arbeitstätigkeiten bis zu 35 Wochenstunden in Japan umfaßt, wobei auch noch längere Arbeitszeiten betriebsintern unter den diskriminierenden Teilzeitbegriff fallen können. Betrug der Anteil von Teilzeitarbeit im verarbeitenden Gewerbe 1975 nur 2,7 %, so beläuft er sich heute auf 10,2 %. 1990 waren 73 % der Teilzeitarbeitenden Frauen.

Versucht man nun auf dieser schwierigen und aufgrund der mangelhaften japanischen Datenlage durchaus unsicheren empirischen Basis eine grobe Schätzung des quantitativen Verhältnisses von Stamm- zu Randbelegschaften, so spielen Beschäftigte in Kleinunternehmen, Leiharbeitnehmer, ältere Arbeitnehmer, die aus dem Normalarbeitsverhältnis ausgeschieden sind, und Teilzeiter die dominierende Rolle. Dabei setzte sich die Randarbeitnehmerschaft zu Beginn der neunziger Jahre (letzte verfügbare Daten) wie folgt zusammen[9]: 29,2 Millionen Beschäftigte in Unternehmen von 1–29 Personen, wo die Wahrscheinlichkeit der Existenz einer Stammbelegschaft gegen Null geht; 5,0 Millionen nichtreguläre Arbeitsverhältnisse wie verschiedene Zeitarbeitsformen, Aushilfsarbeiten, Heimarbeit, Tagelöhner; 4,0 Millionen ältere, aus der Stammarbeit bereits ausgeschiedene Beschäftigte; ca. 1,0 Millionen Leiharbeitnehmer und schließlich (offiziell) zur Zeit etwa 2 Millionen Arbeitslose. Auch bezüglich der Arbeitslosen ist die statistische Definitionsgrundlage völlig verschieden vom Westen. Als nicht arbeitslos gilt, wer nur eine Stunde in der dem Stichtag vorausgehenden Woche gearbeitet hat.

Diese zusammen rund 41 Millionen vom Stammarbeitnehmerverhältnis abweichenden Randarbeitnehmer können nun den insgesamt 54,4 Millionen Beschäftigten in der Privatindustrie gegenübergestellt werden. Damit kommt man auf eine Relation von einem Stammarbeitnehmer auf etwa vier Randbeschäftigte. Dieser Wert deckt sich mit der in der kritischen Japanliteratur seit Beginn der achtziger Jahre zwar immer behaupteten, aber nie quantitativ belegten Relation von etwa 75 % Rand- zu 25 % Stammarbeitnehmern. Nach der eingangs erwähnten Beschränkung der meisten japanischen Gewerkschaften auf die organisatorische Erfassung von Stammarbeitnehmern verwundert nunmehr auch nicht, daß die gewerkschaftliche Organisationsquote in Japan zur Zeit bei etwa 24,5 % (mit fallender Tendenz) liegt.

Mit diesem Versuch, die quantitativen Dimensionen der japanischen Arbeitswirklichkeit etwas genauer darzustellen, soll nicht behauptet werden, daß sich dieses Muster spiegelbildlich mit der Einführung von Lean-Production auch in westlichen Gesellschaften herstellen wird. Doch wird sehr wohl davor gewarnt, im Westen nur die positiven Resultate von Lean-Production bzw. des tatsächlichen oder vermuteten Einflusses japanischer Arbeitsbeziehungen auf die Arbeitseffizienz wahrzunehmen und deren Kehrseite zu unterschlagen.

4.5 Gewerkschaften und Kollektivverhandlungen

Wenden wir uns nun abschließend der Frage zu, wie im japanischen Arbeitsbeziehungssystem, das auf Kooperation und Betriebszentrierung be-

---

9 Alle folgenden Daten aus verschiedenen Jahrgängen von Japanese Working Life Profile – Labor Statistics.

ruht, Tarifpolitik gemacht wird[10]. Dabei kann es nicht um eine differenzierte Darstellung dieses hochkompolexen Themas gehen, sondern es kann nur eine Akzentuierung der wichtigsten Unterschiede zwischen japanischen und europäischen Gestaltungsgrundsätzen dieses Handlungsfeldes erfolgen. Die Unterschiede sind erheblich. Das beginnt schon damit, daß der Vertragsgedanke, wie er für westliche Tarifabschlüsse unabdingbar ist, in Japan fehlt und daher echte Kollektivverhandlungen den japanischen Arbeitsbeziehungen eigentlich wesensfremd sind. Es geht in Japan nicht um den Verkauf und Kauf der Ware Arbeitskraft, sondern um statusbedingte Macht- und Abhängigkeitsbeziehungen: Der Ideologie des paternalistischen Managers entsprechen Loyalität und Pflichterfüllung der Arbeitnehmer. Daraus resultiert ein »Betriebsfamilienbewußtsein«, dem konsultative Verfahren zwischen Betriebsgewerkschaften und Betriebsmanagement weit eher entsprechen als die Konfrontation heterogener Positionen wie im Westen. Dies führt dazu, daß in den Kollektivverträgen oft der schuldrechtliche Teil der Bestimmungen (Anerkennung und Sicherung gewerkschaftlicher Aktivitäten, Dimensionierung und Eingrenzung von Konflikten) gegenüber dem normativen Teil (exakte Festlegung von Löhnen und Arbeitsbedingungen) vorherrscht. Die für westliche Tarifverträge typischen eindeutigen, möglichst sogar quantifizierten Festlegungen und Bestimmungen werden in Japan weitgehend vermieden. Selbst schriftlich kodifizierte Tarifverträge bleiben so der ständigen Interpretation und fallweisen Auslegung zugänglich und fügten sich daher problemlos in das Konsultationssystem[11]. Allerdings gibt es in Japan besonders in Großunternehmen ausdifferenzierte »Betriebsordnungen«, die einige der in Deutschland durch Tarifrahmenverträge und/oder Betriebsvereinbarungen geregelte Aspekte verbindlich festlegen. Es liegt nun auf der Hand, daß ein solches extrem dezentralisiertes und auf die Sicherung der Privilegien der Stammbelegschaft zugeschnittenes »Verhandlungssystem« die gesellschaftspolitischen Aufgaben westlicher Tarifpolitik (Regulierung des Verteilungskonflikts, Einschränkung unproduktiver Konkurrenz zwischen den Unternehmen, Sicherung des Nachfragepotentials) nicht wahrnehmen kann.

Gleichwohl besteht aber auch in der deregulierten japanischen Gesellschaft trotz des stark entwickelten Konsensprinzips ein Bedarf an derartigen

---

10 Dazu bieten die besten Informationen Shirai, T., Die japanische Betriebsgewerkschaft, Bochum 1982 und Bergmann, J., Rationalisierungsdynamik und Betriebsgemeinschaft – Die Rolle der japanischen Betriebsgemeinschaften, München/Mering 1990.
11 Die nach wie vor beste (auch empirisch gestützte) Übersicht zum japanischen Konsultationssystem gibt Park, S.-J., Mitbestimmung in Japan – Produktivität durch Konsultation, Frankfurt/New York 1982

»rationalen« Integrationsmechanismen. Das tarifvertragliche Instrument, das dafür ab Mitte der fünfziger Jahre eingesetzt wird, ist die sogenannte Frühjahrslohnoffensive Shunto. Sie wurde insbesondere von der »linken« Dachgewerkschaft Sohyo bzw. ihren Branchenverbänden entwickelt und getragen und bezog sich bis zu den Ölkrisen in den siebziger Jahren ausschließlich auf die Festlegung von Löhnen, die dem raschen Produktivitätsfortschritt angepaßt werden sollten. Davon profitierten insbesondere die Arbeitnehmer in Klein- und Mittelbetrieben und die im öffentlichen Dienst Beschäftigten, deren Rechte und Möglichkeiten zu Kollektivverhandlungen eingeschränkt sind. Seither haben sich zwar das Verhandlungsspektrum bzw. die gewerkschaftlichen Forderungen auch auf institutionelle Reformen und Arbeitsbedingungen im weiten Sinn – insbesondere Arbeitszeitverkürzung – erweitert, doch ging ab Ende der achtziger Jahre der Einfluß von Shunto als Rahmenkoordinierung der betrieblichen Verhandlungen zurück. Dies hat verschiedene Gründe. Erstens setzen die Rezession, der auch die japanische Wirtschaft ausgesetzt ist, sowie langjährig rückläufige Wachstumsraten Shunto weit engere Grenzen als in den sechziger und siebziger Jahren. Zweitens ist die treibende Dachgewerkschaft Sohyo (mit ihrem Organisationsschwerpunkt im öffentlichen Dienst) 1988 in einem integrierten Dachverband Rengo aufgegangen, wo sich Positionen der früher konkurrierenden Dachgewerkschaft Domei (Privatindustrie) zugunsten der Betriebsgewerkschaften wieder stärker durchsetzten. Drittens ist die seit nunmehr neun Jahren geführte Arbeitszeitverkürzungskampagne im Rahmen von Shunto ohne jeden Erfolg geblieben und erschüttert die Glaubwürdigkeit dieser Forderung sowohl in Japan als auch im Westen. Viertens schließlich beziehen sich die Shunto-Lohnerhöhungen nur auf den Grundlohn, der insbesondere gegenüber den Leistungslohn- und Bonusbestandteilen an Bedeutung kontinuierlich abnimmt. In vielen Betrieben macht der Grundlohn nur noch 30–50 % des Gesamtlohns aus und verliert daher allmählich seine Schlüsselrolle bei der Lohnbemessung und vor allem auch als Basis für den zweimal jährlich ausbezahlten Bonus sowie für die Abfindungssumme am Ende des Arbeitslebens.

4.6 Schlußfolgerungen

Im Vergleich zu Europa haben wir es in Japan mit einem dezentralisierten, deregulierten, stark konsensorientierten und auf privilegierte Arbeitnehmergruppen zugeschnittenen Verhandlungssystem zu tun. Es fügt sich nahtlos in die eingangs beschriebenen dominierenden Arbeitsbeziehungsmuster der Gruppenorientierung, des zentralen Stellenwerts des Unternehmens und der persönlichen Abhängigkeit und Autorität ein und komplettiert damit ein Modell, das zwar in seiner extremen Ausprägung »fremdartig« ist, aber gleichwohl interessante und für die Arbeitsbeziehungen auch in Europa ernstzunehmende Tendenzen aufweist: Auch hier findet eine Dezentralisierung (Verbetrieblichung) der Tarifpolitik statt, werden Deregulierungsmaßnahmen insbesondere der Regierungen (wie in Großbritannien) exekutiert, findet unter dem Schlagwort »Lean-Production« eine arbeitsplatzbezogene Konsensorientierung von Management und Beschäftigten statt und mehren sich die Anzeichen, daß die Kluft zwischen qualifizierten und relativ beschäftigungssicheren Stammarbeitnehmern einerseits und einem sich ausweitenden Potential an Randbelegschaft mit entsprechend schlechteren Lohn- und Arbeitsbedingungen andererseits sich weit öffnet.

Doch auch in Japan wächst der Druck zur Reduzierung langer Arbeitszeiten, lehnen insbesondere jüngere Arbeitnehmer schlechte und harte Arbeitsbedingungen im Produktionssektor ab und entwickelt sich eine öffentlich sehr wirksame Bewegung gegen physischen und psychischen Arbeitsstreß (Karoshi[12]). Viel hängt nun davon ab, ob der inzwischen integrierte und damit zumindest formal gestärkte Dachgewerkschaftsbund Rengo diese Ansätze aufnehmen und gegenüber den Unternehmen bzw. ihren Verbänden, aber insbesondere auch gegenüber dem Staat bündeln und aktiv vertreten kann. Angesichts des mehrfach defizitären betrieblichen Konsenssystems könnte ein derartiger zentraler »Korporatismus« mit einer klaren Rollenverteilung der Handelnden für japanische Verhältnisse ein wichtiger Schritt nach vorne sein. Nicht nur die hierzulande häufig zitierte Japanisierung europäischer Arbeitsbeziehungen steht zur Debatte, sondern auch eine gewisse Europäisierung des japanischen Arbeitsbeziehungssystems sollte daher heute nicht mehr grundsätzlich ausgeschlossen werden[13].

---

12 Karoshi – When the Corporate Warrior Dies, Tokyo 1990
13 Diese interessante Perspektive gegenseitiger Durchdringung der japanischen und westlichen Arbeitsbeziehungssysteme diskutiert Demes, H., The Japanese Production Mode as Model for the 21st Century in: Tokunaga, S., Altmann, N., Demes, H. (eds.), New Impacts on Industrial Relations, München 1992, S. 469 ff.

Anhang

Abkürzungsverzeichnis

ACAS	Arbitration, Conciliation and Advisory Service (Staatliche Schlichtungs- und Beratungseinrichtung in GB)
AFL	American Federation of Labour (Amerikanischer Gewerkschaftsbund)
AGF	(französischer Versicherungskonzern)
AISC	Airbus Industries Staff Council (Belegschaftsausschuß der Airbus-Industrien)
BDA	Bundesvereinigung der Deutschen Arbeitgeberverbände
BDI	Bundesverband der Deutschen Industrie
BetrVG	Betriebsverfassungsgesetz
BMA	Bundesministerium für Arbeit und Sozialordnung
BMWi	Bundesministerium für Wirtschaft
BNP	(französische Bank)
BSN	(französischer Lebensmittelkonzern)
BULL	(französischer Datenverarbeitungskonzern)
CBI	Confederation of British Industries (Dachorganisation der britischen Industrie- und Arbeitgeberverbände)
CCE	Comité Central d'Entreprise (Gesamtbetriebsausschuß)
CCOO	Confederación Sindical de Comisiones Obreras (Gewerkschaftsbund der Arbeiterkommissionen)
CE	Comité d'Entreprise (Betriebsausschuß)
CEEP	Centre Européen des Entreprises Publiques (Europäischer Zentralverband der öffentlichen Wirtschaft)
CFDT	Confédération Française Démocratique du Travail (Französischer Demokratischer Bund der Arbeit)

CFE	Confédération Française de l'Encadrement (Französischer Bund der Angestellten)
CFTC	Confédération Française des Travailleurs Chrétiens (Französischer Bund der christlichen Arbeiter)
CGC	Confédération Générale des Cadres (Allgemeiner Bund der Angestellten)
CGE	(französischer Elektrokonzern)
CGIL	Confederazione Generale Italiana del Lavoro (Allgemeiner Bund der Arbeit Italiens)
CGT	Confédération Générale du Travail (Allgemeiner Bund der Arbeit)
CIO	Congress of Industrial Organizations (Amerikanischer Industriearbeiterverband)
CJP	Centre des Jeunes Patrons (Zentrum der Jungen Arbeitgeber)
CNPF	Conseil National du Patronat Français (Nationaler Dachverband der französischen Arbeitgeber)
CSC	Confédération des Syndicats Chrétiens (Bund christlicher Gewerkschaften Belgiens)
DE	Department of Employment (Arbeitsministerium)
DS	Délégués Syndicaux (Gewerkschaftsdelegierte)
EAL–IUL	Europäischer Ausschuß der Lebens-, Genußmittel- und Gastgewerbegewerkschaften in der IUL
EBR	Europäische Betriebsräte/Europäischer Betriebsrat
EEA	Einheitliche Europäische Akte
EEF	Engineering Employers Federation (Metallarbeitgeberverbände)
EFCG	Europäische Föderation der Chemiegewerkschaften
EFTA	European Free Trade Association (Europäische Freihandelszone)
EG	Europäische Gemeinschaft
EGA	Europäische Gewerkschaftsakademie
EGB	Europäischer Gewerkschaftsbund
EGI	Europäisches Gewerkschaftsinstitut
EGV	EG-Vertrag
EMB	Europäischer Metallgewerkschaftsbund

EPZ	Europäische Politische Zusammenarbeit
ESRC	Economic and Social Research Council (Rat für ökonomische und soziale Forschung)
ETUC	European Trade Union Confederation (Europäische Gewerkschaftskonföderation)
EU	Europäische Union
EuZW	Europäische Zeitschrift für Wirtschaftsrecht
EVP	Europäische Volkspartei
EWG	Europäische Wirtschaftsgemeinschaft
EWGV	EWG-Vertrag
EWR	Europäischer Wirtschaftsraum
EWU	Europäische Wirtschaftsunion
FAFO	(norwegisches Gewerkschaftsforschungsinstitut, Oslo)
FAZ	Frankfurter Allgemeine Zeitung
FGTB	Fédération Générale du Travail de Belgique (Allgemeiner Bund der Arbeit Belgiens)
FO	Force Ouvrière (Arbeitermacht)
GAN	(französische Versicherungsgruppe)
GATT	General Agreement on Tariffs and Trade (Allgemeines Zoll- und Handelsabkommen)
GB	Großbritannien
GIE	Groupement d'Intérêt Economique (Wirtschaftliche Interessengemeinschaft)
GMB	General Municipal and Boilermakers Union
GTB	Gewerkschaft Textil – Bekleidung
IBFG	Internationaler Bund Freier Gewerkschaften
ICEF	International Federation of Chemical, Energy and General Workers Unions (Internationale Föderation der Chemie-, Energie- und Fabrikarbeiterverbände)
IIRA	International Industrial Relations Association (Internationale Vereinigung industrieller Beziehungen)
ILO	International Labour Organization (Internationale Arbeitsorganisation)
IMB	Internationaler Metallarbeiterbund

371

IMSF	Institut für Marxistische Studien Frankfurt
IRES	Institut de Recherches Economiques et Sociales (Institut für ökonomische und soziale Forschungen)
ISF	Institut für Sozialwissenschaftliche Forschung
IuK	Information und Kommunikation
IUL	Internationale Union der Lebensmittelarbeiter
IW	Institut der Deutschen Wirtschaft, Köln
IWF	Internationaler Währungsfonds
LO	Landesorganisaionen i Sverige (Schwedischer Gewerkschaftsbund)
MIT	Massachusetts Institute of Technology (Massachusetts-Institut für Technologie)
NAFTA	North American Free Trade Association (Nordamerikanische Freihandelszone)
NEDO	National Economic Development Office (Nationales Büro für wirtschaftliche Entwicklung)
NZZ	Neue Züricher Zeitung
OECD	Organization for Economic Cooperation and Development (Organisation für wirtschaftliche Zusammenarbeit und Entwicklung)
PSI	Policy Studies Institute (Institut für Policy-Studien)
PU	Politische Union
RKW	Rationalisierungskuratorium der deutschen Wirtschaft
RPR	Rassemblé pour la République (Sammlungsbewegung für die Republik)
SMIG	Salaire Minimum Interprofessionel Garanti (Interprofessionelles Mindesteinkommen)
TUC	Trade Union Congress (Britischer Gewerkschaftsbund)
TVG	Tarifvertragsgesetz
UAP	(französische Versicherungsgruppe)
UDF	Union Démocatique Française (Französische Demokratische Union)
UGT	Unión General de Trabajadores (Allgemeiner Bund der Arbeiter Spaniens)
UIMM	Union des Industries Métallurgiques et Minières (Arbeitgeberverband der Metallherstellung und des Bergbaus)

UNICE	Union des Confédérations de l'Industrie et des Employers d'Europe (Union der Industrie- und Arbeitgeberverbände Europas)
WEM	Western European Metal Trades Employers Organization (Westeuropäische Organisation der Metallarbeitgeber)
WGB	Weltgewerkschaftsbund
WSA	Wirtschafts- und Sozialausschuß der Europäischen Gemeinschaft
WSI	Wirtschafts- und Sozialwissenschaftliches Institut des DGB
WVA	Weltverband der Arbeit
WWU	Wirtschafts- und Währungsunion
WZB	Wissenschaftszentrum Berlin

Weiterführende Literatur

Abromeit, H., Blanke, B. (Hrsg.)
Arbeitsmarkt, Arbeitsbeziehungen und Politik in den 80er Jahren, Leviathan – Zeitschrift für Sozialwiss., Sonderheft 8, 1987

Adamy, W., Steffen, J.
Handbuch der Arbeitsbeziehungen, Opladen 1985

AEU
A Model Single Union Agreement From The Amalgamated Engineering Union 1990, London 1990

Aglietta, M. A.
Theory of Capitalist Regulation, The US Experience, New York 1979

Aichholzer, G., Schienstock, G. (Hrsg.)
Arbeitsbeziehungen im technischen Wandel. Neue Konfliktlinien und Konsensstrukturen, Berlin 1989

Aktionsprogramm
der Kommission der Europäischen Gemeinschaften zur Anwendung der Gemeinschaftscharta der sozialen Grundrechte vom 29. November 1989 (BR-Drucksache 717/89)

Albers, D. (Hrsg.)
Regionalpolitik der europäischen Gewerkschaften. Eine vergleichende Bestandsaufnahme für Großbritannien, Frankreich, Italien, Spanien und Deutschland; Köln 1993

Albert, M.
Kapitalismus contra Kapitalismus, Frankfurt 1992

Altvater, E., Mahnkopf, B.
Gewerkschaften vor der europäischen Herausforderung, Münster 1993

Armingeon, K.
Gewerkschaften heute – krisenfest und stabil, in: Gewerkschaftliche Monatshefte, 6/1988

Armingeon, K.
Die Entwicklung der westdeutschen Gewerkschaften 1950–1985, Frankfurt/New York 1988

Armingeon, K.
Sozialdemokratie am Ende? Die Entwicklung der Macht sozialdemokratischer Parteien im internationalen Vergleich 1945–1988, in: Österreichische Zeitschrift für Politikwissenschaft, 18/1989

Armingeon, K.
Staat und Arbeitsbeziehungen. Ein internationaler Vergleich, Opladen 1993

Armingeon, K.
Towards a European System of Labour Relations, in: Journal of Public Policy, 11, 1992

Aubert, V., Bergounioux, A., Martin, J. P., Mouriaux, R.
La forteresse enseignante, Paris 1985

Babcock, R.
Gompers in Canada: A Study in American Continentalism Before the First World War, Toronto 1974

Bartolini, S., Mair, P.
Identity, Competition and Electoral Availability. The Stabilisation of European Electorates 1885–1985, Cambridge 1990

Bassett, P.
Strike Free: New Industrial Relations in Britain, London 1986

Beigie, C.
The Canada-U. S. Automotive Agreement, Quebec 1978

Bereczky, K., Clever, P., Hagedorn, W., Kroppenstedt, F., Maier, H.
Zwischen Wandel und Kontinuität. Gewerkschafts- und Sozialstrukturen im Europa des Jahres 1991, (Schriften z. Staats- u. Gesellsch.-Politik 28) GTB 1991

Bergmann, J.
Rationalisierungsdynamik und Betriebsgemeinschaft – Die Rolle der japanischen Betriebsgemeinschaften, München/Mering 1990

Bielstein, K.
Gewerkschaften, Neo-Konservatismus und Ökonomischer Strukturwandel. Zur Strategie und Taktik der Gewerkschaften in Großbritannien (Arb.-Kreis Dt. Engl.-Forsch. 8), Bochum 1988

Bispinck, R., Lecher, W. (Hrsg.)
Tarifpolitik und Tarifsysteme in Europa, Köln 1993

Blainplan, R.
Labour Law and Industrial Relations of the European Union, Deventer 1992

Blank, M., Köppen, M.
Europäischer Binnenmarkt, in: Michael Kittner (Hrsg.), Gewerkschaftsjahrbuch 1993, Köln 1993

Blanpain, R.
Die Regelung der Arbeitsbeziehungen in den Mitgliedstaaten der EG, Band 1, Soziales Europa, Beiheft 4/92

Bobke, M.
Information und Konsultation in grenzüberschreitend tätigen Unternehmen, in: Arbeitsrecht im Betrieb, 1993

Bobke, M.
Perspektiven des Sozialen Dialogs aus Sicht der europäischen Gewerkschaften, in: Informationsdienst Europäisches Arbeits- und Sozialrecht, 7/1993

Boll, F.
Arbeitskämpfe und Gewerkschaften in Deutschland, England und Frankreich. Ihre

Entwicklung vom 19. zum 20. Jahrhundert (Veröff. d. Inst. f. Sozialgesch. Braunschweig), Bonn/Berlin 1992

Bösche, B., Grimberg, H.
Die Janusköpfigkeit der deutschen Gewerkschaftsgesetze, in: Die Mitbestimmung, Jg. 38, 1993

Boul, J., Nusser, H., Lerts, M.
Frankreich / Gewerkschaftsgeschichte von 1870 bis heute (Material. z. Gesch. u. Sozialkde 30), München 1990

Brecher, J., Costello, T.
Global Village vs. Global Pillage: A One-World Strategie for Labor, in: Cavanagh, J. et. al. (eds.), Trading Freedom. How Free Trade Affects Our Lives, Work and Environment, San Francisco 1992

Breit, E. (Hrsg.)
Für ein soziales Europa – Binnenmarkt '92. Gemeinsames Symposium der Kommission der Europäischen Gemeinschaft und des Deutschen Gewerkschaftsbundes am 23. Sept. 1988 in Köln, Köln 1989

Brown, G. S.
The Changing Role of Trade Unions in the Management of Labour, in: British Journal of Industrial Relations, Vol. 24, No. 2, 1986

Bruun, N. et. al.
Labour Law and Trade Unions in the Nordic Countries – Today and Tomorrow, Darthmouth 1992

Buchanan, R. T.
Mergers in British Trade Unions: 1949 in: Trade Unions, ed. by W. E. J. McCarthy, 3. Edition, London 1985

Burawoy, M.
The Politics of Production, London 1985

Busch, K.
Umbruch in Europa. Die ökonomischen, ökologischen und sozialen Perspektiven des einheitlichen Binnenmarktes, Köln 2. Aufl. 1992

Castles, F. (ed.)
The Impact of Parties, Beverly Hills/London 1982

CBI
The Structure and Process of Pay Determination in the Private Sector 1979–1986, London 1989

Coates, K., Topham, J.
Trade Unions in Britain, London 3. edition 1988

Coen, M.
Europäische Gemeinschaft und Tarifautonomie, in: Arbeitsrecht im Betrieb, 1992

Crouch, C.
Industrial Relations and European State Traditions, Oxford 1993

Däubler, W.
Europäische Tarifverträge nach Maastricht, in: EuZW, 1992

Däubler, W., Lecher, W. (Hrsg.)
Die Gewerkschaften in den 12 EG-Ländern, Köln 1991

Davis, M.
Prisoners of the American Dream: Politics and Economy in the History of the U. S. Working Class, London 1986

Davis, W. M.
Major Collective Bargaining Settlement in Private Industry in 1988, in: Monthly Labor Review, Mai 1989

Demes, H.
The Japanese Production Mode as Model for the 21st Century?, in: S., Tokunaga, S., Altmann, N., Demes, H. (eds.), New Impact on Industrial Relations, München 1992

Deppe, F., Weiner, K. P. (Hrsg.)
Die Perspektive der Arbeitsbeziehungen in der EG und die soziale Dimension des Binnenmarktes '92 (Forschungsgruppe Europäische Gemeinschaften, Institut f. Politikwissenschaft, Philipps-Universität Marburg), Marburg 1991

Dølvik, J. E., Stokland, D.
The Norwegian Model in Transition, in: Ferner, Hyman (eds.), Industrial Relations in the New Europe, London 1992

Domhoff, W.
Power Elite and the State. How Policy is Made in America, New York 1990

Duda, H.
Macht oder Effizienz? Eine ökonomische Theorie der Arbeitsbeziehungen im modernen Unternehmen (Sozialwiss. Arb.-Marktforsch. 13), Frankfurt/New York 1987

Dürr, K.
Konflikt und Kooperation. Die Situation der Arbeitsbevölkerung, das System der Arbeitsbeziehungen und die Strategien der Gewerkschaftsbewegung in Großbritannien in den 1970er Jahren, Frankfurt 1980

Dussel, P. E.
Bye Bye Weltmarkt? Freihandel oder Regionalisierung des Weltmarktes: Das Freihandelsabkommen zwischen Kanada, Mexiko und den USA, in: Prokla 23 (1) 1993

Edwards, P.
Managing Labor Relations through Recession, document ronéotypé, University of Warwick, Industrial Relations Research Unit, 1985

EG-Kommission
Zweiter Bericht über die Anwendung der Gemeinschaftscharta der sozialen Grundrechte der Arbeitnehmer, Soziales Europa, Beiheft 1/93

Ehrenhalt, A.
The Labor Coalition and the Democrats: A Tenuous Romance, in: Rehmus, Ch. et. al. (eds.), Labor and American Politics, Ann Arbor 1978

Eisenscher, M.
Gewerkschaftliche Organisierung in der Computerindustrie: Die Erfahrungen der UE Electronics Organizing Committee im »Silicon Valley«, in: Lüthje, B., Scherrer, C. (Hrsg.), Jenseits des Sozialpakts. Neue Unternehmensstrategien, Gewerkschaften und Arbeitskämpfe in den USA, Münster 1993

Eldridge, J. E. T.
Industrial Disputes, London 1968

Endruweit, G., Gaugler, E., Staehle, W. H., Wilpert, B. (Hrsg.)
Handbuch der Arbeitsbeziehungen. Deutschland, Österreich, Schweiz; Berlin/New York 1985

ETUI (European Trade Union Institute)
European Economic and Monetary Union – Trade Union Views, Info 31, Brüssel 1991

ETUI
The European Dimension of Collective Bargaining after Maastricht, Brüssel 1993

Europäisches Parlament, Achtung der Menschenrechte in der EG, Entschließung vom 11. März 1993 (A3 – 0025/93), in: Europäische Grundrechtszeitung EuGRZ 1993

Faux, J., Spriggs, W.
U. S. Jobs and the Mexiko Trade Proposal, Washington 1991

Fimmen, E.
Vereinigte Staaten Europas oder Europa AG? Ein internationaler Ausblick, Jena 1925

Fürstenberg, F. (Hrsg.)
Industrielle Arbeitsbeziehungen. Untersuchungen zu Interessenlagen und Interessenvertretungen in der modernen Arbeitswelt, Wien 1975

Goetschy, J.
Social Europe in Transition. Choices and Uncertainities of the Maastricht Social Agreement. Paper for the First European Conference of Sociologie, Wien 1992

Gold, M., Hall, M.
Europaweite Informations- und Beratungsmaßnahmen in multinationalen Unternehmen: Auswertung der Praxis, Luxemburg 1992

Gold, M., Hall, M.
European Level Information and Consultation in Multinationals: An Evaluation of Practice (European Foundation for the Improvement of Living and Working Conditions), Dublin 1992

Goldfield, M.
Worker Insurgency, Radical Organization and New Deal Labor Legislation, in: American Political Science Review, 83, 1989

Gourevitch, P.
Politics in Hard Times. Comparative Responses to International Economic Crises, Ithaca/London 1986

Grebing, H., Meyer, T.
Linksparteien und Gewerkschaften in Europa. Die Zukunft einer Partnerschaft, Köln 1992

Gregg, P., Yates, A.
Changes in Wage-Setting Arrangements and Trade Union Presence in the 1980s, in: British Journal of Industrial Relations, September 1991

Gregory, M., Lobban, P., Thomson, A.
Bargaining Structure, Pay Settlement and Perceived Pressures in Manufacturing 1979–1984: Further Analysis from the VBI Databank, in: British Journal of Industrial Relations, Juli 1986

Hannan, M. T., Freeman, J.
Organisational Ecology, Cambridge, Mass./London 1989

Hannan, M. T., Freeman, J.
Structural Inertia and Organisational Change, in: American Sociological Review 49, 1984

Hans-Böckler-Stiftung (Hrsg.)
Europäische Betriebsräte – Ein Beitrag zum sozialen Europa, Düsseldorf 2. Auflage 1991

Helfert, M.
Neue Techniken und der Wandel betrieblicher Innovation – arbeits- und mitbestimmungspolitische Konsequenzen, in: Schabedoth, H.-J. (Hrsg.), Gestalten statt Verwalten. Aktive Mitbestimmung bei Arbeit und Technik, Köln 1991

Hepple, B.
The interaction between collective bargaining at European and national levels, paper presented at the ETUC-Conference, Athen 9.–11. Nov. 1992

Hoffmann, J., Hoffmann, R., Mückenberger, U., Lange, D. (Hrsg.), Jenseits der Beschlußlage. Gewerkschaft als Zukunftswerkstatt, Köln 1990

Hornung-Draus, R.
Sozialer Dialog aus Sicht der UNICE, in: Informationsdienst Europäisches Arbeits- und Sozialrecht, 7/1993

Hoss, D.
Die »Firma Frankreich« zwischen dem amerikanischen und dem rheinischen Modell, in: Reader zur Sonderveranstaltung des RKW mit dem FAST-Programm der Europäischen Gemeinschaft am 14. Mai 1993: Europa 1993 – Advanced European Manufacturing – Humanorientierte Produktionssysteme, Düsseldorf (RKW) 1993

Hübner, K.
Theorie der Regulation. Eine kritische Rekonstruktion eines neuen Ansatzes der Politischen Ökonomie, Berlin 1989

IG Metall (Hrsg.)
Tarifreform 2000. Frankfurt 1991

Institut für Sozialwissenschaftliche Forschung (ISF)
Jahrbuch sozialwissenschaftliche Technikberichterstattung 1992. Schwerpunkt: Dienstleistungsarbeit, München/Berlin 1992

IRE (Industrial Relations Europe)
Affiliate Urges TUC to Back Single Union Pacts Codes, Dezember 1987

IRRR (Industrial Relations Review and Report)
Cash-Bonus Profit Shares: PRB or PR Bonus, No. 439, 1989

Jacobi, O.
Der Einfluß von gewerkschaftlichen Organisationsstrukturen auf die wirtschaftliche Entwicklung, in: Gewerkschaftliche Monatshefte, 1/1989

Jacobi, O.
Pionierrolle, aber keine Vormachtstellung für die deutschen Gewerkschaften, in: Gewerkschaftliche Monatshefte 11/1991

Jacobi, O.
Soziale Demokratie als gewerkschaftliche Perspektive in Europa – ein Plädoyer, in: Friedrich-Ebert-Stiftung (Hrsg.), Reihe Eurokolleg 21 (1992), Bonn 1992

Japanese Working Life Profile –
Labor Statistics 1990, 1991 und 1992

Kahn-Freund, O.
Arbeitsbeziehungen. Erbe und Anpassung, Baden-Baden 1981

Kahn-Freund, O.
Labour Relations and the Law, London 1983

Karoshi –
When the Corporate Warrior Dies, Tokyo 1990

Keller, B.
Arbeitsbeziehungen im öffentlichen Dienst. Tarifpolitik der Gewerkschaften und Interessenpolitik der Beamtenverbände, Frankfurt/New York 1983

Keller, B.
Einführung in die Arbeitsmarktpolitik. Arbeitsbeziehungen und Arbeitsmarkt in sozialwissenschaftlicher Perspektive, München 1991

Kendall, W.
Gewerkschaften in Europa. Die europäische Arbeiterbewegung von den Anfängen bis zur Gegenwart, Hamburg 1977

Kern, H., Schumann, M.
Das Ende der Arbeitsteilung? Rationalisierung in der industriellen Produktion, München 1990

Kesselmann, M., Groux, G.
Le mouvement ouvrier français, crise économique et changement politique 1968–1982, Paris 1984

Kissler, L. (Hrsg.)
Management und Partizipation in der Automobilindustrie. Zum Wandel der Arbeitsbeziehungen in Deutschland und Frankreich, (Dt.-Franz. Stud. z. Industriegesellsch. 13) Frankfurt/New York 1992

Kissler, L. (Hrsg.)
Modernisierung der Arbeitsbeziehungen. Direkte Arbeitnehmerbeteiligung in deutschen und französischen Betrieben, (Dt.-Franz. Stud. z. Industriegesellsch. 10) Frankfurt/New York 1989

Klimecki, R. G.
Laterale Kooperation. Grundlagen einer Analysepolitik horizontaler Arbeitsbeziehungen in funktionalen Systemen (Schriften z. Personalwesen 1), Bern 1985

Knuth, M.
Nutzung betrieblicher Mitbestimmungsrechte in Betriebsvereinbarungen, in: Die Mitbestimmung, 28, 1982

Köhler-Hälbig, E.
Vom Laisser-Faire zum Binnenmarkt. Eine Untersuchung über Vergangenheit und Zukunft der Regulierung von Arbeitsbeziehungen und ihrer sozialpolitischen Implikationen, mit Blick auf die Zeit nach 1993 (Volkswirtsch. Forsch. u. Entw. 66), VVF 1991

Korpi, W.
The Democratic Class Struggle, London 1983

Kowalsky, W.
Frankreichs Unternehmer in der Wende (1965–1982), Rheinfelden 2. Aufl. 1991

Kowalsky, W.
Der Conseil national du patronat français (CNPF). Machtdelegation beim Patronat, in: Francia, 19/3, 1992, S. 136–150

Krasner, S. D.
Sovereignty. An Institutional Perspective, in: Comparative Political Studies 21, 1988

Kwik, P., Moody, K.
Dare to Struggle: Lessons from P-9, in: Davis, H., Sprinker, S. (eds.), Re-Shaping the US-Left. Popular Struggles in the 1980s, London 1988

Lange, T. A.
Die betrieblichen Arbeitsbeziehungen in der englischen Privatwirtschaft. Ein Beitrag zur Angleichung europäischer Betriebsverfassungssysteme. (Europ. Hochschulschriften), Bern 1992

Lecher, W.
Arbeitsbeziehungen und Tarifpolitik in Europa, Gewerkschaftliche Monatshefte, 11/1991

Lecher, W.
Das französische Arbeitsbeziehungssystem funktioniert nur noch punktuell, in: Die Mitbestimmung, 3/1993

Lecher, W.
Elemente eines europäischen Arbeitsbeziehungsmodells gegenüber Japan und den USA, WSI-Mitteilungen 12/1992

Lecher, W.
Ohne Illusionen: Stand und Perspektive der Arbeitsbeziehungen in Japan, in: Menzel, U. (Hrsg.), Im Schatten des Siegers – Japan, Band 3, Frankfurt/New York 1989

Lecher, W.
Schlanke Produktion – Dichte Arbeit, in: Die Neue Gesellschaft/Frankfurter Hefte, 8/1992

Lee, D.
Europe: Laws and Framework Agreements: An Opportunity for Trade Unionism, paper presented at ETUC-Conference, Athen 9–11. November 1992

Lüthje, B., Scherrer, C. (Hrsg.)
Jenseits des Sozialpakts. Neue Unternehmensstrategien, Gewerkschaften und Arbeitskämpfe in den USA, Münster 1993

Magniadas, J.
Le patronat, Paris 1991

Marginson, P.
European Integration and Transnational Management-Union Relations in the Enterprise, in: British Journal of Industrial Relations, Dezember 1992

Markovits, A. S.
The Politics of West German Trade Unions: Strategies of Class and Interest Representation in Growth and Crisis, Cambridge/London/New York 1986

Marden, D. et. al.
Incomes Policy for Europe or Will Pay Bargaining Destroy the Single European Market?, in: British Journal of Industrial Relations, November 1992

Marsden, D. et. al.
The Transition to the Single Market and the Pressures on European Industrial Relations System. Study Group on Pay and EMU (EC Commission, DGV), Brüssel 1993

Marsden, D., Thompson, M.
Flexibility Agreements in Britain and their Significance in the Increase in Productivity in British Manufacturing Since 1980, in: Work, Employment and Society, März 1990

Marsh, D.
The New Politics of British Trade Unionism. Union Power and the Thatcher Legacy, Houndmills/London 1992

McGaughey, W.
A US-Mexico-Canada Free Trade Agreement. Do We Just Say No? Minneapolis 1992

McInnes
Thatcherism at Work, London 1987

Meltz, N.
Labor Movements in Canada and the United States, in: Thomas Kochan (ed.), Challenges and Choices Facing American Labor, Cambridge, Mass. 1985

Merkel, W.
Ende der Sozialdemokratie? Machtressourcen und Regierungspolitik im westeuropäischen Vergleich, Frankfurt/New York 1993

Mielke, S., Rütters, P., Tudyka, K. P.
Gewerkschaftsorganisationen und Vertretungsstrukturen, in Däubler, W.; Lecher, W. (Hrsg.), Die Gewerkschaften in den 12 EG-Ländern, Köln 1991

Millward, N., Stevens, M.
British Workplace Industrial Relations: the DE/ESRC/PSI/ACAS/Survey, 1980–1984, London 1986

Mjøset, L.
The Nordic Model Never Existed, But Does it Have a Future?, in: Scandinavian Studies, Vol. 64, No. 4, 1992

Moody, K.
An Injury to All. The Decline of American Unionism, London 1988

Moody, K., McGinn, M.
Unions and Free Trade: Solidarity vs. Competition, Detroit 1992

Mouriaux, R.
Lage und Perspektive der französischen Gewerkschaftsbewegung, in: Gewerkschaftliche Monatshefte, Jg. 42, 1991

Mouriaux, R.
Les syndicats dans la société française, Paris 1983

Mückenberger, U.
Individuum und Repräsentation, in: Kühne, P., West, K. W. (Hrsg.) 1992, Verlust der politischen Utopie in Europa?, Berlin 1992

Müller-Jentsch, W.
Gewerkschaftliche Mobilisierung und sozial-struktureller Wandel, in: Hans-Böckler-Stiftung/Europäisches Gewerkschaftsinstitut (Hrsg.) 1992: Streik im Strukturwandel. Zur Zukunft der Mobilisierungsfähigkeit von Gewerkschaften in Europa, Düsseldorf/Brüssel 1992

Müller-Jentsch, W.
Konfliktpartnerschaft, München/Mering 1991

Müller-Jentsch, W.
Soziologie der industriellen Beziehungen, Frankfurt/New York 1986

Niedenhoff, H. U., Pege, W. (Hrsg.)
Gewerkschaftshandbuch, Köln 1989

Nusser, H., Keil, F., Zahn, M.
Arbeitgeberverbände vom Kaiserreich bis zu BRD (Material. z. Gesch. u. Sozialkde. 7), München 1990

Park, S.-J.
Mitbestimmung in Japan – Produktivität durch Konsultation, Frankfurt/New York 1982

Parker, M., Slaughter, J.
Choosing Sides: Unions and the Team Concept, Boston 1988

Peter, L.
Zwischen Reformpolitik und Krise, Gewerkschaften in Frankreich 1980–1985 (Soziale Beweg. – Analyse u. Dok. d. IMSF 17), Frankfurt 1985

Plänkers, G.
Das System der institutionalisierten Konfliktregelung in den industriellen Arbeitsbeziehungen in der Bundesrepublik Deutschland (Reihe Sozialwiss. 15), Pfaffenweiler 1990

Platzer, H.-W.
Unternehmensverbände in der EG. Ihre nationale und transnationale Organisation und Politik. Dargestellt am Beispiel des Bundesverbandes der Deutschen Industrie, der Bundesvereinigung der Deutschen Arbeitgeberverbände, der deutschen industriellen Branchenverbände und deren EG-Verbandszusammenschlüsse, Kehl a. R./Straßburg 1984

Platzer, H.-W.
Gewerkschaftspolitik ohne Grenzen? Die transnationale Zusammenarbeit der Gewerkschaften im Europa der 90er Jahre, Bonn 1991

Platzer, H.-W.
Die Konstituierung europäischer Arbeitsbeziehungen, in: WSI-Mitteilungen, 12/1992

Porter, M.
The Competitive Advantage of Nations, in: Harvard Business Review, März/April 1990

Porter, M., Rehfeldt, U.
Strukturkrise der Gewerkschaften, in: Deutsch-Französisches Institut (Hrsg.), Frankreich-Jahrbuch 1991, Opladen 1991

Powell, G. B.
Contemporary Democracies. Participation, Stability and Violence, Cambridge, Mass./London 1982

Prigge, W. U.
Metallindustrielle Arbeitgeberverbände in Großbritannien und der Bundesrepublik Deutschland (Forsch.-Texte Wirtschafts- u. Sozialwiss. 18), Opladen 1987

Rhodes, M.
The Future of the »Social Dimension«: Labor Market Regulation in Post-1992 Europe, in: Journal of Common Market Studies, No. 1, März 1992

Rosanvallon, P.
La question syndicale, Paris 1988

Rose, J., Chaison, G.
The State of Unions: United States and Canada, in: Journal of Labor Research, 6, (Winter) 1985

Rosenberg, L.
Sinn und Aufgabe der Gewerkschaften. Tradition und Zukunft, Düsseldorf/Wien 1973

Ruben, G.
Collective Bargaining and Labor-Management Relations 1988, in: Monthly Labor Review, Januar 1989

Rühle, H., Veen, H. J. (Hrsg.)
Gewerkschaften in den Demokratien Westeuropas, Bd. I: Frankreich, Italien, Spanien, Portugal, Griechenland; Paderborn 1983

Rühle, H., Veen, H. J. (Hrsg.)
Gewerkschaften in den Demokratien Westeuropas, Bd. II: Großbritannien, Niederlande, Österreich, Schweden, Dänemark; Paderborn 1983

Rütters, P.
Chancen internationaler Gewerkschaftspolitik. Struktur und Einfluß der Internationalen Union der Lebens- und Genußmittelarbeiter-Gewerkschaft (1945–1985), Köln 1989

Scherrer, C.
Umbrüche im Beschaffungswesen der US-Automobilindustrie, in: Altmann, N., Sauer, D. (Hrsg.), Systemische Rationalisierung und Zulieferindustrie, Frankfurt 1989

Scherrer, C.
Gewerkschaftsbewegung und Arbeitsbeziehungen, in: Holtfrerich, C.-L. (Hrsg.), Wirtschaft USA, Strukturen, Institutionen und Prozesse, München 1991

Scherrer, C.
Im Bann des Fordismus. Dr Konkurrenzkampf der Auto- und Stahlindustrie in den USA, Berlin 1992

Scherrer, C.
Das Ende des »ökonomischen Altruismus« in den USA?, in: links, 25, 2/1993

Scherrer, C., Greven, T.
Für zu schlank befunden – Gewerkschaftliche Erfahrungen mit japanischen Produktionsmethoden in Nordamerika, in: WSI-Mitteilungen, 46, 2/1993

Schinko, R.
Die französische Gewerkschaft CFDT, Hans-Böckler-Stiftung (Hrsg.), Düsseldorf 1991

Schmidt, M. G.
Gesellschaftliche Bedingungen, politische Strukturen, Prozesse und die Inhalte staatlicher Politik, in: Gabriel, W. (Hrsg.), Die EG-Staaten im Vergleich, Opladen 1992

Schmidt, M. G.
Wohlfahrtsstaatliche Politik unter bürgerlichen und sozialdemokratischen Regierungen. Ein internationaler Vergleich, Frankfurt/New York 1982

Schriftenreihe der IG Metall
120: Europäische Wirtschaftsausschüsse und gewerkschaftliche Interessenvertretung im Binnenmarkt 92; 134: Betriebsräte in Europa

Schroeder, W.
Die politische Blockade der Arbeitgeberverbände, in: Die Neue Gesellschaft/Frankfurter Hefte, Jg. 40, 1993

Scott, J.
Canadian Workers, American Unions, Vancouver 1978

Seifert, W.
Arbeiten für die Japaner – womit wir in Deutschland rechnen müssen, in: Fucini, J. J., Fucini, S. (Hrsg.), Arbeiten für die Japaner – ein Blick hinter die Kulisse der Mazda US-Autofabrik, Landsberg, L. 1993

Shirai, T.
Die japanische Betriebsgewerkschaft, Bochum 1982

Silbey, R.
Trade Unions and the Labour Party, in: Révue française de la civilisation britannique, Vol. IV, No. 4, 1988

Sobek-Bonora, M., Schwerthöffer, R.
Deutsche Arbeitgeberverbände 1870–1990, München 1991

Stokes, B.
Mexican Roulette, in: National Journal, 15. Mai 1993

Stokke, T. A.
Collective Bargaining in Denmark and Norway: A Study of Mechanisms for Solving Interest Disputes, FAFO-paper, presented at The Fourth National Conference in Sociology, Röros 1993

Streeck, W.
Gewerkschaftsorganisation und industrielle Beziehungen, in: Matthes, J. (Hrsg.), Sozialer Wandel in Westeuropa. Verhandlungen des 19. Deutschen Soziologentages in Berlin 1979, Frankfurt 1979

Streeck, W.
Industrial Relations in West Germany: Agenda for Change, WZB Discussion Papers (IIM-LP 87-5), Berlin 1987

Streeck, W.
Industrial Relations in a Changing Western Europe, paper presented to the Third European Regional Congress of IIRA, Bari 1991

Streeck, W.
Klasse, Beruf, Unternehmen, Distrikt – Organisationsgrundlagen industrieller Beziehungen im europäischen Binnenmarkt. WZB Discussion paper, Berlin 1992

Stützel, W.
Arbeitspolitik auf der Insel, in: Die Mitbestimmung, Jg. 38, 1992

Stützel, W.
Der Bankenstreik 1992. Probleme und Chancen der Mobilisierung von Angestellten, in: WSI-Mitteilungen, Jg. 45, 1992

Taylor, B., Witney, F.
U. S. Labor Relations Law. Historical Development, Englewood Cliffs 1992

Thurow, L.
Kopf an Kopf – Der kommende Wirtschaftskampf zwischen Japan, Europa und Nordamerika, Düsseldorf 1993

Tomandl, T. (Hrsg.)
Arbeitsrecht und Arbeitsbeziehungen in Japan, Wien 1991

Towers, B.
»Trends and Developments in Industrial Relations: Derecognising Trade Unions: Implications and Conséquences«, Industrial Relations Journal, Vol. 14, No. 4, Winter 1987

TUC
»Fair Wages Strategy«, National Minimum Wage, April 1986

Turner, L.
Die Politik der neuen Arbeitsorganisation: Kooperation, Opposition oder Partizipation, in: Lüthje, B., Scherrer, C. (Hrsg.), Jenseits des Sozialpakts, Münster 1993

UAW
Fast Track to Decline? Detroit 1993

Vetter, H. O.
Gleichberechtigung oder Klassenkampf. Gewerkschaftspolitik für die achtziger Jahre, Köln 1980

Visser, J.
Trends in Trade Union Membership, in: OECD Employment Outlook, Genf 1991

Vorschlag der Kommission für eine Richtlinie des Rates über die Einsetzung Europäischer Betriebsräte zur Information und Konsultation der Arbeitnehmer in gemeinschaftsweit operierenden Unternehmen und Unternehmensgruppen vom 5. 12. 1990 (KOM, 90, 581 endg.), ABl. Nr. C 39/10; geänderter Vorschlag vom 16. 9. 1991 (KOM, 91, 346 endg.), ABl. 1991 Nr. 366/11

Wedderburn, C.
The New Policies of Industrial Relations Law, in: Fosh, P., Littler, C. (eds.), Industrial Relations and The Law in the 1980s, London 1985

Whichard, O.
U. S. Multinational Companies: Operations in 1987, in: Survey of Current Business, June 1989

Wickens, P. D.
Schlanke und menschenorientierte Produktion. Das System, seine Kritiker und seine Zukunft, Eschborn 1993

Williams, E.
Attitudes and Strategies Inhibiting the Unionization of the Maquiladora Industry, in: Journal of Borderlands Studies, 6, 2/1991

Windolf, P. (Hrsg.)
Gewerkschaften in Großbritannien, Frankfurt/New York 1983

Winkler, W.
Kontinuität und Wandel im Selbstverständnis sozialistischer Betriebs- und Gewerkschaftsarbeit, in: express, Jg. 25, 1987

Womack, J. P., Jones, D. T., Roos, D.
Die zweite Revolution in der Autoindustrie, Frankfurt/New York 1991

Zachert, U.
Fristlose Kündigung von Tarifverträgen in den neuen Bundesländern, in: WSI-Mitteilungen 3/1993

Zachert, U. (Hrsg.)
Die Wirkung des Tarifvertrags in der Krise, Baden-Baden 1991

Herausgeber, Autorinnen und Autoren

Armingeon, Klaus	Professor an der Universität Bern
Blank, Michael	Justitiarat Hauptverwaltung IGM, Frankfurt a. M.
Burgess, Pete	Leiter der internationalen Abteilung von Incomes Data Services, London
Buschak, Willi	Politischer Sekretär des Europäischen Gewerkschaftsbundes, EGB, Brüssel
Coen, Martin	Verbindungsbüro des Landes Nordrhein-Westfalen in Brüssel
Dølvik, Jon Eric	Wissenschaftlicher Referent des norwegischen Gewerkschaftsforschungsinstituts, FAFO, Oslo
Dufour, Christian	Stellvertretender Forschungsdirektor des Institut de Recherches Economiques et Sociales, IRES, Paris
Ellerkmann, Werner	Generalsekretär des Europäischen Zentralverbandes der öffentlichen Wirtschaft, CEEP, Brüssel
Fulton, Lionel	Direktor des Labour Research Department, London
Gerstenberger-Sztana, Barbara	Leiterin des Referats Öffentlichkeitsarbeit beim Europäischen Metallgewerkschaftsbund, EMB, Brüssel
Hidalgo, Anne	Abteilungsleiterin im Ministerium für Arbeit, Beschäftigung und berufliche Bildung, Paris
Hornung-Draus, Renate	Leiterin der Abteilung Sozialpolitik der Union der Industrie- und Arbeitgeberverbände Europas, UNICE, Brüssel
Jacobi, Otto	Sozialwissenschaftler, Frankfurt a. M.

Kallenbach, Volker	Mitarbeiter des Europäischen Gewerkschaftsbundes, EGB, Brüssel
Keller, Berndt	Professor an der Universität Konstanz
Klak, Alexander	Personalmanagement Hoechst AG, Frankfurt a. M.
Kowalski, Wolfgang	Grundsatzabteilung Hauptvorstand IGM, Frankfurt a. M.
Lecher, Wolfgang	Wissenschaftlicher Referent am Wirtschafts- und Sozialwissenschaftlichen Institut (WSI) des DGB, Düsseldorf
Marginson, Paul	Wissenschaftlicher Referent, Industrial Relations Research Unit, IRRU, University of Warwick
Platzer, Hans-Wolfgang	Professor an der Fachhochschule Fulda
Rehfeldt, Udo	Wissenschaftlicher Referent des Institut de Recherches Economiques et Sociales, IRES, Paris
Reid, Peter	Leiter der Abteilung Beschäftigungspolitik der Engineering Employers Federation, London
Scherrer, Christoph	John F. Kennedy-Institut für Nordamerikastudien, Freie Universität Berlin
Seideneck, Peter	Sekretär im Europäischen Gewerkschaftsbund, EGB, Brüssel
Stützel, Wieland	Sozialwissenschaftler, Wiesbaden
Thierron, Bert	Generalsekretär des Europäischen Metallgewerkschaftsbundes, EMB, Brüssel
Ueberbach, Walter	Leiter der internationalen Abteilung des DGB, Düsseldorf

Politik und Zeitgeschehen

Bund-Verlag

Europa

Detlev Albers (Hrsg.)
**Regionalpolitik der
europäischen Gewerkschaften**
Eine vergleichende Bestandsaufnahme

Reinhard Bispinck,
Wolfgang Lecher (Hrsg.)
Tarifpolitik und Tarifsysteme in Europa
Ein Handbuch über 14 Länder
und europäische Tarifverhandlungen
(Reihe: Europahandbuch für Arbeitnehmer,
Band 3)

Berndt de Boer u. a.
**Selbständiges Lernen in
der Berufsausbildung**
Mehr Chancen auf dem
europäischen Arbeitsmarkt

Ernst Breit (Hrsg.)
Für ein soziales Europa
Binnenmarkt '92
Mit Beiträgen u. a. von: Jacques Delors,
Ernst Breit, Ursula Engelen-Kefer,
Klaus Murmann, Peter M. Schmidhuber

Klaus Busch
Europäische Integration und Tarifpolitik
Lohnpolitische Konsequenzen
der Wirtschafts- und Währungsunion
(Reihe: HBS-Forschung, Band 21)

Klaus Busch
Umbruch in Europa
Die ökonomischen, ökologischen und sozialen
Perspektiven des einheitlichen Binnenmarktes
Zweite erweiterte Auflage mit einem Nachwort
zum Maastrichter Vertrag
(Reihe: HBS-Forschung, Band 4)

Wolfgang Däubler,
Wolfgang Lecher (Hrsg.)
Die Gewerkschaften in den 12 EG-Ländern
Europäische Integration
und Gewerkschaftsbewegung
(Reihe: Europahandbuch für Arbeitnehmer,
Band 1)

Helga Grebing, Thomas Meyer (Hrsg.)
**Linksparteien und Gewerkschaften
in Europa**
Die Zukunft einer Partnerschaft

Helga Grebing, Werner Wobbe (Hrsg.)
**Industrie- und Arbeitsstrukturen
im europäischen Binnenmarkt**
Die große Gleichmacherei?

Reimut Jochimsen
**Perspektiven der europäischen
Wirtschafts- und Währungsunion**
Herausgegeben von Helga Grebing
und Werner Wobbe

Bruno Köbele,
Karl-Heinz Sahl (Hrsg.)
**Die Zukunft
der Sozialkassensysteme
der Bauwirtschaft
im Europäischen Binnenmarkt**
(Reihe: Europahandbuch für Arbeitnehmer,
Band 4)

Wolfang Lecher,
Hans-Wolfgang Platzer (Hrsg.)
**Europäische Union –
Europäische Arbeitsbeziehungen?**
Nationale Voraussetzungen
und internationaler Rahmen
(Reihe: Europahandbuch für Arbeitnehmer,
Band 5)

Karin Roth,
Reinhard Sander (Hrsg.)
Ökologische Reform in Europa
Globale Probleme
und neue Kooperationen

Rudolf Welzmüller (Hrsg.)
**Marktaufteilung und Standortpoker
in Europa**
Veränderungen der Wirtschaftsstrukturen
in der Weltmarktregion Europa
(Reihe Europahandbuch für Arbeitnehmer,
Band 2)

Bund-Verlag